“四个自信”研究丛书

论文化自信

LUN WENHUA ZIXIN

总主编／张忠家

本卷编著／荣开明　庄春梅　贾继让

HAN BOOK 版

武汉出版社

WUHAN PUBLISHING HOUSE

（鄂）新登字08号

图书在版编目（CIP）数据

论文化自信 / 荣开明，庄春梅，贾继让编著；张忠家总主编. -- 武汉：武汉出版社，2024.1

（“四个自信”研究丛书）

ISBN 978-7-5582-5686-8

Ⅰ. ①论… Ⅱ. ①荣… ②庄… ③贾… ④张… Ⅲ. ①中国特色社会主义—文化事业—研究 Ⅳ. ① G12

中国国家版本馆 CIP 数据核字（2024）第 052674 号

论文化自信

总 主 编：张忠家
本卷编著：荣开明　庄春梅　贾继让
责任编辑：朱金波
封面设计：刘　勍
出　　版：武汉出版社
社　　址：武汉市江岸区兴业路 136 号　　邮　　编：430014
电　　话：（027）85606403　　85600625
http://www.whcbs.com　　E-mail: whcbszbs@163.com
印　　刷：武汉雅美高印刷有限公司　　经　　销：新华书店
开　　本：787 mm×1092 mm　　1/16
印　　张：23.25　　字　　数：320 千字
版　　次：2024 年 1 月第 1 版　　2024 年 1 月第 1 次印刷
定　　价：68.00 元

关注阅读武汉
共享武汉阅读

总　序

自信是战胜艰难险阻的强大动力，更是走向光明未来的精神支撑。拥有足够自信，一个国家、一个民族、一个政党，才能昂首阔步向未来。“当今世界，要说哪个政党、哪个国家、哪个民族能够自信的话，那中国共产党、中华人民共和国、中华民族是最有理由自信的。”习近平总书记提出“四个自信”，无疑是中国共产党、中华人民共和国、中华民族具有坚定自信的最大底气。2016 年 5 月，习近平总书记在哲学社会科学工作座谈会上的讲话指出：“我们说要坚定中国特色社会主义道路自信、理论自信、制度自信，说到底是要坚定文化自信。”2016 年 7 月，习近平总书记在庆祝中国共产党成立 95 周年大会上的讲话中首次明确提出“四个自信”：“坚持不忘初心、继续前进，就要坚持中国特色社会主义道路自信、理论自信、制度自信、文化自信。”中国特色社会主义是改革开放以来党的全部理论和实践的主题，全党必须高举中国特色社会主义伟大旗帜，牢固树立中国特色社会主义道路自信、理论自信、制度自信、文化自信，确保党和国家事业始终沿着正确方向胜利前进。

“四个自信”是贯穿于习近平新时代中国特色社会主义思想的重大理论创新。党的十八大以来，我们党积极应对国内外形势新变化和实践新要求，勇于进行理论探索和创新，以全新的视野不断深化对共产党执政规律、社会主义建设规律、人类社会发展规律的认识，取得重大理论创新成果，集中体现为习近平新时代中国特色社会主义思想。十九大、十九届六中全会提出的“十个明确”“十四个坚持”“十三个方面成就”概括了这一重要思想的主要内容。“十个明确”和“十四个坚持”是在“四个自信”的坚实基础上，不断回答时代课题、推动实践发展，在实践经验的基础上提炼、升华而成的重大创新论断的集中汇聚和有机组合，充分彰显出习近平新时代中国特色社会主义思想守正创新的理论特质和理论品格。“十三个方面成就”是党中央团结带领全党全国各族人民在“四个自信”的强力支撑下，采取一系列战略性举措，推进一系列变革性实践，实现一系列突破性进展，取得一系列标志性成果，攻克了许多长期没有解决的难题，办成了许多事关长远的大事要事，经受住了来自政治、经济、意识形态、自然界等方面的风险挑战考验，党和国家事业取得历史性成就、发生历史性变革。十余年来，我国经济增速年均 6.5%，连续多年稳居世界主要经济体前列，成为世界经济增长主要动力。我国经济总量由 2012 年的 53.9 万亿元上升到 2023 年的 126.1 万亿元，占世界经济比重从 11.4% 上升到 18% 以上，人均国内生产总值从 6300 美元上升到超过 1.26 万美元。我国全球创新指数排名从 2012 年的第 34 位提升到 2023 年的第 11 位……取得了殊为不易、弥足珍贵的新成就。实践证明，我们坚定“四个自信”，成功推进和拓展了中国式现代化，为实现中华民族伟大复兴提供了更为完善的制度保证、更为坚实的物质基础、更为主动的精神力量，充分彰显出习近平新时代中国特色社会主义思想科学指引的实践特质和实践品格。

增强“四个自信”，是全面建设社会主义现代化国家、全面推进中华民族伟大复兴的强大精神动力。党的二十大报告指出：“在新中国成立特别是改革开放以来长期探索和实践基础上，经过十八大以来在理论和实践上的创新突破，我们党成功推进和拓展了中国式现代化。”中国式现代化理论体系的初步构建，谱写了马克思主义中国化时代化的新篇章。这一理论体系作为重大的实践创举，创造了中国式现代化新道路，创造了人类文明新形态；作为重要的实践要求，习近平总书记用“坚定道路自信、理论自信、制度自信、文化自信，以更加积极的历史担当和创造精神为发展马克思主义作出新的贡献”来阐释自信自立。推进和拓展中国式现代化离不开自信自立，要在道路、理论、制度、文化方面充分彰显“四个自信”，将“四个自信”统一于强国建设、民族复兴的实践全过程。具体来看，坚定道路自信，就是坚持走中国特色社会主义道路，这是实现社会主义现代化的必由之路，也是中华民族走向繁荣富强、中国人民实现幸福生活的根本保证。坚定理论自信，就是坚持习近平新时代中国特色社会主义思想这一马克思主义中国化时代化最新成果的指导地位，为推动中国式现代化提供科学世界观和方法论。坚定制度自信，就是坚持中国特色社会主义根本制度、基本制度、重要制度及相关体制机制等，为全面建设社会主义现代化国家提供有效保障。坚定文化自信，就是坚持对中国特色社会主义文化先进性的自信，推动中华优秀传统文化的创造性转化和创新性发展，为中国式现代化提供深厚丰腴的土壤。党的百年奋斗历程告诉我们，坚定中国特色社会主义道路、理论、制度和文化自信，才能凝聚起全面建设社会主义现代化国家，以中国式现代化全面推进中华民族伟大复兴的磅礴伟力。

深入阐释、深刻领会“四个自信”，是社科工作者不辜负这个伟大时代的理论初心和政治使命。在党的百年奋进历程中，党的理论建设和理论创新的每一个重大成果，都凝聚了全党实践经验的总结，包含着社科工作者的创造，是全党智慧的结晶。理论创新每前进一步，理论武装就要跟进一步。习近平总书记曾寄语广大社科工作者：“这是一个需要理论而且一定能够产生理论的时代，这是一个需要思想而且一定能够产生思想的时代。我们不能辜负了这个时代。”新时代的社科工作者，必须把握好习近平新时代中国特色社会主义思想的世界观、方法论，坚持好、运用好贯穿其中的马克思主义立场观点方法，以更宽广的视野、更长远的眼光来思考和把握国家未来发展面临的一系列重大战略问题，才能在飞速变化的时代中赢得主动，在新的伟大斗争中赢得胜利。为此，我们全面整合理论研究力量，紧紧围绕“四个自信”的道理、学理、哲理展开研究，牢牢把握“四个自信”的历史纵深、理论内涵、实践要求、发展前景等，编撰出版了“四个自信”研究丛书，力图推动政治话语学理化、学术话语大众化、中国话语国际化，为中国现实问题的解决提供理论先导和思想引领，为阐释解读党的理论创新提供学理支撑。对于社科工作者而言，这是最大的政治担当，是一以贯之的政治责任，更是坚定不移的政治自觉。

张忠家

2024 年 1 月

目 录

导　论

党的十八大以来，习近平总书记紧扣实现中华民族伟大复兴的主题，在党的十八大报告中提出中国特色社会主义道路自信、理论自信、制度自信的基础上，又提出中国特色社会主义文化自信，并强调“坚定中国特色社会主义道路自信、理论自信、制度自信，说到底是要坚定文化自信。文化自信是更基本、更深沉、更持久的力量”，“是更基础、更广泛、更深厚的自信”。他还对文化自信作出了一系列重大的科学论述，在全国和全世界产生了巨大的影响。他在党的二十大报告中指出“推进文化自信自强，铸就社会主义文化新辉煌”，又强调“坚定历史自信，增强历史主动，谱写新时代中国特色社会主义更加绚丽的华章”。

源远流长、博大精深的中华优秀传统文化，自古以来一直重视以文化人、以文育人，以文培元，充满着强烈的自信自强优秀传统。《易经》说：“观乎人文，以化成天下。”《论语》讲：“远人不服，则修文德以来之。”西汉刘向在《说苑》中指出：“文化不改，然后加诛（加诛即武力征讨的意思）。”这都表明中国古人早已将文化自信看成是国力强盛的一种软实力。文化软实力不仅是文化发展的结果，更是长期潜移默化的结晶。在唯物史观看来，文化软实力是相对于物质硬实力而言的。物质硬实力是指一切看得见摸得着、可以量化，表现为物质性、实体性、可发挥刚性作用的力量，如经济产值、科技水平、军事装备等。文化软实力是指一切看不见摸不着、难以计量，表现为精神、情感、智能、情操、品格，可以发挥柔性亲和作用的力量，如文化的先导力、创造力、吸引力、渗透力、和合力、平衡力，语言的说服力，理想的感召力，精神的鼓舞力，道德的规范力，思维的概括力，舆论的引导力，艺术的感染力等。习近平总书记明确指出:“古往今来，任何一个大国的发展过程，既是经济总量、军事力量等硬实力提高的进程，也是价值观念、思想文化等软实力提高的过程。”在我国日益处于世界舞台中心，在国际秩序中的角色由被动接受者逐步转变为积极参与者、建设者和引领者时，我们应该增强文化的教化、育人、培元功能，推进文化自信自强，铸就社会主义文化新辉煌，增强中华优秀传统文化在世界斗争中的话语权、吸引力、渗透力、影响力，增强中华民族伟大复兴和建设社会主义现代化强国的志气、骨气、底气。

正是出于这样一种紧迫需要，我们在湖北省社会科学院领导的支持下，将院内已离退休的三位资深研究员和马克思主义研究所、哲学研究所、《江汉论坛》编辑部等单位十多位专家学者，于 2017 年 2 月组成了“中国特色社会主义文化自信研究课题组”。经过三年的研讨，于 2020 年 6 月、11 月在江西人民出版社和福建人民出版社，编撰出版了《中国文化自信论》《论文化自信与文化强国》两本著作。前一本著作被“新华荐书”第二期，推荐为“书海的红色息”。该期共推荐十二本著作，《习近平谈治国理政》《习近平在福州》排在第一和第二位，我们编撰的这一本著作，排在第六位。

为隆重纪念党的二十大召开，去年底，院里组织编撰出版“中国特色社会主义道路、理论、制度、文化四个自信丛书”，又将《论文化自信》列入该丛书之中。于是我们课题组，由荣开明研究员任组长，在原来研究的基础上，从中国式现代化新道路和人类文明新形态的大野视，以及当前人民群众和党政干部、企事业员工、学校师生等群体的实际需求出发，重组人员，重构框架体系，重新编撰了本书。由于时间紧迫，人员有限，本书个别基础部分的内容与前两本书有少量交叉和重叠。但结构体系、文字表述均有变动，增添了好些新内容，如，建设具有强大凝聚力和引领力的社会主义意识形态，用社会主义核心价值观和全人类共同价值观凝人心，弘扬新时代中国精神，推进文化网络化智能化、建设新时代网络强国，做优做强文化事业和文化产业，更好吸收和借鉴国外优秀文化，推进文化自信自强，铸就社会主义文化新辉煌等。

本书属于专题性的通俗化的理论研究著作。我们编撰此书，力图遵循理论和实际相结合，历史和逻辑相统一的原则，“不忘本来、吸收外来、面向未来”的精神，运用多学科的知识，进行综合性系统性研究。编撰中我们始终强调，解放思想，实事求是，求真务实，开拓创新，力图做到视野广阔、资料翔实、观点鲜明、文风朴实。着力阐述三个基本问题，即什么是中国特色社会主义的文化自信，为什么要提出中国特色社会主义文化自信，怎么样在新征程中推进中国特色社会主义文化自信。

经反复磋商研讨，本书的主要内容和体系结构安排如下。

导论，主要阐述为什么要编撰此书，怎么样编撰此书，编撰时拟遵循的原则、方针、途径。

第一章，文化自信的提出过程、科学内涵和主要依据。着力阐述改革开放和社会主义建设新时期，我们党中央几代领导集体，特别是从习近平总书记关于文化自信的一系列科学论述中，分析概括中国特色社会主义文化自信的提出过程、科学涵义和主要依据。

第二章，文化自信的理论渊源、根本前提和重大意义。着力阐述马克思、恩格斯、列宁、毛泽东、江泽民、胡锦涛等关于文化和文化自信的论述，以这些论述为指导思想结合我国实际，概述我国文化自信的理论渊源、根本前提、重大意义。

第三章，建设具有强大凝聚力和引领力的社会主义意识形态。着力阐述建设具有强大凝聚力和引领力的社会主义意识形态，必须坚持和发展马克思主义。马克思主义是我们立党立国、兴党兴国的指导思想，是文化自信的灵魂。坚持和发展马克思主义，必须同中国具体实际相结合，同中华优秀传统文化相结合，既不走封闭僵化的老路，也不走改旗易帜的邪路。不断推进马克思主义中国化时代化，做好意识形态工作。意识形态决定着文化的发展方向和道路，要牢牢把握意识形态工作的领导权，肩负起新时代意识形态工作的使命任务。

第四章，传承弘扬中华优秀传统文化。着力阐述中华优秀传统文化是中华民族的独特标识、精神命脉，是中国特色社会主义文化自信的根基和沃土。只有植根本国本民族历史沃土，马克思主义真理之树才能根深叶茂。为了弄清楚这一问题，着力阐述了中华优秀传统文化的丰富内涵、突出特色、重大时代价值，进而为中国特色社会主义道路、理论、制度自信奠定文化基石。

第五章，在继承弘扬红色革命文化中培养时代新人。着力阐述传承弘扬红色革命文化，培育红色基因，是坚定文化自信的重要支柱。为此，着力阐述了红色革命文化的涵义和渊源、科学的结构体系，鲜明的突出特征和重大意义，并对新征程中怎样从理论和实践的结合上，传承弘扬红色革命文化，培育时代新人提出建议。

第六章，用社会主义核心价值观和全人类共同价值观凝聚人心。着力阐述社会主义核心价值观和全人类共同价值观的内容和核心要义，全人类价值观与西方资本主义价值观的联系和本质差别，加强公民道德建设，用社会主义核心价值观和全人类共同价值观凝民心、育新人、兴文化、塑形象，将社会主义核心价值观融入人民日常生活的丰富内涵和重大意义。从而为推进文化自信自强，培育社会主义先进文化，铸牢中华民族共同体意识和构建人类命运共同体提供价值观支撑。

第七章，弘扬新时代中国精神。着力阐述中国特色社会主义文化自信与新时代中国文化、中国精神、中国价值、中国力量的内在关联，弄清楚坚定文化自信为什么必须弘扬新时代中国精神？在新时代要弘扬什么样的中国精神？怎样在新征程中弘扬新时代中国精神？

第八章，推进文化网络化智能化和网络强国建设。着力阐述互联网、网络化、信息化、智能化、数字化的迅猛发展，促进了人们思想文化技术等方面的快速交流，拓展了人们的视野和空间，改变了人类社会的生产、生活和交往方式，给全世界的政党活动、政府治理、国际交往提出了新的挑战和机遇，也给文化自信增强了信息技术的支撑，为习近平总书记顺应新科技的发展趋势，提出网络强国思想，科学回答为什么要建网络强国、建设什么样的网络强国、怎样建设网络强国提供了行动指南。

第九章，做优做强做大文化事业和文化产业。着力阐述做优做强做大文化事业和文化产业是文化自信自强、繁荣兴盛的前提和基础。没有文化事业的繁荣兴盛，就没有社会主义现代化，也不可能推进文化自信自强。文化事业和文化产业是文化发展的一体两翼。促使两者的协调发展，必须要在完善公共文化服务体系，满足人民群众的文化需求，引领文化产业转型升级，推动经济社会高质量发展等方面去下苦功。

第十章，吸收和借鉴国外优秀文化。着力阐述坚定文化自信必须做到“不忘本来、吸收外来、面向未来”。“吸收外来”，就是要吸收和借鉴国外优秀文化。这是推动中华文化繁荣兴盛的根本要求和必备条件，也是推进文化自信自强的根本要求和必备条件。中华文化历来是本国各民族文化多源一体的产物和结果，是国外各种文化不断交流互鉴的结晶，以我为主，推动外来文化中国化，用科学态度对待外来文化，在“引进来”和“走出去”的双向互动中繁荣中华文化，是我们对待国外一切文化的一贯方针，也是对检验我们能否推进文化自信自强的试金石。

第十一章，铸就社会主义文化新辉煌。着力阐述推进我国文化自信自强，铸就社会主义文化新辉煌，力争我国社会主义文化在新的伟大实践中铸就新辉煌；在对外开放进一步扩大中铸就新辉煌；在推进文化创新驱动中铸就新辉煌；在人类命运共同体的构建中铸就新辉煌；在世界文化多元化发展大趋势中铸就新辉煌。

第一章　文化自信的提出过程、科学内涵和主要依据

习近平总书记指出："坚定中国特色社会主义道路自信、理论自信、制度自信，说到底是要坚定文化自信。文化自信是更基本、更深沉、更持久的力量。"[①] 中国特色社会主义文化自信的提出是随着中国特色社会主义事业发展的紧迫需要，国人世人和平、发展、合作、共赢、打造人类命运共同体的共同意愿，世界多极化、经济全球化、文化多元化、社会信息化的发展大趋势而逐步提出来的。其提出是民族性、历史性和时代性的统一，有着充分的主要依据和丰富的科学涵义。

一、文化自信的提出过程

中华民族有着五千多年从未中断的优秀文化，一直对自身文化充满自信。但由于近代以来清王朝后期腐败无能，却又夜郎自大，自称"天朝大国"，只醉心农业文明的发展，没有及时推进工业文明的进步。当西方列强用坚船火炮打开我国国门时，却一败涂地，被迫割地赔款，逐步沦落为半殖民地半封建社会，国家蒙辱、人民蒙难、文明蒙尘。使得社会上好些人降低了对中华文化的自信，出现了文化自卑自弃，甚至自残。我国近代思想家、维新运动中的激进派谭嗣同说："两千年之政，秦政也，皆大盗也；两千年之学，荀学也，皆乡愿也。"[②] 我国近代学者，文化名人胡适说："我们自己万事不如人，不但物质基础上不如人，不但

---

① 习近平：《在哲学社会科学座谈会上的讲话》，《人民日报》2016 年 5 月 19 日。

② 蔡尚思、方行：《谭嗣同全集》（增订本），中华书局 1987 年版，第 337 页。

政治制度不如人，而且道德不如人，知识不如人，文学不如人，音乐不如人，艺术不如人，身体不如人。”[①] 在什么都不如人的情况下，有的人甚至认为，好似西方的东西什么都好，就连月亮也比中国的圆和亮。

五四新文化运动后，中国共产党成立。我们党创建之初就倡导中华文化和外来文化主动融合创新，发展具有中国特色、中国面貌、中国风格的文化新形态。中国共产党领导全国各族人民革命、建设、改革的过程，实质上是在实践中不断提高人民经济、政治、文化地位的过程，也是不断纠正文化上的自卑自弃自残的过程。毛泽东同志在《新民主主义论》中指出：“我们共产党人，多年以来，不但为中国的政治革命和经济革命而奋斗，而且为中国的文化革命而奋斗；一切这些的目的，在于建设一个中华民族的新社会和新国家。在这个新社会和新国家中，不但有新政治、新经济，而且有新文化。这就是说，我们不但要把一个政治上受压迫、经济上受剥削的中国，变为一个政治上自由和经济上繁荣的中国，而且要把一个被旧文化统治因而愚昧落后的中国，变为一个被新文化统治而文明先进的中国。一句话，我们要建立一个新中国。建立中华民族的新文化，这就是我们在文化领域中的目的。”新中国成立前夕，毛泽东又指出：“随着经济建设的高潮的到来，不可避免地将要出现一个文化建设的高潮。”[②] 新中国成立后，我们党依据世情国情，确立了从新民主主义社会向社会主义社会过渡的总路线，完成了社会主义的改造，建立了社会主义的基本制度，并在社会主义建设的探索中，发展了社会主义经济政治和文化，取得了重大成就，逐步克服了文化自残、自卑的心理，确立了文化自信。在改革开放和社会主义建设时期，更是沿着中国特色社会主义的方向，逐步提出和确立了中国特色社会主义道路、理论、制度、文化上的自信。

---

① 胡适：《介绍我自己的思想》，《胡适哲学思想资料选》（上），华东师范大学出版社1981年版，第345页。

② 《毛泽东著作选读》下册，人民出版社1986年版，第692页。

在我看来，我们党明确提出并确立中国特色社会主义道路自信的，是在2002年党的十六大。这次大会明确指出："十一届三中全会以来，我们党找到建设中国特色社会主义的正确道路，赋予民族复兴新的强大生机。中华民族的伟大复兴展现出灿烂的前景。"[①] 强调我们党对中国特色社会主义道路"充满信心"。明确提出并确立中国特色社会主义道路自信、理论自信，是2007年党的十七大。这次大会第一次把改革开放以来我们取得一切成绩和进步的根本原因，归结为"开辟了中国特色社会主义道路，形成了中国特色社会主义理论体系"，强调"全党同志要倍加珍惜、长期坚持和不断发展党历经艰辛开创的中国特色社会主义道路和中国特色社会主义理论体系"，保持"对马克思主义、对中国特色社会主义、对实现中华民族伟大复兴的坚定信念"，"对实现推进现代化建设，完成祖国统一、维护世界和平与促进共同发展这三大历史任务充满信心"。[②] 明确提出和确立道路、理论、制度三个自信，是2012年党的十八大。这次大会前，胡锦涛同志在中国共产党成立九十周年大会上的讲话中提出：我们"开辟了中国特色社会主义道路，形成了中国特色社会主义理论体系，确立了中国特色社会主义制度"[③]。在大会的报告中又强调："全党要坚定这样的道路自信、理论自信、制度自信。"[④] 而明确提出和确立中国特色社会主义道路、理论、制度、文化"四个自信"，则是2012年党的十八大之后。

纵观习近平总书记在党的十八大后逐步提出"四个自信"的历程大体上经历了四个阶段。

---

① 《中国共产党第十六次全国代表大会文件汇编》，人民出版社2002年版，第55页。

② 《中国共产党第十七次全国代表大会文件汇编》，人民出版社2007年版，第11—12、54页。

③ 《十七大以来重要文献选编》（下），中央文献出版社2013年版，第435页。

④ 《中国共产党第十八次全国代表大会文件汇编》，人民出版社2012年版，第15页。

（一）在强调“三个自信”时酝酿和正式提出文化自信

早在 2012 年 11 月 15 日，习近平履新中共中央总书记当天，会见中外记者时即谈到，“在漫长的历史进程中，中国人民依靠自己的勤劳、勇敢、智慧，开创了各民族和睦共处的美好家园，培育了历久弥新的优秀文化”[①]，强调文化的重要作用。2013 年 1 月 5 日，习近平总书记在新进中央委员会的委员、候补委员学习贯彻党的十八大精神研讨班开班式上，从道路、理论和制度的角度强调了“三个自信”：“随着中国特色社会主义不断发展，我们的认识必将越来越成熟，我国社会主义制度的优越性必将进一步显现，我们的道路必将越走越宽广，我国发展道路对世界的影响必将越来越大。我们就是要有这样的道路自信、理论自信、制度自信。”[②]3 月 17 日，习近平总书记在第十二届全国人民代表大会第一次会议上强调：“中华民族具有五千多年连绵不断的文明历史，创造了博大精深的中华文化，为人类文明进步作出了不可磨灭的贡献。经过几千年的沧桑岁月，把我国 56 个民族、13 亿多人民紧紧凝聚在一起的，是我们共同经历的非凡奋斗，是我们共同创造的美好家园，是我们共同培育的民族精神，而贯穿其中的、更重要的是我们共同坚守的理想信念。”[③]8 月 19 日，习近平总书记在全国宣传思想工作会议上强调：“宣传阐释中国特色，要讲清楚每个国家和民族的历史传统、文化积淀、基本国情不同，其发展道路必然有着自己的特色；讲清楚中华文化积淀着中华民族最深沉的精神追求，是中华民族生生不息、发展壮大的丰富滋养；讲清楚中华优秀传统文化的突出优势，是我们最深厚的文化软实力；讲清楚中国特色社会主义植根于中华文化沃土上，反映中国人民意愿、适应中国和时代发展进步要求，有着深

---

① 《习近平谈治国理政》，外文出版社 2014 年版，第 4 页。

② 习近平：《在实践中不断有所发现、有所创造、有所前进》，《人民日报》2013 年 1 月 6 日。

③ 《习近平谈治国理政》，外文出版社 2014 年版，第 39 页。

厚的历史渊源和广泛的现实基础。”[①] 这实际上为文化自信的提出做了思想认识上的铺垫。

2014 年 2 月 24 日，习近平在中央政治局第十三次集体学习时明确提出：“要讲清楚中华民族优秀文化的历史渊源、发展脉络、基本走向，讲清楚中华文化的独特创造、价值理念、鲜明特色，增强文化自信和价值观自信。”[②] 提出了文化自信的命题。

2014 年 3 月 7 日，习近平在全国“两会”期间参加贵州团审议政府工作报告时提出：“体现一个国家综合实力最核心的、最高层的，还是文化软实力，这事关一个民族精气神的凝聚；我们要坚定道路自信、理论自信、制度自信，最根本的还有一个文化自信。”[③] 正式提了文化自信。6 月 6 日，习近平总书记在会见第七届世界华人华侨社团联谊大会代表时指出：“我们的同胞无论生活在哪里，身上都有鲜明的中华文化烙印，中华文化是中华儿女共同的精神基因。希望大家继续弘扬中华文化，不仅自己要从中汲取精神力量，而且要积极推动中外文明交流互鉴，讲好中国故事，传播好中国声音，促进中外民众相互了解和理解，为实现中国梦营造良好环境。”[④] 进一步说明文化自信的重要。

（二）对文化自信的实质和意义作出阐述

2014 年 10 月 15 日，习近平总书记在文艺工作座谈会上指出：“增强文化自觉和文化自信，是坚定理论自信、道路自信、制度自信的题中应有之义。”“各级党委要从建设社会主义文化强国的高度，增强文化自觉和文化自信，把文化工作纳入重要议事日程，贯彻好党的文化方针政

---

① 《习近平谈治国理政》，外文出版社 2014 年版，第 155—156 页。

② 《习近平谈治国理政》，外文出版社 2014 年版，第 164 页。

③ 《改革的号角已吹响——习近平总书记同人民代表、政协委员共商国策实录》，《人民日报》2014 年 3 月 13 日。

④ 《习近平会见第七届世界华侨华人社团联谊大会代表》，《人民日报》2014年6月7日。

策，把握文化发展正确方向。”[①]12月20日，澳门回归15周年之际，习近平总书记来到澳门大学横琴校区视察，在与学生交流时提出：“建立制度自信、理论自信、道路自信，还有文化自信。文化自信是基础。”[②]把文化自信提升到三个自信“题中应有之义”和“基础”的战略高度。

2015年11月3日，习近平在第二届“读懂中国”国际会议期间会见外方代表时又讲到了中国文化以及中国文化自信问题。他说：“我们从哪里来？我们走向何方？中国到了今天，我们无时无刻不提醒自己，要有这样一种历史感。屹立在天安门广场的人民英雄纪念碑有一组浮雕，表现的是1840年鸦片战争到1949年中国革命胜利的全景图。我们一方面缅怀先烈，一方面沿着先烈的足迹向前进。”“中国有坚定的道路自信、理论自信、制度自信、文化自信，其本质是建立在五千多年文明传承基础上的文化自信。”[③]表明“四个自信”有深厚的精神源泉和文明根据。

2016年5月17日，习近平在哲学社会科学工作座谈会上强调：“坚定中国特色社会主义道路自信、理论自信、制度自信，说到底是要坚定文化自信。文化自信是更基本、更深沉、更持久的力量。”[④]把文化自信阐释为三个自信的“本质”和“三个更”的力量之源。

（三）“四个自信”正式提出，并对“四个自信”的辩证关系作出阐述

2016年6月28日，习近平在中央政治局第三十三次集体学习时指出：“严肃党内政治生活是一篇大文章。”“要固本培元，把加强思想政治建设摆在首位，引导党员特别是领导干部筑牢信仰之基、补足精神之钙、把稳思想之舵，坚定中国特色社会主义道路自信、理论自信、制度

---

① 《阔步走在中华民族伟大复兴的历史征程上——记录习近平同志为总书记的党中央推进全方位外交的成功实践》,《人民日报》2016年1月5日。

② 《习近平体验射击　讲文化公开课》,《人民日报》2014年10月21日。

③ 《习近平会见“读懂中国”国际会议外方代表》，新华网2015年11月3日。

④ 习近平：《在哲学社会科学座谈会上的讲话》,《人民日报》2016年5月19日。

自信、文化自信。”[①] 正式提出了“四个自信”，并指出文化自信的重大意义。

7月1日，习近平在庆祝中国共产党成立95周年大会上的讲话中指出：“坚持不忘初心、继续前进，就要坚持中国特色社会主义道路自信、理论自信、制度自信、文化自信，坚持党的基本路线不动摇，不断把中国特色社会主义伟大事业推向前进。”“文化自信，是更基础、更广泛、更深厚的自信。在五千多年文明发展中孕育的中华优秀传统文化，在党和人民伟大斗争中孕育的革命文化和社会主义先进文化，积淀着中华民族最深层次的精神追求，代表着中华民族独特的精神标志。”[②] 对文化自信问题给予更加明确的阐述。

11月30日，习近平在中国文联十大、中国作协九大开幕式上的讲话再次对文化自信的战略高度和重大意义作出详尽说明：“文化是一个国家、一个民族的灵魂。历史和现实都表明，一个抛弃了或者背叛了自己历史文化的民族，不仅不可能发展起来，而且很可能上演一幕幕历史悲剧。文化自信，是更基础、更广泛、更深厚的自信，是更基本、更深远、更持久的力量。坚持文化自信，是事关国运兴衰、事关文化安全、事关民族精神独立性的大问题。”[③] 六个“更”、三个“事关”，进一步阐明了文化自信的重大意义。

2017年10月，习近平在党的十九大报告中更是明确指出：“文化是一个国家、一个民族的灵魂。文化兴则国运兴，文化强则民族强。没有高度的文化自信，没有文化的繁荣兴盛，就没有中华民族伟大复兴。”[④] 将文化自信的意义提升到关乎国家、民族的灵魂及其兴衰国运的高度。

---

① 《严肃党内政治生活净化党内政治生态　为全面从严治党打下重要政治基础》，《人民日报》2016年6月30日。

② 习近平：《在庆祝中国共产党95周年大会上的讲话》，《人民日报》2016年7月2日。

③ 习近平：《在中国文联十大、中国作协九大开幕式上的讲话》，《人民日报》2016年12月1日。

④ 《中国共产党第十九次全国代表大会在京开幕》，《人民日报》2017年10月19日。

（四）推进文化自信自强，铸就社会主义文化新辉煌

这是习近平在党的二十大报告中正式提出的要求，表明我们党要以文化自信为前提和基础，着力转向文化自强这一当前的关键和目标。为此，我们必须要坚定历史自信，增强历史主动，围绕举旗帜、聚民心、育新人、兴文化、展形象建设社会主义文化强国，激发全民族文化创新创造活力，增强实现中华民族伟大复兴的精神力量。

从上述简要梳理中可以看出，以习近平同志为核心的党中央对文化自信的认识，是随着实践的发展而逐步深化和拓展的，是对马克思列宁主义、毛泽东思想、中国特色社会主义关于文化的科学论述的继承和发展。文化自信的提出，既以中华优秀文化传统、革命文化作根基，又以当前文化发展中面临的突出矛盾和问题作导向，推动我国从文化大国向文化强国的转变。这是习近平新时代中国特色社会主义思想的重要内容、政治定力，对中国特色社会主义文化理论创新提出的一个新的时代命题，进一步深化了我们党对共产党执政规律、社会主义建设规律、人类社会发展规律的认识，反映了我们党在文化建设上的自觉、自立、自强和自信。以习近平同志为核心的党中央将“三个自信”拓展为“四个自信”，是我们党总结百年来带领中华民族和中国人民进行不懈奋斗的历史经验的概括，是反思历史、立足现实、面向未来，对中国特色社会主义内涵和框架的总体性部署，标志着我们党把中国特色社会主义文化提升到前所未有的高度，提升到一个更新更高的整体自信水平。

二、文化自信的科学涵义

谈及文化自信，首先必须对文化做一番了解。文化是一个十分复杂的概念，众说纷纭，各言其是。西方对文化的定义多达 200 多种，但总体而言，学者对文化的理解也有基本的共识，即文化有广义与狭义之分。广义的文化是指人类在社会实践过程中所获得的物质的精神的生产能力和创造出的物质财富精神财富的总和，包括物质文化、制度文化、行为文化与精神文化。狭义的文化专指精神文化，即思想观念，是

物质文化、制度文化、行为文化的核心与灵魂，是人之所以为人的本质特征。

有学者认为：“一切物质的东西都会随着时间的推移化为尘土，唯有精神文化的创造在历史长河的淘洗中显示出永恒的光辉。”① 中国人对“文化”的解释比较简单。中文将“文”与“化”关联使用，较早见之于战国末年儒生编纂的《易·贲卦·彖传》：“刚柔交错，天文也。文明以止，人文也。观乎天文，以察时变；观乎人文，以化成天下。”其意是说，“天文”指天道，即自然规律；“人文”指人伦社会规律，即社会生活中人与人之间纵横交织的关系。“文化”以人为本，与自然界的发展变化并行。古人认为，既要掌握日月星辰、春秋四时之变，又要精通诗书礼乐、圣贤教化，这是君子必备的人文修养。文化是一个国家一个民族的灵魂，是人之所以为人的本质特征。荀子说：“水火有气而无生；草木有生而无知（智）；禽兽有知而无义；人有气、有生、有知、亦且有义，故最为天下贵也。”人，“力不若牛，走不若马，而牛马为用（即为人类所驱使），何也？”“人能群，彼不能群也。”意思是说，人有社会属性，有礼义廉耻，有精神世界，有文化追求，有创造，并且能够将这种精神通过语言文字表达出来，记录下来，传承创新，永世留存。正如李白的诗句所说：“屈平辞赋悬日月，楚王台榭空山丘。”这里说的屈平就是屈原，屈原的辞赋像日月一样万古不灭，经天纬地。而楚王呢？虽然显赫一时，如今却早已化为一抔黄土，他的宫殿和所拥有的一切早已灰飞烟灭不复存在。因此，一个国家，一个民族，一个人对人类文明演进的贡献大小，最突出的标志不是财富，更不是武力，而是文化，是伟大的思想家、科学家、文学家、艺术家及其不朽的精神文化创造。

我们所说的文化自信，是指新时代中国特色社会主义文化自信，不是其他文化的自信。新时代中国特色社会主义文化自信是指我们国家、

---

① 王能宪：《为什么要建设文化强国》，《光明日报》2017 年 9 月 22 日。

民族、政党及其每一个成员，对自身文化发展精髓的深刻领悟、秉赋的充分尊重、精神价值的高度肯定，对既有文化形态、文化成就及其作用的尊崇礼敬态度和极其自豪情感，包括对其内在精神要求的躬身践行和对其未来发展前途的满怀期望。

这样的文化自信，不是一厢情愿地向别人宣传自己的文化如何优秀，也不是抱着自己的历史传统不放手，而是在合理继承和发扬优秀文化的基础上，根据当今时代的发展要求和需要扎扎实实地发展自身文化，增添新的因素，扩充新的内涵。其基本路向是不忘本来，吸收外来，面向未来，始终坚持对自身文化的前进方向和发展定力的把控，满怀信心地往前赶。

这样的文化自信，从纵向上看，是文化上的历史、现实和未来，传统和现代的统一和对接。从横向上看，是文化上的中国和外国、东方和西方的交流和契合。从特质上看，是文化上一种文化类型的精神特质和文化主体上的自我担当的有机统一。既关涉中华民族优秀传统文化，又关涉我们党在新民主主义革命时期形成的革命文化，更包括我们当下正在建设的社会主义先进文化。

这样的文化自信，是相对于鸦片战争后中国陷入内忧外患的黑暗境遇，面对西方文化的入侵而出现了对自身文化的自卑自弃甚至文化自残而言的。它不是自恋自闭，因循守旧，故步自封，也不是抛弃传承，全盘西化，照搬别国，更不是盲目乐观，自傲自满。对此，习近平总书记的一系列讲话，特别是在党的十九大报告中都作出了经典论述。他多次讲到文化自信时，都是结合中国特色社会主义道路自信、理论自信、制度自信，中国特色社会主义新时代，建设社会主义现代化强国，实现中华民族伟大复兴等一起谈论的。正是新时代中国特色社会主义这个定语，决定了当代中国文化自信的性质、方向、道路和方法，使其具有特定的制度内涵、时代特征、中国特色，规定了当代中国文化的特殊本质和特定意义。如果忽略了当代中国文化自信的上述特殊规定性，泛化为一般的文化自信，就有可能陷入“以儒代马”“儒化中国”或“全盘西化”“崇洋媚外”等思想误区之中，甚至被某种政治化学术所遮蔽。因为包括中国五千多年文明史发展积累下来的中国传统文化和一切外来文化都良莠并存，只能以马克思主义为指导，坚守中华文化立场，立足当代中国现实，结合当今时代，发展面向现代化、面向世界、面向未来的民族的科学的大众的社会主义文化，才能依据中国特色社会主义实践的需要、时代的呼唤、人民的愿望，取其精华，去其糟粕，推动社会主义文化繁荣发展，建设社会主义文化强国。

习近平在党的十九大报告中指出：“中国特色社会主义文化，源自于中华民族五千多年文明历史所孕育的中华优秀传统文化，熔铸于党领导人民在革命、建设、改革中创造的革命文化和社会主义先进文化，植根于中国特色社会主义伟大实践。”[①] 这就充分表明我们的中国特色社会主义文化自信，底蕴深厚，内涵丰富，包括中华优秀传统文化、革命文化、社会主义先进文化三个统一而又不可分割的层面。

（一）中华优秀传统文化是中国特色社会主义文化自信之根基和血脉、滋养泉源

按照英国历史学家汤因比的说法，世界上曾存在26个文明形态，唯独中国文化体系从未间断。中华传统文化作为“仰之弥高，钻之弥坚”的宏伟体系，囊括语言文字、科技工艺、文学艺术、哲学宗教、道德伦理、制度体系等诸多方面。“历史是现实的根源，任何一个国家的今天都来自昨天。只有了解一个国家从哪里来，才能弄懂这个国家今天怎么会是这样而不是那样，也才能搞清楚这个国家未来会往哪里去和不会往哪里去。”“中国是有着悠久文明的国家。在世界几大古代文明中，中华文明是没有中断、延续发展至今的文明，已经有五千多年历史了。我们的祖先在几千年前创造的文字至今仍在使用。2000多年前，中国就出现了诸子百家的盛况，老子、孔子、墨子等思想家上究天文，下穷地理，广泛探讨人与人、人与社会、人与自然关系的真谛，提出了博

---

① 《中国共产党第十九次全国代表大会文件汇编》，人民出版社2017年版，第33页。

大精深的思想体系。他们提出的很多理念，如孝悌忠信、礼义廉耻、仁者爱人、与人为善、天人合一、道法自然、自强不息等，至今仍然深深影响着中国人的生活。中国人看待世界、看待社会、看待人生，有自己独特的价值体系。中国人独特而悠久的精神世界，让中国人具有很强的民族自信心，也培育了以爱国主义为核心的民族精神。”“独特的文化传统，独特的历史命运，独特的国情，注定了中国必然走适合自己特点的发展道路。”[①] 五千多年延绵不断、博大精深的中华优秀传统文化，积淀着中华民族最深沉的精神追求，包含着中华民族最根本的精神基因，代表着中华民族独特的精神标识，是中华民族生生不息发展壮大的丰厚滋养。包括儒家思想在内的中国传统思想文化中的优秀成分，对中华文明形成并延续发展几千年而从未中断，对形成和维护中国团结统一的政治局面，对形成和巩固中国多民族和合一体的大家庭，对形成和丰富中华民族精神，对激励中华儿女维护民族独立、反抗外来侵略，对推动中国社会发展进步、促进中国社会利益和社会关系平衡，都发挥了十分重要的作用。同时，中华优秀传统文化的丰富哲学思想、人文精神、教化思想、道德理念等，也蕴藏着解决当代人类面临的难题的重要启示，可以为人们认识和改革世界提供有益启迪，可以为治国理政提供有益启示，也可以为道德建设提供有益启发。这都为我们的文化自信提供了悠久的文化根源和基因。如果丢掉了这些，就割断了精神命脉。

（二）浓厚的革命文化（红色革命文化）是中国特色社会主义文化自信之宝贵源头、重要底色、深层支撑

中国在很长时期内曾是世界上最先进最强大的国家，堪称众国的楷模。法国启蒙思想家伏尔泰说“世界的历史起于中国”，德国古典哲学家黑格尔认为“历史必须从中华帝国说起”[②]。罗素说：“中国至高无上的伦理品质中的一些东西，现代世界极为需要”，“中国人摸索出的生活方

① 《习近平在布鲁日欧洲学院的演讲》（2014年4月1日），《人民日报》2017年4月2日。

② 黑格尔：《历史哲学》，世纪出版社集团、上海书店出版社2006年版，第110页。

式……若能够被全世界采纳，地球上肯定比现在有更多的欢乐祥和。”[①]但是欧洲近代工业文明发展后，中国的封建统治者夜郎自大、闭关锁国，导致中国落后于时代发展步伐，逐步沦为半殖民地半封建国家，其传统文化也在西方文化的冲击下根芽渐萎，花果飘零。为了扭转这一落后衰败局面，先进的中国人被迫向西方文化学习，提出过技术救国、制度救国、维新救国、文化救国等方案，均因“先生打学生”而未取得成功。直至中国资产阶级革命的先行者孙中山成立中国同盟会，喊出“振兴中华”的口号，在经过十多次惨烈的武装起义失败后，在辛亥革命中推翻了君主专制制度，为中国社会进步打开了闸门。五四运动后，中国共产党的成立，是中国新民主主义革命和中国新文化产生的新起点。“自从中国人学会了马克思列宁主义以后，中国人在精神上就由被动转入主动。从这时起，近代世界历史上那种看不起中国人，看不起中国文化的时代应当完结了。伟大的胜利的中国人民解放战争和人民大革命，已经复兴了并正在复兴着伟大的中国人民的文化。这种中国人民的文化，就其精神方面来说，已经超过了整个资本主义的世界。”[②]这种文化的复兴，是将外来的马克思列宁主义和中国的国情包括中华民族的优秀传统文化相结合，形成鲜明的中国作风、中国气派和中国风格的，“以马克思列宁主义理论与中国革命实践之统一的思想——毛泽东思想，作为我们党一切工作的指针”[③]。在毛泽东思想的指导下，经过长期革命的考验，终于在抗日战争中孕育和形成了中国新民主主义革命文化。这一革命文化既传承了中华民族祖宗炎帝黄帝崇拜太阳神、火神的历史传统，又弘扬了国际共产主义运动中巴黎公社、俄国十月革命的精神，被人们称为“红色革命文化”。在这种文化的熔炼和影响下，“一百年前，中国共产党的先驱们创建了中国共产党，形成了坚持真理、坚守理想，践行

① 罗素:《中国问题》，吉林出版社 1996 年版，第 167、7 页。
② 《毛泽东选集》第 4 卷，人民出版社 1991 年版，第 1516 页。
③ 《刘少奇选集》上卷，人民出版社 1981 年版，第 332 页。

初心、担当使命，不怕牺牲、英勇斗争，对党忠诚、不负人民的伟大建党精神，这是中国共产党的精神之源。”[①] 在伟大建党精神的传承和弘扬下，以中国共产党为主要代表的志士仁人，铸造了一不怕苦、二不怕死、坚定理想、艰苦奋斗和无私奉献的红船精神、井冈山精神、长征精神、延安精神、西柏坡精神，激励着中国人民踏着烈士的血迹奋勇向前，夺取了新民主主义革命的伟大胜利，建立了新中国。这种革命文化的产生，既扫除了近代鸦片战争后形成的文化复古的僵化观念，又清除了全盘否定传统文化、全盘照搬西方的奴化思潮，以及种种文化困惑、文化自卑的阴影，还反对了党内严重存在的教条主义与经验主义偏向，培育了海纳百川、有容乃大、古为今用、洋为中用、中西结合的文化新形态。这种革命文化最重要的价值是将“破旧”与“立新”结合起来，在打破一个旧世界的同时，建立起一个新世界，创建了中华人民共和国，开辟了中国历史、世界历史的新纪元。

（三）正在蓬勃发展的社会主义先进文化是中国特色社会主义文化自信之鲜明体现、与时俱进的产物

新中国成立以来，我们党便在传承中华优秀传统文化和革命文化的基础上，逐步创建了社会主义先进文化。这种文化经过改革开放时期的“拨乱反正”，传承创新，与时俱进，已经大体上适合当今世界和平发展的世情和我国社会主义初级阶段的国情。按照党的十九大报告的阐述，建设社会主义文化强国，必须走中国特色社会主义文化发展道路，坚持为人民服务、为社会主义服务的方向，坚持百花齐放、百家争鸣的方针，推动社会主义物质文明和精神文明全面发展。发展中国特色社会主义文化，就是以马克思主义为指导，坚守中华文化立场，立足当代中国现实，结合当今时代条件，发展面向现代化、面向世界、面向未来的民族的科学的大众的社会主义文化。建设这样的先进文化，就要牢牢掌握意识形态领域工作领导权，积极培育和践行社会主义核心价值观，加强

① 习近平：《在庆祝中国共产党成立100周年大会上的讲话》，《求是》2021年第14期。

思想道德建设，繁荣社会主义文化，推动文化事业和文化产业发展，满足人民过上美好生活的期待，提供丰富的精神食粮。正是在社会主义先进文化的熔炼和影响下，我们通过40多年的改革开放，快速地发展了我国经济社会，取得了举世瞩目的巨大成就，不仅极大地增强了中国人民的民族自尊心自豪感，也坚定了中国人民对中国特色社会主义道路、理论、制度、文化的自信。

上述三个层次的中国特色社会主义文化自信表明，我们的文化自信，是以中华优秀传统文化为源头、根基、血脉和灵魂，以革命文化为精神支柱，以社会主义先进文化为核心和实质的。它在无比自豪地对待中华优秀传统文化、倍加珍惜地传承弘扬红色革命文化、坚定不移地推进社会主义先进文化发展的同时，还积极借鉴吸收世界上一切优秀文化，故而，我们引为自豪、自信的文化是古今中外一切优秀文化的结晶。

三、文化自信的主要依据

习近平指出："当今世界，要说哪个政党、哪个国家、哪个民族能够自信的话，那中国共产党、中华人民共和国、中华民族是最有理由自信的。"[①] 我们文化自信的主要依据从何而来？

（一）来自实践的成就

文化自信不是靠言论上的自说自话就算数的，而是靠实践的成就体现出来。实践中的成就是自信得以产生的根源、基础和检验的标准。实践还是我们进行比较、得出底气的最好教材和教师。

从中华人民共和国成立70多年特别是改革开放40多年的实践成就看，我们的实践成就是巨大的，是举世瞩目的。改革开放40多年来，我们党领导人民风雨同舟、披荆斩棘、砥砺奋进，从开启新时期到跨入新

① 习近平：《在庆祝中国共产党成立95周年大会上的讲话》，《人民日报》2016年7月2日。

世纪，从站上新起点到进入新时代，绘就了一幅波澜壮阔、气势恢宏的历史画卷，谱写了一曲感天动地、气壮山河的奋斗赞歌。

从经济上看，我们改革开放以来始终坚持以经济建设为中心，不断解放和发展社会生产力，经济实力、科技实力、综合国力不断推上新台阶。我国经济总量以罕见的规模和速度，从 1978 年仅有 3678.7 亿元，到 2000 年突破 10 万亿元，再到 2021 年突破 114.4 万亿元，折合平均汇率达 17.7 万亿美元。我国经济总量在世界的位次不断前移：2000 年超越意大利居世界第 6 位，2005 年超越法国居世界第 5 位，2006 年超越英国居世界第 4 位，2007 年超越德国居世界第 3 位，2009 年超越日本稳居世界第 2 位。2021 年我国人均国内生产总值突破 8 万元，折合平均汇率达 12551 美元，城镇常住人口达 9.1425 亿人，中等收入群体超过 4 亿人，居民恩格尔系数下降到 3.2%，居民消费结构加快从生存型向发展型进而向享受型转变。在国际对比中，我国还在诸多领域和方面位居第一或前茅。我国主要农产品产量跃居世界前列，建立了全世界最完整的现代工业体系，科技创新和重大工程捷报频传。我国基础设施建设成就显著，信息畅通，公路成网，铁路密布，高坝矗立，西气东输，南水北调，高铁飞驰，巨轮远航，飞机翱翔，天堑变通途。现在，我国是世界第二大经济体、制造业第一大国、货物贸易第一大国、商品消费第二大国、外资流入第二大国，我国外汇储备连续多年位居世界第一，中国人民在富起来、强起来的征程上迈出了决定性的步伐。

从政治上看，我们始终坚持中国特色社会主义政治发展道路，不断深化政治体制改革，发展社会主义民主政治，党和国家领导体制日益完善，全面依法治国深入推进，中国特色社会主义法律体系日益健全，人民当家作主的制度保障和法治保障更加有力，人权事业全面发展，爱国统一战线更加巩固，人民依法享有和行使民主权利的内容更加丰富、渠道更加便捷、形式更加多样，掌握着自己命运的中国人民焕发出前所未有的积极性、主动性、创造性，在改革开放和社会主义现代化建设中展现出气吞山河的强大力量！近三年来面对新冠肺炎疫情全球大流行的冲击，更是充分展现了我们党的超强领导力、组织力、执行力、凝聚力、创新力以及人民至上、生产第一的中国特色社会主义的理论优势、制度优势、组织优势、协作优势，形成了强大发展能量。

从文化上看，我们始终坚持发展社会主义先进文化，加强社会主义精神文明建设，培育和践行社会主义核心价值观，传承和弘扬中华优秀传统文化，坚持以科学理论引路指向，以正确舆论凝心聚力，以先进文化塑造灵魂，以优秀作品鼓舞斗志，爱国主义、集体主义、社会主义精神广为弘扬，时代楷模、英雄模范不断涌现，文化艺术日益繁荣，网信事业快速发展，全民族理想信念和文化自信不断增强，国家文化软实力和中华文化影响力大幅提升。改革开放铸就的伟大改革开放精神，极大丰富了民族精神内涵，成为当代中国人民最鲜明的精神标识。

从民生上看，我们始终坚持在发展中保障和改善民生，全面推进幼有所育、学有所教、劳有所得、病有所医、老有所养、住有所居、弱有所扶，不断改善人民生活、增进人民福祉。到 2020 年我们现行标准下农村贫困人口实现全部脱贫、贫困县全部摘帽，区域整体贫困基本得到解决，谱写了人类反贫困史上的辉煌篇章。教育事业全面发展，九年义务教育巩固率达 93.8%。我国建成了包括养老、医疗、低保、住房在内的世界最大的社会保障体系，基本养老保险覆盖超过 10 亿人，医疗保险覆盖超过 13 亿人。常住人口城镇化率达到 58.52%，上升 40.6 个百分点。居民预期寿命由 2018 年的 77 岁提高到 2019 年的 77.3 岁。我国社会大局保持长期稳定，成为世界上最有安全感的国家之一。粮票、布票、肉票、鱼票、油票、豆腐票、副食本、工业券等百姓生活曾经离不开的票证已经进入了历史博物馆，忍饥挨饿、缺吃少穿、生活困顿这些几千年来困扰我国人民的问题总体上一去不复返了。

从生态上看，我们始终坚持保护环境和节约资源，坚持推进生态文明建设，生态文明制度体系加快形成，主体功能区制度逐步健全，节能减排取得重大进展，重大生态保护和修复工程进展顺利，生态环境治理明显加强，积极参与和引导应对气候变化国际合作，中国人民生于斯、长于斯的家园更加美丽宜人。

从外交上看，我们始终坚持独立自主的和平外交政策，始终不渝走和平发展道路、奉行互利共赢的开放战略，坚定维护国际关系基本准则，维护国际公平正义。我们实现由封闭半封闭到全方位开放的历史转变，积极参与经济全球化进程，为推动人类共同发展作出了应有贡献。我们积极推动建设开放型世界经济、构建人类命运共同体，促进全球治理体系变革，旗帜鲜明反对霸权主义和强权政治，为世界和平与发展不断贡献中国智慧、中国方案、中国力量。我国日益走近世界舞台中央，成为国际社会公认的世界和平的建设者、全球发展的贡献者、国际秩序的维护者。

同时，我们还在理论建设、国家治理现代化和能力现代化建设、军队国防现代化建设、“一国两制”建设、党的建设等方面都取得了巨大成就，极大地改变了中国的面貌、中华民族的面貌、中国人民的面貌、中国共产党的面貌。中华民族迎来了从站起来、富起来到强起来的伟大飞跃。中国特色社会主义迎来了从创立、发展到完善的伟大飞跃。中国人民的生活迎来了从温饱不足到小康富裕、再到高质量发展条件下共同富裕取得更加明显的实质性进展。中华民族正以崭新姿态屹立于世界的东方。拿新中国成立70多年的成就，特别是改革开放40多年的成就，同改旗易帜而导致社会主义制度消亡的一些原社会主义国家比，同深陷金融危机难以自拔，却大搞反全球化、贸易霸权欺凌、民粹主义、孤立主义的某些西方发达国家比，同陷入发展陷阱和动乱危机的一些发展中国家比，我们坚持走中国特色社会主义道路，不但没有崩溃，反而充满了生机和活力，“风景这边独好”。

这些成就都不是从天上掉下来的，更不是别人恩赐施舍的，而是全党全国各族人民用勤劳、智慧、勇气干出来的。我们用几十年时间走完了发达国家几百年走过的工业化历程。在中国共产党领导下的中国人民手中，我们将许多不可能变成为可能。这就使得中国人民不能不感到无比自豪！无比自信！无比骄傲！

（二）来自人民的拥护、赞成和高兴

人民是历史的创造者，是决定党和国家前途命运的根本力量。中国特色社会主义道路、理论、制度、文化的提出、形成和发展，都是顺应人民的选择、人民的创造而确立的，都是我们党把人民放在中心最高位置，坚持全心全意为人民服务的根本宗旨，由人民表示拥护不拥护、赞成不赞成、高兴不高兴、答应不答应而确立的。我们坚持高举中国特色社会主义伟大旗帜，坚持和发展中国特色社会主义道路、理论、制度、文化，既不走封闭僵化的老路，也不走改旗易帜的邪路，顺应了人民群众的意愿和要求，得到了人民的拥护和支持。正是人民的拥护、赞成和获得感，形成了我们自信的源泉和力量，铸就了我们自信的底气。同时，我们也深深地知道，中国特色社会主义道路、理论、制度、文化形成和发展的时间还不长，还不够完善和定型，还需要在新的实践中顺应时代的发展、人民的意愿，以问题作导向，在克服诸多风险和挑战中，与时俱进地不断推进中国特色社会主义的完善和定型。

（三）来自真理的证明

真理是经过人民群众实践检验、经过人民价值评判为正确的认识。包括中国特色社会主义道路、理论、制度、文化在内的诸多真理性认识，来之不易。它是在改革开放 40 多年的伟大实践中走出来的，是在中华人民共和国成立 70 多年的持续探索中走出来的，是在对近代以来 180 多年中华民族发展历程的深刻总结中走出来的，是在对中华民族五千多年悠久文明传承中走出来的，“具有深厚的历史渊源和广泛的现实基础”①。已被人民群众在实践中、在价值评判中证明认定为科学真理，能够自信、有了底气。中国特色社会主义是科学社会主义理论逻辑和中国社会发展历史逻辑的辩证统一。“既坚持了科学社会主义基本原则，又根据时代条件赋予其鲜明的中国特色。这就是说，中国特色社会主义是

① 《习近平主持中共中央政治局第七次集体学习时讲话》，《人民日报》2013年6月27日。

社会主义，不是别的什么主义。”[①] 理论上清醒，政治上才能坚定。认识真理，掌握真理，信仰真理，捍卫真理，是坚定理想信仰的精神前提。中国特色社会主义追求的是真理，遵循的是规律，独立自主，走自己的路，是人类社会发展的必然之路，是中华民族伟大复兴的必由之路。

（四）来自历史的深厚底蕴

中华民族有五千多年的优秀传统文化，这是我们民族得以自信的深厚历史底蕴。“无论哪一个国家，哪一个民族，如果不珍惜自己的思想文化，丢掉了思想文化这个灵魂，这个国家、这个民族是立不起来的。”[②] 不仅不能立起来，而且很可能上演一场历史悲剧。长期以来为什么国内外敌对势力总是拿中国革命史、建设史说事，进行片面攻击、丑化污蔑？其根本目的就是要搞乱人心，推翻中国共产党领导和中国特色社会主义制度。苏联东欧共产党的领导、社会主义制度为什么垮台？主要的原因，是他们自己的领导人，在经济上发生困难、需要社会转型和政策调整时，政治上不清醒，思想上不坚定，不是适应广大人民的要求，改革和完善社会主义的体制机制及其相关方针政策，而是顺应国内外敌对势力的需要，搞历史虚无主义，否定自己的历史，最终导致党的灭亡、国家的瓦解。一个国家走什么道路，选择什么样的制度、什么样的治理体系，都是由这个国家的历史传承、文化传统、经济社会发展水平决定的，是渐进改变、内生演化的结果。离开历史决定的一定条件，异想天开地寻找包医百病的灵丹妙药，一厢情愿地寻找放之四海而皆准的发展模式，只会走进历史的死胡同。中国独特的文化传统，独特的历史命运，独特的基本国情，注定了中国只有走适合自己特点的中国特色社会主义发展道路。这是历史发展的规律，任何人都不能违反。

---

① 习近平：《关于坚持和发展中国特色社会主义的几个问题》，《十八大以来重要文献汇编》，中央文献出版社 2014 年版，第 109 页。

② 《习近平关于社会主义文化建设论述摘编》，中央文献出版社 2017 年版，第 5 页。

第二章　文化自信的理论渊源、根本前提和重大意义

习近平总书记指出："当今世界，要说哪个政党、哪个国家、哪个民族能够自信的话，那中国共产党、中华人民共和国、中华民族是最有理由自信的。"[①] 2022 年 5 月 28 日，他在中共中央政治局第 39 次集体学习时，强调要深入了解中华文明五千多年发展史，把中国文明历史研究引向深入，推动全党全社会增强历史自觉、坚定文化自信，坚定不移走中国特色社会主义道路，为全面建设社会主义现代化国家、实现中华民族伟大复兴而团结奋斗。[②] 这就要求我们更加深刻地领会文化自信的理论渊源、根本前提和重大意义。

一、文化自信的理论渊源

中国共产党是一个坚持马克思主义的基本原理同中国具体实践相结合，同中华优秀传统文化相结合，重视理论，重视历史，重视解决现实问题的政党，一直注重挖掘和弘扬马克思主义关于文化和文化自信的论述，使之形成为巨大的精神力量和优势。马克思主义在这一方面究竟有何深刻论述呢？下面我们简要地作些梳理。

（一）马克思、恩格斯关于文化的论述

马克思、恩格斯作为严肃认真的学者，创新型的思想家、理论家，

---

① 习近平：《在中国共产党成立 95 周年大会上的讲话》，《人民日报》2016 年 7 月 2 日。

② 习近平：《把中国文明历史研究引向深入　推动增强历史自觉坚定文化自信》，《人民日报》2022 年 5 月 29 日。

是被压迫在社会底层的无产阶级代言人，在与异己的论战和争辩中，时时处处都体现出无所畏惧的精神，充满着文化自信的勇气和决心。马克思说："在科学的入口处，正像在地狱的入口处一样，必须提出这样的要求：'这里必须根绝一切犹豫；这里任何怯懦都无济于事。'"[①] 马克思、恩格斯在揭露资本主义发展秘密，展示资本主义必然灭亡，共产主义必然胜利的论述中，都论述了文化问题，体现出他们对未来社会文化发展的信心和决心。

谈到这里，有必要对学术界一种误解性的看法给以纠正。这种看法是美国著名社会学家丹尼尔·贝尔提出来的。他认为："马克思主义思想体系的最大弱点在于没有文化理论。"[②] 对贝尔的这一看法，学术界进行了认真考察，提出了好些正确见解。费力之教授在对苏联时期的著名哲学家弗·让·凯勒主编的《文化本质与历程》一书做了一个统计后指出："全书在 126 处引用了马克思、恩格斯关于文化以及文明的论述，真正使用了'文化''文明'概念的只有 13 处（约占 10%），扣除'文明''文化'一语就用辞更少了。"[③] 胡海波、郭凤志在对《马克思恩格斯全集》进行梳理后发现："'文化'一词在《全集》中大约出现 320 次，其中 29 处是马克思和恩格斯'引用'论敌观点的意义上使用的，而且常常是与其他的词连用，如文化修养、文化水平、文化斗争等，真正单独使用文化一词的频率并不高。"[④] 为什么马克思、恩格斯在他们著作中慎用甚至少用"文化"一词呢？宁德业认为："主要是因为对于'文化'内涵和外延的理解与把握歧见纷呈。"文化概念包括广义的"文化"和狭义"文化"两大类、广义"文化"亦称"大文化"，指的是人类在改造

---

① 《马克思恩格斯选集》第 2 卷，人民出版社 2012 年版，第 5 页。

② ［美］丹尼尔·贝尔：《资本主义文化矛盾》，人民出版社 2010 年版，第 362 页。

③ 费力之：《历史实践与当代问题——马克思主义文化理论研究》，上海人民出版社 2004 年版，第 22—23 页。

④ 胡海波、郭凤志：《马克思恩格斯文化观研究》，中国书籍出版社 2013 年版，第 12 页。

世界包括在改造人自身的对象性活动中所创造的“人工世界”及其人化形式，一般包括物质文化、制度文化和精神文化或观念文化三个方面。狭义的“文化”是指观念形态的精神文化，是人类在实践中创造的各种观念和社会生活行为规范的精神成果总和。更多的时候，马克思恩格斯强调的广义“文化”概念是从社会生活、文明形态的角度，把文化等同于“文明”。但在马克思、恩格斯的著作当中，也不乏从狭义角度来使用的“文明”概念。此时，马克思、恩格斯往往将文化界定为“精神文化”“文明活的灵魂”等精神层面的东西，从知识水平与教育程度的内涵上来使用“文化”概念。① 马克思、恩格斯在他们的著作中慎用“文化”一词，并不能说明马克思主义思想体系当中“没有文化理论”。事实上恰恰相反，马克思、恩格斯在实现了从唯心主义向唯物主义，从革命民主主义向共产主义的转变后，适时地表达了他们自己的唯物主义文化观。尤其是在1845年秋到1846年5月马克思、恩格斯共同撰写了《德意志意识形态》，1948年2月份出版了《共产党宣言》。在这些著作中，他们曾从广义“文化”概念层面上使用“文明”一词，充分表明他们的思想体系中有丰富的文化思想。他们的文化思想不仅确立了文化发展的历史唯物主义解释原则，论证了人类精神文化的变化发展规律，还揭示了资本主义文化所具有的双重属性，阐明了世界历史境遇下的文化发展新势力，这都有助于中国人民奠定文化自信。

马恩在人类社会历史上的最伟大贡献，是创立了历史唯物主义。马克思指出：“人们在自己生活的社会生产中发生一定的、必然的、不以他们的意志为转移的关系，即同他们物质生产力的一定发展阶段相适应的生产关系。这些生产关系的总和构成社会的经济结构，即有法律的和政治的上层建筑竖立其上并有一定的社会意识形式与之相适应的现实基础。物质生活的生产方式制约着整个社会生活、政治生活和精神生活的

① 宁德业：《〈共产党宣言〉的文化思想及其当代价值》，《当今世界与社会主义》2018年第1期。

过程。不是人们的意识决定人们的存在，相反，是人们的社会存在决定人们的意识。社会的物质生产力发展到一定阶段，便同它们一直在其中活动的现存生产关系或财产关系（这只是生产关系的法律用语）发生矛盾。于是这些关系便由生产力的发展形式变成生产力的桎梏。那时社会革命的时代就到来了。随着经济基础的变更，全部庞大的上层建筑也或慢或快地发生变革。”“我们判断一个人不能以他对自己的看法为根据，同样，我们判断一个变革时代也不能以它的意识为依据；相反，这个意识必须从物质生活的矛盾中，从社会生产力和生产关系之间现存冲突中去解释。”[①] 在这一经典论述中，马恩把人类社会的系统结构区分为生产力、生产关系（经济基础）、上层建筑三个层面，又把上层建筑区分为法律的政治的以及社会意识形式的两个部分。揭示生产力对生产关系、经济基础对上层建筑、物质生活对政治生活、精神生活的决定作用。表明物质生活的生产方式是整个社会生活的基础，也是社会存在的最基本方面。社会存在制约着整个社会生活、政治生活、精神生活的过程。生产力、生产关系（经济基础）、上层建筑的矛盾决定着人类社会发展的生产方式，是社会发展变革的最终根源。为历史唯物主义的创立奠定了理论基石，为历史唯物主义和历史唯心主义的划分提供了基本依据，也为我们正确认识社会存在和社会意识的辩证关系以及属于上层建筑的文化在社会发展中的地位作用提供了行动指南。

同时，马恩认为，社会意识（也属当今指的广义文化范畴中的核心内容）一经产生，就对社会存在有反作用。这种相对的独立的反作用主要表现在五个方面。

第一，社会意识的变化和社会存在之间的变化存在着不一致。这种不一致有两种情形。一是社会意识落后于社会存在，某些社会思想观点当它赖以存在的物质条件改变之后仍不会立即消灭，而继续存在并发生影响。如资本主义初期，封建社会赖以存在的物质生产条件改变了，封

---

① 《马克思恩格斯选集》第2卷，人民出版社2010年版，第2—3页。

建专制思想却仍未消灭，仍在影响人们的社会行为。二是反映社会变革要求的先进社会意识可能超越现实的社会存在预见社会发展的趋势。如十八世纪的法国启蒙主义以特定方式预见了资本主义时代的到来。

第二，社会意识的发展程度和经济状况相比，有时表现出某种特殊的不平衡。“关于艺术，大家知道，它的一定的繁盛时期绝不同社会的一般发展成比例的，因而也绝不是同仿佛是社会的骨骼的物质基础的一般发展成比例的。”① “经济上落后的国家如 18 世纪的法国和后来的德国，在哲学上却仍然能够演奏第一小提琴。”② 就是这一情形的典型例证。

第三，社会意识各种形式之间的相互作用和相互影响。“政治、法律、哲学、宗教、文学、艺术等的发展是以经济发展为基础的。但是，它们又都互相影响并对经济基础发生影响。”如果单纯地用社会经济条件来说明社会意识的发展，而不了解社会意识各种形式之间的相互作用和影响，那就不能全面了解各种社会意识形式的特点。例如，要了解中国封建社会的道德、艺术的特点，就必须估计中国封建的政治思想对它们的影响；要研究欧洲中世纪的哲学斗争，就必须了解当时宗教的作用；要弄清资本主义兴起时哲学唯物主义和无神论思想的发展，就必须看到当时自然科学对它的影响。

第四，社会意识具有历史继承性。每一种社会意识形式的发展都是过去历史的继承和现实的创新，都有其前人成果的积累和借鉴，都有历史上的继承性，都存在一个如何传承、怎样传承的问题。各国各民族社会意识的差异都与其历史继承性密不可分。

第五，社会意识对社会存在具有巨大的反作用。这是社会意识相对独立性的最为突出的表现。“批判的武器当然不能代替武器的批判，物质力量只能用物质力量来摧毁；先进的社会意识促进社会的发展；落后的社会意识阻碍、干扰和破坏社会的发展。但是理论一经群众掌握，也

---

① 《马克思恩格斯文集》第 8 卷，人民出版社 2009 年版，第 34 页。

② 《马克思恩格斯文集》第 10 卷，人民出版社 2009 年版，第 599—600 页。

会变成物质力量。”[①]社会意识的这种反作用取决于它是否符合历史发展的大趋势，是否符合人民群众的基本愿望和要求，归根到底是取决于是否符合人类社会发展的客观规律。

正因为社会意识有相对的独立性，对社会经济的发展有不同层面不同角度的重大影响，所以我们对社会意识的作用，要做客观的历史的科学的全面分析，不宜简单化、直线化、片面化。有人认为经济的发展和繁荣必然会导致文化的发展和繁荣，那就简单化了。促进文化的发展和繁荣除了做好经济发展繁荣的工作，还要在文化建设本身做一系列的工作。没有后一方面的艰巨工作，文化是不会自然而然地发展繁荣的。

除了上述重大贡献外，马恩在文化发展的历史性和时代性、世界历史性和民族性、人类历史发展道路的多样性等问题上还作了一系列科学论述。

例如，马克思指出：“要研究精神生产和物质生产之间的联系，首先必须把这种物质生产本身不是当作一般范畴来考察，而是从一定的历史形式来考察。”[②]“每一时代的经济生产以及必然由此产生的社会结构，是该时代政治和精神的历史的基础。”这些说明文化的发展受到其所处的历史和时代的制约，具有历史性和时代性。任何一个时期的文化都不是空中楼阁，而是在一定的时空背景下发生和发展的，都具有自身的民族性和时代性。研究文化的发展只有随着历史和时空的发展，不断地与时俱进，制定出切实可行的发展战略、步骤、方法，才有可能取得预期成效。

马克思指出：“过去那种地方的和民族的自足自给和闭关自守状态，被各民族的各方面的互相往来和各方面的互相依赖所代替了。物质的生产是如此，精神生产也是如此。各民族的精神产品成了公共的财产。民族的片面性和局限性日益成为不可能，于是由许多种民族和地方的文学

---

① 《马克思恩格斯文集》第 1 卷，人民出版社 2009 年版，第 11 页。

② 《马克思恩格斯文集》第 10 卷，人民出版社 2009 年版，第 597 页。

形成了一种世界文学。”[①] 在这里马恩通过资本主义开拓市场，造成物质生产和精神生产的世界历史转变，就世界历史和全球化发展趋势做出了科学预测，指出了世界文化的普遍交往是资本主义生产方式全球扩张的必然结果。随着科学技术的发展，世界市场化的形成，资本主义在全球的扩张，民族历史将向世界历史转变，全球化趋势将逐步显现。马恩特别强调，技术在加速全球化进程中的作用，认为以铁路、轮船等为代表的现代化工业，将大大缩短印度等东方国家和西方国家之间的差距，将西方的先进设备、文化科学、技术等传送到所有经过的地方，为世界创造出先进设备、文化知识等。依赖这种普遍交往的工具，为新世界创造物质基础。

马克思晚年还通过对东方社会历史和文化特殊性的认识，指出了人类历史进步方式的多维性，人类社会发展道路的多样性。马克思在《科瓦列夫斯基〈公社土地占有制，其解体的原因、进程和结果〉一书摘要》中，提出要注重分析印度古代社会土地公有制的特殊性。在《给维·伊·查苏利奇的复信草稿》中驳斥了关于所有原始公社建立形式同一的论调，阐明了人类文明模式、文化发展多元多样的思想。认为俄国“可以不通过资本主义制度的卡夫丁峡谷，而占有资本主义制度所创造的一切积极的成果。”[②] 并非所有国家都要走欧洲资本主义的一般道路，俄国在各方面条件具备的前提下，可以避免受资本主义制度所带来的灾难波折。东方各国由于一直保持着亚细亚生产方式，具有农村公社、土地公有和专制国家等不同于西方的特征，可以走出一条独特发展道路。“跨越资本主义卡夫丁峡谷”的思想是马克思晚年思想的重大发展。俄国十月革命成功后建设苏联社会主义发展模式，中共在革命、建设、改革道路探索中的成功，都证明“跨越资本主义卡夫丁峡谷”是完全可能的。

---

① 《马克思恩格斯文集》第 2 卷，人民出版社 2009 年版，第 9 页。

② 《马克思恩格斯文集》第 3 卷，人民出版社 2009 年版，第 587 页。

（二）列宁关于文化的论述

列宁是将科学社会主义理论付诸实践的革命导师。他在领导俄国十月革命和建设的过程中十分重视文化建设，不断地发展了文化自信的思想。

第一，加强文化建设，促进经济政治发展。

列宁认为，落后国家的主要困难在于经济不发达。经济不发达的直接原因在于文化不发达。随着社会主义建设工作的深入，科学文化对于俄国社会主义前途命运越来越具有决定性的作用。如果说过去全部人类智慧创造出来的一切文化成果，只是让一部分人所独享，而另一部分人甚至连切身所需要的受教育的权利也被剥夺了，那么现在，一切优秀的文化成果则成为全国人民的财产，因而使广大劳动群众充分享受这些成果便成为可能。他把能否提高人民群众的文化看作“或者是断送苏维埃政权以取得的一切改造成果，或者是为这些成果奠定基础”的“最迫切的任务之一”[①]。他号召苏维埃必须把重新教育群众、组织和训练群众、普及知识工作做好，以便同旧社会遗留下来的愚昧落后、不文明、粗野等作斗争。他提出文化与政治、经济协调发展的总体构想，强调加强文化建设，促使经济政治发展。

第二，发展教育和文化事业，提高国民文化水平。

列宁认为，“在一个有文盲的国家内是不能建成共产主义社会的”。为了发展教育和文化事业，提高国民文化水平，他采取了一系列措施。1919 年签署了扫盲法令。1921 年，在《新经济政策和政治教育委员会的任务》中，强调要大力提高文化水平。1923 年，在《日记摘录》中，对增高教育部门经费、提高教师地位、精简教育行政部门编制等方面做出明确规定。据统计，十月革命前，俄国的成人居民中有 75% 以上是文盲，城市工人中文盲占 40%，农村中占 80%，少数民族地区文盲比例更大。到 1925 年，俄国 9 岁以上识字人数的比例已由十月革命前的 27%

① 《列宁专题文集·论社会主义》，人民出版社 2009 年版，第 344 页。

上升为51%，工人中的扫盲任务已基本完成。

列宁提出了一个公式："乐于吸取外国的好东西：苏维埃政权 + 普鲁士的铁路管理制度 + 美国的技术和托拉斯组织 + 美国的国民教育等等 = 社会主义。"为了吸收外国先进科学技术和管理经验，利用资本主义社会所培育出来的专家为人民服务，让旧社会留下来的专家和引进来的专家作指导，使劳动生产率向高于资本主义的劳动生产率迈进，他建议提高专家们的待遇，工作条件和生活条件。认为，这将是最经济的办法。不然的话，我们节省了几亿，却可能丧失甚至用几十亿也不能补偿的东西。

第三，加强共产主义思想教育，培育和造就新人。

列宁认为，培育和造就一大批建设社会主义和共产主义的新人，是文化建设中的一项重大任务。列宁强调，要肃清封建主义，资本主义错误思想的残余，注重思想教育，从世界观、价值观、阶级感情等方面来形成共产主义思想道德规范。只有用人类创造的全部知识财富来丰富自己的头脑，才能成为共产主义者。他说："现代历史的全部经验，特别是《共产党宣言》发表后半个多世纪以来世界各国无产阶级的革命斗争，都无可争辩地证明，只有马克思主义的世界观才正确地反映了革命无产阶级的利益、观点和文化。"[①] 培育和造就共产主义新人，必须注重引导他们学习马克思主义，确立共产主义的远大理想。教育共产主义青年，绝不是向他们灌输关于道德的各种美丽动听的言辞和准则，而是让他们深入社会实践，培养对劳动人民的感情，共产主义道德的基础。

第四，批判"无产文化派"，强调对人类社会文化遗产的继承和发展。

十月革命后，以波格丹诺夫等人为代表的"无产阶级文化派"提出：工人阶级应当和以往的文化彻底决裂，创造出一种独特的无产阶级文化的主张。列宁认为："马克思主义这一无产阶级思想体系赢得了世

---

① 《列宁全集》第26卷，人民出版社1985年版，第48页。

界历史性的意义，是因为它并没有抛弃资产阶级时代最宝贵的成就，相反却吸收和改造了两千多年来人类思想和文化发展中一切有价值的东西。只有在这个基础上，按照这个方向才能认为是发展真正的无产阶级文化。”[①]“应当明确地认识到，只有确切地了解人类全部发展过程所创造的文化，只有对这种文化加以改造，才能建设无产阶级的文化，没有这样的认识我们就不能完成这项任务。无产阶级文化并不是从天上掉下来的，也不是那些自命为无产阶级文化专家的人杜撰出来的，如果认为是这样，那完全是胡说。无产阶级文化应当是人类在资本主义社会、地主社会和官僚社会压迫下创造的全部知识合乎规律的发展。”[②]苏维埃机构意味着劳动者广泛团结起来，以这种团结的力量去摧毁资本主义。但是仅靠摧毁资本主义，还不能饱肚子。必须取得资本主义遗留下来的全部文化，用它来建设社会主义。必须取得科学、技术、知识和艺术。没有这些，我们就不能建设共产主义社会的生活。

（三）中国革命和推进社会主义建设时期毛泽东关于文化的论述

毛泽东文化理论，是毛泽东思想的重要组成部分。它形成并发展于中国新民主主义革命、社会主义革命和社会主义建设的过程中。它是马克思列宁主义文化理论和中华优秀传统文化相结合的产物和结晶，还吸收了欧美各国先进的文化思想，是当代中国特色社会主义文化建设和坚定自信的直接理论渊源。

第一，文化的重要地位。

毛泽东认为：“一定的文化（当作观念形态的文化）是一定社会的政治和经济的反映，又给予伟大影响和作用于一定社会的政治和经济；而经济是基础，政治则是经济的集中的表现。这是我们对于文化和政治、经济的关系及政治和经济的关系的基本观点。”[③]“革命文化，对于人民大

---

① 《列宁专题文集·论社会主义》，人民出版社 2009 年版，第 167 页。

② 《列宁选集》第 4 卷，人民出版社 1972 年版，第 348 页。

③ 《毛泽东选集》第 2 卷，人民出版社 1991 年版，第 663—664 页。

众，是革命的有力武器。革命文化，在革命前，是革命的思想准备；在革命中，是革命总战线中的一条必要和重要的战线。”[①]“没有文化的军队是愚蠢的军队，而愚蠢的军队是不能战胜敌人的。”[②]“文化是不可少的，任何社会没有文化就建设不起来。”[③]

第二，文化建设的指导思想。

毛泽东指出：“领导我们事业的核心力量是中国共产党。指导我们思想的理论基础是马克思列宁主义。”[④]“马克思列宁主义是一切革命者都应该学习的科学，文艺工作者不能例外。”[⑤]“当作国民文化的方针来说，居于指导地位的是共产主义的思想，并且我们应当努力在工人阶级中宣传社会主义和共产主义，并适当地有步骤地用社会主义教育农民及其他群众。”[⑥]社会主义思想文化建设一定以坚持马克思主义为指导，重视意识形态领域的斗争，不能有任何松懈。社会主义文化首先应当是中国共产党人所领导的共产主义的文化思想，这种思想只能从外面灌输进去。

第三，文化建设的基本方针。

毛泽东文化建设的基本方针，就是坚持“两为方向”：为人民服务，为社会主义服务；“双百方针”：艺术问题上的百花齐放，学术问题上的百家争鸣；古为今用、洋为中用、推陈出新的原则。对此他作了具体细致的说明。他认为：“学习我们的历史遗产，用马克思主义的方法给以批判的总结，是我们学习的另一任务。”“从孔夫子到孙中山，我们应当给以总结，承继这一份珍贵遗产。这对于指导当前的伟大的运动，是有重要帮助的。”[⑦]“中国应该大量吸收外国的进步文化，作为自己文化食粮

---

① 《毛泽东选集》第 2 卷，人民出版社 1991 年版，第 708 页。
② 《毛泽东选集》第 3 卷，人民出版社 1991 年版，第 1011 页。
③ 《毛泽东文集》第 3 卷，人民出版社 1996 年版，第 110。
④ 《毛泽东文集》第 6 卷，人民出版社 1999 年版，第 350 页。
⑤ 《毛泽东选集》第 3 卷，人民出版社 1991 年版，第 852 页。
⑥ 《毛泽东选集》第 2 卷，人民出版社 1991 年版，第 704 页。
⑦ 《毛泽东选集》第 2 卷，人民出版社 1991 年版，第 533—534 页。

的原料，这种工作过去还做得很不够。这不但是当前的社会主义文化和新民主主义文化，还有外国的古代文化，例如各资本主义国家启蒙时代的文化，凡属我们今天用得着的东西，都应该吸收。但是一切外国的东西，如同我们对于食物一样，必须经过自己的口腔咀嚼和胃肠运动，送进唾液胃液肠液，把它分解为精华和糟粕两部分，然后排泄其糟粕，吸收其精华，才能对我们身体有益，决不能生吞活剥地毫无批判地吸收。所谓'全盘西化'的主张，乃是一种错误的观点。形式主义地吸收外国的东西，在中国过去是吃过大亏的。"[①]"对于外国文化，排外主义的方针是错误的，应当尽量吸收进步的外国文化，以为发展中国新文化的借鉴；盲目搬用的方针也是错误的，应当以中国人民的实践需要为基础，批判地吸收外国文化。""对于中国古代文化，同样，既不是一概排斥，也不是盲目搬用，而是批判地接受它，以利于推进中国的新文化。"[②]毛泽东强调"近代文化，外国比中国高，要承认这一点"，"中国的和外国的，两边都要学好。半瓶醋是不行的，要使两个半瓶醋变成两个一瓶醋。""学外国不等于一切照搬。向古人学习是为了现在活人，向外国人学习是为了今天的中国人。"[③]"清理古代文化的发展过程，剔除其封建性的糟粕，吸收其民主性的精华，是发展民族新文化提高民族自信心的必要条件，但是决不能无批判地兼收并蓄。"[④]

毛泽东指出："我们的文化是人民的文化，文化工作者必须有为人民服务的高度的热忱，必须联系群众，而不要脱离群众。"[⑤]"只有代表群众才能教育群众，只有做群众的学生才能做群众的先生。如果把自己看作群众的主人，看作高踞于'下等人'头上的贵族，那末，不管他们有多

① 《毛泽东选集》第 2 卷，人民出版社 1991 年版，第 706—707 页。
② 《毛泽东选集》第 3 卷，人民出版社 1991 年版，第 1083 页。
③ 《毛泽东著作选读》下册，人民出版社 1986 年版，第 751 页。
④ 《毛泽东选集》第 2 卷，人民出版社 1991 年版，第 707—708 页。
⑤ 《毛泽东选集》第 3 卷，人民出版社 1991 年版，第 1012 页。

大才能，也是群众所不需要的，他们的工作是没有前途的。”[①]

毛泽东说：“百花齐放、百家争鸣的方针，是促进艺术和科学进步的方针，是促进我国的社会主义文化繁荣的方针。艺术上不同的形式和风格可以自由发展，科学上不同学派可以自由争论。”[②]“我们坚持对立统一的观点，采取百花齐放、百家争鸣的方针。在放香花的同时，也必然会有毒草放出来。这并不可怕，在一定的条件下，还有益。”[③]“实行百花齐放、百家争鸣的方针，并不会削弱马克思主义在思想界的领导地位，相反，会加强它的地位。”[④]毛泽东特别强调科学技术与文化的现代化，要求教育必须为无产阶级政治服务，与生产劳动相结合，其目的是培养全面发展的新人。要建立一支宏大的知识分子队伍。

古为今用，洋为中用是我们批判地继承古代文化遗产，借鉴吸收外国进步文化的原则，其目的是推陈出新，创新发展我们的新文化。

（四）改革开放和社会主义建设时期党的几代领导人关于文化的论述

党的十一届三中全会以来，以邓小平同志为核心的中央领导集体，一直重视社会主义精神文明和中国特色社会主义文化建设。邓小平认为，在当代中国，发展先进文化，就是发展中国特色社会主义文化，就是建设社会主义精神文明。“我们要在建设高度物质文明的同时，提高全民族的科学文化水平，发展高尚的丰富多彩的文化生活，建设高度的社会主义精神文明。”[⑤]“所谓精神文明，不但是指教育、科学、文化（这是完全必要的），而且是指共产主义的思想、理想、信念、道德纪律、革命的立场和原则、人与人的同志式关系，等等。”[⑥]物质文明和精神文

① 《毛泽东选集》第 3 卷，人民出版社 1991 年版，第 864 页。
② 《毛泽东文集》第 7 卷，人民出版社 1999 年版，第 229 页。
③ 《毛泽东文集》第 7 卷，人民出版社 1999 年版，第 195—196 页。
④ 《毛泽东文集》第 7 卷，人民出版社 1999 年版，第 232 页。
⑤ 《邓小平文选》第 2 卷，人民出版社 1994 年版，第 208 页。
⑥ 《邓小平文选》第 2 卷，人民出版社 1994 年版，第 367 页。

明要两手抓，两手都要硬。“光靠物质条件，我们的革命和建设都不可能胜利。”“有了共同的理想，也就有了铁的纪律。无论过去、现在和将来，这都是我们的真正优势。”[①]精神文明和文化建设的根本目标和任务，是适应社会主义现代化建设的需要，培养有理想、有道德、有文化、有纪律的社会主义公民，提高全民族的思想道德素质和科学文化素质；用共同理想和坚定信念把人民团结起来，把先进性和广泛性结合起来，推进社会主义道德建设，大力发展教育科学文化事业。精神文明和文化建设，要从社会主义初级阶段实际出发，坚持以马克思主义为指导，以经济建设为中心，坚持四项基本原则，促进改革开放，推进社会主义现代化建设，坚持为人民服务、为社会主义服务方向和百花齐放、百家争鸣，重在建设。

20世纪90年代，以江泽民同志为主要代表的中国共产党人，在准确把握时代特点和新要求的基础上，成功地推进了中国特色社会主义文化发展道路。江泽民认为，“建设有中国特色社会主义文化就是以马克思主义为指导，以培养有理想、有道德、有文化、有纪律为目标，发展面向现代化、面向世界、面向未来，民族的科学的大众的社会主义文化。”[②]“有中国特色社会主义的文化，是凝聚和激励全国各类人民的重要力量，是综合国力的重要标志。它起源于中华民族五千年文明史，又植根于有中国特色社会主义的实践；具有鲜明的时代特征；它反映我国社会主义经济和政治的基本特征，又对经济和政治的发展起着巨大促进作用。”[③]“坚持什么样的文化方向，推动建设什么样的文化是一个政党在思想上精神上的一面旗帜。”[④]他认为“发展教育和科学，是文化建设的基本工程”[⑤]。“一手抓管理，促进文化市场健康发展。加强文化基础建设。

---

① 《邓小平文选》第3卷，人民出版社1993年版，第144页。
② 《中国共产党第十五次全国代表大会文件汇编》，人民出版社1997年版，第1—20页。
③ 《江泽民文选》第3卷，人民出版社2006年版，第33页。
④ 《江泽民文选》第3卷，人民出版社2006年版，第277页。
⑤ 《江泽民文选》第2卷，人民出版社2006年版，第34页。

重视科学，历史、文化遗产和革命文物的保护，积极推进卫生体育事业的改革和发展。倡导健康文明的生活方式，不断提高群众精神文化生活质量。”[①]

进入新世纪新阶段，以胡锦涛同志为总书记的党中央适应新形势的要求，对推进文化改革发展的指导思想、重要方针、目标任务、政策举措等作了新的进一步探索，提出“建设社会主义核心价值体系”“三贴近”“保障人民基本文化权益”“深化文化体制改革，解放和发展生产力”等一系列思路。他强调“要牢牢把握文化发展的正确方向，积极推动文化创新，大力发展文化事业和文化产业，为广大人民群众提供更多更好的精神文化产品，充分发挥文化启迪思想，陶冶情操，传授知识，鼓舞人心的积极作用”[②]。“要提高网络文化产品和服务的供给能力，提高网络文化产业的规模化、事业化水平，把博大精深的中华文化作为网络文化的重要源泉，推动我国优秀文化产品的数字化、网络化，加强产品文化信息传播，努力形成一批具有中国气派，体现时代精神，产品高雅的网络文化品牌，推动网络文化发展滋润人心、陶冶情操、愉悦身心的作用。”[③] 他认为“社会主义核心价值体系是社会主义意识形态的本质体现。要巩固马克思主义指导地位，坚持不懈地用马克思主义中国化的最新成果武装全党、教育人民，用中国特色社会主义共同理想凝聚力量，用以爱国主义为核心的民族精神和以改革开放为核心的时代精神鼓舞斗志，用社会主义荣辱观引领风尚，巩固全党全国各族人民团结奋斗的共同思想基础”[④]。他强调“弘扬中华文化，建设中华民族共有精神家园”，“发展社会主义先进文化，必须把社会主义核心价值体

---

① 《江泽民文选》第 2 卷，人民出版社 2006 年版，第 35 页。

② 《胡锦涛文选》第 3 卷，人民出版社 2016 年版，第 639 页。

③ 胡锦涛:《在十六届中共中央政治局第38次集体学习时的讲话》(2007年1月23日)，《人民日报》2007 年 1 月 25 日。

④ 胡锦涛:《在中国共产党第十七次全国代表大会上的报告》，新华网2007年10月15日。

系建设融入国家教育，精神文明建设和党的建设全过程”[①]。在党的十八大他还提出了倡导富强、民主、文明、和谐，倡导自由、平等、公正、法治，倡导爱国、敬业、诚信、友善，积极培育和践行社会主义核心价值观。号召全党要坚定道路、理论、制度“三个自信”[②]。

（五）社会主义新时代习近平同志关于文化建设的论述

党的十八大以来，中国特色社会主义进入“新时代”，以习近平同志为核心的党中央在全面深刻系统地阐述了中国特色社会主义的文化自信。继承和创新了马克思列宁主义、毛泽东思想、邓小平理论、“三个代表”重要思想，科学发展观关于文化建设的新理论，创造了新时代中国特色社会主义文化思想，使得我国社会主义文化建设进入一个新的发展阶段。

二、文化自信的根本前提

实现文化自信不仅要明确文化自信的科学涵义、主要依据，还要懂得一个根本前提，那就是要做到文化自知、文化自觉、文化自主、文化自强。这四个“自”，既有地位功能上的区分，又紧密相联，不可分割。其中自知是基础，自觉很重要，自主是根本，自强是关键和目标。

（一）文化自知、自觉是文化自信的基础

文化自知就是知道和明了自我文化，对自身文化有良好的认知。这种认知包括三个层面的内容。第一个层面是对民族文化存在的认知，也就是回答自己的民族有没有文化的问题。作为社会实践的产物，文化在任何社会任何时期都存在，每一个社会都有与其相适应的文化存在。每一个国家、每一个民族都有文化，没有文化的国家和民族是不存在的。文化存在是客观的，不依赖于人们的主观认识而对人和社会实践产生影响。第二个层面是对民族文化内涵的认知，也就是弄清本民族文化主要由哪些方面组成。作为社会实践的结果，文化不是单一的而是多样的，

① 《胡锦涛文选》第 3 卷，人民出版社 2016 年版，第 638 页。
② 《胡锦涛文选》第 3 卷，人民出版社 2016 年版，第 625 页。

不是静止的而是发展的，不是抽象的而是具体的。但对于一定历史时期的国家或民族来说，处在主流地位的文化一般只有一种，处于非主流地位的文化则是多种多样的，即使在主流文化内部也可能存在亚文化，从而形成一个丰富多彩、色彩斑斓的文化大观园。在一个文化多样性的社会，各种文化都在对人们产生影响从而会引起人们文化选择的迷失与盲从。这就要求我们正确认识和处理同一时代存在的诸多文化中“社会思想多样”和“指导思想一元”的关系，解决好自我认知中存在的诸多问题。第三个层面是对民族文化性质和发展趋势即进步与否的认知。作为社会的上层建筑，文化不是被动地为经济基础所决定，而是对社会经济基础具有能动的反作用，“给予影响和作用于一定形态的政治和经济”[①]。显然，这种作用可能是积极的也可能是消极的，但这并不意味着一种文化本身是好或是坏。一种文化能否对社会发展起积极的推动作用，关键在于其所服务的经济基础的性质，关键在于其是否与其所服务的经济基础相适应。当其适应经济社会发展要求时，就是积极的健康的进步的文化，反之就变成了消极的腐朽的落后的文化。因而，如何正确认识民族文化性质是实现文化自知最本质的问题。

坚持文化自知，就是要像 2500 年前老子所说：“知人者智，自知者明。”[②] 孙武所强调的：“知彼知己者，百战不殆；不知彼而知己，一胜一负；不知彼，不知己，每战必殆。”[③] 坚持文化自知，要端正文化心态。端正文化心态，有助于克服文化守旧主义，有助于克服文化自大心态，有助于克服文化虚无主义。

有了正确的自知，就会从消极被动转化为自觉主动的发展，就会对自身文化的发展做出发展蓝图，做出科学的规划，做出正确的决策，制

① 《毛泽东选集》第 2 卷，人民出版社 1991 年版，第 664 页。

② 王弼：《老子道德经注校释》，楼宇烈校释，中华书局 2008 年版，第 84 页。

③ 中国人民解放军军事科学院战争理论研究部：《孙子兵法新注》，中华书局 1977 年版，第 28 页。

定合乎实际状况的长期、中期规划与短期安排，制定出正确的路线、方针和政策，促使其繁荣和发展。所以我们说自知是前提，自觉很重要。从自知到自觉是一个认识上的突变和飞跃，有了转折性的提升。

（二）文化自主是文化自信的根本

在新中国成立前夕，毛泽东宣布："中国必须独立，中国必须解放，中国的事情必须由中国人民自己作主张，自己来处理，不容许任何帝国主义国家再有一丝一毫的干涉。"[①] 在党的第十二次全国代表大会开幕式上，邓小平强调："独立自主，自力更生，无论过去、现在和将来，都是我们的立足点。"[②] 作为民族的血脉和灵魂，作为民族的根和源，中华文化更应该独立，更应该自主，否则就会沦为其他文化的附庸，就不可能有文化自信。

文化自主就是文化的责任和担当。首先是一种自主意识。其次，它是一种自主能力。再次，它是一种自主权利。最后，是一种自主责任。要做到三者的结合和统一。

坚持文化自主，首先有助于保持文化独立性。能够把握自己的前途和命运，是文化自信最起码最基本的要求。其次有助于保持文化独特性。文化是一个民族、一个国家的身份和象征，是将不同民族、不同国家区别开来的重要标志。再次是有助于保持文化多样性。文化多样性是以差异性为前提的。在人类文明发展过程中，各民族既坚守自我文化特质又互相学习、互相借鉴，赶超跨越、潮起潮落，从而迎来了人类文明丰富多彩、共同繁荣的今天。"世界上的各种文明、不同的社会制度和发展道路应该彼此尊重，在竞争比较中取长补短，在求同存异中共同发展"，从而"维护世界多样性"。[③] 如果干涉他国自主文化选择，甚至追求以一种文化一种文明取代世界上其他各种文化各种文明，文化发展就

---

① 《毛泽东选集》第 4 卷，人民出版社 1991 年版，第 1465 页。

② 《邓小平文选》第 3 卷，人民出版社 1993 年版，第 3 页。

③ 《江泽民文选》第 3 卷，人民出版社 2006 年版，第 576 页。

会因失去动力而停滞，文明也会因缺乏养料而枯萎，就不可能形成各种文明竞相发展、生机盎然的局面。只有尊重各国各民族的文化，尊重各国走具有自身特色的文化发展道路，以文明交流超越文明隔阂，以文明互鉴超越文明冲突，以文明共存超越文明优越，才能激发出各民族文化的活力，彰显出各民族文化的特色，维护世界文化的多样性，使各种文化在相互学习中竞显风流、增强自信。

（三）文化自强是文化自信的关键和目标

文化自信的关键和目标是实现文化自强。文化自强首先是一种追求，其次是一种品格，再次是一个过程。民族的繁荣离不开文化的兴盛，一个民族要永远屹立于世界民族之林，就需要文化自强的驰而不息。事实上，基于生存的渴望，每一种文化都有自强的冲动，也做过自强的努力并取得过成功。但是，很多文化由于不能做到自强不息而中道衰落了。人类文明史潮起潮落，众多古老的文明曾经叱咤风云，但大多已经永远消逝在时光的隧道中，幸存至今的屈指可数。习近平总书记指出："没有先进文化的积极引领，没有人民精神世界的极大丰富，没有民族精神力量的不断增强，一个国家、一个民族不可能屹立于世界民族之林。"[①] 文化自强是民族强盛的基础和前提。但是，文化自强不是一时的冲动，也不是一朝一夕之功，更不是一项一劳永逸的事业，而是一个与文化相伴始终的长期内在努力过程，永远在路上，没有终点。无论何种文化，只要它存在，只要它希望存在，就一刻也不能没有自强意识，就不能在文化自强道路上犹豫不决、踟蹰不前。孟子说："入则无法家拂士，出则无敌国外患者，国恒亡。"[②] 当今世界各种文化无疑是历史的幸运儿，肯定具有强烈的自强意识和持久的自强努力。但是，如果不能时刻保持忧患意识，不能始终坚持推进文化自强，就难免被历史洪流所淘汰。

---

① 习近平：《在文艺工作座谈会上的讲话》，《人民日报》2015 年 10 月 15 日。

② 《四书五经》编委会：《四书五经》，线装书局 2014 年版，第 330 页。

坚持文化自强，是一件大事，是文化自信、文化自主的根本。如果我们的中华文化最终不能实现自强，那么文化自信、文化自主就没有了根本保证。故而实现文化自强，首先有助于提升文化凝聚力。文化是民族的精神血脉和思想灵魂，是民族凝聚力向心力的重要源泉。文化认同构成了民族认同、国家认同最重要最深层次的基础。统治阶级都注重通过构筑自身的核心价值观念来提升文化凝聚力向心力，维系国家团结统一，促进社会和谐稳定。汉武以降，中国历代封建王朝都不断继承和发展儒家文化，从而对增强民族凝聚力、维护社会稳定产生了积极影响。20 世纪 90 年代以来，新加坡着力构建以“国家至上，社会为先；家庭为根，社会为本；关怀扶持，同舟共济；求同存异，协商共识；种族和谐，宗教宽容”为内容的共同价值观，增进了国家团结与社会稳定和谐。今天，面对全球化的强大冲击，面临互联网的巨大影响，国家主权遭到上下两个方向严重侵蚀。“迅捷而深远的社会、技术和经济变革带来了跨国认同、国家认同和次国家认同的错综交织”[①]，很多国家出现了认同问题，有的甚至出现了严重的认同危机。充分发挥文化的社会凝聚、整合和导向功能，大力发展民族核心文化以提升文化凝聚力向心力、夯实文化认同，成为各国共同的战略选择。作为拥有 56 个民族的世界上最大的社会主义国家，中国面临敌对势力和分裂势力的双重挑战，提升文化凝聚力向心力、增进国家认同民族认同显得尤为重要和迫切。

习近平总书记指出：“从历史的角度看，包括儒家思想在内的中国传统思想文化中的优秀成分，对中华文明形成并延续发展几千年而从未中断，对形成和维护中国团结统一的政治局面，对形成和巩固中国多民族和合一体的大家庭，对形成和丰富中华民族精神，对激励中华儿女维护民族独立、反抗外来侵略，对推动中国社会发展进步、促进中国社会利

① ［美］约瑟夫·S·奈：《硬权力与软权力》，门洪华译，北京大学出版社 2005 年版，第 86 页。

益和社会关系平衡，都发挥了十分重要的作用。”[①] 每一个民族、每一个时代都有自己的核心文化和核心价值观念。正是这些特定的核心文化和核心价值观念，将特定时空背景下的人们凝聚在一起。在中国特色社会主义新时代，不断发展和繁荣中国特色社会主义文化，建设社会主义意识形态，培育和践行社会主义核心价值观，也必将更加激发中国特色社会主义文化的凝聚力向心力，“使全体人民在理想信念、价值理念、道德观念上紧紧团结在一起”[②]。

同时，文化自强有助于提升文化经济力。“文化是民族凝聚力和创造力的重要源泉，是综合国力竞争的重要因素，是经济社会发展的重要支撑。”[③] 人们对一种文化的认同，不仅基于该文化的社会凝聚和整合价值，还在于其经济驱动和支撑价值。20 世纪下半叶以来，东亚及东南亚国家积极推进儒家文化创新发展，形成新儒家文化，推动了以日本和亚洲四小龙为代表的东亚及东南亚经济起飞及中国经济长期高速增长，进而激发了国际社会对东亚及东南亚传统文化的兴趣，增强了东亚及东南亚国家的文化自信。今天，文化与经济深度融合发展，关系更加密切，经济文化化、文化经济化已经成为经济发展的一个重要特点。“过去我们常讲，经济发展一靠改革，二靠科技，现在看来还要加一条，就是也要靠文化。经济文化化已成为不可阻挡的新趋势，文化与经济相融合产生的竞争力成为一个国家最根本、最持久、最难替代的竞争优势。”[④]

事实上，随着中国特色社会主义文化强国建设不断推进，文化对我国经济发展的正能量不断激发。文化广泛作用于民族经济发展的各个层

---

① 习近平：《在纪念孔子诞辰2565周年国际学术研讨会暨国际儒学联合会第五届会员大会开幕式上的讲话》，《人民日报》2014 年 9 月 25 日。

② 《中国共产党第十九次全国代表大会文件汇编》，人民出版社 2017 年版，第 33 页。

③ 胡锦涛：《在十七届中共中央政治局第22次集体学习时的讲话》，《人民日报》2010 年 7 月 24 日。

④ 云杉：《文化自觉　文化自信　文化自强——对繁荣发展中国特色社会主义文化的思考（上）》，《红旗文稿》2010 年第 15 期。

面，为经济社会发展提供了强大的精神动力和智力支持，对经济发展的贡献迅速增大；它已经成为一个新兴的朝阳产业，直接转化成国民经济的重要组成部分；文化产业发展壮大，不仅直接贡献于经济增长，直接增强了经济实力，而且优化了经济结构，提高了经济质量，产业支柱作用日益凸显。繁荣和发展中国特色社会主义文化，已不是对经济发展的支撑和驱动作用的简单问题，而是成了中国特色社会主义经济的重要组成部分，是直接创造经济价值，成了现实生产力，不仅丰富了人民群众的精神食粮，而且增加了人民群众的物质财富，因而更加赢得了人们认可和支持。

文化自强还有助于提升文化外交力。文化自古就是国际交往的重要内容，对提升国家影响力具有重要影响，不仅可增进国内文化认同还能促进国际文化认同。历史上，中华优秀传统文化就是中国对周边地区产生影响的基本因素之一，美国文化则为美国建立和维持世界霸权发挥了支撑作用。德国《时代周刊》主编约瑟夫·约弗曾经评论道："美国文化，无论雅俗，其对外传播的力度是自罗马帝国以来从未有过的，况且其中还颇有新意。罗马和苏联的文化影响止步于军事边界，而美国软实力统治着整个世界。"①

今天，中国正在走近世界舞台中央。随着中国特色社会主义文化建设的逐步推进，中国道路、制度、理论、文化等方面创新能力明显增强，对国际社会特别是发展中国家影响逐步增大，国际社会对中国智慧和中国方案期待不断增加。但与文化强国相比，中国文化外交能力仍然有限，文化创新和供给能力仍然不足，即使在发展中国家和地区也没有取得十分明显的效果。文化外交力是文化生命力的重要表征，也是国家力量的重要组成部分。在软实力激烈竞争的背景下，繁荣和发展中国特色社会主义文化，提升中国制度、理论、文化等方面的创新和供给能力，不仅会增加中国对文化霸权的抵制力，而且能增加中国在国际社会

① ［美］约瑟夫·S·奈：《软实力》，中信出版社 2013 年版，第 16 页。

的话语权，还可增强中国文化的吸引力，推进中外文化交流，从而增强中国开展文化外交的能力。

文化自强不是盲目的自发行为，而是有意识的自觉行动。当前，中国特色社会主义进入了新时代，社会主要矛盾转变为人民日益增长的美好生活需要和不平衡不充分的发展之间的矛盾，完成新时代赋予中国共产党的历史使命，需要凝聚全体中华儿女同心共筑中国梦的磅礴力量。建设中国特色社会主义文化强国，构筑坚定的文化自信，尤为重要和迫切。“必须坚持马克思主义，牢固树立共产主义远大理想和中国特色社会主义共同理想，培育和践行社会主义核心价值观，不断增强意识形态领域主导权和话语权，推动中华优秀传统文化创造性转化、创新性发展，继承革命文化，发展社会主义先进文化，不忘本来、吸收外来、面向未来，更好构筑中国精神、中国价值、中国力量，为人民提供精神指引。”①

三、文化自信的重大意义

习近平指出：“文化是一个国家、一个民族的灵魂。”“坚定文化自信，是事关国运兴衰、事关文化安全、事关民族精神独立性的大问题。”② 为什么文化自信有着如此巨大的时代价值呢？

（一）文化自信是坚持和发展中国特色社会主义，夺取新时代中国特色社会主义伟大胜利的必然要求

一个没有坚定文化自信、浓厚精神力量的国家是难以自立自强的，一项没有文化支撑的事业是难以持续长久的。改革开放以来，我们不仅开创和形成了中国特色社会主义道路、理论、制度，还发展了中国特色社会主义文化，有了包括道路、理论、制度、文化在内的“四个自信”。

① 《中国共产党第十九次全国代表大会文件汇编》，人民出版社2017年版，第18—19页。

② 习近平：《在中国文联十大、中国作协九大开幕式上的讲话》（2016年10月30日），《习近平关于社会主义文化建设论述摘编》，中央文献出版社2017年版，第16页。

中国特色社会主义文化自信，源自中华民族五千多年文明史所孕育的中华优秀传统文化，熔铸于党领导人民进行革命、建设、改革中创造的革命文化和社会主义先进文化，植根于中国特色社会主义伟大实践。正是有了坚定的文化自信、浓厚的精神力量的凝聚和激励，全党全国各族人民才更加紧密地团结起来奋勇前进；也正是有了坚定的文化自信、浓厚的精神力量的支撑和推动，中国特色社会主义才更加充分地展现出旺盛的生命力。现在，我们正在进行具有许多新的历史特点的伟大斗争，只有坚定文化自信，推动社会主义文化繁荣兴盛，才能更好凝聚起应对重大挑战、抵御重大风险、克服重大阻力、解决重大矛盾的强大力量，决胜全面建成小康社会，夺取新时代中国特色社会主义伟大胜利。

（二）文化自信是实现中华民族伟大复兴的必然要求

"文化是民族生存和发展的重要力量。人类社会每一次跃进，人类文明每一次升华，无不伴随着文化的历史性进步。""没有中华文化繁荣兴盛，就没有中华民族伟大复兴。"[①] 中华民族伟大复兴从一定意义上说就是文化复兴，或者说文化复兴决定着中华民族的伟大复兴。"文化是一个民族的性格，性格决定命运；文化还是一个民族的 DNA，是立足国际社会的身份证。"[②] "人无精神则不立，国无精神则不强。精神是一个民族赖以长久生存的灵魂，唯有精神上达到一定的高度，这个民族才能在历史的洪流中屹立不倒，奋勇向前。"[③] 综观世界历史的发展，一个国家、一个民族要屹立于世界民族之林，都离不开文化的积极引领；一个国家、一个民族要实现振兴强盛，都需要以文化自信、文化繁荣发展为支撑。中华民族之所以成为世界上伟大的民族，就在于我们有五千多年的

---

① 习近平：《青年要自觉践行社会主义核心价值观——在北京大学师生座谈会上的讲话》，《人民日报》2014 年 5 月 5 日。

② 王晓晖：《软实力时代的媒体责任》，《中国记者》2008 年第 1 期。

③ 习近平：《青年要自觉践行社会主义核心价值观——在北京大学师生座谈会上的讲话》，《人民日报》2014 年 5 月 5 日。

文明历史，创造了灿烂的中华文化，不仅为自身提供了丰富滋养，而且为人类作出了卓越贡献。今天，我们比历史上任何时期都更接近、更有信心和能力实现中华民族伟大复兴的目标。越是接近目标，越需要准备付出更为艰巨、更为艰苦的努力。只有更好地提振起全党全国人民的文化自信，奋力走好新的长征路，才能朝着奋力实现中华民族伟大复兴的中国梦的伟大目标奋勇前进。

（三）文化自信是满足人民对美好生活向往的必然要求

实现人民对美好生活的向往，是我们党始终不渝的奋斗目标。文化既是凝聚人心的精神纽带，又是增进民生福祉的关键因素。如果没有精神生活的充实，就不可能有真正幸福的人生和美好的生活。可以说，衡量美好生活，文化是一个重要尺度，是一个显著标志。改革开放以来，我国人民生活显著改善，已从温饱进到总体小康，已在 2020 年全面建成小康社会。随着生活水平不断上台阶，人民对美好生活的向往越来越强烈，对精神生活需求也越来越突出，更加期待好看的电影、电视、图书、戏曲、文艺作品，更加追求讲道德、遵道德、守道德的生活，更加盼望社会风气和文明风尚的提升。所有这些，都只有在坚定文化自信、推进文化繁荣兴盛的条件下，才能真正做到让人民日益增长的美好生活需要得到满足，让国民素质和社会文明程度达到应有的新高度，让人民精神生活更丰富，基本文化权益保障更充分，文化的获得感、幸福感更充足。

（四）文化自信是培育和践行社会主义核心价值观、实现社会主义文化繁荣兴盛的必然要求

“人类社会发展的历史表明，对一个民族、一个国家来说，最持久、最深层的力量是全社会共同认可的社会核心价值观。核心价值观，承载着一个民族一个国家的精神追求，体现着一个社会评判是非曲直的价值标准。”[①] “核心价值观是一个民族赖以维系的精神纽带，是一个国家共同

---

① 习近平:《青年要自觉践行社会主义核心价值观——在北京大学师生座谈会上的讲话》,《习近平关于社会主义文化建设论述摘编》，中央文献出版社 2017 年版，第 112 页。

的思想道德基础。如果没有共同的核心价值观，一个民族、一个国家就会魂无定所，行无依归。”[①]“历史和现实都表明，核心价值观是一个国家的重要稳定器，能否构建成具有强大感召力的核心价值观，关系社会和谐稳定，关系国家长治久安。”[②]培育和践行核心价值观，有效整合社会意识，是社会系统得以正常运转、社会秩序得以有效维护的重要途径，也是国家治理体系和治理能力现代化的重要方面。培育社会主义核心价值观是繁荣发展社会主义文化的内在要求和稳固基石。只有社会主义文化繁荣兴盛，坚不可摧、稳如磐石，才能在世界文化舞台上展示中国历史、中华民族悠久深厚的文化底蕴，各民族多元一体包容共美、和谐共处的文明大国形象。而要做到这些，首要的前提是坚定文化自信。一个没有自信的民族是难以获得世界认同的。

（五）文化自信是应对文化软实力的激烈竞争的必然要求

文化自信是从精神层面反映一个民族、一个国家对自身存在的价值认同，其实质是价值自信。这种价值自信在国家综合国力竞争中的地位日益凸显，越来越多的国家把提高文化软实力作为发展战略的重要内容。20 世纪先后发生的两次世界大战，让人们看到更多的是国家之间的军事比拼，似乎战争的成败输赢都由武器决定。第二次世界大战后，各国为了在战争废墟上恢复和繁荣经济，改善民生，迅速掀起了科学技术的革命，突出了经济和科技等硬实力的比拼。20 世纪后期，世界发展的潮流和趋势逐步改变了人们对现代化的认识，文化变成了国际竞争的新焦点。理论界有人认为，19 世纪是靠军事改变世界，20 世纪是靠经济改变世界，21 世纪则要靠文化改变世界。有人甚至断言，21 世纪将是文化的世纪，国家、地区之间 10 年比的是经济，50 年比的是制度，100 年

---

① 习近平:《在文艺工作座谈会上的讲话》(2014年10月15日),《习近平关于社会主义文化建设论述摘编》，中央文献出版社 2017 年版，第 124 页。

② 习近平:《在十八届中央政治局第十三次集体学习时讲话》(2014年2月24日),《习近平关于社会主义文化建设论述摘编》，中央文献出版社 2017 年版，第 106 页。

比的是文化。从世界发展的迹象和趋势看，从一定意义上说，谁占领了文化发展制高点，谁拥有了强大文化软实力，谁就能够在激烈的国际竞争中赢得主动。“文化软实力集中体现了一个国家基于文化而具有的凝聚力和生命力，以及由此产生的吸引力和影响力。古往今来，任何一个大国的发展进程，既是经济总量、军事力量等硬实力提高的进程，也是价值观念、思想文化等软实力提高的进程。”①21 世纪初，时任英国首相撒切尔夫人曾说过：“中国不会成为世界的超级大国，因为中国没有那种用来推进自己权力，从而削弱我们西方国家的具有国际传染性的学问，今天中国出口的是电视机，而不是思想观点。”她的话显然是站在“西方优越论”“文明冲突论”的立场和体现，压根儿瞧不起中国，看不起东方文化，但没有预见到当今的中国已经进入了世界舞台中心，不仅在思想观念等方面有了文化软实力、话语权，而且其影响力、辐射力在不断地扩大，日益增强。“有了‘自信人生二百年，会当水击三千里’的勇气，我们就能毫无畏惧面对一切困难和挑战，就能坚定不移开辟新天地，创造新奇迹”②，使我们的文化软实力真正成为文化自信的基本前提。

（六）文化自信是应对意识形态领域斗争的必然要求

当前，世界正处于大发展大变革大调整时期，世界多极化、经济全球化、社会信息化、文化多样化深入发展，各种思想文化相互激荡，文化在综合国力竞争中的地位和作用更加凸显。不可预测的因素日益增多，不确定性明显增强，“黑天鹅”事件也不断出现。信息大爆炸，传播大变革，多元文化碰撞冲击强烈，社会急剧转型，使得人们在生活方式、思维方式、思想观念等方面表现出更多困惑，呈现出信念缺失、精神空虚、价值虚无、享乐拜金等一系列问题。信息化、网络化的普及，既给人们便捷借鉴和吸收人类优秀文化成果提供机遇，又给各种不良文

---

① 《习近平关于社会主义文化建设论述摘编》，中央文献出版社 2017 年版，第 198 页。

② 习近平：《在庆祝中国共产党成立 95 周年大会上的讲话》（2016 年 1 月 1 日），《习近平关于社会主义文化建设论述摘编》，中央文献出版社 2017 年版，第 106 页。

化的渗透提供渠道，使得我国不可避免地受到腐朽、有害、不良文化的挑战，影响国家的文化安全和意识形态安全。正如习近平总书记所说："冷战结束以来，在西方价值观念鼓捣下，一些国家被折腾得不成样子了，有的四分五裂，有的战火纷飞，有的整天乱哄哄的。"[①] 法国拿破仑说："世界上有两种力量：利剑和思想。从长远而论，利剑总是败在思想手下。"[②] 这也从一个视角警示我们，只有坚定文化自信，建立起对中华文化的高度信仰、信心，才能在全球化、现代化的诸多意识形态的巨大浪潮中，坚守社会主义意识形态的阵地，抵制腐朽、有害、不良文化的冲击，才能在对外交流和国际竞争中掌握主动权、话语权，确保国家的政治安全和意识形态安全。

---

① 《习近平谈治国理政》第 2 卷，外文出版社 2017 年版，第 327 页。

② 拿破仑：《拿破仑言论集》，参见［美］史蒂文森主编、周文标等译：《世界名言博引词典》，辽宁人民出版社 1990 年版，第 316 页。

第三章　建设具有强大凝聚力和引领力的社会主义意识形态

意识形态关乎旗帜、关乎道路、关乎国家政治安全。党的百年实践证明，“意识形态工作是党的一项极端重要的工作”[①]。改革开放以来，我们党准确把握世界范围内思想文化相互激荡、我国社会思想观念深刻变化的趋势，强调意识形态工作是“为国家立心、为民族立魂”的工作。党的十八大以来，以习近平同志为核心的党中央始终高度重视意识形态工作，为做好新时代党的意识形态工作搭建“四梁八柱”，为进一步增强文化自信、不断增强社会主义意识形态的凝聚力和引领力奠定了重要基础。

一、马克思主义是我们立党立国、兴党兴国的根本指导思想

习近平总书记在党的二十大报告中指出：“实践告诉我们，中国共产党为什么能，中国特色社会主义为什么好，归根到底是马克思主义行，是中国化时代化的马克思主义行。”[②] 由此，把马克思主义科学理论，作为立党立国、兴党强国的根本指导思想。

（一）马克思主义是科学理论体系

马克思主义是由马克思、恩格斯创立的科学理论体系。列宁在谈到其科学性时曾指出：“马克思学说具有无限力量，就是因为它正确。它完

---

① 习近平：《意识形态关乎旗帜、关乎道路、关乎国家政治安全》（2013.11—2016.10），载《论党的宣传思想工作》，中央文献出版社 2020 年版，第 21 页。

② 《高举中国特色社会主义伟大旗帜　为全面建设社会主义现代化国家而团结奋斗》，《人民日报》2022 年 10 月 26 日。

备而严密，它给人们提供了决不同任何迷信、任何反动势力、任何为资产阶级压迫所做的辩护相妥协的完整的世界观。”[①] 他还指出，“为什么马克思的学说能够掌握最革命阶级的千百万人的心灵，那你们只能得到一个回答：这是因为马克思依靠了人类在资本主义制度下所获得的全部知识的坚实基础；马克思研究了人类社会发展的规律，认识到资本主义的发展必然导致共产主义，而主要的是他完全依据对资本主义社会所做的最确切、最缜密和最深刻的研究，借助于充分掌握以往的科学所提供的全部知识而证实了这个结论。凡是人类社会所创造的一切，他都有批判地重新加以探讨，任何一点也没有忽略过去。凡是人类思想所建树的一切，他都放在工人运动中检验过，重新加以探讨，加以批判，从而得出了那些被资产阶级狭隘性所限制或被资产阶级偏见束缚住的人所不能得出的结论。”[②] 毛泽东曾指出：“马克思列宁主义是从客观实际产生出来又在客观实际中获得了证明的最正确最科学最革命的真理。”[③] 邓小平在南方谈话中也曾强调：“我相信，世界上赞成马克思主义的人会多起来，因为马克思主义是科学。”

对于马克思主义的先进性、科学性、真理性，习近平总书记给予高度评价和全面阐述。“马克思主义是关于自然、社会和思维发展规律的科学，是关于工人阶级和人民大众解放与发展的科学，是关于社会主义、共产主义的科学。它为人类社会提供了最科学、最完整、最严谨的世界观和方法论。”在哲学社会科学工作座谈会上，习近平总书记指出：“马克思主义尽管诞生在一个半多世纪之前，但历史和现实都证明它是科学的理论，迄今依然有着强大生命力。马克思主义深刻揭示了自然界、人类社会、人类思维发展的普遍规律，为人类社会发展进步指明了方向；马克思主义坚持实现人民解放、维护人民利益的立场，以实现人

---

① 《列宁选集》第 2 卷，人民出版社 1995 年版，第 309 页。
② 《列宁选集》第 4 卷，人民出版社 1995 年版，第 366—367 页。
③ 《毛泽东选集》第 3 卷，人民出版社 1991 年版，第 817 页。

的自由而全面的发展和全人类解放为己任，反映了人类对理想社会的美好憧憬；马克思主义揭示了事物的本质、内在联系及发展规律，是‘伟大的认识工具’，是人们观察世界、分析问题的有力思想武器；马克思主义具有鲜明的实践品格，不仅致力于科学‘解释世界’，而且致力于积极‘改变世界’。在人类思想史上，还没有一种理论像马克思主义那样对人类文明进步产生了如此广泛而巨大的影响。”①

1840 年鸦片战争之后，中国逐渐成为半殖民地半封建社会，中国的先进分子开始了寻求救国救民的艰辛历程。俄国十月革命的炮声，给中国送来了马克思列宁主义。在马克思列宁主义同中国工人运动结合的过程中，产生了中国共产党，成为中国历史上开天辟地的大事件。毛泽东在党的七大报告中指出：“我们党从它一开始，就是一个以马克思列宁主义的理论为基础的党，这是因为这个主义是全世界无产阶级的最正确最革命的科学思想的结晶。”② 新中国成立后，在 1954 年召开的第一届全国人民代表大会第一次全体会议开幕词中，毛泽东郑重宣告：“领导我们事业的核心力量是中国共产党。指导我们思想的理论基础是马克思列宁主义。”③ 进入改革开放新时期，邓小平着眼改革开放和社会主义现代化建设大局，旗帜鲜明地提出必须坚持四项基本原则，其中之一就是坚持马克思列宁主义、毛泽东思想。

在马克思主义科学理论指导下，中国共产党团结带领中国人民实现了从站起来、富起来到强起来的历史性飞跃。历史证明，马克思主义是优于资本主义思想的理论体系。正如习近平总书记指出的，尽管我们所处的时代同马克思所处的时代相比发生了巨大而深刻的变化，但从世界社会主义 500 年的大视野来看，我们依然处在马克思主义所指明的历史时代；马克思主义对人类认识世界、改造世界、推动社会进步仍然具有

---

① 习近平：《在哲学社会科学座谈会上的讲话》，《人民日报》2016 年 5 月 19 日。

② 《毛泽东选集》第 3 卷，人民出版社 1991 年版，第 1093 页。

③ 《毛泽东选集》第 5 卷，人民出版社 1977 年版，第 133 页。

不可替代的作用。在人类思想史上，就科学性、真理性、影响力、传播面而言，没有一种思想理论能达到马克思主义的高度，也没有一种学说能像马克思主义那样对世界产生了如此巨大的影响。因此，无论时代如何变迁、科学如何进步，马克思主义依然显示出科学思想的伟力，依然占据着真理和道义的制高点。

（二）坚持不懈地推进马克思主义中国化时代化

进入新时代，习近平总书记反复强调，必须把坚持马克思主义和发展马克思主义统一起来，结合新的实践不断作出新的理论创造，这是马克思主义永葆生机活力的奥妙所在。党的二十大报告指出："中国共产党人深刻认识到，只有把马克思主义基本原理同中国具体实际相结合、同中华优秀传统文化相结合，坚持运用辩证唯物主义和历史唯物主义，才能正确回答时代和实践提出的重大问题，才能始终保持马克思主义的蓬勃生机和旺盛活力。"①

理论的生命力在于创新。马克思主义深刻改变了中国，中国也极大丰富了马克思主义。党之所以能够领导人民在一次次求索、一次次挫折、一次次开拓中完成中国其他各种政治力量不可能完成的艰巨任务，根本在于坚持解放思想、实事求是、与时俱进、求真务实，坚持把马克思主义基本原理同中国具体实际相结合、同中华优秀传统文化相结合，坚持实践是检验真理的唯一标准，坚持一切从实际出发，及时回答时代之问、人民之问，不断推进马克思主义中国化时代化，用马克思主义中国化的科学理论引领伟大实践。

党团结带领人民取得新民主主义革命胜利，实现了民族独立、人民解放，建立了中华人民共和国，完成了中国从几千年封建专制政治向人民民主的伟大飞跃。我们党把马克思主义基本原理同中国具体实践相结合，制定新民主主义革命总路线和基本纲领，创立实事求是的思想路

---

① 习近平：《意识形态关乎旗帜、关乎道路、关乎国家政治安全》（2013.11—2016.10），载《论党的宣传思想工作》，中央文献出版社 2020 年版，第 21 页。

线，形成毛泽东思想，实现了马克思主义中国化第一次伟大飞跃。新中国成立以后，我们党把马克思主义基本原理同社会主义建设实践实现“第二次结合”，推进社会主义革命和建设，建立了社会主义制度，解放和发展生产力，建立了独立完整的工业体系和国民经济体系。而这一时期出现过严重失误和重大错误的教训则表明，只有坚持以马克思主义为指导，革命和建设事业才能进展顺利、取得成功；如果机械、片面地理解马克思主义，必然在指导思想上出现偏差，导致社会主义革命和建设发生失误。

在改革开放和社会主义现代化建设新时期，我们党创立了邓小平理论、“三个代表”重要思想、科学发展观，形成中国特色社会主义理论体系，实现了马克思主义中国化新的飞跃。

进入中国特色社会主义新时代，我们党创立了习近平新时代中国特色社会主义思想，实现了马克思主义中国化新的飞跃。习近平总书记深刻总结党的历史经验，指出“马克思主义是我们立党立国的根本指导思想。背离或放弃马克思主义，我们就会失去灵魂、迷失方向。在坚持马克思主义指导地位这一根本问题上，我们必须坚定不移，任何时候任何情况下都不能有丝毫动摇。”①

党的百年历史，就是一部不断推进马克思主义中国化的历史，就是一部不断推进理论创新、进行理论创造的历史。实践充分证明，马克思主义是认识世界、改造世界的科学真理，马克思主义的科学性和真理性在中国得到充分检验，马克思主义的人民性和实践性在中国得到充分贯彻，马克思主义的开放性和时代性在中国得到充分彰显。

实践没有止境，理论创新也没有止境。马克思主义是共产党人的“看家本领”，不断谱写马克思主义中国化时代化新篇章，是当代中国共产党人的庄严历史责任。我们要把握好习近平新时代中国特色社会主义

① 习近平：《意识形态关乎旗帜、关乎道路、关乎国家政治安全》（2013.11—2016.10），载《论党的宣传思想工作》，中央文献出版社 2020 年版，第 21 页。

思想的世界观和方法论，坚持好、运用好贯穿其中的立场观点方法。要把“六个必须坚持”学精悟透用好，知其言更知其义、知其然更知其所以然，锻造更加坚强的思想武器，为全面建设社会主义现代化国家、全面推进中华民族伟大复兴提供强大的思想理论支撑。

（三）坚持马克思主义在意识形态领域指导地位

马克思主义在意识形态领域的思想指导是根本性、方向性的，关乎旗帜、关乎道路，也关乎国家的政治安全。能否坚持马克思主义在意识形态的指导地位关乎国家的长治久安、关乎执政党的生机与活力。在这一根本问题上必须坚定不移、绝不动摇。

习近平总书记指出：“意识形态工作是党的一项极端重要的工作。”[①] 马克思主义在意识形态领域的指导地位牢固不牢固，既影响着我国文化建设的方向与效果，又影响着中国特色社会主义道路的前进方向。着眼新时代党和国家事业全局，明确将坚持马克思主义在意识形态领域指导地位确立为必须始终遵循的根本制度，既是历史的结论，也是时代的要求。

党的十九届四中全会审议通过的《中共中央关于坚持和完善中国特色社会主义制度、推进国家治理体系和治理能力现代化若干重大问题的决定》，强调坚持马克思主义在意识形态领域指导地位的根本制度，并作出一系列重大部署。这是我们党第一次把马克思主义在意识形态领域的指导地位作为一项根本制度明确提出来，是关系党和国家事业长远发展、关系我国文化前进方向和发展道路的重大制度创新，集中体现了我们党在领导文化建设长期实践中积累的成功经验和形成的方针原则，充分反映了以习近平同志为核心的党中央对社会主义文化建设规律的认识进入了一个新的境界。

坚持马克思主义在意识形态领域指导地位的根本制度，是坚持正确

① 习近平：《胸怀大局把握大势着眼大事　把宣传思想工作做更好》，人民网2013年8月20日。

发展道路、实现国家长治久安的必然要求。思想引领方向，方向决定道路。在长期的奋斗历程中，我们正是始终坚持马克思主义指导思想，始终坚持把马克思主义基本原理同中国具体实际相结合，才找到了正确的新民主主义革命道路、社会主义革命和建设道路、中国特色社会主义道路。找到一条正确道路、建立一个国家政权不容易，坚持住这条道路、巩固好这个政权更不容易。历史经验表明，国家动荡、政权更迭往往始于思想领域的混乱、指导思想的动摇。苏联解体、东欧剧变、一些国家发生“颜色革命”，这些前车之鉴警示我们，政治上的坚定源于理论上的清醒，只有高度自觉、始终不渝坚持以马克思主义为指导，才能保证道路不偏向、江山不变色，保证国本永固、事业常青。进入新时代，坚持和巩固马克思主义在意识形态领域指导地位的根本制度，最重要的就是坚持和巩固习近平新时代中国特色社会主义思想的指导地位。思想理论上的坚定清醒，是政治上坚定清醒的前提。认真学习贯彻习近平新时代中国特色社会主义思想，把握好、运用好新思想的世界观和方法论，以及贯穿其中的立场观点方法，是党员干部必须掌握的工作制胜的看家本领，是深刻领悟“两个确立”的决定性意义，不断增强“四个意识”、坚定“四个自信”、做到“两个维护”的具体体现。

二、意识形态决定着文化的发展方向和道路

习近平总书记指出：“意识形态决定文化前进方向和发展道路。”[①] 进入新时代，必须以社会主义意识形态引领文化发展方向和道路，才能坚定文化自信，维护意识形态安全，推动社会主义文化繁荣兴盛。

（一）意识形态具有鲜明的价值导向性

意识形态是与一定社会的经济和政治直接相联系，系统、自觉地反映社会经济形态和政治制度的思想观念体系。意识形态属于上层

---

① 《中国共产党第十九次全国代表大会文件汇编》，人民出版社2017年版，第43页。

建筑，是经济基础的必然反映。经济基础是客观存在的，意识形态也是客观存在的。一定的社会意识形态是一定的社会存在的反映，作为人们对世界和社会的系统看法和见解，意识形态主要包括政治法律、思想道德、文学艺术、宗教、哲学社会科学等内容，以各种不同的方式，从不同侧面、不同角度反映现实的社会生活，并随着经济基础等社会存在的变化或迟或早地发生变化，由此构成意识形态的有机整体。

法国哲学家、政治家特拉西最早在其著作《意识形态的要素》中，首先提出“意识形态”这一概念，并将其界定为中立的为一切观念的产生提供一个真正科学的哲学基础的“观念科学”。特拉西从观念学角度界定意识形态概念，把意识形态规定为研究人的心灵、意识和认识的发生、发展规律与普遍原则的学说，试图为一切观念的产生提供科学的哲学基础。

法国著名哲学家、结构主义马克思主义奠基人路易斯·阿尔都塞认为，生产关系决定文化，生产关系是人类经验生活的一个特殊领域，它产生的特殊的文化，就是意识形态，即在这个物质环境里思考的问题，是阶级意识的文化。

英国学者乔治·拉伦在马克思意识形态理论基础上，试图构建一种研究视域更加宽广、包容性更大的意识形态。他用新的意识形态理论分析当代资本主义社会体系下所出现的性别、种族和文化上的冲突和矛盾。他主张认真对待后发国家的文化身份的问题，并通过对拉丁美洲和南美洲的文化传统和文化成型的分析认为，文化身份包含着意识形态问题。

从意识形态的本质看，它反映了人们不同的利益诉求，因而并非纯客观的或“价值中立”的理论。无论怎样给意识形态下定义，其最基本的要素是价值观的理论体系，这就使得意识形态与文化有着千丝万缕的天然联系。

文化是人类在长期的社会实践活动中所创造的物质财富的凝结和精

神财富的积累，是由多元的、不同时空、相互影响的人类实践活动所创造出的元素组成的结构系统，大致包括物质、制度、行为、精神等不同层面。同时，文化包括意识形态性质的文化，比如世界观、人生观、价值观等；也包含非意识形态性质的文化，如自然科学、语言、文字等。在每一层面的文化中，最核心、最稳定、最具特别规定性的往往是精神层面的，即意识形态层面的文化，如价值观念、思维方式、道德情操、审美趣味、宗教信仰、民族特性等。

可见，意识形态是人类文化发展的特定形式。事实上，在文明社会发展主要文化成果中，有很大一部分都是属于意识形态范畴的。从这个意义上来说，意识形态是阶级社会条件下文化发展的重要载体。同时，意识形态也是通过一定的文化形式来表现的。

文化是基础和前提，意识形态则是核心和灵魂。因此，意识形态对整个社会文化具有决定、支配和制约作用。鉴于意识形态的阶级性，无论是在资本主义，还是在社会主义，或是在其他社会形态中，意识形态对文化的发展方向和发展道路都具有决定性作用，这是由意识形态的本质属性所决定的。

马克思主义认为，意识形态可以被理解为一种具有理解性的想象、一种观看事物的方法（比如世界观），存在于共识与一些哲学趋势中，或是指由社会中的统治阶级对所有社会成员提出的一种观念。可见，意识形态必然反映阶级利益和阶级诉求。在阶级社会，不同阶级都存在反映并表达本阶级思想观念的意识形态，没有超阶级的意识形态。无产阶级有包括哲学、政治、道德、法律等内容的思想观念体系，资产阶级同样也有自己的思想观念体系。这些反映不同利益关系和不同生产关系、为不同经济基础服务的思想观念体系，体现了意识形态的鲜明阶级性。而在一定社会中占主导地位的意识形态，必然是该社会在经济上占统治地位的阶级的思想观念体系。因为“统治阶级的思想在每一时代都是占统治地位的思想。这就是说，一个阶级是社会上占统治地位的物质力量，同时也是社会上占统治地位的精神力量。支配着物质生产资料的阶级，同时也支配着精神生产的资料，因此，那些没有精神生产资料的人的思想，一般地是受统治阶级支配的。”[①] 统治阶级的意识形态反映该阶级所维护的经济形式和政治关系，论证这种经济、政治制度的合理性及其阶级统治的合法性，并在这一意识形态指导下设计整个政治社会系统的运转机制。

依据马克思主义意识形态批判思想，意识形态在本质上是价值观的理论体系，内容上反映一定的阶级或集团利益，具有特殊性。自阶级产生起，意识形态便具有阶级性，阶级性是意识形态所具有的普遍特性。在资本主义社会，资本主义意识形态是资产阶级在长期的反对封建专制主义、反对宗教神学的斗争中逐步形成和发展起来的。在资本主义国家产生之后，由统治阶级在以往形成的资产阶级思想理论和思想观念基础上建立起的、在资本主义国家中占统治地位的、反映作为统治阶级的资产阶级的利益和要求的各种思想理论、思想观念、价值体系的总和，即资本主义意识形态。在资本主义国家中占统治地位的政治、经济、法律、哲学、伦理、历史、文学、宗教等大多数人文社会科学的理论、学说或意识形式等，都属于资本主义意识形态的范畴。

在推动人类社会发展进程的某一阶段中，资本主义意识形态也曾经发挥过积极意义。资本主义社会创造出大量物质财富，也创造出丰富的精神财富。这些精神财富相当大一部分是思想文化成果，并大多以意识形态形式保存下来，或是包含在意识形态之中被保存下来的。特别是在早期，这些资产阶级的思想理论和思想观念在批判封建主义和宗教神学、启发民众积极参与和推动资产阶级革命、保证资产阶级革命的胜利、为资产阶级建立国家提供理论依据等方面发挥了极为重要的作用。

这些思想文化成果是人类文明进步的成就和体现。在资本主义国家建立起来以前，那些反映文艺复兴时期和资产阶级革命时期的资产阶级思想理论和观念，由于它们在反对封建主义和宗教神学，推动资产阶级

---

① 《马克思恩格斯选集》第1卷，人民出版社2012年版，第178页。

革命的发展，以及促进资本主义国家建立的过程中曾起过积极作用，因而其主要社会作用是推动历史前进的，是进步的意识形态。

譬如，文艺复兴、宗教改革和启蒙运动三大思想运动对资产阶级意识形态的产生和形成发挥了重要的孕育作用。尤其是文艺复兴（Renaissance），是发生在14世纪到16世纪的欧洲的一场反映新兴资产阶级要求的思想文化运动。11世纪后，随着经济的复苏与发展、城市的兴起与繁荣，以及生活水平的提高，人们逐渐改变了以往对现实生活的悲观、绝望态度，开始追求世俗人生的乐趣，但是这些思想倾向都是与天主教的主张相违背的。这实际上也就是两种不同意识形态的角力和较量。

文艺复兴运动最先在城市经济繁荣的意大利兴起。意大利市民和知识分子，厌恶天主教神权地位及其虚伪的禁欲主义，但由于尚未形成成熟的思想文化体系取代天主教文化，于是借助复兴古代希腊、罗马文化形式表达其思想文化主张。因此，文艺复兴并非古典复兴，实际上是资产阶级反封建的新文化运动。

此后，文艺复兴扩展到西欧各国，于16世纪达到顶峰，带来一段科学与艺术的革命以及思想的解放。

在三大思想运动和资产阶级革命的积极推动下，资本主义价值观不断得到丰富和发展。18世纪末，法国资产阶级大革命中诞生的《人权宣言》，宣布自由、财产、安全和反抗压迫是天赋不可剥夺的人权，肯定言论、信仰、著作和出版自由，阐明权力分立、法律面前人人平等、私有财产神圣而不可侵犯等原则，成为集中体现资产阶级价值观的典范之作。

《人权宣言》诞生在法国这个启蒙运动的中心，它所揭示的天赋人权，自由平等，否定了封建等级制度，体现了摧毁封建君主专制的要求，成为资产阶级夺取政权和巩固政权的思想武器。《人权宣言》所弘扬的启蒙思想，充分彰显了资产阶级意识形态的核心内涵。200多年来，它所体现出的精神、原则和规范已深刻融入西方经济社会生活方方面面。从这个意义上说,《人权宣言》不但体现了法国宪政文化的鲜明特色，而且对西方经济社会发展和进步产生了深刻影响，并且推动了世界资产阶级民主化进程，尤其是对西方近现代思想文化的形成过程和发展方向产生了深刻影响。实践证明,《人权宣言》所体现出的意识形态层面的价值取向，尤其是对政治和法律领域带来的根本性变化，不仅对整个资产阶级文化的发展产生了决定性作用，对亚洲和中国的革命都产生了不同程度的影响。

由此可见，资产阶级在取得革命的胜利，建立资本主义国家之后，开始考虑政权的巩固和统治的需要，于是开始构建资本主义国家的意识形态。从这时起，与文艺复兴和资产阶级革命时期一脉相承的资产阶级的各种思想理论和观念就逐步发展成为资本主义国家意识形态的基本内容。

资本主义国家的意识形态，构成了资本主义国家上层建筑的主要内容，是为资本主义社会形态的经济基础服务的，是集中体现资产阶级这一群体的阶级意识的。通过论证资本主义社会制度的合理性、资本主义民主的普适性等，维护资产阶级利益，维护资产阶级统治，是资产阶级构建自身意识形态的根本目的。比如，以“自由、民主和私有化”为主要特征的、包含在意识形态中的资本主义制度，是为资产阶级专政服务的，其维护资产阶级政治统治的工具性特征昭然若揭：资本主义的民主是金钱操纵下的民主，实际上是资产阶级精英统治下的民主；法律名义上的平等掩盖着事实上的不平等；资本主义国家政党制是维护资产阶级统治的政治制度等，充分体现了资产阶级利用意识形态手段维护自身政治统治的本质。

随着无产阶级作为独立政治力量登上历史舞台以后，两大阵营之间的斗争渐次展开，资本主义意识形态日益演变成公开为资本主义剥削制度辩护的工具，充分暴露出资本主义意识形态的阶级本质和阶级局限性。如列宁所说:“所有一切压迫阶级，为了维护自己的统治，都需要两种社会职能：一种是刽子手的职能，另一种是牧师的职能”,“牧师的使命是安慰被压迫者，给他们描绘一幅在保存阶级统治的条件下减少痛苦和牺牲的前景”，“从而使他们顺从这种统治，使他们放弃革命行动，打消他们的革命热情，破坏他们的革命决心”。[①]

与此同时，社会主义意识形态也得到发展。继三大空想社会主义出现后，马克思和恩格斯于19世纪40年代共同创立科学社会主义理论，发表《共产党宣言》，通过分析资本主义制度实质与人类价值观矛盾，确立唯物史观，发现剩余价值学说，揭示私有制是一切剥削制度的根源，明确指出，“共产党人可以把自己的理论概括为一句话：消灭私有制。”“共产主义革命就是同传统的所有制关系实行最彻底的决裂；毫不奇怪，它在自己的发展进程中要同传统的观念实行最彻底的决裂。”[②]社会主义从此摆脱空想，走出乌托邦荒原，诞生了科学社会主义理论，成为令人信服的科学理论，有力地指导并推动全世界无产阶级的解放运动。

人类进入20世纪后，社会主义的价值观终于获得了自己的制度载体。以马克思主义为指导的社会主义意识形态代表最广大人民利益，具有人民至上的鲜明价值导向。以马克思主义为指导的社会主义意识形态遵循人类社会发展规律，代表人类社会未来发展趋势，体现为了人民利益的鲜明特性。资产阶级意识形态则因背离人民群众根本利益，为少数人剥削大多数人的资本主义社会制度辩护，因而失去顺应人类社会发展趋势的科学性。

（二）马克思主义揭示意识形态根源和本质

马克思主义本身也是一种意识形态，同样具有一切意识形态的共性，即是体现价值观的理论体系。而马克思主义与资产阶级意识形态，以及历史上其他剥削阶级意识形态之间存在着根本性区别，即通过科学

---

① 《列宁全集》第26卷，人民出版社1984年版，第333页。

② 马克思恩格斯：《共产党宣言》，《马克思恩格斯选集》第1卷，人民出版社2012年第3版，第414、421页。

揭示资本主义内在矛盾以及与社会化大生产相联系的无产阶级历史地位，旗帜鲜明地表达无产阶级所代表利益在本质上和长远意义上同人类普遍利益的一致性。正如《共产党宣言》中指出的："过去的一切运动都是少数人的，或者为少数人谋利益的运动。无产阶级的运动是绝大多数人的，为绝大多数人谋利益的独立的运动""共产党人的最近目的是和其他一切无产阶级政党的最近目的一样的：使无产阶级形成为阶级，推翻资产阶级的统治，由无产阶级夺取政权。"他们在当前的运动中同时代表运动的未来，"代替那存在着阶级和阶级对立的资产阶级旧社会的，将是这样一个联合体，在那里，每个人的自由发展是一切人的自由发展的条件"[①]。这也是列宁称马克思主义为"科学的意识形态"的重要依据。

第一，意识形态由经济基础决定、受上层建筑制约，但又有自身相对独立性。恩格斯指出："物质生存方式虽然是始因，但是这并不排斥思想领域也反过来对这些物质生存方式起作用，因而是第二性的作用。"[②]马克思主义从社会存在与社会意识辩证关系的角度强调，政治、法律、哲学、宗教、文字、艺术等的发展是以经济发展为基础的，但它们又相互作用并对经济基础发生作用。人类社会发展过程也印证了这一点，在物质生产实践中产生并不断发展的思想意识，改变着人们的价值观念、思维方式和精神面貌，推动人类的发展和历史的进步，由此彰显了意识形态巨大的独立性和社会功能。

第二，马克思主义意识形态理论是吸收人类文明成果，同以往意识形态理论相互激荡、不断扬弃的智慧结晶。在西方哲学史上，意识形态曾被认为是社会科学领域里最不易界说、最有歧义的概念之一。马克思主义意识形态理论则从唯物史观出发，揭示了意识形态产生的根源与本质。《德意志意识形态》指出："思想、观念、意识的生产最初是直接

---

① 马克思恩格斯：《共产党宣言》，《马克思恩格斯选集》第1卷，人民出版社2012年第3版，第411、422页。

② 《马克思恩格斯全集》第37卷，人民出版社1956年版，第431—432页。

与人们的物质活动，与人们的物质交往，与现实生活的语言交织在一起的。人们的想象、思维、精神交往在这里还是人们物质行动的直接产物。表现在某一民族的政治、法律、道德、宗教、形而上学等的语言中的精神生产也是这样。”[①]《共产党宣言》及其《序言》强调：“每一历史时代的经济生产以及必然由此产生的社会结构，是该时代政治的和精神的历史的基础”，“人们的观念、观点和概念，一句话，人们的意识，随着人们的生活条件、人们的社会关系、人们的社会存在的改变而改变”，由此阐明了意识形态是社会存在的反映，“意识形态”成为唯物史观基本范畴。列宁在继承马克思主义意识形态理论基础上，强调意识形态有科学与非科学之分，作为无产阶级解放学说的马克思主义，是科学的意识形态，它是为无产阶级的根本利益服务的，是无产阶级真正的自觉的阶级意识。

第三，马克思主义理论是无产阶级的思想理论，代表的是无产阶级的阶级利益，而这一利益是同人类获得自由全面的普遍性利益完全一致的，这是人类的共同利益，正如马克思一直强调的那样，无产阶级的解放是资本主义社会化大生产发展的客观要求，而无产阶级如果不能解放全人类，就不能最终解放自己。这也就是马克思主义作为代表无产阶级和全人类根本利益的意识形态，所具有的科学性和人民性的统一。

第四，马克思主义是无产阶级争取解放的巨大思想武器，但它并不能自动成为工人阶级的思想武器。列宁指出：“工人本来也不可能有社会民主主义的意识。这种意识只能从外面灌输进去，各国的历史都证明：工人阶级单靠自己本身的力量，只能形成工联主义的意识”[②]，“社会主义意识是一种从外面灌输到无产阶级的阶级斗争中去的东西，而不是一种从这个斗争中自发地产生出来的东西。”必须有计划有组织地对工人阶级进行科学社会主义理论教育，自觉维护其意识形态的主导地位，才能

① 《马克思恩格斯全集》第3卷，人民出版社1956年版，第29页。
② 《列宁全集》第6卷，人民出版社1984年版，第29页。

有效清除工人运动中资产阶级意识形态的影响，使以马克思主义为指导的社会主义意识形态成为工人阶级的思想体系。

（三）牢牢把握党对意识形态工作的领导权

意大利共产党理论家葛兰西写有《狱中札记》等著作，他在探讨党如何掌握意识形态的领导权问题时，反复强调党领导文化工作的极端重要性。他认为，能否取得文化领导权即所谓文化霸权，关乎党能否有效实施国家领导权。作为马克思主义政党，中国共产党在推进马克思主义中国化的历程中，致力于对掌握意识形态工作领导权的实践探索。

意识形态工作事关国家兴亡盛衰，我们党历来高度重视意识形态工作。善于做好意识形态工作，是党不断发展壮大，领导人民取得革命、建设和改革开放伟大成就的一条基本经验。毛泽东指出："掌握思想教育，是团结全党进行伟大政治斗争的中心环节"[①]，"掌握思想领导是掌握一切领导的第一位"[②]。邓小平指出："改善党的领导，其中最主要的，就是加强思想政治工作。"[③] 江泽民提出："意识形态领域是和平演变与反和平演变斗争的重要领域……思想宣传阵地，社会主义思想不去占领，资本主义思想就必然会去占领。"[④] 胡锦涛指出："意识形态领域历来是敌对势力同我们激烈争夺的重要阵地，如果这个阵地出了问题，就可能导致社会动乱甚至丧失政权。"[⑤] 习近平总书记在新进中央委员会的委员、候补委员学习贯彻党的十八大精神研讨班上的讲话中曾指出："苏联为什么解体？苏共为什么垮台？一个重要原因就是意识形态领域的斗争十分激烈，全面否定苏联历史、苏共历史，否定列宁，否定斯大林，搞历史虚无主义，思想搞乱了，各级党组织几乎没任何作用了，军队都不在党的

---

① 《毛泽东选集》第 3 卷，人民出版社 1991 年版，第 1094 页。

② 《毛泽东文集》第 2 卷，人民出版社 1993 年版，第 435 页。

③ 《邓小平文选》第 2 卷，人民出版社 1994 年版，第 365 页。

④ 江泽民：《在庆祝中国共产党成立七十周年大会上的讲话》，《人民日报》1991 年 7 月 2 日。

⑤ 《十六大以来重要文献选编》（中），中央文献出版社 2011 年版，第 318 页。

领导之下了。”[①] 2021 年 11 月，党的十九届六中全会通过的《中共中央关于党的百年奋斗重大成就和历史经验的决议》指出，党着力解决意识形态领域党的领导弱化问题，立破并举、激浊扬清，就意识形态领域许多方向性、战略性问题作出部署，确立和坚持马克思主义在意识形态领域指导地位的根本制度，健全意识形态工作责任制，推动全党动手抓宣传思想工作，守土有责、守土负责、守土尽责，敢抓敢管、敢于斗争，旗帜鲜明反对和抵制各种错误观点[②]。从革命战争时期，到社会主义革命和建设时期，从改革开放时期到新时代中国特色社会主义时期，意识形态工作都是党的一项极端重要的工作。意识形态工作为实现不同历史时期党的奋斗目标提供了理论支撑和精神动力，并在这一过程中形成一系列中国特色理论创新成果。

新民主主义革命时期，尽管我们党并未掌控国家意识形态机器，但仍不遗余力地积极倡导新的政治文化思想，加强马克思主义宣传引导，以此推动中国革命历史进程。毛泽东多次强调，凡是要推翻一个政权，总要先造成舆论，总要先做意识形态方面的工作。革命的阶级是这样，反革命的阶级也是这样。在抗日战争和解放战争中，我们党更加突出意识形态工作的战略地位，更加自觉地注重对思想文化和意识形态领域主导权的掌控，为新民主主义革命的胜利奠定了坚实基础。

新民主主义革命时期，我们党高擎马克思主义旗帜，致力于“使马克思主义中国化”。中国共产党自成立之日起，就坚定地选择了马克思主义，并推动马克思主义与中国革命实际相结合，形成毛泽东思想这一马克思主义中国化重大理论成果。党的六届六中全会提出“使马克思主义在中国具体化”。毛泽东强调，“必须反对空谈马克思主义；在中国生活的共产党员，必须联系中国的革命实际来研究马克思主义”。1940 年

① 《十八大以来重要文献选编》（上），中央文献出版社 2014 年版，第 113 页。

② 《中共中央关于党的百年奋斗重大成就和历史经验的决议》辅导读本，人民出版社 2021 年版，第 55 页。

初，中央发出《关于干部学习的指示》，对全党干部加强理论学习提出明确要求，初步建立干部理论学习制度。经过以加强马克思主义教育为主要内容的整风学习，全党在毛泽东思想基础上达到空前统一和团结，为夺取中国革命胜利奠定了坚实的思想基础。正如我们党所强调的："中国共产党人是我们民族一切文化、思想、道德的最优秀传统的继承者，把这一切优秀传统看成和自己血肉相连的东西，而且将继续加以发扬光大。中国共产党近年来所进行的反主观主义、反宗派主义、反党八股的整风运动就是要使得马克思列宁主义这一革命科学更进一步地和中国革命实践、中国历史、中国文化相结合起来。"[①] 通过与各种错误思潮作斗争，纠正党内教条主义、经验主义、本本主义，回归马克思主义本质，引导全党自觉运用马克思主义指导中国革命实践。

新中国成立后，宣传思想和舆论引导工作被放在更加突出的位置，马克思主义在意识形态领域的指导地位得以不断强化。我们党致力于批判各种反马克思主义思潮，逐步确立社会主义意识形态。以 1957 年为节点，社会主义建设时期的意识形态工作大体可分为两个发展阶段，前一阶段针对各种反马克思主义的错误思想进行坚决有力的批判，确立社会主义意识形态主导地位；此后受"左"的错误影响，意识形态领域的批判偏离正确轨道，给社会主义事业造成严重损害。

1949 年颁布的《共同纲领》规定，中华人民共和国的文化教育为新民主主义的，即民族的、科学的、大众的文化教育。因此，人民政府的文化教育工作，也是新中国成立初期意识形态领域的主要任务。为此，要建立革命的政治教育，增设政治经济学、新民主主义论、社会发展史等新课，使马克思列宁主义、毛泽东思想的教育进入学校。1951 年初，中央先后发出《关于健全各级宣传机构和加强党的宣传教育工作的指示》《关于加强理论教育的决定》，要求"领导和推广马克思列宁主义、

① 许全兴:《百年来马克思主义与中国传统文化相结合的历史经验》,《光明日报》2021 年 5 月 18 日。

毛泽东思想的宣传，领导和推广对于反马克思主义思想的批判”。随即，在全国开展“克服旧思想，接受新思想”的知识分子思想改造运动，同时展开群众性的马列主义、毛泽东思想基本知识、基本理论学习普及活动，以肃清帝国主义和封建主义文化意识。虽出现过学术批判与政治批判相混淆的情况，但通过开展大规模思想改造运动和学习宣传活动，总体上确立了马克思主义在意识形态领域的指导地位，社会主义意识形态得以确立。

1956 年，我国社会主义改造基本完成。但由于国际环境变化和我国急于改变国家落后面貌的迫切心情，使得党的路线和方针政策开始偏离我国国情，进而导致“左”倾错误累积，爆发“文化大革命”，这不仅给党和人民带来深重灾难，而且严重动摇了人们对马克思主义的信仰和对社会主义的信念，使党的意识形态建设成果遭受重大损失。

改革开放新时期，以真理标准问题大讨论为发端，不仅开启了中国改革开放的新局面，而且重新确立解放思想、实事求是的党的思想路线，恢复马克思主义在意识形态领域的指导地位。改革开放以来，我们党在不断深化对社会主义再认识的基础上，也开始了不断深化对社会主义意识形态建设的再认识。

1981 年 6 月颁布的《关于建国以来党的若干历史问题的决议》，标志着意识形态领域拨乱反正工作的完成。1987 年党的十三大系统阐述社会主义初级阶段理论，1992 年邓小平发表南方谈话，1992 年党的十四大系统概括建设有中国特色社会主义理论，1997 年党的十五大把邓小平理论作为“当代中国的马克思主义，马克思主义在中国发展的新阶段”写入党章，标志着党的意识形态建设实现重塑，以中国特色社会主义为核心的意识形态建设内涵得以明确。

随着改革开放不断深化，西方国家利用其经济科技优势，实施“西化”“分化”战略，用资产阶级意识形态向我们进攻。我们党进一步深刻认识意识形态的战略地位，强调必须牢牢把握意识形态工作的主动权。邓小平在南方谈话中再次强调：“在整个改革开放的过程中，必须始终注意坚持四项基本原则”，“资产阶级自由化泛滥，后果极其严重。特区搞建设，花了十几年时间才有这个样子，垮起来可是一夜之间啊。”[①]

新世纪以来，西方国家主导的全球化不断发展，而“全球化过程不仅是一个经济过程，而且是一个伴随着意识形态运动的政治过程”，即当今全球化是经济政治化和政治经济化的互动过程，它实际上是“西方资本主义生产方式和生活方式向全球不断扩展的过程”。作为“一种对意识形态起作用的工具之一”，全球化强烈冲击我国意识形态工作，使意识形态工作卷入与不同国家意识形态互竞互鉴的舞台。为此，江泽民指出：“舆论导向正确，是党和人民之福；舆论导向错误，是党和人民之祸。”[②]要“以科学的理论武装人，以正确的舆论引导人，以高尚的精神塑造人”[③]。胡锦涛则告诫全党：“意识形态工作是党的一项十分重要的工作。经验告诉我们，经济工作搞不好要出大问题，意识形态工作搞不好也要出大问题。”“意识形态领域斗争仍然是长期的、艰巨的、复杂的。我国社会价值观念也日趋多样，正确的和错误的、先进的和落后的、主流的和非主流的思想观念相互交织。面对意识形态领域的复杂形势，如果我们不敏感、不研究，不能采取切实可行的应对措施，不能有效引导社会思潮和社会舆论，就会削弱党执政的思想基础，甚至会危及党的执政地位。”[④]

1996年党的十四届六中全会通过《关于加强社会主义精神文明建设若干重要问题的决议》，提出要按照以科学的理论武装人，以正确的舆论引导人，以高尚的精神塑造人，以优秀的作品鼓舞人的要求，加强社会主义精神文明建设，为改革开放和社会主义现代化建设提供政治保证、人才支持和精神动力。党的十六大把“三个代表”重要思想与马列

---

① 《邓小平文选》第3卷，人民出版社1993年版，第379页。
② 《江泽民文选》第1卷，人民出版社2006年版，第564页。
③ 《江泽民文选》第3卷，人民出版社2006年版，第559页。
④ 《胡锦涛文选》第2卷，人民出版社2016年版，第527页。

主义、毛泽东思想、邓小平理论一道写入党章，成为我们党“必须长期坚持的指导思想”，由此推动了社会主义意识形态理论的丰富和发展。

面对全球思想文化交流交融交锋新特点，2004 年党的十六届四中全会通过的《关于加强党的执政能力建设的决定》提出，要坚持马克思主义在意识形态领域的指导地位，不断提高建设社会主义先进文化的能力，大力弘扬以爱国主义为核心的民族精神和以改革创新为核心的时代精神，不断巩固全党全国人民团结奋斗的共同思想基础。2006 年党的十六届六中全会通过的《关于构建社会主义和谐社会若干重大问题的决定》提出，“坚持以社会主义核心价值体系引领社会思潮，尊重差异，包容多样，最大限度地形成社会思想共识。”2007 年党的十七大科学阐述中国特色社会主义理论体系，强调要用社会主义核心价值体系这个“兴国之魂”引领社会思潮，在全党全社会形成统一指导思想、共同理想信念、强大精神动力和基本道德规范，为夺取全面建设小康社会新胜利指明方向。

进入中国特色社会主义新时代，我们党进一步认识意识形态工作的极端重要性，进一步强调必须牢牢把握意识形态工作的领导权、管理权和话语权。

党的十八大以来，以习近平同志为核心的党中央把意识形态工作放在战略全局的高度，提出一系列创新性的思想观点，作出一系列重大部署，进一步巩固了马克思主义在意识形态领域的指导地位，巩固了全党全国人民团结奋斗的共同思想基础。

在当代中国语境下，坚持党对意识形态工作的领导，是由中国特色社会主义文化的性质和国情所决定的。习近平总书记从党执政兴国的高度对认识意识形态工作的重要性进行了全面、深刻的阐述。他多次说：“我一直在思考一个问题，这就是：我们中国共产党人能不能打仗，新中国的成立已经说明了；我们中国共产党人能不能搞建设搞发展，改革开放的推进也已经说明了；但是，我们中国共产党人能不能在日益复杂的国际国内环境下坚持住党的领导、坚持和发展中国特色社会主义，这个还需要我们一代一代共产党人继续作出回答。”“做好意识形态工作，做好宣传思想工作，要放到这个大背景下来认识。”①

意识形态工作是党的一项极端重要的工作。意识形态是一个政党、一个国家的思想意志和政治制度的根本体现，关系到举什么旗帜、走什么道路、立什么制度等根本性问题。正如习近平总书记所指出的：“一个政权的瓦解往往是从思想领域开始的，政治动荡、政权更迭可能在一夜之间发生，但思想演化是个长期过程。思想防线被攻破了，其他防线也就很难守住。我们必须把意识形态工作的领导权、管理权、话语权牢牢掌握在手中，任何时候都不能旁落，否则就要犯无可挽回的历史性错误。”② 这是我们党在总结国际国内历史经验的基础上提出的一个重要论断：意识形态工作事关国家兴亡盛衰；一个没有军事实力、经济实力的国家，难免一打就败；而一个没有意识形态防线的国家则会不战而败。历史经验反复证明，一个国家能否长治久安，一个社会能否和谐稳定，一个政党能否稳固自身执政地位，既取决于国家经济实力、军事实力、技术实力强弱，也取决于国家意识形态建设状况。什么时候意识形态工作导向失误、措施不当，什么时候就会造成社会混乱；什么时候意识形态工作导向正确、措施得当，什么时候就国泰民安，风清气正。

三、意识形态工作关乎党和国家的前途命运

意识形态作为一个政党、国家和民族的政治目标导向和社会价值追求，是直接关系到举什么旗、走什么路等重大政治方向的问题。从一定意义上说，把握意识形态工作主动权，是坚定道路自信、理论自信、制度自信、文化自信的重要基础，是增强政治意识、大局意识、核心意识

---

① 习近平：《在全国宣传思想工作会议上的讲话》，2013年8月19日，《习近平关于社会主义文化建设论述摘编》，中央文献出版社2017年版，第31—32页。

② 习近平：《在全国宣传思想工作会议上的讲话》，2013年8月19日，《习近平关于社会主义文化建设论述摘编》，中央文献出版社2017年版，第21页。

和看齐意识的重要前提，是坚决维护习近平总书记党中央的核心、全党的核心地位，坚决维护党中央权威和集中统一领导的根本要求。在当代中国语境下，加强意识形态建设的一个重要工作取向，就是必须正视这一领域存在的突出问题，并积极寻求解决问题的现实途径。

（一）形势总体向好但仍面临挑战

在阶级社会中，意识形态具有阶级性。一般来说，不同国家民族、不同历史时期，必定会产生不同的主流意识形态。即便是在同一国家、同一民族、同一历史时期，不同社会经济地位、政治利益和立场的人们，其意识形态倾向也都会有所区别。虽不能把世界上一切矛盾和斗争都归结为“文明的冲突”，归结为意识形态斗争。但不同社会制度的国家，或是处于不同利益群体的个人，其意识形态的基本取向必定存在区别，甚至产生尖锐对立。在经济全球化、世界多极化、文化多元化的今天，国际形势纷繁复杂，各种思想思潮交流、交汇、交融、交锋，无论是观察、思考国际问题，还是研判、处理国内问题，如果不加分析地采取“去意识形态化”的做法，都是不符合实际的，也是有害的。

同时，意识形态对社会存在具有能动作用，引导得好，可以对推动社会发展发挥积极作用，引导不好，会对社会发展起到破坏作用。特别是在社会转型、经济变革时期，新旧意识形态之间发生的斗争尤为激烈。不同意识形态之间的相互斗争，构成阶级斗争的一个重要内容。当今世界，随着“暴力与金钱”“核弹与火箭”的竞争逐渐退居幕后，“意志与思想”“精神与价值”不断走向台前，争夺话语权、网络控制权、信息发布权、规则制定权、文化领导权等“软权力”成为世界各国综合国力竞争的焦点。从杜勒斯“和平演变”政策的提出，到美国“西化分化”战略的实施；从苏联解体、东欧剧变，到煽动“颜色革命”；从台湾的“太阳花”学潮，到香港的违法“占中”、修例风波，某些西方政治势力倾力发动意识形态战，甚至企图以此颠覆别国政权。这些令人触目惊心的案例深刻警示我们：意识形态领域的矛盾和纷争，是不以人们的意志为转移的客观存在；意识形态问题是个真命题，是值得我们高度关注的重大问题。

党的十八大以来，我国意识形态领域形势发生全局性、根本性转变，全党全国各族人民文化自信明显增强，全社会凝聚力和向心力极大提升，为新时代开创党和国家事业新局面提供了坚强思想保证和强大精神力量。[①] 习近平新时代中国特色社会主义思想得到广泛传播，日益深入人心，武装头脑、指导实践、推动工作的效果十分显著；社会主义核心价值观宣传形式多样，“最美人物”光照神州大地，社会主义精神文明为人民提供思想保证、道德滋养、精神力量和智力支持；新闻传媒越来越贴近实际、贴近生活、贴近群众，讲好中国故事、弘扬好中国优秀传统文化、传播好中国声音、阐释好中国特色、宣传好中国的价值观念、树立好中国形象的水平不断提高；文艺工作者坚持以人民为中心的创作导向，努力创作弘扬中国精神、凝聚中国力量、鼓舞人民群众朝气蓬勃迈向新时代的精品力作，在文艺创作、表演、研究、传播等领域不断奉献出凝聚民心、鼓舞士气、振奋精神的有益精神食粮。

但与此同时，我们也清醒地意识到，意识形态领域的形势严峻而复杂。马克思主义指导地位面临多样化社会思潮挑战；社会主义核心价值观面临多元化价值观念挑战；中国走近世界舞台中央面临国际上一些敌对势力遏制与渗透；意识形态管理工作方式面临各种新媒体挑战。特别是西方敌对势力在意识形态战中的常用手法，值得高度重视。他们通过炫耀西方价值观，颠覆传统思想体系，抹黑当局的历史和现状，混淆是非判断标准，造成意识形态纷争，打乱社会心理平衡，最后达到制造政治动乱的目的，以推翻他们不喜欢的政权或认为是自身潜在对手的政权。牢牢把握意识形态主动权，既是国家核心利益所在，也是国际较量中的重要筹码。

随着中国逐渐走向世界舞台的中央，同时也被推到意识形态斗争的

① 《中共中央关于党的百年奋斗重大成就和历史经验的决议》，人民出版社2021年版，第46页。

最前沿，意识形态建设面临诸多挑战。

如，马克思主义作为主导意识形态被弱化。马克思主义是立党立国的根本指导思想，是我国主流意识形态，其指导地位的确立是历史和人民的选择。坚持和巩固马克思主义在意识形态领域的指导地位，是党和人民团结一致、始终沿着中国特色社会主义正确方向前进的根本保证。改革开放以来，国际国内形势复杂多变，各种社会思潮竞相登场，既有主张自由化、私有化、市场化的新自由主义，也有主张改良，倡导民主、自由的民主社会主义等。与此同时，产生了马克思主义过时论、无用论等错误观点。有些人说，马克思主义的诞生有其时代背景，在过去是指引性的，但在今天是过时和落伍的。有些人说，学习马克思主义能带来直接的经济效益吗？市场经济条件下，还提马克思主义是不是过时了？有人说，马克思主义在青年人中并未广受热捧，就意味着过时。还有人认为，马克思主义是纯理论的纸上谈兵，不能够立竿见影地对现实社会发展发挥指导作用。特别是在学术研究领域，有些人打着“价值中立”的幌子，主张学术与政治分离，搞纯粹的学术研究。虽然不一定反对、否定马克思主义，但不谈、不理马克思主义，对反对、否定马克思主义和社会主义的错误言行听之任之，实质上就是主动放弃意识形态领域的主导权和话语权。比如，某高校考试中有这样一个题目：结合材料分析马克思主义与儒家思想的关系。其考查重点是对马克思主义中国化的认识，本无可非议，但评分标准却将马克思主义与儒家思想简单平行论述，未突出马克思主义指导地位，由此反映社会上有些人包括部分理论工作者对如何坚持马克思主义的指导地位还存在模糊甚至错误认识。① 马克思主义在一定程度上存在被边缘化、空泛化、标签化倾向，具体表现为在一些学科中“失语”、教材中“失踪”、论坛上“失声”，其实质与马克思主义过时论、无用论等一样，都是否定马克思主义指导地位。

又如，西方国家“和平演变”和“颜色革命”严重威胁我国意识形

---

① 孙力:《马克思主义指导地位一刻也不能弱化》,《人民日报》2015 年 9 月 29 日。

态安全。自社会主义制度诞生之日起，资本主义就对自身生存和发展感到威胁，就把颠覆社会主义国家、消灭社会主义制度作为既定的战略。最初，西方敌对势力在对社会主义国家推行遏制战略的过程中，主要采取军事手段为主，其主要特点是对社会主义国家着重实行政治孤立、经济封锁和军事包围，甚至实行武装侵略等。第二次世界大战以后，西方国家在武装干涉失败以后，开始进行政策重点转移，逐渐提出对社会主义国家进行“和平演变”战略，在推行军事遏制、核威慑战略的同时，运用政治、经济、文化的手段，利用社会主义国家的暂时困难和实行改革的机会，酝酿、构思和实施意识形态的渗透和影响。

“颜色革命”是西方势力推行“和平演变”战略的产物。继 20 世纪 80、90 年代美国对苏联、东欧成功地进行“和平演变”后，美国又采用新一轮和平演变手段——“颜色革命”（又称“花朵革命”）。“颜色革命”的参与者倡导民主政治与普世价值，其主力往往是现政权的反对党，他们通过非暴力手段来抵制控制国家的现政权。自 2003 年 11 月起，在格鲁吉亚、乌克兰、吉尔吉斯斯坦等国相继爆发“颜色革命”，在不同国家和地区，其外衣也是五彩斑斓的：在格鲁吉亚是“玫瑰革命”，在乌克兰是“栗子花革命”，在吉尔吉斯斯坦是“郁金香革命”，在原捷克斯洛伐克是“天鹅绒革命”，在突尼斯是“茉莉花革命”。“颜色革命”并不是真正革命意义上的人民民主运动，本质上是由西方势力在背后策动的以夺取政权为目的的街头政治对抗运动。梳理历次“颜色革命”发现，美国政府已经将支持“颜色革命”作为发动新一轮和平演变攻势、实施“扩展民主”战略的重要手段。为了扩大霸权，挤压亚欧大陆的战略生存空间，美国以推进和扩展民主为幌子，公开为反对派摇旗呐喊，制造有利于反对派的国际舆论，进行赤裸裸的政治干预。美国政府还通过提供切实的技术和资金支持，促使一些国家相继爆发“颜色革命”，建立“亲美”政权。

“颜色革命”是西方文化霸权在意识形态领域的体现。“颜色革命”的爆发，有着政治、经济等多方面原因，如执政党腐败无能、民主政治不健全、经济秩序混乱、贫富差距悬殊、失业率居高不下、人民生活水平下降等，但其根本原因是西方价值观的渗透和影响。因为革命必将导致经济、政治、社会结构和意识形态的重大变革，尤其是后者，既是引发革命的根源，又是革命产生的后果。塞缪尔·亨廷顿指出："革命，就是对一个社会居主导地位的价值观念，及其政治制度、社会结构、领导体系、政治活动和政策，进行一场急速的、根本性的、暴烈的国内变革。"[①] "颜色革命"主导者利用人民对现政权不满和对美好生活的追求，打着西方"民主、自由、人权"等旗号，引导人们对西方物质生活方式，西方政治制度、思想观念、价值取向以及西方文化等充满美好的幻想，来达到颠覆现政权的政治目的。与此同时，拥有世界上最大规模新闻媒体、最完善文化产业链的美国，则利用强大的媒体工具、先进的传播手段、隐蔽的渗透方式，将西方文化，尤其是西方价值观推介到众多文化输入国，以宣扬西方制度、文化的优越性，并逐步动摇、冲击该国文化传统、意识形态，最终形成西方文化霸权。与武装侵略不同的是，文化霸权是在表面友好的经济、政治、文化交流过程中形成的，在潜移默化中产生难以令人察觉的隐蔽性、麻醉性。正如葛兰西所说：这种霸权模式下，统治阶级不是简单地"统治"这个社会，而是作为道德和知识的领导者积极地引导这个社会，掌握话语权和领导权，统治阶级将对自己有利的价值观和普遍信仰并非通过强制暴力手段推行给社会各阶级，而是依赖大多数社会成员的自愿认同来实现的。[②] 在这一理念指导下，以私有制为核心的西方经济制度，以三权分立、多党制为核心的西方政治制度，以"自由、平等、博爱"为核心的西方价值观，依托各种新闻媒介，承载各类文化要素，扩散而来，为"颜色革命"的爆发产生了思想性、基础性作用。但事实是，通过"颜色革命"建立起来的新政

---

① 塞缪尔·亨廷顿：《变化社会中的政治秩序》，生活·读书·新知三联书店1996年版，第241页。

② 安东尼奥·葛兰西：《狱中札记》，中国社会科学出版社2000年版，第198页。

权，并没有像当初西方国家宣扬的那样带来社会变革和实质性向好，而是出现政府更加腐败无能、管理更加混乱无序、经济危机更加严重、人民生活更加贫困的状况，带给所在国家和人民的是无尽的灾难和痛苦。

“和平演变”和“颜色革命”针对的主要对象是青年一代。如杜勒斯所说：“如果我们教会苏联的年轻人唱我们的歌曲并随之舞蹈，那我们迟早将教会他们按照我们需要他们采取的方法思考问题。”[①] 青年的政治取向决定国家未来走向，影响着未来政权的稳固与否。美国中情局在《十条诫令》中明确规定：“第一，尽量用物质来引诱和败坏他们的青年，毁掉他们一直强调的刻苦耐劳精神。第二，一定要尽一切可能做好宣传工作，包括电影、书籍、电视、无线电波和新式的宗教传布。第三，一定要把他们青年的注意力从以政府为中心的传统引开来。让他们的头脑集中于体育表演、色情书籍、享乐、游戏、犯罪性的电影，以及宗教迷信……第九，要利用所有的资源来破坏他们的传统价值。我们要利用一切来毁灭他们的道德人心。摧毁他们自尊自信的钥匙，就是尽量打击他们刻苦耐劳的精神。”[②] 以美国为代表的西方势力，凭借电影、音乐、玩具、网络游戏等，利用青年人心理弱点及易于接受消费主义和个人中心主义宣传来诱惑其大肆消费西方媒介产品，这些蕴含着深厚的西方价值观的产品通过否定他国文化传统、价值体系，将其纳入西方意识形态体系之内，最终达到颠覆他国政权的目的。

中国成为西方意识形态渗透的主要目标。改革开放以来，我国综合国力不断增强，并阔步走向世界舞台的中央，“西方中心论”“西方模式优越论”等遭到冲击。而随着世界经济政治局势的演变，2008年世界金融危机后，西方政治制度、经济制度遭到严峻挑战。西方国家已无法通过单纯武力和经济制裁的方式使中国被纳入西方资本主义经济政治体系

---

① 刘伟胜：《文化霸权概论》，河北人民出版社2002年版，第33页。

② 刘凤、健夏辉、田靖：《从美国中情局〈十条诫令〉看“西化”“分化”中国图谋》，《民族论坛》2015年第2期。

之下，因而通过渗透、影响乃至控制我国主流意识形态已成为西方国家企图颠覆中国政权的重要选择。比如，西方敌对势力利用中国经济改革和对外开放，鼓吹西方的市场化和私有化及其自由主义的政治要求，引导中国改革由市场化、私有化向政治多元化方向发展；破坏我国的四项基本原则，以多党制理论发展所谓“民主势力”，培植一批西化、半西化的政治家、企业家和学术明星作为代言人，扩大其在决策层中的影响；从经济活动入手，打着公司、企业、研究单位、基金会等名义，进行隐蔽政治活动和文化收买，为西方演变和渗透的战略服务；通过推介一批冠以“名著”“学说”的资产阶级理论和观念形态的文化、学术、艺术产品进入网络、进入中国市场，对人们世界观、人生观、价值观进行毒害腐蚀，企图直接瓦解马克思主义、社会主义的凝聚力与合理性基础。这些问题，十分值得我们警惕。

（二）批评和抵制错误意识形态

社会存在决定社会意识，社会思潮作为一定历史时期社会存在的特殊意识反映，代表一定阶级、阶层或社会群体的社会理想、价值取向和利益诉求，对社会意识形态和社会生活具有促进或阻碍作用。随着国际政治多极化、经济全球化、文化多元化、科技信息化态势的发展，随着改革开放的不断深化，各种西方社会思潮不断涌入国内，尤其是近些年来异常活跃的新自由主义、民族主义和“新左派”等社会思潮，对人们的思想观念、社会生活以及社会主义意识形态建设和改革发展稳定都产生着重要影响。

新自由主义是一种源于西方的社会思潮，其核心是反对国家干预经济，强调自由市场的重要性。作为资本主义社会运行的思想文化基础，自由主义是一种资产阶级的意识形态，它曾作为资产阶级反对封建主义的思想武器，强调个人自由、个人权利至高无上，国家的政治生活、经济生活和社会生活都应以维护个人自由为目的，国家应当不干预或尽量少干预经济活动。自由主义是西方社会广泛接受的理论和思想，也是许多西方国家政治制度建设的思想和理论基础。

20世纪70年代末80年代初，弗里德利希·奥古斯特·冯·哈耶克

(Friedrich Augustvon Hayek)、米尔顿·弗里德曼 (Milton Friedman) 等学者主张的新自由主义理论开始重拾古典自由主义关于自由的理念，逐渐占据西方思想领域的主导地位。哈耶克在《通往奴役之路》中指出："把个人作为人来尊重，就是承认他在他自己范围内他的看法和趣味是至高无上的。"他认为自由至上，是强调每个人都要有充分的机会去发展个人的才能，这不能等同于利己主义。因为"自由主义的观点，是赞成尽可能地运用竞争力量作为协调人类各种努力的工具，而不是主张让事态放任自流"[①]。新自由主义作为一种政治经济学思潮，主张实施货币主义的反通货膨胀政策，压缩福利开支，减少国家对经济的干预，调整所有制结构，推行国有企业私有化。对于西方发达资本主义国家而言，新自由主义的实质是用就业性福利替代消费性福利；对于发展中国家而言，新自由主义的推广则是用消费性福利替代就业性福利。[②] 但事实是，新自由主义的帝国主义本质使之在发展中国家推行过程中，并不能提供帮助其解决社会经济问题的有效方案。新自由主义思潮对发展中国家思想领域可能造成不良影响甚至混乱。这样的案例不胜枚举。

1973 年智利政变，皮诺切特政府推行全面市场化改革，即所谓"休克疗法"。一系列新自由主义改革措施得以实施，主要包括：实行私有化政策，推行税制改革，引进外资，实行贸易自由化政策。皮诺切特政府的经济改革力度大、涉及面广，在执行中往往顾此失彼，经济增速多次大起大落。1982 年，智利恶性通货膨胀复发，失业率高达 30%，国家资产被卖给外国资本家，但政府仍积累了高达 140 亿美元的债务。皮诺切特不得不重新将很多企业收归国有，取消了新自由主义政策。

墨西哥也发生过类似情况。1982 年，德拉马德里执政。此后的墨西哥四届政府一直实行新自由主义改革。其主要改革措施包括：实行贸易

---

① 哈耶克:《通往奴役之路》，王明毅、冯兴元等译，中国社会科学出版社 2015 年版，第 50、61 页。

② 黄凤琳:《两极世界理论》，中央编译出版社 2014 年版，第 168—169 页。

自由化；放宽对外资的限制，鼓励出口；推进国有企业私有化，减少政府干预。1988 年，萨利纳斯继任总统时，墨西哥正经历严重经济危机，他继续减少国家对经济的干预，加快国有企业私有化步伐。1994 年，赛迪略任总统后，继续开放贸易和金融，推行大国有企业私有化，放宽对外资的限制。2000 年，福克斯执政，继续加快私有化步伐，加大开放贸易和投资。墨西哥新自由主义改革收效甚微，还产生许多社会问题。

20 世纪 90 年代，世界上很多国家都采用新自由主义倡导的"休克疗法"。但事实上，智利、墨西哥、阿根廷、巴西、印尼、泰国、埃及以及俄罗斯、波兰和其他东欧各国等实施"休克疗法"的国家，大多出现了通货膨胀、外债大增、经济下滑等严重经济问题，同时还产生了政府弱化、工会软弱、贫富悬殊、财团控制、腐败加剧、社会混乱等政治、社会问题。究其原因，主要在于新自由主义并不在意发展中国家的国情及其发展，而是极力主张推行由美国为主导的全球化，其本质是主张全球资本主义化。这是值得发展中国家认真思考的。

走中国特色社会主义道路是中国人民的选择，新自由主义是行不通的。其主张土地私有化和国有资产私有化、片面强调市场的决定性作用、极力反对国家对经济的干预等论调，不仅不符合中国实际，还会严重干扰中国改革开放的正确方向，导致中国特色社会主义制度"变色"。[①] 因此，必须认真应对新自由主义思潮在中国的影响。必须坚持习近平新时代中国特色社会主义思想，坚持用马克思主义立场观点方法对新自由主义思潮进行认真分析，深刻解剖，辩证看待，既要吸收和利用资本主义因素中合理或先进的成分来发展社会主义，更要认清新自由主义在中国的负面影响，以确保改革开放的社会主义发展方向。

民族主义是指以自我民族的利益为基础而进行的思想或运动。美国学者汉斯·科恩认为："民族主义是同一民族的绝大多数普遍地表现出来

---

① 熊光清：《新自由主义的本质及其对中国的影响》，《当代世界与社会主义》2018 年第 2 期。

并要求普及到它的所有成员中去的一种精神状态，它承认民族国家是政治组织的理想形式，承认族体是一切文化创造力的源泉。”[①] 英国学者爱德华·卡尔则强调：“民族主义通常被用来表示个人、群体和一个民族内部成员的一种意识，或者是增进自我民族的力量、自由或财富的一种愿望。”[②] 法国学者吉尔·德拉诺瓦作出的描述为：“民族主义是一种非常富有弹性甚至变化无常的意识形态。……这一个包罗万象的外壳。”[③] 近现代以来民族主义在世界范围内兴起的实践，证明了这一观点。伴随着18—19世纪末世界范围的资产阶级民主革命，现代意义上的民族主义思潮和运动开始兴起。法国《人权宣言》中所包含的民族自由权和民族自决权等内容，是对几百年来桎梏人们思想和行动的封建专制主义发出的宣战，也使之成为资产阶级民族主义最基本的理论基础。

随着资本主义进入帝国主义阶段之后，世界政治和经济格局发生重大变化。第一次世界大战后，英、法、美等帝国主义列强建立“凡尔赛体系”，旨在瓜分德、奥海外殖民地，重新划分势力范围，导致按照《凡尔赛条约》被重组的地区，如中东、中欧和东欧等历史上战事频繁，民族矛盾复杂的国家和地区，其民族主义在帝国主义意识影响下日益膨胀。美国政治学家伯恩斯认为：“它（民族主义）已经和种族主义，地方观念、固执、不宽容、迫害和狂热混杂在一起，……它往往走向侵略，有时走向帝国主义。”非理性的、极端的民族主义势必引发冲突与动荡。过分夸大本民族、种族在文化传统、价值观念方面的优越性，势必制造盲目排外、分离运动，导致多民族国家的分裂。极端民族主义是危害国际安全的、最不稳定的、最难以控制的因素，极易在不同民族间挑起仇

---

① Hans Kohn: The Idea of N ationalism，New York: The Macmillan Company ,1951.

② 杨赞、卢芳华：《从理论内涵解读民族主义概念》,《中共天津市委党校学报》2009年第3期。

③ 吉尔·德拉诺瓦：《民族主义：七头蛇从未被消灭》,《世界报》(法国)1992年5月18日。

恨与不和。

第二次世界大战之后，雅尔塔体系代替凡尔赛体系，世界政治经济格局再次重组。以美、苏两个超级大国为核心，形成资本主义和社会主义两大阵营，并由此出现冷战局面。一方面，美国在资本主义阵营中，极力在经济和政治上控制欧洲及亚洲一些国家，以此与苏联争霸，而英、法、西德、日、意等国为摆脱对美国的依赖，以民族主义整合国民意识。另一方面，苏联在社会主义阵营中以老大哥自居，将其发展模式强加于其他国家，各国则试图摆脱桎梏，探索适合自身国情的社会主义发展道路。苏南冲突、苏中论战、波兰“波兹南事件”、匈牙利“十月事件”、捷克斯洛伐克“布拉格之春”以及苏联与罗马尼亚、苏联与阿尔巴尼亚间的冲突和关系的恶化等都是对苏联大俄罗斯民族主义（大国沙文主义）的反弹，是这些国家反对苏联干涉本国内政、维护民族主权的民族主义的集中表现。①

在中国，现代意义上的民族主义伴随近代西方列强入侵而产生。此前，中国以“天朝上国”自居。此后，西方列强的压迫和欺凌、一系列“不平等条约”的签订，使得以中国为中心的“天下体系”逐渐解体，曾经创造过辉煌灿烂古代文明的古国发现了自身的积贫积弱，成为一个低人一等的“劣等”民族。特别是甲午战争以后，面对严重民族危机的中国人不得不开始自己的民族主义思考，探求民族独立和解放的道路，由此也推动了民族主义思潮的出现。

梁启超是中国近代民族主义的代表人物。1901 年，他在《国家思想变迁异同论》中描述百年来世界大局嬗变的趋势，向国人介绍和宣传西方近代民族主义。1902 年，他发表的《论民族竞争之大势》提出：“今日欲救中国，无他术焉，亦先建设一民族主义国家而已。”② 近代民族主义的兴起与传播为中国的民族独立、民族国家的建立奠定了思想基础。

---

① 张建华:《民族主义的三次浪潮》,《学习时报》2005 年 4 月 25 日。

② 梁启超:《饮冰室合集》，北京出版社 1999 年版，第 899 页。

胡适认为："民族主义有三个方面：最浅的是排外；其次是拥护本国固有的文化；最高又最难的是努力建设一个民族的国家。"[①] 近代以来中国人民在中国共产党领导下，在站起来、富起来、强起来的道路上矢志前行，取得辉煌成就。实践证明，理性、健康的民族主义对内强化民族认同感，增强民族凝聚力，对外维护民族国家主权和独立。

但我们也应清醒地认识到，民族主义具有两重性，如果对其消极性和危害性关注不够、处理不当，势必使今天的中国面临巨大的意识形态挑战。改革开放以来，随着中国在世界舞台上的崛起，自 2008 年以来深陷危机中的西方国家开始深感中国崛起带来的"威胁"，因此在经济、政治、文化等领域出现许多针对中国、打压中国的言论和行为，这也从另一个角度刺激了中国人民族主义精神的强化。作为一种最为强烈、最具情感力量的意识形态，民族主义极易产生一种情绪大于理性的甚至有可能把带有非理性冲动甚至自私动机掩饰在崇高道德之下的煽动力量，具体表现为：憎恶、敌视和抵制一切西方文明，以致对改革开放始终抱有质疑态度；盲目乐观自信，夜郎自大，导致民族主义向民粹性民族主义转化；倡导"泛道德化"倾向，通过任意曲解西方，达到激起人们对西方的憎恨进而获取个人私利的目的，等等。当前，"中国的改革开放已经进入新的时代，既需要人们对民族的自信，也需要保持虚心的学习态度。这就要求塑造新型的理性民族主义精神。"因为"盲目的民族主义会走向封闭，封闭会走向落后，走向衰落。这既是世界历史的经验，也是中国本身的历史的经验。"[②]

民族主义强调民族自尊和自信，谋求民族独立解放，抵制外族欺凌和侮辱，追求民族平等、和平共处，展示的是以民族成员对本民族的强烈而执着的情感为基础，进而希望它发展、强大的心理状态，这样的民族主义是积极的、健康的。但有些时候，民族主义者将本民族利益放在

---

① 颜景高：《中国民族主义的三重考量》，《广西民族研究》2020 年第 4 期。

② 郑永年：《中国民粹性民族主义的危害》，联合早报网 2014 年 12 月 23 日。

至高无上的地位，蔑视其他民族，充满民族沙文主义和狭隘民族主义，或者违背历史现实与民族利益片面追求民族自决，这种民族主义是消极的，有危害的，是与马克思主义的民族平等团结、全世界无产阶级和被压迫人民联合起来、互相支持、互相支援的国际主义的民族观根本对立的，必须高度重视这些思潮，并予以摈弃。

新左派思潮出现于20世纪90年代中期，它是以西方左翼社会主义思想理论为基础，以平等与公正为核心价值，把中国走向市场经济的转型过程中的社会分层化、社会失范与社会问题，理解为资本主义社会矛盾的体现，并以平等主义作为解决中国问题的基本选择的一种社会思潮。

新左派思潮在经济、政治、社会管理上，都形成了一系列与主流意识形态相悖的论调。比如，他们过分夸大市场经济与自由竞争过程中某些由于脱序与失范而出现的消极现象，将其视为“资本主义的本质表现”；他们把混合所有制改革贴上“国进民退”的政治标签，认为“混合所有制改革会把国有企业改掉，是变相的私有化”，混合所有制改革把国有企业搞小了、搞垮了、搞没了，就无法坚持公有制主体地位和国有经济主导作用，也无法实现共同富裕；他们宣称改革开放使社会资源被操纵在少数经济精英和政治精英手中，各方面精英群体获益颇多，贫富悬殊和发展不平衡不充分问题都是由此产生的。在社会分层方面，他们认为，当今世界仍然属于阶级社会，当代中国的社会分化加剧，仅使用阶层分析的方法，不能深刻认识世界大势和我国国情变化。

新左派特别擅长利用一些社会热点问题贩卖自己的观点。比如，针对个别明星偷税漏税却免于起诉的话题，新左派思潮借机煽动极端舆论：处理结果是在侮辱公众、践踏法律；某些法律更利于富人，被资本左右了；立法过程显然在一定程度上照顾了富人的利益，受到了资本的影响。[①]

---

① 王炳权:《新左派的表现、趋势及应对》,《人民论坛》2019年第2期。

尽管新左派并没有完整、系统、有说服力的理论建构，但由于他们善于将弱势群体的利益诉求与当今一些社会问题结合起来发起舆论攻势，他们通过一些社会底层利益诉求未被及时关注的案例，反对资本对政治经济权力所谓的垄断及文化霸权，使其获得了最直接的社会支持力量。新左派思潮导致当今意识形态领域状况趋于复杂，为进一步做好意识形态工作、掌握意识形态领域的领导权带来挑战。

在反对和抵制错误意识形态的过程中，网络斗争这块主阵地特别值得关注。党的十八大以来，党中央明确提出："过不了互联网这一关就过不了长期执政这一关。党高度重视互联网这个意识形态斗争的主阵地、主战场、最前沿，健全互联网领导和管理体制，坚持依法管网治网，营造清朗的网络空间。"[①] 与传统的思想文化传播方式不同，网络传播所具有的自由性、快捷性、交互性、开放性、海量性等特点，使之成为当前意识形态传播的主渠道。互联网有助于增强社会主义意识形态的传播力、吸引力和凝聚力，但西方发达的网络技术手段和强势的文化输出对我国意识形态的传播和防御能力构成了巨大挑战。

为此，习近平总书记多次强调："网络意识形态安全风险问题值得高度重视。网络已是当前意识形态斗争的最前沿。"[②] 而网络主体是青年，境外势力通过网络培养其价值观认同及其现有政权反对者和颠覆者，中东"阿拉伯之春"、欧洲"黄马甲运动"等从网络发酵以青年为参与主体，造成社会动荡和政权更迭，"在这方面，我们务必要保持清醒头脑"。西方势力与我国争夺互联网等思想阵地，对我国形成"妖魔化"宣传全方位包围网。西方国家通过入股控股我国主要门户网站，使之成为西方喉舌，通过散布"中国崩溃论""中国威胁论""挑战国际体系论""中国责任论"，"捧杀"中国；歪曲热炒具体事件，把一般问题政治化、意

---

① 《中共中央关于党的百年奋斗重大成就和历史经验的决议》，人民出版社2021年版，第45页。

② 习近平：《论党的宣传思想工作》，中央文献出版社2020年版，第22页。

识形态化；大肆诋毁、恶搞和亵渎民族英雄、革命英烈、模范人物。我们必须采取切实可行的应对措施，加强主流意识形态的吸引力、凝聚力，提高主流意识形态对网络文化的控制力和引导力。

（三）巩固团结奋斗共同思想基础

习近平总书记在全国宣传思想工作会议上强调指出，宣传思想工作就是要巩固马克思主义在意识形态领域的指导地位，巩固全党全国人民团结奋斗的共同思想基础。这是新时期我党对宣传思想文化工作根本任务最集中最鲜明的概括，这标志着我党对社会主义意识形态建设规律的认识达到了新高度。

马克思主义是立党立国的根本指导思想。中国共产党历经艰难困苦而不断发展壮大，能够完成近代以来各种政治力量不可能完成的艰巨任务，很重要的一个原因就是始终重视思想建党、理论强党。2018 年 5 月 4 日，习近平总书记在纪念马克思诞辰 200 周年大会上指出："理论的生命力在于不断创新，推动马克思主义不断发展是中国共产党人的神圣职责。"[①] 我们党自成立以来，始终把马克思主义科学理论作为行动指南，把马克思主义基本原理同中国具体实际相结合、同中华优秀传统文化相结合，并坚持在实践中不断丰富和发展马克思主义，使马克思主义犹如壮丽的日出，照亮中华民族和中国人民探索历史规律和寻求自身解放的道路。

党的十八大以来，党不断推动理论和实践创新，形成习近平新时代中国特色社会主义思想，这一当代中国马克思主义、21 世纪马克思主义、中华文化和中国精神的时代精华，为新时代中国特色社会主义伟大实践注入强劲动力。"马克思主义及其在中国的发展，为党和人民事业发展提供了既一脉相承又与时俱进的科学理论指导，为增进全党全国各族人民团结统一提供了坚实思想基础。"[②] 进入新时代、新阶段，面对实

---

① 《习近平谈治国理政》第 3 卷，外文出版社 2020 年版，第 74 页。

② 习近平：《在庆祝中国共产党成立 95 周年大会上的讲话》，《求是》2021 年第 8 期。

现第二个百年奋斗目标的关键时期，深化改革与转变发展方式面临的矛盾问题更加复杂，人民日益增长的美好生活需要和不平衡不充分的发展之间的矛盾更加突出，我国在引领全球治理体系变革中的地位作用更加重要，面临的外部压力空前增大，面临的意识形态和思想文化渗透更加严峻。这就要求我们更加坚定自觉地落实好“两个巩固”的根本任务，坚持用习近平新时代中国特色社会主义思想引领发展教育人民，大力强化广大干部群众对新思想的认知认同，引导人民群众深刻认识党和国家发展在新时代的目标任务、基本方略和政策措施，把全党和全国人民凝聚在习近平新时代中国特色社会主义旗帜下阔步前行。

坚持正确舆论导向，是做好新时代意识形态工作的必然要求。党的新闻舆论工作是党的一项重要工作，是治国理政、定国安邦的大事，是为国家立心、为民族立魂的工作。面对舆论生态、媒体格局、传播方式的深刻变化，必须坚持改革创新，推动媒体融合，按照时度效的要求探究新闻传播规律，不断提高党的新闻舆论工作的传播力、引导力、影响力和公信力。习近平总书记关于新闻舆论工作的系列重要讲话，深刻回答了党的新闻事业发展一系列重大问题，丰富和发展了党的新闻舆论思想，为做好新形势下党的新闻舆论工作提供了方向性的遵循。2016 年 2 月 19 日，习近平总书记到人民日报社、新华社、中央电视台等中央新闻单位实地调研，主持召开党的新闻舆论工作座谈会并发表重要讲话，指出在新的时代条件下，党的新闻舆论工作要承担起职责和使命，从党的工作全局出发把握新闻舆论工作，把坚持正确政治方向摆在首位，不断提高新闻舆论工作的能力和水平。同年 11 月 7 日，习近平总书记在会见中国记协第九届理事会全体代表和中国新闻奖、长江韬奋奖获奖代表时强调，广大新闻工作者要坚持正确政治方向、坚持正确舆论导向、坚持正确新闻志向、坚持正确工作取向，做政治坚定、引领时代、业务精湛、作风优良、党和人民信赖的新闻工作者。遵循习近平总书记重要讲话精神，我们要坚持党管宣传、党管意识形态，加强和改善党对新闻舆论工作的领导，把意识形态工作的领导权、管理权、话语权牢牢掌握在手中；坚守阵地敢于出击，与否定党的领导、否定中国特色社会主义等错误言行做坚决斗争；宣传思想工作者要练就过硬脚力、眼力、脑力、笔力，做到政治过硬、本领高强。

四、肩负起新时代意识形态工作的使命任务

不断深化对意识形态工作的规律性认识和科学性把握，是新时代的一项重大课题。意识形态是系统地反映社会经济形态、政治制度和文化模式的思想体系。党的意识形态工作，就是要通过引导思想观念、凝聚政治认同、推动文化传承等，建构具有强大凝聚力和引领力的社会主义意识形态。

（一）系统规划、全面推进意识形态工作

“主旋律更加响亮，正能量更加强劲”，“马克思主义在意识形态领域的指导地位更加鲜明”，“全党全社会思想上的团结统一更加巩固”，党的十九大报告用“四个更加”，标注党的十八大以来宣传思想工作和意识形态工作的历史性成就、历史性变革。党的十八大以来，党从正本清源入手，着力解决意识形态领域党的领导弱化问题，立破并举、激浊扬清，就意识形态领域许多方向性、战略性问题作出部署，确立和坚持马克思主义在意识形态领域指导地位的根本制度。习近平总书记先后出席全国宣传思想工作会议、文艺工作座谈会、新闻舆论工作座谈会、网络安全和信息化工作座谈会、哲学社会科学工作座谈会和全国高校思想政治工作会议等，发表一系列重要讲话，反复强调宣传思想工作和意识形态工作在党和国家工作全局中的重要地位和突出作用，并就一系列根本性问题阐明原则立场，廓清了理论是非，校正了工作导向，思想文化领域向上向好态势不断发展。推动用党的创新理论武装全党、教育人民、指导实践，深化马克思主义理论研究和建设，推进中国特色哲学社会科学学科体系、学术体系、话语体系建设。高度重视传播手段建设和创新，推动媒体融合发展，提高新闻舆论传播力、引导力、影响力、公

信力。[①]

与此同时，一份份直击问题关键、着眼长远发展的指导意见相继出台。《中共中央关于繁荣发展社会主义文艺的意见》《关于培育和践行社会主义核心价值观的意见》《关于实施中华优秀传统文化传承发展工程的意见》《关于加快构建中国特色哲学社会科学的意见》等，发挥“四梁八柱”的作用，为宣传思想文化工作搭建起全面系统、科学完整的工作体系。

2013 年 8 月 19 日，习近平总书记在全国宣传思想工作会议上强调指出，经济建设是党的中心工作，意识形态工作是党的一项极端重要的工作。宣传思想工作就是要巩固马克思主义在意识形态领域的指导地位，巩固全党全国人民团结奋斗的共同思想基础。宣传思想工作要把围绕中心、服务大局作为基本职责，胸怀大局、把握大势、着眼大事，找准工作切入点和着力点，做到因势而谋、应势而动、顺势而为。

学习贯彻习近平总书记在全国宣传思想工作会议上的重要讲话精神，就要充分认识意识形态工作的极端重要性。历史和现实反复证明，能否做好意识形态工作，事关党的前途命运，事关国家长治久安，事关民族凝聚力和向心力。这“三个事关”，指明了意识形态工作引领社会、凝聚人心、推动发展的强大支撑作用，道出了意识形态工作的根本性、战略性、全局性意义。只有从推动事业长远发展、巩固党的群众基础执政基础的高度，认清肩负的责任、面临的挑战，才能进一步增强做好意识形态和宣传思想工作的自觉性坚定性。

2018 年 8 月，习近平总书记出席全国宣传思想工作会议并发表重要讲话，对做好新形势下党的宣传思想工作和意识形态工作作出重大部署。他强调，完成新形势下宣传思想工作的使命任务，必须以新时代中国特色社会主义思想和党的十九大精神为指导，增强“四个意识”、坚

① 《中共中央关于党的百年奋斗重大成就和历史经验的决议》，人民出版社 2021 年版，第 55 页。

定“四个自信”，自觉承担起举旗帜、聚民心、育新人、兴文化、展形象的使命任务，坚持正确政治方向，在基础性、战略性工作上下功夫，在关键处、要害处下功夫，在工作质量和水平上下功夫，推动宣传思想工作不断强起来，促进全体人民在理想信念、价值理念、道德观念上紧紧团结在一起，为服务党和国家事业全局作出更大贡献。

（二）深化对意识形态工作的规律性认识

党的十八大以来，党中央把宣传思想工作摆在全局工作的重要位置，作出一系列重大决策，实施一系列重大举措。在党中央坚强领导下，宣传思想战线积极作为、开拓进取，党的理论创新全面推进，中国特色社会主义和中国梦深入人心，社会主义核心价值观和中华优秀传统文化广泛弘扬，主流思想舆论不断巩固壮大，文化自信得到彰显，国家文化软实力和中华文化影响力大幅提升，全党全社会思想上的团结统一更加巩固。

“九个坚持”不断深化对宣传思想工作和意识形态工作的规律性认识。做好新时代宣传思想工作，必须坚持党对意识形态工作的领导权，坚持思想工作“两个巩固”的根本任务，坚持用习近平新时代中国特色社会主义思想武装全党、教育人民，坚持培育和践行社会主义核心价值观，坚持文化自信是更基础、更广泛、更深厚的自信，是更基本、更深沉、更持久的力量，坚持提高新闻舆论传播力、引导力、影响力、公信力，坚持以人民为中心的创作导向，坚持营造风清气正的网络空间，坚持讲好中国故事、传播好中国声音。这些重要思想，阐明了宣传思想工作和意识形态工作地位作用、目标任务、职责使命、实践要求，回答了一系列带有方向性、全局性、战略性的重大问题，是做好新时代宣传思想工作和意识形态工作的根本遵循，必须长期坚持、不断发展。“九个坚持”作为总结历史、面向现实、指向未来的有机整体，既是对历史经验的全面总结，也是对工作实践的理性升华，更是对未来发展的明确指向，必将指引我们推动宣传思想工作和意识形态工作不断强起来，为服务党和国家事业全局作出更大贡献。

“四个必须”“五大任务”深刻阐述了新形势下党的宣传思想工作和意识形态工作的历史方位和使命任务。习近平总书记强调：“中国特色社会主义进入新时代，必须把统一思想、凝聚力量作为宣传思想工作的中心环节。”当前，意识形态领域的斗争和较量依然严峻，需要进一步坚定自信、鼓舞斗志，更加需要同心同德、团结奋斗，这就要求我们必须把人民对美好生活的向往作为我们的奋斗目标，既解决实际问题又解决思想问题，更好强信心、聚民心、暖人心、筑同心。必须既积极主动阐释好中国道路、中国特色，又有效维护我国政治安全和文化安全。必须坚持以立为本、立破并举，不断增强社会主义意识形态的凝聚力和引领力。必须科学认识网络传播规律，提高用网治网水平，使互联网这个最大变量变成事业发展的最大增量。

自觉承担起举旗帜、聚民心、育新人、兴文化、展形象的使命任务。举旗帜，就是要高举马克思主义、中国特色社会主义的旗帜，坚持不懈地用习近平新时代中国特色社会主义思想武装全党、教育人民、推动工作，在学懂弄通做实上下功夫，推动当代中国马克思主义、21 世纪马克思主义深入人心、落地生根。聚民心，就是要牢牢把握正确舆论导向，唱响主旋律，壮大正能量，做大做强主流思想舆论，把全党全国人民士气鼓舞起来、精神振奋起来，朝着党中央确定的宏伟目标团结一心向前进。育新人，就是要坚持立德树人、以文化人，建设社会主义精神文明、培育和践行社会主义核心价值观，提高人民思想觉悟、道德水准、文明素养，培养能够担当民族复兴大任的时代新人。兴文化，就是要坚持中国特色社会主义文化发展道路，推动中华优秀传统文化创造性转化、创新性发展，继承革命文化，发展社会主义先进文化，激发全民族文化创新创造活力，建设社会主义文化强国。展形象，就是要推进国际传播能力建设，讲好中国故事、传播好中国声音，向世界展现真实、立体、全面的中国，提高国家文化软实力和中华文化影响力。

诸多具体工作要求深刻回答了一系列方向性、根本性、全局性、战略性重大问题。坚定自信自觉，把建设具有强大凝聚力和引领力的社会主义意识形态作为战略任务；筑牢精神之基，把培养担当民族复兴大任的时代新人作为重要职责；坚持用心用情用功，把提高质量作为文艺作品的生命线。主动讲好中国故事，让世界更好了解中国。要不断提升中华文化影响力，把握大势、区分对象、精准施策，主动宣介习近平新时代中国特色社会主义思想，主动讲好中国共产党治国理政的故事、中国人民奋斗圆梦的故事、中国坚持和平发展合作共赢的故事。要把优秀传统文化的精神标识提炼出来、展示出来，把优秀传统文化中具有当代价值、世界意义的文化精髓提炼出来、展示出来。要完善国际传播工作格局，创新宣传理念，创新运行机制，汇聚更多资源力量。

（三）落实好意识形态工作责任制

习近平总书记强调，建设具有强大凝聚力和引领力的社会主义意识形态，是全党特别是宣传思想战线必须担负起的一个战略任务。完善好、落实好意识形态工作责任制，是党中央着眼于加强党对意识形态工作的领导、维护意识形态安全作出的重大决策部署和重要制度安排。习近平总书记要求："各级党委要把做好意识形态工作摆在重要位置，加强组织领导，及时掌握意识形态形势和动态，对各种政治性、原则性、导向性问题要敢抓敢管，对各种错误思想必须敢于亮剑，帮助人们明辨是非，牢牢掌握意识形态工作主动权。"[①] 要压实压紧各级党委（党组）责任，做到任务落实不马虎、阵地管理不懈怠、责任追究不含糊。各级党组织和领导干部要深化思想认识，强化使命担当，切实负起政治责任和领导责任，履职尽责，做到守土有责，守土负责，守土尽责，落实好意识形态工作责任制。

牢固树立抓意识形态工作是本职、不抓是失职、抓不好是渎职的责任意识。要把意识形态工作作为党的建设和政权建设重要内容，纳入重要议事日程，纳入党建工作责任制，纳入领导班子、领导干部目标管理；加强组织领导和统筹指导，像分析经济形势一样定期分析研

---

① 习近平：《论党的宣传思想工作》，中央文献出版社 2020 年版，第 23 页。

判意识形态领域形势，梳理排查风险点，增强风险防范能力；牢牢掌控网络意识形态主动权，加强各类阵地管理，采取积极疏导和有效封堵相结合的方针，有效传播健康信息，坚决清除有害信息，正确引导模糊信息，化解意识形态领域的突出矛盾和问题，打赢网上舆论攻坚战，特别是要防止敌对势力借机干扰和破坏，避免一些具体问题演变为政治问题、局部问题演变成全局性事件，避免出现大的意识形态事件和舆论漩涡；加强意识形态部门领导班子和队伍建设，确保意识形态各部门领导权掌握在真正的马克思主义者手中，真正让在理论上、笔头上、口才上或其他专长上有“几把刷子”的人才大批涌现；严格落实属地管理、分级负责和谁主管谁负责的原则，着眼“督实”“考准”，结合实际建立意识形态工作责任制检查考核制度，健全考核机制，坚持有错必纠、有责必问，做到从严从实追责，使责任规定成为硬杠杠、铁纪律。

意识形态决定文化前进方向和发展道路。必须推进马克思主义中国化时代化大众化，建设具有强大凝聚力和引领力的社会主义意识形态，使全体人民在理想信念、价值理念、道德观念上紧紧团结在一起。2018年8月，习近平总书记在全国宣传思想工作会议上再次强调指出：“建设具有强大凝聚力和引领力的社会主义意识形态，是全党特别是宣传思想战线必须担负起的一个战略任务。”当前，世界范围内各种思想文化思潮的交流交融交锋更加频繁，思想文化领域斗争更加深刻复杂，意识形态安全问题变得越来越突出。我国正处在大发展大变革大调整的关键时期，国内经济社会转轨转型，也给意识形态工作带来前所未有的新挑战新考验。实践反复证明，只有物质文明建设和精神文明建设都搞好，国家物质力量和精神力量都增强，全国各族人民物质生活和精神生活都改善，中国特色社会主义事业才能顺利向前推进。

在意识形态领域斗争上，没有任何妥协、退让的余地，必须取得全胜。历史和现实都警示我们，一个政权的瓦解往往是从思想领域开始的，思想防线被攻破，其他防线就很难守住。苏共垮台更是深刻启发我们，党的意识形态阵地一旦失守，离彻底失败就不远了。各种敌对势力一直妄图颠覆中国共产党领导和中国特色社会主义制度，从意识形态领域入手，把人们思想搞乱，同我们争夺阵地、争夺人心，企图浑水摸鱼、乱中取胜，最终推翻中国共产党领导、颠覆中国特色社会主义制度。新形势下，意识形态领域斗争复杂尖锐，要求我们必须从推动中国特色社会主义事业长远发展的高度，切实增强意识形态工作积极性、主动性、创造性，提高做好新时代意识形态工作的能力，坚持以社会主义意识形态的价值导向性引领文化前进方向和发展道路，一刻也不能放松和削弱意识形态工作。

第四章
传承弘扬中华优秀传统文化

没有高度的文化自信，没有文化力量在世界上的强大兴盛，就没有中华民族的伟大复兴。习近平总书记在党的二十大报告中提出："全面建设社会主义现代化国家，必须坚持中国特色社会主义文化发展道路，增强文化自信，围绕举旗帜、聚民心，育新人、兴文化、展形象建设社会主义文化强国，发展面向现代化、面向世界、面向未来的，民族的科学的大众的社会主义文化，激发全民族文化创新创造活力，增强实现中华民族伟大复兴的精神力量。"[①] 而做好这一切工作的根脉基础，就是传承弘扬好中华优秀传统文化，推进其创造性继承和创新性发展。

"中华民族生生不息绵延发展、饱受挫折又不断浴火重生，都离不开中华文化的有力支撑。中华文化独一无二的理念、智慧、气度、神韵，增添了中国人民和中华民族内心深处的自信和自豪。"[②] 本章在深入学习研究习近平同志对中华优秀传统文化的重要论述的基础上，坚持理论研究与实际应用有机结合的原则，从新时代面临的世界变局与战略任务要求出发，系统阐述中华优秀传统文化的主要内涵、鲜明特色和时代价值，为传承弘扬中华优秀传统文化、推进新时代的中国文化自信自强提供智力支持。

---

① 习近平:《高举中国特色社会主义伟大旗帜，为全面建设社会主义现代化国家而团结奋斗——在中国共产党第二十次全国代表大会上的报告》,《人民日报》2022 年 10 月 26 日。

② 习近平:《在中国文联十大、中国作协九大开幕式上的讲话》(2016年11月30日),《人民日报》2016 年 12 月 1 日。

一、中华优秀传统文化的主要内涵

2020年9月28日，习近平在十九届中央政治局第二十三次集体学习时的讲话中指出："我国考古发现的重大成就实证了我国百万年的人类史、一万年的文化史、五千多年的文明史。"[①] 考古发现证明，中国在新石器时代、青铜器时代、铁器时代等各个时代的古代文明发展成就上都走在世界前列。中国古代先民在培育农作物、驯化野生动物、寻医问药、观天文察地理、制造工具、创立文字、发现和发明科技、建设村落、兴修水利、营造都市、建构和治理国家、创造和发展文化艺术等各个领域都独树一帜，充分展示了中华民族开拓创新、与时俱进、自强不息的进取精神，是增强民族自尊、坚定文化自信的重要源泉。中华民族五千多年的文明史，创造了博大精深、灿烂辉煌的优秀传统文化，形成了与天地自然、人文社会交融互通、和谐共生的优秀基因和伟大民族精神，其文化内涵主要体现在以下四个方面：

（一）和谐共生的思想智慧

1. 中华文化对人与自然万物相互关系的认识

在对待人与天地自然万物相互关系的认识上，中国古代思想家们几乎有着惊人的共识。认为人与天地自然万物之间是相互联系、相互作用、相辅相成的有机统一体，所谓天、地、人"三才"之间如果良好互动交流，则世间万事通泰相宜，可以和谐共生相互成就。《周易》"泰卦"说："泰，小往大来，吉，亨，则是天地交而万物通也，上下交而其志同也。内阳而外阴，内健而外顺，内君子而外小人，君子道长，小人道消也。《象》曰：天地交，泰。后以财成天地之道，辅相天地之宜，以左右民。"[②] 意思是执政的统治者应当自觉地遵循天地交流通泰的自然规律，采取相宜的政策措施，以扶持护佑人民，从而保持国泰民安。老

① 习近平：《建设中国特色中国风格中国气派的考古学 更好认识源远流长博大精深的中华文明》，《求是》2020年第23期。

② 宋祚胤注译：《周易》，岳麓书社2000年版，第63页。

子《道德经》更是把人与自然融为一体，认为“人法地，地法天，天法道，道法自然”[①]。庄子《齐物论》说：“天地与我并生，而万物与我为一。”[②] 儒家经典《中庸》说：“仲尼祖述尧舜，宪章文武，上律天时，下袭水土。辟如天地之无不持载，无不覆帱。辟如四时之错行，如日月之代明。万物并育而不相害，道并行而不相悖。小德川流，大德敦化。此天地之所以为大也。”[③]《齐民要术》中有“顺天时，量地利，则用力少而成功多”的记述。这些观念都强调要把天地人统一起来、把自然生态同人类文明联系起来，按照大自然规律活动，表达了中国古人对处理人与自然关系的重要认识。这种相互联系、辩证统一的朴素唯物主义世界观，构成了中华文化认识自然万物的哲学基础。同时，与这种认识相适应，我国古代很早就把关于自然生态的观念上升为国家管理制度，专门设立掌管山林川泽的机构，制定政策法令，这就是虞衡制度。秦汉时期，虞衡制度分为林官、湖官、陂官、苑官、畴官等。唐代的“虞部郎中员外郎掌天下虞衡山泽之事而辨其时禁。凡采捕畋猎必以其时。冬春之交，水虫孕育，捕鱼之器，不施川泽。春夏之交，陆禽孕育，餧兽之药，不入原野”，禁止在动物繁育季节的捕杀行为。虞衡制度一直延续到清代。此外，我国不少朝代都有保护自然的律令并对违令者重惩，如西周文王颁布的《伐崇令》规定：“毋坏室，毋填井，毋伐树木，毋动六畜。有不如令者，死无赦。”唐朝法律规定：“诸官道路，不得令有耕种及砍伐树木”，“诸毁伐树木者，准盗论”，“诸于山陵兆域内失火者徒二年，延烧林木者流二千里”，等等。

2. 中国古代的生态环保理念

中华民族向来尊重自然、热爱自然，绵延五千多年的中华文明孕育着丰富的生态文化。在对待人与自然生态环境的基本态度上，中华文化

---

① 老子《道德经》第二十五章，《诸子集成》（三），中华书局1996年版，第14页。
② 《诸子集成》（三）《庄子集解》卷一，中华书局 1996 年版，第 13 页。
③ 刘俊田等译注：《四书全译》，贵州人民出版社 1988 年版，第 70 页。

更是表现出了超越时空的人间智慧，与当今时代的绿色可持续发展理念遥相呼应。从有正史记载的黄帝时代起，人们就已经懂得了对天地间的自然资源、人力资源要用之有节、取之有度，不能竭泽而渔、滥用民力。司马迁《史记》称黄帝“顺天地之纪，幽明之占，死生之说，存亡之难。时播百谷草木，淳化鸟兽虫蛾，旁罗日月星辰水波土石金玉，劳勤心力耳目，节用水火材物。有土德之瑞，故号黄帝”。意思是黄帝的恩德泽被宇宙万物，顺应四时之所宜而布种百谷草木，鸡鸭鹅等家禽、牛马猪羊驴犬等家畜开始大量驯化饲养，养蚕技术发明，天不异灾、土无别害，水少波浪、山出珍宝。《正义》对这段话的注释是：“言黄帝教民，江湖陂泽山林原隰皆收采禁捕以时，用之有节，令得其利也。《大戴礼》云：宰我问于孔子曰：‘予闻荣伊曰黄帝三百年。请问黄帝者人耶？何以至三百年？’孔子曰：‘劳勤心力耳目，节用水火材物，生而民得其利百年，死而民畏其神百年，亡而民用其教百年，故曰三百年也。’”[①]2016年1月18日，习近平在省部级主要领导干部学习贯彻党的十八届五中全会精神专题研讨班上的讲话中指出：“我们的先人们早就认识到了生态环境的重要性。《论语》中说：‘子钓而不纲，弋不射宿。’意思是不用大网打鱼，不射夜宿之鸟。荀子说：‘草木荣华滋硕之时则斧斤不入山林，不夭其生，不绝其长也；鼋鼍、鱼鳖、鳅鳝孕别之时，罔罟、毒药不入泽，不夭其生，不绝其长也。’《吕氏春秋》中说：‘竭泽而渔，岂不获得？而明年无鱼；焚薮而田，岂不获得？而明年无兽。’这些关于对自然要取之以时、取之有度的思想，有十分重要的现实意义。”[②] 这种生态和谐、万物并育、禁捕以时、用之有节、取之有度、民得其利的生产方式和生活方式，无疑具有超越时空的先进性和科学性，一直对后世有着深刻影响，是中国古代生态文化思想的重要内容。

---

① 司马迁：《史记》第1册，中华书局1982年版，第6页、第9页。

② 习近平：《深入理解新发展理念》，《求是》2019年第10期。

3. 中国人的勤劳节俭和可持续发展思想

在上述文化理念的影响下，中国人养成了勤劳节俭、物尽其用的良好习惯，最大限度地减少了资源消耗浪费。统计数据表明，与欧美发达国家相比，中国居民人均对地球资源的消耗要低很多。这从居民享用商品的消费支出和消费习惯上就可见一斑。有关资料数据显示，美国2008 年居民人均消费支出 3.36 万美元，中国居民人均消费支出 8343 元人民币，约合 0.12 万美元，美国人均消费支出是中国人均消费支出的 28 倍。另据一项全球废弃物趋势研究报告指出，美国人口约占世界总人口的 4%，每年产生的废弃物却约占世界总量的 12%，大大高于其他国家。另一方面，美国的废弃物回收率仅有 35%，在发达国家中处于最差行列。数据显示，美国每年产生的城市固体废弃物大约 2.39 亿吨，占世界总量 12%，其人均垃圾制造量是全球平均水平的 3 倍多。[①] 英国《卫报》一篇关于美国垃圾危机的报道曾直言不讳地指出：与其他发达国家相比，美国产生的垃圾要多得多，回收利用却少得多；美国人的本性就是通过掠夺世界资源来让自己的生活更舒适，用高消耗来构建他们的生活，这是美国所擅长的；美国人认为他们可以对地球为所欲为，这是他们的自由。由此可见，欧美发达国家人们的生活方式和消费习惯，是建立在对地球资源的掠夺、占有和大量浪费的基础之上。而中国人则是建立在勤劳节俭和对资源的物尽其用基础之上，蕴含着自古代就已经确立的可持续发展生态思想哲理。西方人吃饭要用刀叉等金属餐具，而中国人只用一双竹筷就可解决问题，其聪明睿智和节用理念于此可见一斑。因此，我们可以十分自信地向全世界宣告：中国数千年前的古人就是生态文明可持续发展思想的最早创立者和实践者，中国人至少从史前的黄帝时代就已经开启的资源节约利用理念是对人类社会的最伟大贡献之一。正如习近平强调的那样："中华文明历来崇尚天

---

① 综自参考张梦旭:《美国的垃圾难题》,《人民日报》2019年7月8日;《废弃物大国? 报告称美生产大量垃圾 回收率仅 35%》，人民网 2019 年 7 月 5 日。

人合一、道法自然，追求人与自然和谐共生。中国将生态文明理念和生态文明建设写入《中华人民共和国宪法》，纳入中国特色社会主义总体布局。”① 对此，我们应当深入研究、广为宣传，讲好中华优秀传统文化生态文明故事，形成新时代的中国话语权，使之转化为推动构建中华新文明文化自信建设的强大思想武器，为人类文明新形态注入中华文化新基因。

（二）胸怀天下的家国情怀

回顾中华民族的发展历史，从炎黄时代到夏商周三代，再到秦汉以后的历朝历代，直至近现代以来中华人民共和国的成立，胸怀天下黎民苍生、维护国家完整统一的家国情怀始终是中华文化的美好愿景，也是中国历史发展的主流趋势。

1. 维护统一，文化认同

中华优秀传统文化的重要灵魂就是胸怀天下的家国情怀和国家统一观念。所谓“普天之下，莫非王土，率土之滨，莫非王臣”，基本含义就是天下国家人民统一于中央王朝。纵观中国历史可以看到，无论一个时期内国家如何分裂、各民族间如何对立，最终的结局仍是在民族融合中产生出新的更大范围统一的中国，各民族共同生活在中华文化的统一氛围中。历史上呈现的“分久必合、合久必分”的现象，实际上是分中有合，合中有分，合是不可阻挡的总体趋势。分是暂时的，是新的整合的缓冲准备，合则是长期的，是国家民族统一融合的必然走向。而每一次的分合，都加速强化了中华文化的民族认同和国家统一观念。从世界范围看，中华文化五千多年连绵不绝，可以包容吸纳世界上的各种文化和宗教，从未发生过以消灭异教徒为目的的宗教战争和种族清洗，其重要原因就是有维护国家统一的民族文化认同观念和在此基础上形成的爱国主义传统。

① 习近平：《共同构建人与自然生命共同体——在“领导人气候峰会”上的讲话》，《人民日报》2021 年 4 月 23 日。

2. 忠信守义，精忠报国

从中华文化的发展轨迹来看，以身许国、精忠报国、为民造福的爱国精神，始终是民族发展壮大的根本动力，也是传统文化的核心价值所在。几千年来，中华民族的这种文化基因塑造了一代又一代中华儿女爱国忧民、以身许国、精忠报国、“我以我血荐轩辕”的志向情操，形成了以爱国主义为核心价值观的伟大民族精神。历史上，中华民族先贤留下了无数壮怀激烈、感人至深的爱国事迹和壮丽诗篇。从伟大爱国主义诗人屈原的爱国忧民，张骞、苏武坚贞不屈的民族气节，到民族英雄岳飞、文天祥、戚继光、林则徐，以及近现代以来抗击外敌入侵，争取民族独立、国家富强的无数仁人志士的爱国事迹，无不体现着中华儿女热爱祖国、舍生取义、威武不屈的英雄形象，成为维护国家统一、捍卫民族尊严、激励后人前进的伟大精神力量。

3. “修齐治平”，胸怀天下

儒家经典《大学》强调人们只要通过格物致知、正心诚意、修身齐家的人格素质修养，就能够实现治国平天下的人生志向，即所谓“物格而后知至，知至而后意诚，意诚而后心正，心正而后身修，身修而后家齐，家齐而后国治，国治而后天下平。自天子以至于庶人，壹是皆以修身为本。”北宋著名学者、理学创始人之一张载进一步提出“为天地立心，为生民立命，为往圣继绝学，为万世开太平”，其大意是读书人要敢于为天下人伦构建精神追求之价值，为民众百姓确立生命之意义，继承弘扬往圣先贤创立的人间正道之学问，为万世子孙开辟太平无忧之基业。这四句话言简意赅地表达出一个人对国家、对民族、对社会的使命意识，展现出古代志士仁人心系苍生、胸怀天下，“先天下之忧而忧、后天下之乐而乐”和“天下兴亡、匹夫有责”的精神价值追求。这种独特精神价值形成的家国情怀影响深远，不仅成为中华民族精神的重要文化基因，也是我们党在新时代创新理论的重要世界观和方法论。正如习近平同志在党的二十大报告中所强调的：要坚持人民至上、坚持自信自立、坚持守正创新、坚持问题导向、坚持系统观念、坚持胸怀天下。这

“六个坚持”就是党的创新理论所秉持的马克思主义立场观点方法，具有深刻的道理学理哲理，需要我们在实践中认真学习领会，做到知其言更知其义、知其然更知其所以然。

4. 自强不息，责任担当

自强不息的责任担当精神，是中华民族自古以来最为显著的精神标识之一。正如鲁迅先生所说：中国自古以来，“就有埋头苦干的人，有拼命硬干的人，有为民请命的人，有舍身求法的人，……这就是中国的脊梁”[①]。古史和传说故事记载的炎帝神农尝百草“一日遇七十毒”，大禹治水“三过家门而不入”，以及墨家不辞劳苦践行“摩顶放踵以利天下”的兼爱主张，说的就是古代圣贤为天下苍生黎民百姓甘于奉献的牺牲和担当精神。我国现存最早的历史文献《尚书》的首篇文章《尧典》，开宗明义就讲述了帝尧的为民担当精神：“帝尧曰放勋，钦明文思安安。允恭克让，光被四表，格于上下。克明俊德，以亲九族。九族既睦，平章百姓。百姓昭明，协和万邦，黎民于变时雍。”[②]其大意是帝尧作为一个令人敬佩的贤明君主，能够担当经天纬地之大任，善于管理天下。他明察四方，深谋远虑，对待老百姓温和敦厚，诚信有礼；他恪尽职守，勇于担当，人格魅力和思想光辉普照四海之外，充盈天地之间；他能够发扬大德，使家族内部亲密和睦，进而带动周围百姓团结互敬，使得诸侯万邦协调和谐，以至影响整个天下的百姓民众都变得亲善友好起来。所以《周易》就强调“天行健，君子以自强不息”，“地势坤，君子以厚德载物”。今天，在中国特色社会主义建设事业进入“百年未有之大变局”加速演进的新时代，勇于担当的精神尤为珍贵。习近平指出：“做事要有魄力，为官要有担当。凡是有利于党和人民的事，我们就要事不避难、义不逃责，大胆地干、坚决地干，正所谓‘苟利国家生死以，岂因祸福

---

① 鲁迅：《且介亭杂文》，人民文学出版社 1973 年版，第 94 页。

② 罗庆云、戴红贤译注：《尚书》，书海出版社 2001 年版，第 1 页。

避趋之’。”[①] 中国古代“亚圣”孟子说：“故天将降大任于是人也，必先苦其心志，劳其筋骨，饿其体肤，空乏其身，行拂乱其所为，所以动心忍性，增益其所不能。”[②] 青年兴则国家兴，青年强则国家强。对于新时代的中国青少年来说，由于出生在和平年代，生活相对富足，缺乏艰难困苦斗争的磨砺，培养勇于担当的自信定力至关重要。所谓勇于担当的自信定力，就是对党和人民的忠诚爱戴，对事业高度负责的责任担当，在党和人民需要的时候能够挑起重任，敢于挺身而出。用勤劳的双手、一流的业绩成就属于自己的人生精彩，努力成为祖国和人民需要的优秀人才。

（三）讲信修睦的和平理念

1. 讲信修睦，以和为贵

《礼记・礼运第九》载孔子曰：“大道之行也，天下为公。选贤与能，讲信修睦。故人不独亲其亲，不独子其子，使老有所终，壮有所用，幼有所长，矜寡孤独废疾者皆有所养，男有分，女有归。货恶其弃于地也，不必藏于己；力恶其不出于身也，不必为己。是故谋闭而不兴，盗窃乱贼而不作，故外户而不闭，是谓大同。”[③] 中国古代先贤将这种“大同”境界视为国家和社会治理达到最高水平的重要标志，也是国家对外交往的基本遵循。从史前时期帝尧倡导的“以亲九族”“协和万邦”，到后来墨子主张的“兼爱”“非攻”，其核心要义应该是反对恃强凌弱的不义战争，追求天下家国和平安宁、世界民族合作共赢。甚至以研究人类战争为要旨的中国古代兵家圣典，都强调战争的最高境界是“不战而屈人之兵，善之善者也”[④]。几千年来，守望相助、以德为邻、天下一家、“四海之内皆兄弟”等思想，一直是中国人民对外和平友好的真实写照。

---

① 习近平：《努力成为可堪大用能担重任的栋梁之才》，《求是》2022 年第 3 期。

② 刘俊田等译注：《四书全译》，贵州人民出版社 1988 年版，第 605 页。

③ 王文锦：《礼记译解》，中华书局 2016 年版，第 258 页。

④ 《孙子兵法・谋攻第三》，《武经七书注释》，解放军出版社 1986 年版，第 13 页。

甚至在老百姓的日常生活中都充满了和平观念，如“家和万事兴”“和气生财”“夫妻和美”等等。可以说，和平的理念已经成为中华民族的精神血脉和文明基因，渗透到了中国社会生活的各个方面，从古至今一以贯之。20 世纪 50 年代初期，我国还率先提出了和平共处五项原则，为国与国之间友好相处确立了典范，成为国际公认的基本原则。

2. 爱好和平，共享大同

在中国古代四大发明中，中国人将火药主要用于年节喜庆和婚丧嫁娶，而火药传到西方后则被用于侵略战争和屠杀殖民地人民；中国人将指南针用于航海贸易和对外友好交往，明朝郑和奉朝廷之命率领当时世界上最大、最先进的舰队，先后 7 次下西洋到达过非洲，传播的是中外友谊和商贸交流佳话，而不是像欧洲殖民者发现新大陆后对印第安人的肆意屠杀和野蛮掠夺。马克思主义创始人、伟大革命导师卡尔·马克思曾高度评价了中国古代发明的重大意义：“火药、指南针、印刷术——这是预告资产阶级社会到来的三大发明，火药把骑士阶层炸得粉碎，指南针打开了世界市场并建立了殖民地，而印刷术则变成新教的工具，总的来说变成科学复兴的手段，变成对精神发展创造必要前提的最强大的杠杆。”[①] 由此可见，爱好和平的思想深深嵌入了中华民族的精神世界，今天依然是中国处理国际关系的基本理念。

对此，习近平同志在对外交往中曾多次进行了系统阐述，逐步加深了人们对中华文明的理解，提高了中华优秀传统文化的世界话语权。2014 年 3 月 27 日，习近平在法国巴黎出席庆祝中法建交 50 周年纪念大会上的讲话中指出：“天下太平、共享大同是中华民族绵延数千年的理想。历经苦难，中国人民珍惜和平，希望同世界各国一道共谋和平、共护和平、共享和平。历史将证明，实现中国梦给世界带来的是机遇不是

---

① 马克思：《机器。自然力和科学的应用》，中国科学院自然科学史研究所译，人民出版社 1978 年版。

威胁，是和平不是动荡，是进步不是倒退。”[①] 次日下午，他应德国科尔伯基金会邀请，在柏林发表重要演讲，阐述中国和平发展道路和独立自主的和平外交政策，强调“中华民族是爱好和平的民族。一个民族最深沉的精神追求，一定要在其薪火相传的民族精神中来进行基因测序。有着五千多年历史的中华文明，始终崇尚和平，和睦、和谐的追求深深植根于中华民族的精神世界之中，深深溶化在中国人民的血脉之中”[②]。2015 年 11 月 7 日，习近平在新加坡国立大学的演讲中进一步指出：“和平发展思想是中华文化的内在基因，讲信修睦、协和万邦是中国周边外交的基本内涵。近代以来，外敌入侵、内部战乱曾给中国人民带来巨大灾难。中国人民深知和平的宝贵，绝不会放弃维护和平的决心和愿望，绝不会把自身曾经遭遇的苦难强加于他人。”[③]

3. 己所不欲，勿施于人

2017 年 1 月 18 日，习近平在联合国日内瓦总部的演讲中指出：“中华文明历来崇尚‘以和邦国’‘和而不同’‘以和为贵’。中国《孙子兵法》是一部著名兵书，但其第一句话就讲：‘兵者，国之大事，死生之地，存亡之道，不可不察也’，其要义是慎战、不战。几千年来，和平融入了中华民族的血脉中，刻进了中国人民的基因里。数百年前，即使中国强盛到国内生产总值占世界 30% 的时候，也从未对外侵略扩张。1840 年鸦片战争后的一百多年里，中国频遭侵略和蹂躏之害，饱受战祸和动乱之苦。孔子说，己所不欲，勿施于人。中国人民深信，只有和平安宁才能繁荣发展。中国从一个积贫积弱的国家发展成为世界第二大经济体，靠的不是对外军事扩张和殖民掠夺，而是人民勤劳、维护和平。中国将始终不渝走和平发展道路。无论中国发展到哪一步，中国永不称

---

① 习近平：《在中法建交50周年纪念大会上的讲话》，《人民日报》2014年3月29日。

② 习近平：《在德国科尔伯基金会的演讲》，《人民日报》2014 年 3 月 30 日。

③ 习近平：《深化合作伙伴关系　共建亚洲美好家园——在新加坡国立大学的演讲》，《人民日报》2015 年 11 月 8 日。

霸、永不扩张、永不谋求势力范围。历史已经并将继续证明这一点。”[①] 这些掷地有声、充满文化自信和历史自觉的话语，充分证明了中华优秀传统文化之讲信修睦和平理念的可贵，是经过千百年历史实践检验而颠扑不破的人间正道。

（四）革故鼎新的创新品格

人类文明的永续发展，既需要薪火相传、代代守护，更需要顺时应势、推陈出新。世界文明发展的历史进程向我们昭示：任何一种文明都要与时偕行，不断吸纳时代精华，注入新的文化内涵，才能永远屹立于世界民族之林。在21世纪中期世界进入百年未有之大变局加速演进的当今时代，中华民族应该用创新增添文明发展动力、激活文明进步的源头活水，不断创造出跨越时空、富有永恒魅力的新文明成果。

1. 中华民族富有开放创新精神

从历史上看，中华民族是富于创新精神的民族，中华优秀传统文化是融汇古今中外优秀成果的创新文化。古代典籍中的“汤武革命”“周虽旧邦，其命维新”“革故鼎新、与时俱进”“苟日新，日日新，又日新”，以及“日新月异”“吐故纳新”等经典词句，其基本文化内涵强调的都是在自强不息的砥砺奋进中改革创新，不断发展进步，努力开辟未来。2018年4月10日，习近平在博鳌亚洲论坛2018年年会开幕式上的主旨演讲中指出：“当今世界，变革创新的潮流滚滚向前。中国的先人们早在2500多年前就认识到：‘苟利于民，不必法古；苟周于事，不必循俗。’变革创新是推动人类社会向前发展的根本动力。谁排斥变革，谁拒绝创新，谁就会落后于时代，谁就会被历史淘汰。”[②] 中国五千多年的文明史，可以说就是一部不断变革创新、开放包容的发展史。正如习近

① 习近平：《共同构建人类命运共同体——在联合国日内瓦总部的演讲》，《人民日报》2017年1月20日。

② 习近平：《开放共创繁荣　创新引领未来——在博鳌亚洲论坛2018年年会开幕式上的主旨演讲》，《人民日报》2018年4月11日。

平所说："自古以来，中华文明在继承创新中不断发展，在应时处变中不断升华，积淀着中华民族最深沉的精神追求，是中华民族生生不息、发展壮大的丰厚滋养。"[①] 同时，中华文明也是在同其他文明不断交流互鉴中形成的开放体系。从历史上丝绸之路的东西互通、佛教东传，到近现代以来的西学东渐、新文化运动、马克思主义和社会主义思想传入中国，再到改革开放以来不断深化的对外开放政策，中华文明始终在开放兼容中历久弥新，在变革创新中持续扩展新内容，走出新道路，铸就中华文化新辉煌。

2. 中国共产党是中华民族创新品格的杰出代表

从新民主主义革命到社会主义革命和建设，从改革开放到进入中国特色社会主义新时代新阶段，党始终带领中国人民走在创新奋斗的时代潮流前头。从理论创新来看，毛泽东思想、邓小平理论、"三个代表"重要思想、科学发展观、习近平新时代中国特色社会主义思想，都是根据不同的时代任务和发展要求，立足当代中国实际和世界发展大势，努力推进马克思主义中国化时代化的科学创新成果。从党的历史来看，党成立后团结带领人民经过 28 年浴血奋战和顽强奋斗，建立了中华人民共和国，实现了从新民主主义革命到社会主义革命的历史性跨越。新中国成立后，党团结带领人民创造性完成社会主义改造，确立社会主义基本制度，大规模开展社会主义经济文化建设，中国人民不仅站起来了，而且像巨人一样屹立在世界东方，实现了从社会主义革命到社会主义建设的历史性跨越。进入改革开放的历史新时期，党带领人民成功开辟了中国特色社会主义道路，使中国大踏步赶上时代潮流，实现了社会主义现代化进程中新的历史性跨越，迎来了中华民族伟大复兴的光明前景。

3. 中华文明在改革创新中走向未来

从现实发展来看，经过新中国成立以来特别是改革开放 44 年来的不

---

① 习近平:《深化文明交流互鉴　共建亚洲命运共同体——在亚洲文明对话大会开幕式上的主旨演讲》,《人民日报》2019 年 5 月 16 日。

懈奋斗，到“十四五”规划开启之时，我国经济实力、科技实力、综合国力和人民生活水平跃上了新的大台阶，稳居世界第二大经济体。特别是全面建成小康社会取得伟大历史成果，解决困扰中华民族几千年的绝对贫困问题取得历史性成就。这在我国社会主义现代化建设进程中具有里程碑意义，为我国进入新发展阶段、朝着第二个百年奋斗目标进军奠定了坚实基础。尤其在人类发展历史上值得大书特书的是，我们应对这次新冠肺炎疫情全球大流行所取得的伟大胜利，充分展现了中国共产党的超强领导力、组织力、执行力、凝聚力、创新力和全心全意为人民服务的行动力，充分彰显了中国特色社会主义的政治优势、制度优势、组织优势、协作优势、经济优势和文化优势，这种力和势所形成的强大发展能量无坚不摧，是世界上任何势力都阻挡不了的。展望未来，我们更加豪情万丈、信心满怀，在以习近平同志为核心的党中央坚强领导下，中国的发展前景无限光明。正如习近平在庆祝改革开放 40 周年大会上的讲话中所说：“自古以来，中国大地上发生了无数变法变革图强运动，留下了‘治世不一道，便国不法古’等豪迈宣言。……以数千年大历史观之，变革和开放总体上是中国的历史常态。中华民族以改革开放的姿态继续走向未来，有着深远的历史渊源、深厚的文化根基。”① 时代发展永无止境，改革创新也永无止境。在 21 世纪世界大变局深刻演进的新时代，让我们秉持中华先贤们革故鼎新的创新品格，抓好机遇、把准航向，沿着中国特色社会主义康庄大道奋勇前进，不断为人类社会进步作出新贡献。

二、中华优秀传统文化的鲜明特色

在自然界中，“物竞天择，适者生存”，是自然万物生息繁衍、不断进化的基本规律。这里的“适”，实质上就是对物种适应环境条件变化能够生存繁衍所必须具备的特殊能力和特色要求，也是大自然运行规律

---

① 习近平：《在庆祝改革开放40周年大会上的讲话》，《人民日报》2018年12月19日。

的残酷性所在，不能适应者就只好灭绝。这种特殊能力和特色要求就是自然进化。自然界如此，人类社会亦如此。人类是自然万物的一个组成部分，虽然处于有思想情感的文明世界，但进化、淘汰、融合、发展却是不可逆转的生命规律。在世界古代四大文明古国中，唯有中华文明一枝独秀绵延不绝，五千多年来巍然屹立在世界东方且不断赓续创新蒸蒸日上，其他三个如古埃及文明、古巴比伦文明、古印度文明等都消失断裂像恐龙一样灭绝了。为什么会这样？认真研究其中的基本社会规律，不能不说与中华文明的特殊适应能力和中华优秀传统文化的鲜明特色密切相关。其适应能力和鲜明特色主要表现为五个方面：

（一）中华优秀传统文化基因深厚绵长的历史延续力

自秦汉以降，大一统中央集权的君主专制体制将国家意识形态整合成以儒家思想为骨干，融贯法家、道家和草原游牧文化思想精华乃至后来的佛教思想等为补益的中华文化主体思想形态，其特点是交融互通、各美其美、与时俱进，具有因时变易、守正创新和丰富发展的学习实践功能，从而在数千年农耕文明的封建社会时代，中华文化的优秀基因得到持续不断的弘扬传承和丰富发展，通过寻根祭祖、忠孝仁爱、礼义廉耻、时令节气、英雄纪念等思想文化的熏陶教化作用，形成了中华优秀传统文化基因主体深厚绵长的悠久历史延续力。习近平指出："从历史的角度看，包括儒家思想在内的中国传统思想文化中的优秀成分，对中华文明形成并延续发展几千年而从未中断，对形成和维护中国团结统一的政治局面，对形成和巩固中国多民族和合一体的大家庭，对形成和丰富中华民族精神，对激励中华儿女维护民族独立、反抗外来侵略，对推动中国社会发展进步、促进中国社会利益和社会关系平衡，都发挥了十分重要的作用。"①

中华文明之所以延续五千多年而不中断，除了上述的中华民族文化

① 习近平：《在纪念孔子诞辰2565周年国际学术研讨会暨国际儒学联合会第五届会员大会开幕式上的讲话》，《人民日报》2014年9月25日。

基因优秀、中华大地特殊的地理环境和多元一体的资源禀赋要素以及民族精神特质之外，还与其特有的“五大文化传承”密切相关：

1. 祭祀祖先的文化传承

从远古以至当今，寻根问祖、逢年过节祭祀祖先、祈愿祖先护佑平安，一直是中华民族大家庭的普遍习俗。所以，每年的新春佳节、清明时节，全世界的中华儿女无论身在何方，都要返乡祭祖、阖家团圆，这是永远割舍不掉的血缘亲情纽带。据不完全统计，目前我国由省级以上人民政府主持的祭祀伏羲、炎帝、黄帝、孔子等先贤的拜祖大典就有 7 个，地方市、县级规模的拜祖大典和民间祭祀文化活动就更多了。

2. 民族文字的文化传承

中华民族五千多年的文明史有世界上最丰富的历史文献和考古材料记载，甲骨文、金文、石鼓文、秦篆汉隶传承至今，诸子百家、四书五经、二十五史、资治通鉴、永乐大典、四库全书、诗词歌赋、佛道经藏等历代典籍汗牛充栋，为世界各民族所少见。

3. 稽古修史的文化传承

中华民族素有修史的光荣传统，《尚书 · 尧典》开篇第一句话就是“曰若稽古”，意思是考察往古之事，总结历史经验。无论是家族、地方、部门行业还是国家，几千年来都把修史当成大事，家族修家谱，地方修地方志，部门行业修部门行业志，国家修国史。这种如同血脉延续的文化记忆传承全世界绝无仅有。

4. 技艺工匠的文化传承

“三百六十行，行行出状元。”中国民间社会生活的各种行业都有需要敬拜祭祀的祖师爷，以保证百工技艺的一脉相承。如木匠和建筑的祖师爷是鲁班，厨师烹调的祖师爷是尹伊，养蚕缫丝要祭祀先蚕娘娘嫘祖等。这种技艺工匠的文化传承几千年来一直延续不辍，至今仍在发挥着重要作用，如师傅带徒弟、非物质文化遗产传承人制度等。

5. 书写工具的文化传承

中国古代的四大发明和文房四宝是文化传承延续的必要条件。造纸、印刷术和笔墨纸砚使得中华文化传承有了基础广阔的载体与书写工具，火药的发明使祭祀祖先有了新的表达方式，而指南针的发明则有利于中华文明向海外更宽广的领域传播扩展。习近平指出："我们悠久的历史是各民族共同书写的。早在先秦时期，我国就逐渐形成了以炎黄华夏为凝聚核心、'五方之民'共天下的交融格局。秦国'书同文，车同轨，量同衡，行同伦'，开启了中国统一的多民族国家发展的历程。此后，无论哪个民族入主中原，都以统一天下为己任，都以中华文化的正统自居。分立如南北朝，都自诩中华正统；对峙如宋辽夏金，都被称为'桃花石'；统一如秦汉、隋唐、元明清，更是'六合同风，九州共贯'。秦汉雄风、大唐气象、康乾盛世，都是各民族共同铸就的历史。"①

中华优秀传统文化是中华文明的标识、记忆和载体，也是中华文明的智慧结晶和精华所在，代表着中华民族的血脉之根和文化之魂。展望未来，随着中国特色社会主义伟大事业的全面推进，中华民族实现伟大复兴的中国梦已经指日可待，中华优秀传统文化的延续力将随着中华文明新形态的横空出世而更加强大和万古长青。

（二）中华优秀传统文化坚持核心价值的强大凝聚力

1. 古代的核心价值观

中华优秀传统文化的核心价值观，其内涵可以用"忠、孝"二字来概括。有学者指出："'忠'的观念和'孝'的观念，是中国古代社会意识最基本的内容。中国传统道德伦理之车数千年来能够从容稳重地运行而未曾倾覆，正是因为存在'忠'与'孝'这样的漫长而并行不移的道德文化的双轨。"② 古代历史上儒家提出的"仁、义、礼、知、信"，法家倡导的"法、术、势"，墨家强调的"兼爱、非攻"，道家主张的"顺应自然、无为而治"，兵家设想的"不战而屈人之兵"等思想理念，其

---

① 习近平：《在全国民族团结进步表彰大会上的讲话》,《人民日报》2019年9月28日。

② 王子今：《"忠"观念研究》，吉林教育出版社 1999 年版，第 327 页。

出发点都是围绕忠君爱国、巩固江山社稷，治理天下万民，而落脚于“为国尽忠”“为家尽孝”上。努力做好忠臣孝子，是中国古代社会人们追求的重要人生目标。在封建社会的“家国一体”宗法制度条件下，“忠”“孝”也是一体的，可以“移孝作忠”“以孝治天下”，统一于国家治理的社会实践中。当然，这种“忠”和“孝”并不是不讲原则的“愚忠”“愚孝”，而是对国家社稷黎民百姓的公正无私和责任担当，是对家乡父老亲朋故友的爱护保卫和无尽情怀，集中体现在对国家的忠诚报效和对家庭的孝道守护上。而那些出卖国家民族利益、不忠不孝的叛贼逆子，总是被钉在历史的耻辱柱上，遭受后人唾骂。从这个意义上可以说，“忠”“孝”观念就是中国古代社会和中华优秀传统文化的核心价值观，这种核心价值观不会因古代社会的结束而消失，而是可以跨越历史时空永存，只要国家还存在、家庭还存在，“忠”“孝”观念就将永远存在并发挥作用。例如，每一个入党的新党员都要宣读入党誓词，强调对党忠诚、服从党章、永不叛党；每一个履职的国家公职人员都要面对国家宪法宣誓，保证自己效忠国家、忠于职守、当好人民公仆。因此，我们应当端正对“忠”“孝”观念本原含义的理解，正确认识其蕴含丰厚的爱国主义内容，理直气壮地大力宣讲忠于党、忠于国家、忠于人民和孝顺父母亲人的忠孝道德观念，不能以简单粗暴的态度将其作为封建专制的毒素来批判。

2. 社会主义核心价值观的本质内涵

今天，我们提出了“富强、民主、文明、和谐，自由、平等、公正、法治，爱国、敬业、诚信、友善”的社会主义核心价值观，其最本质的内涵就是爱国主义精神，是对中华优秀传统文化的传承和发展。正如习近平所说：“在社会主义核心价值观中，最深层、最根本、最永恒的是爱国主义。”[①] 他指出：“爱国主义精神深深植根于中华民族心中，是中华民族的精神基因，维系着华夏大地上各个民族的团结统一，激励着一

---

① 习近平：《在文艺工作座谈会上的讲话》，《人民日报》2014 年 10 月 15 日。

代又一代中华儿女为祖国发展繁荣而不懈奋斗。五千多年来，中华民族之所以能够经受住无数难以想象的风险和考验，始终保持旺盛生命力，生生不息，薪火相传，同中华民族有深厚持久的爱国主义传统是密不可分的。”[①] 在当今时代，爱国主义在中国人民心中的重要标志，就是忠于祖国、忠于党、忠于人民、忠于社会主义事业的高度统一。只有坚持爱国和爱党、爱社会主义、爱家庭相统一，爱国主义才是鲜活真实、具体可行的，才能够在实践中建功立业。这是当代中国爱国主义精神最鲜明的体现。令人担忧的是，目前西方的核心价值观已经比较多地占领了中国的教育阵地，一些教材、影视剧、广告宣传甚至儿童动画片几乎都在潜移默化地渗透着西方文化价值观，宣扬以自我为中心的西方生活方式和人生哲学。可以说，目前中华优秀传统文化因素在教育领域特别是婴幼儿教育领域的影响十分微弱，对加强少年儿童的爱国主义教育非常不利，需要引起全社会的高度警醒。

（三）中华优秀传统文化具有海纳百川的包容影响力

多元一体的中华文明为中华民族大家庭的形成奠定了坚实基础，中华优秀传统文化在长期的历史发展过程中，广泛吸收借鉴融合东西南北方各民族先进文化的有益营养，在文明交流互鉴融汇创新的基础上形成中国特色的新文化形态，具有海纳百川的巨大包容影响力。

1. 中华优秀传统文化集各民族文化之大成

习近平指出：“中华文化之所以如此精彩纷呈、博大精深，就在于它兼收并蓄的包容特性。展开历史长卷，从赵武灵王胡服骑射，到北魏孝文帝汉化改革；从‘洛阳家家学胡乐’到‘万里羌人尽汉歌’；从边疆民族习用‘上衣下裳’、‘雅歌儒服’，到中原盛行‘上衣下裤’、胡衣胡帽，以及今天随处可见的舞狮、胡琴、旗袍等，展现了各民族文化的互鉴融通。各族文化交相辉映，中华文化历久弥新，这是今天我们强大文

① 习近平：《在十八届中央政治局第二十九次集体学习时的讲话》。《人民日报》2015年12月31日。

化自信的根源。”[①] 从这个意义上可以说，一部中国史就是一部各民族交融汇聚成多元一体中华民族的历史，就是各民族共同缔造、发展、巩固统一的伟大祖国的历史。中国古人说过：“泰山不让土壤，故能成其大；河海不择细流，故能就其深。”中华民族之所以团结融合，多元之所以聚为一体，源自各民族文化上的兼收并蓄、取长补短，经济上的相互依存、包容普惠，情感上的相互亲近、心灵相通，源自中华民族追求团结统一的内生动力。正因为如此，中华文明才具有无与伦比的包容性和吸纳力，才能够历久弥新、根深叶茂。

2. 中华文化与外来文化的交流融合

中华文明自古就以开放包容闻名于世，在同其他文明的交流互鉴中不断焕发新的生命力。近现代以来，随着帝国主义列强的侵略和封建王朝的日益僵化腐朽，中华民族几乎到了亡国灭种的边缘。1840 年鸦片战争以后，中国逐步成为半殖民地半封建社会，国家蒙辱、人民蒙难、文明蒙尘，中华民族遭受了前所未有的劫难。为了救亡图存，一批批有识之士开始向西方文化学习，西方的政治思想、意识形态、文化观念大量引进中国，与中华文化产生激烈碰撞。但太平天国运动、洋务运动、戊戌维新变法和辛亥革命都以失败告终，“师夷之长技以制夷”的想法更沦为笑谈。西方的道路在中国走不通，中国迫切需要新的思想引领救亡运动，迫切需要新的组织凝聚革命力量，迫切需要新的文化思想指导中国革命和建设实践。

3. 中华优秀传统文化与马克思主义相结合

十月革命一声炮响，给中国送来了马克思列宁主义，促进了中国人民的伟大觉醒。在马克思列宁主义同中国工人运动的紧密结合中，中国共产党应运而生。中国共产党百年来在领导中国人民进行新民主主义革命、社会主义革命和建设、实行改革开放和推进中国特色社会主义现代化的伟大征程中，浴血奋战、百折不挠，创造了新民主主义革命的伟大成就；自力更生、发愤图强，创造了社会主义革命和建设的伟大成就；

① 习近平：《在全国民族团结进步表彰大会上的讲话》，《人民日报》2019年9月28日。

解放思想、锐意进取，创造了改革开放和社会主义现代化建设的伟大成就；自信自强、守正创新，统揽伟大斗争、伟大工程、伟大事业、伟大梦想，创造了新时代坚持和发展中国特色社会主义的伟大成就。中华民族迎来了从站起来、富起来到强起来的伟大飞跃，中华民族伟大复兴进入了不可逆转的历史轨道。在中华大地上，这四个历史性的伟大成就，是在马克思主义基本原理同中国革命和建设的具体实际相结合、同中华优秀传统文化相结合而形成的毛泽东思想、邓小平理论、“三个代表”重要思想、科学发展观、习近平新时代中国特色社会主义思想的指导下取得的，是马克思主义中国化时代化的必然结果，充分证明了中华优秀传统文化善于吸收全人类创造的一切先进文明成果的开放胸襟和海纳百川的包容影响力。

（四）中华优秀传统文化反抗侵略压迫的伟大斗争力

1. 不畏强敌，英勇斗争

中华民族具有坚决反对外来侵略和压迫的光荣斗争传统。毛泽东指出：“中华民族的各族人民都反对外来民族的压迫，都要用反抗的手段解除这种压迫。他们赞成平等的联合，而不赞成互相压迫。”[①] 在外敌入侵面前，各族人民展现了万众一心、不畏强敌、勇于胜利的伟大斗争精神。正如毛泽东所说：“我们的先人以不屈不挠的斗争反对内外压迫者，从来没有停止过。”[②] 习近平指出：“中国共产党从成立之日起，既是中国先进文化的积极引领者和践行者，又是中华优秀传统文化的忠实传承者和弘扬者。”[③] 中华民族反抗外来侵略和压迫的光荣斗争传统，在中国共

---

① 毛泽东：《中国革命与中国共产党》，《毛泽东选集》第2卷，人民出版社1991年版，第623页。

② 毛泽东：《中国人从此站立起来了》，《毛泽东文集》第5卷，人民出版社1996年版，第344页。

③ 习近平：《决胜全面建成小康社会，夺取新时代中国特色社会主义伟大胜利——在中国共产党第十九次全国代表大会上的报告》（2017年10月18日），《人民日报》2017年10月28日。

产党身上表现得最为突出和全面。中国共产党在内忧外患中诞生、在历经磨难中成长、在攻坚克难中壮大，为了人民、国家、民族，为了理想信念，无论敌人如何强大、道路如何艰险、挑战如何严峻，党总是绝不畏惧、绝不退缩，不怕牺牲、百折不挠。经过28年浴血奋斗，党领导人民，在各民主党派和无党派民主人士积极合作下，于1949年10月1日宣告了新中国的诞生，实现民族独立、人民解放，彻底结束了旧中国半殖民地半封建社会的历史，彻底结束了极少数剥削者统治广大劳动人民的历史，彻底结束了旧中国一盘散沙的局面，彻底废除了帝国主义列强强加给中国的不平等条约和在中国的一切特权，实现了中国从几千年封建专制向人民民主的伟大飞跃，也极大改变了世界政治格局，鼓舞了全世界被压迫民族和被压迫人民争取解放的斗争。实践充分说明，历史和人民选择了中国共产党，没有中国共产党领导，民族独立、人民解放是不可能实现的。

2. 自卫反击，捍卫尊严

中国人民是崇尚正义、不畏强暴的人民，中华民族是具有强烈民族自豪感和自信心的民族。新中国成立以后，面对国际帝国主义、地区霸权主义的侵略挑衅威胁等各种攻击打压，中国共产党忍无可忍，被迫发起自卫反击、保家卫国。先后打赢了抗美援朝战争、对印自卫反击战、珍宝岛保卫战、西沙群岛保卫战、对越自卫反击战等战争，打出了新中国的军威国威，打出了中华民族的集体自尊，有力地捍卫了神圣的国家领土主权尊严，谱写了中华民族反对外来侵略压迫斗争的新篇章，为国际间的和平合作奠定了坚实的政治经济军事基础。从历史上看，中国人民从来没有欺负、压迫、奴役过其他国家人民，过去没有，现在没有，将来也不会有。同时，中国人民也绝不允许任何外来势力欺负、压迫、奴役我们，谁妄想这样干，必将在14亿多中国人民用血肉筑成的钢铁长城面前碰得头破血流。

3. 居安思危，应对挑战

当前，面对俄乌战后世界政治经济军事新格局和各种不确定因素挑战，我们必须统筹中华民族伟大复兴战略全局和世界百年未有之大变局，抓住历史机遇，弘扬和平、发展、公平、正义、民主、自由的全人类共同价值。倡导不同文明交流互鉴，不断增强忧患意识、始终居安思危，保持革命精神和革命斗志，勇于进行具有许多新的历史特点的伟大斗争。以敢于斗争、善于斗争的意志品质，坚决战胜任何有可能阻碍中华民族复兴进程的重大风险挑战。坚决维护国家主权、安全、发展利益，坚决捍卫中国人民来之不易的和平安定幸福美好生活。同时，在特殊情况下，文化也需要用武力来保卫。中国古人曾经说过："圣人之治天下也，先文德而后武力。凡武之兴为不服也。文化不改，然后加诛。夫下愚不移，纯德之所不能化而后武力加焉。"①1840 年以后的晚清政府、1911 年以后的民国政府之所以割地赔款、软弱无能、遭受帝国主义侵略压迫，主要原因并不是经济贫穷、文化落后，而是武力孱弱、政治腐败，国家一盘散沙，打不过人家。只有中国共产党领导的新中国才一雪百年耻辱，将中华民族的力量凝聚起来，全中国人民紧紧团结在一起，中国人民志愿军雄赳赳气昂昂跨过鸭绿江，以劣势装备单一军种，一举打败武装到牙齿的世界头号强国美帝国主义及联合国军帮凶走狗，中国人民才真正站了起来，中华民族才真正扬眉吐气。今天的中国已经不是 70 年前的中国，更不是民国晚清时期的中国。奉劝那些至今死抱住冷战思维不放、企图打压遏制中国发展的一切敌对势力，还是趁早改邪归正，与中国人民相向而行，共同走和平发展、合作共赢的人类命运共同体光明大道。否则，继续与中国人民为敌，只能是搬起石头砸自己的脚，必然会受到历史和正义的惩罚而失败得更惨。

（五）中华优秀传统文化崇尚实事求是的历史洞察力

"实事求是"作为一种思想方法和实践方法，是中华优秀传统文化的鲜明特色之一，也是毛泽东思想和中国特色社会主义思想的核心精髓，是中国共产党路线方针政策的基本出发点，能够登高望远、脚踏实

① 刘向:《说苑·指武》，向宗鲁:《说苑校证》，中华书局 2017 年版，第 380 页。

地、穿透古今，具有无比深刻的历史洞察力。

1. 中华优秀传统文化崇尚实事求是

孔子提倡“知之为知之，不知为不知，是知也”的治学方法，强调研究学问要“博学之，审问之，慎思之，明辨之，笃行之”，实际上就是在面对社会问题时要抱持实事求是的态度。西汉时期汉景帝刘启的第三个儿子河间献王刘德，由于比较尊重知识和读书人，广泛收集古书文献，加上他“身端行治，温仁恭俭，笃敬爱下，明知深察，惠于鳏寡”而广受好评，史家赞扬他“修学好古，实事求是”[①]。这也是“实事求是”一语的最早出处。明代大儒王阳明在宋代朱熹“格物便是致知”“理在事中”的基础上，提出了“知行合一”的观点，倡导“实事求是”的学风。1917 年，湖南公立工业专门学校迁入长沙岳麓书院办学，怀揣实业报国梦想的校长宾步程，手书“实事求是”匾额悬挂于岳麓书院讲堂，将其作为校训，引导学生从事实出发，崇尚科学、追求真理。[②] 彼时，青年毛泽东正寄住在岳麓书院的半学斋，深受实事求是学风熏陶。在寻求改造中国与世界的道路上，毛泽东对实事求是这一传统命题进行了提升改造，并以此为思想武器，坚持马克思主义基本原理与中国实际相结合，在波澜壮阔的革命实践中不断推进马克思主义中国化。

2. 毛泽东思想的精髓是实事求是

在中国共产党历史上，毛泽东第一次将“实事求是”与马克思主义的立场观点方法紧密结合起来，创造了中国共产党认识世界、改造世界的基本思想方法、工作方法和领导方法，是马克思主义中国化的鲜明体现。从已出版的毛泽东著作中寻找“实事求是”一词，最早见于 1938 年 10 月 14 日毛泽东在党的第六届中央委员会扩大的第六次全体会议上的政治报告，他指出：“共产党员应是实事求是的模范，又是具有远见卓识的模范。因为只有实事求是，才能完成确定的任务；只有远见卓识，才

---

① 班固：《汉书》，中华书局 1962 年版，第 2410—2411 页。

② 刘燕娟：《岳麓书院：党的实事求是思想路线策源地》，《湖南日报》2021 年 3 月 17 日。

能不失前进的方向。”[①]1940 年 1 月，他在《新民主主义论》中指出：“科学的态度是‘实事求是’，‘自以为是’和‘好为人师’那样狂妄的态度是决不能解决问题的。”1941 年 5 月 19 日，毛泽东在延安干部会议上作报告时，指出“要有目的地去研究马克思列宁主义的理论，要使马克思列宁主义的理论和中国革命的实际运动结合起来，是为着解决中国革命的理论问题和策略问题而去找立场，找观点，找方法的。这种态度，就是有的放矢的态度”，“这种态度，就是实事求是的态度。‘实事’就是客观存在着的一切事物，‘是’就是客观事物的内部联系，即规律性，‘求’就是我们去研究”[②]。1943 年 12 月，毛泽东为中央党校大礼堂题词“实事求是”。毛泽东将马克思主义的思想方法、思想路线，用中国历史上已有的实事求是的名词表达出来，就有了鲜活的、为广大党员和老百姓所喜闻乐见的民族形式。邓小平同志 1978 年 9 月 16 日在一次谈话中高度概括了实事求是的重大意义：“毛泽东思想的基本点就是实事求是，就是把马列主义的普遍原理同中国革命的具体实践相结合。毛泽东同志在延安为中央党校题了‘实事求是’四个大字，毛泽东思想的精髓就是这四个字。毛泽东同志所以伟大，能把中国革命引导到胜利，归根到底，就是靠这个。”[③]

3. 改革开放的基本点是实事求是

邓小平提出的“解放思想，实事求是，团结一致向前看”，为改革开放奠定了坚实的思想政治基础，也是党的十一届三中全会以来改革开放思想路线和方针政策的基本出发点。江泽民指出：“在新的历史时期，全党必须继续坚持解放思想、实事求是的思想路线，继续抓住社会主义

① 毛泽东：《中国共产党在民族战争中的地位》，《毛泽东选集》第 2 卷，人民出版社 1991 年版，第 522 页。

② 毛泽东：《改造我们的学习》，《毛泽东选集》第 3 卷，人民出版社 1991 年版，第 801 页。

③ 邓小平：《高举毛泽东思想旗帜，坚持实事求是的原则》，《邓小平文选》第 2 卷，人民出版社 1994 年版，第 126 页。

本质这个根本问题，大胆探索、实践和创造，这是坚持党的基本路线，建设有中国特色社会主义的思想保证。”① 胡锦涛指出：“解放思想、实事求是、与时俱进、求真务实，是科学发展观最鲜明的精神实质。实践发展永无止境，认识真理永无止境，理论创新永无止境。”② 习近平指出：“实事求是，是马克思主义的根本观点，是中国共产党人认识世界、改造世界的根本要求，是我们党的基本思想方法、工作方法、领导方法。不论过去、现在和将来，我们都要坚持一切从实际出发，理论联系实际，在实践中检验真理和发展真理。”③ 在推进中国特色社会主义伟大事业的进程中，解放思想、实事求是的目的，就是为了使我们党和国家的事业不断适应国情与时代、形势与任务的要求而向前发展，始终兴旺发达。同时，实事求是作为一种政治要求和科学方法，是随着时代的发展变化不断与时俱进的，说起来容易，真正做到却很难。在党的历史上发生的“左”倾和右倾错误所造成的重大损失，归根结底是脱离实际、脱离群众，没有按照实事求是的思想路线和工作方法办事。实践证明，什么时候党的实事求是思想路线和工作方法坚持得好，党的事业就兴旺发达，反之就要遭受挫折和损失。

4. 衡量党性强不强的重要标准是实事求是

习近平曾经对年轻干部说过一段语重心长的肺腑之言：“坚持从实际出发、实事求是，不只是思想方法问题，也是党性强不强问题。从当前干部队伍实际看，坚持实事求是最需要解决的是党性问题。我父亲讲过：‘我们党讲党性，我看实事求是就是最大的党性’。1943 年，延安开始审查干部运动，在当时国民党反动势力对革命根据地大肆进行渗透破坏

---

① 江泽民：《论党的建设》，中央文献出版社 2001 年版，第 444 页。

② 胡锦涛：《坚定不移沿着中国特色社会主义道路前进，为全面建成小康社会而奋斗——在中国共产党第十八次全国代表大会上的报告》（2012 年 11 月 8 日），《新华月报》2012 年第 23 期。

③ 习近平：《在纪念毛泽东同志诞辰 120 周年座谈会上的讲话》，《人民日报》2013 年 12 月 27 日。

的情况下，对干部队伍进行认真审查是完全必要的，但在实际工作中由于过分严重地估计了敌情，特别是具体负责这项工作的康生推行极左方式、大搞‘逼供信’，使审干工作发生了严重偏差，造成了大批冤假错案。我父亲当时是绥德地委书记，了解到绥德师范学校出现了不少学生迫于体罚逼供压力‘假坦白’的事，感到非常痛心。他经过深入调查研究，慎重提出要把思想认识问题和政治立场问题区分开来，避免审干工作中的‘扩大化’错误，并向党中央和西北局如实反映了有关情况，建议党中央及时制止‘逼供信’、纠正‘左’倾错误。在当时情况下，这样做是冒着很大政治风险的，而我父亲甘冒这个风险，就是因为他认为对党忠诚就不要说假话。”[①] 得民心者，靠实事求是。干部是不是实事求是可以从很多方面来看，最根本的要看是不是讲真话、讲实话，是不是干实事、求实效。那些见风使舵、处事圆滑的人，那些掩盖矛盾、粉饰太平的人，那些花拳绣腿、不干实事的人，那些好大喜功、急功近利的人，都不是真正的唯物主义者，都有私心杂念在作祟。正如习近平同志所说：年轻干部要坚持以党性立身做事，把说老实话、办老实事、做老实人作为党性修养和锻炼的重要内容，敢于坚持真理，善于独立思考，坚持求真务实。这对党和人民事业有益，对个人健康成长也有益。做人老实不是愚钝，做事踏实不会吃亏。对党不忠诚，做人不老实，就会生出取巧之心，就会去搞拉关系、走门路、权钱交易等投机钻营那一套，最终会聪明反被聪明误。

三、中华优秀传统文化的时代价值

习近平指出：中华民族有着深厚文化传统，形成了富有特色的思想体系，体现了中国人几千年来积累的知识智慧和理性思辨，这是我国的独特优势。中华优秀传统文化是我们在世界文化激荡中站稳脚跟的根基，必须结合新的时代条件传承和弘扬好。从当今中国发展的历史方位

① 习近平：《努力成为可堪大用能担重任的栋梁之才》，《求是》2022年第3期。

和世界文化发展的总体趋势来看，中华优秀传统文化的时代价值主要体现在以下五个方面：

（一）中华优秀传统文化为实现中国梦凝聚精神力量

文化是一个国家、一个民族的灵魂，文化兴则国运兴，文化强民族强。没有高度的文化自信，没有文化的繁荣兴盛，就没有中华民族的伟大复兴。党的十八大以来，以习近平同志为核心的党中央高度重视社会主义文化建设，牢牢掌握意识形态工作的领导权、管理权、话语权，大力培育和践行社会主义核心价值观，推动中华优秀传统文化的创造性转化和创新性发展，为实现中华民族伟大复兴的中国梦提供了强有力的精神力量和文化滋养。

1. 文化自信是推动社会前进的强大精神力量

实现中华民族伟大复兴是近代以来中华民族最伟大的梦想。面对世界百年未有之大变局，中华优秀传统文化独特的价值体系、人文精神、道德理念和治理智慧，为克服前进道路上的艰难险阻、实现中华民族伟大复兴提供思想智慧和强大精神支撑力量。习近平指出："中华文明延续着我们国家和民族的精神血脉，既需要薪火相传、代代守护，也需要与时俱进、推陈出新。要加强对中华优秀传统文化的挖掘和阐发，使中华民族最基本的文化基因与当代文化相适应、与现代社会相协调，把跨越时空、超越国界、富有永恒魅力、具有当代价值的文化精神弘扬起来。要推动中华文明创造性转化、创新性发展，激活其生命力，让中华文明同各国人民创造的多彩文明一道，为人类提供正确精神指引。"① 当前，世界百年变局和世纪疫情交织、经济全球化遭遇逆流，新一轮动荡变革的复杂局势扑朔迷离，各国人民对和平发展的期盼将更加殷切，对公平正义的呼声将更加强烈，对合作共赢的追求亦将更加迫切。同时，核战争、生物战争的阴霾依然弥漫世界，公平正义与强盗邪恶的斗争依然长期而激烈，人类和平的发展前景呈现更多的不确定性。面对这样前

① 习近平：《在哲学社会科学工作座谈会上的讲话》，《人民日报》2016年5月19日。

所未有的新形势新特点新任务，中华优秀传统文化必须加大创造性继承和创新性发展力度，紧紧围绕我国和世界发展面临的重大问题，着力提出能够体现中国立场、中国智慧、中国价值的理念、主张、方案，推动构建人类命运共同体，向着中华文明天下大同的理想目标迈进。目前，对于中华优秀传统文化来说，我们不仅要让世界知道饮食文化中“舌尖上的中国”，还要让世界知道文化历史中“学术上的中国”“艺术上的中国”“理论创新上的中国”“历史上的中国”，让世界重新认识当今正在不断发展进步的“现代化建设的中国”“改革开放的中国”“生态文明、绿色发展的中国”“战胜疫情的中国”“为人类文明作贡献的中国”，如此等等。通过中华优秀传统文化的创造性转化和创新性发展，形成实现中华民族伟大复兴中国梦的文化自信精神支撑力量。

2. 民族精神是中国共产党精神谱系的重要源泉

党的十八大以来，习近平在不同场合多次谈到精神的力量，提出了“中国共产党人的精神谱系”这一整体性概念。2021 年 2 月 20 日他在党史学习教育动员大会上的讲话中指出：“在一百年的非凡奋斗历程中，一代又一代中国共产党人顽强拼搏、不懈奋斗，涌现了一大批视死如归的革命烈士、一大批顽强奋斗的英雄人物、一大批忘我奉献的先进模范，形成了井冈山精神、长征精神、遵义会议精神、延安精神、西柏坡精神、红岩精神、抗美援朝精神、‘两弹一星’精神、特区精神、抗洪精神、抗震救灾精神、抗疫精神等伟大精神，构筑起了中国共产党人的精神谱系。我们党之所以历经百年而风华正茂、饱经磨难而生生不息，就是凭着那么一股革命加拼命的强大精神。”[①]2021 年 7 月 1 日他在庆祝中国共产党成立 100 周年大会上的讲话中指出：“一百年前，中国共产党的先驱们创建了中国共产党，形成了坚持真理、坚守理想，践行初心、担当使命，不怕牺牲、英勇斗争，对党忠诚、不负人民的伟大建党精神，

---

① 习近平：《在党史学习教育动员大会上的讲话》，《求是》2021 年第 7 期。

这是中国共产党的精神之源。”[①] 中国共产党的伟大精神是民族精神的集中体现。民族精神体现了一个民族的理想、智慧、意志、情感、性格和传统，是民族生存和发展的精神支柱。中华民族精神是中国共产党精神的重要源泉，中国共产党精神是中华民族精神的传承和发展。例如，中华优秀传统文化中的大同社会追求与共产主义理想，摩顶放踵与艰苦奋斗精神，舍生取义与英雄主义气概，知行合一与实事求是，自强不息与独立自主，以民为本与以人民为中心，等等，都可以看出中国共产党的精神谱系与中华优秀传统文化之间的传承发展渊源。

3. 时代精神需要中华优秀传统文化展示形象

时代精神是一个民族赖以生存发展的动力，唯有精神上达到一定的高度，这个民族才能在历史的洪流中奋勇向前。习近平指出：“实现中国梦必须弘扬中国精神。这就是以爱国主义为核心的民族精神，以改革创新为核心的时代精神。这种精神是凝心聚力的兴国之魂、强国之魂。爱国主义始终是把中华民族坚强团结在一起的精神力量，改革创新始终是鞭策我们在改革开放中与时俱进的精神力量。”[②] 改革创新的时代精神不是凭空得来的，而是在民族文化的丰厚滋养中通过艰苦的创造性继承和创新性发展实现的。在这方面，2022 年北京冬奥会、冬残奥会的巨大成功和深刻影响创造了重要经验。正如习近平在总结表彰大会上的讲话中所说：“巧妙蕴含中华文化的冬奥场馆，活泼敦厚的‘冰墩墩’，喜庆祥和的‘雪容融’，扑面而来的中国年味儿，香喷喷的豆包……，‘冬奥梦’和‘中国梦’精彩交织。饱含圆融和合等中国理念的开闭幕式，构思独到，匠心独运，二十四节气、黄河之水、中国结、迎客松、折柳寄情、雪花主题歌……听障演员的圆舞曲、手语版国歌、盲童合唱团的歌声、

---

① 习近平：《在庆祝中国共产党成立 100 周年大会上的讲话》，《人民日报》2021 年 7 月 2 日。

② 习近平：《在第十二届全国人民代表大会第一次会议上的讲话》，《十八大以来重要文献选编》（上），中央文献出版社 2014 年版，第 235 页。

视障运动员的点火……这些意蕴隽永的场面在人们心中留下了美轮美奂、直击人心的深刻印象，激发了海内外中华儿女万众一心、接续奋斗的昂扬激情！”[①] 这种文化心灵上的强大震撼力能够使人们的爱国情怀得到全面升华，极大地增强了民族自豪感、自信心，从而凝聚起实现中华民族伟大复兴中国梦的强大精神力量。“胸怀大局、自信开放、迎难而上、追求卓越、共创未来”的北京冬奥精神，既是中国人民精神风貌的形象展示，也是中华民族开创未来的精神财富，昭示着中国人民同世界各国人民“一起向未来”的光辉前景。不仅如此，诸如中国式现代化新道路、构建人类命运共同体理念、抗御新冠疫情、脱贫攻坚战，以及中国高铁、中国空间站、中国核电、中国 5G、中国水稻等代表人类先进文化技术水平的优秀成果，也必将随着世界历史的进程成为展现伟大中国精神形象、增强中华文明传播力和影响力的重要文化载体，推动中华文化更好走向世界，为全人类文明进步作出更大贡献。

（二）中华优秀传统文化为中国特色社会主义道路奠定文化基石

习近平指出：“走自己的路，是党的全部理论和实践立足点，更是党百年奋斗得出的历史结论。中国特色社会主义是党和人民历经千辛万苦、付出巨大代价取得的根本成就，是实现中华民族伟大复兴的正确道路。我们坚持和发展中国特色社会主义，推动物质文明、政治文明、精神文明、社会文明、生态文明协调发展，创造了中国式现代化新道路，创造了人类文明新形态。”[②] 从“走自己的路”到“中国式现代化新道路”，中华优秀传统文化像巨大基石一样奠定这条道路始终，在世界风云激荡中巍然屹立勇往直前。

---

① 习近平：《在北京冬奥会、冬残奥会总结表彰大会上的讲话》，《人民日报》2022年4月9日。

② 习近平：《在庆祝中国共产党成立 100 周年大会上的讲话》，《人民日报》2021 年 7 月 2 日。

1. 中国特色社会主义道路是一种文明标识

从整体来看，中国式现代化新道路和人类文明新形态是相互贯通、交互作用、合二为一的关系。所谓中国式现代化新道路，也就是中国特色社会主义道路，是与西方资本主义现代化道路相对而言的一种人类迈向现代化的新文明形态。这种新道路暨新文明形态是在对中华民族五千多年悠久文明的传承中孕育出来的，具有中华优秀传统文化的基因符号。例如，它注重的“以人民为中心”“构建人类命运共同体”“四个全面、五位一体”，所蕴含的“多元包容”“共同富裕”“天下为公”“世界大同”，以及和平发展、合作共赢、公平正义、民主自由等文明价值理念，完全超越了西方式现代化道路所奉行的殖民掠夺、唯我独尊、民族压迫、资本至上、赢者通吃、种族歧视、横行霸道的“丛林法则”强权政治文明形态，占据了人类文明道义制高点，是人类现代化过程中顺应时代潮流、代表公平正义、体现人类精神的全新文明形态。习近平在党的二十大报告中强调：“中国式现代化是人口规模巨大的现代化，是全体人民共同富裕的现代化，是物质文明和精神文明相协调的现代化，是人与自然和谐共生的现代化，是走和平发展道路的现代化。”“中国式现代化的本质要求是：坚持中国共产党领导，坚持中国特色社会主义，实现高质量发展，发展全过程人民民主，丰富人民精神世界，实现全体人民共同富裕，促进人与自然和谐共生，推动构建人类命运共同体，创造人类文明新形态。”[①] 实践充分证明，中国式现代化既切合中国实际，体现了社会主义建设规律，也体现了人类社会发展规律。中国式现代化这条道路，不仅走得对、走得通，而且也一定能够走得稳、走得好。

2. 中国特色社会主义道路立足于独立自主

习近平指出：“独立自主是中华民族的优良传统，是中国共产党、中

---

① 习近平：《高举中国特色社会主义伟大旗帜，为全面建设社会主义现代化国家而团结奋斗——在中国共产党第二十次全国代表大会上的报告》，《人民日报》2022年10月26日。

华人民共和国立党立国的重要原则。”[①] 党的十九届六中全会通过的《中共中央关于党的百年奋斗重大成就和历史经验的决议》概括了具有根本性和长远指导意义的十条历史经验，其中之一就是强调“独立自主是中华民族精神之魂，是我们立党立国的重要原则”。坚持独立自主，是我们党对马克思主义科学运用、对百年奋斗历程深刻总结、对历史条件和发展趋势作出正确判断后的必然选择。

新民主主义革命时期，党领导人民独立自主、浴血奋战，开辟了农村包围城市、武装夺取政权的革命道路，创造了新民主主义革命的伟大成就。社会主义革命和建设时期，党带领人民独立自主、自力更生，艰辛探索社会主义革命和建设道路，建立起独立的比较完整的工业体系和国民经济体系，独立研制出“两弹一星”等众多大国重器和建设一系列战略工程，战胜帝国主义、霸权主义的颠覆破坏和武装挑衅，实现了中华民族有史以来最为广泛而深刻的社会变革。党的十一届三中全会以后，邓小平同志明确提出“走自己的路，建设有中国特色的社会主义”，党带领人民从我国实际出发，制定社会主义初级阶段基本路线，确立现代化“三步走”战略，建立社会主义市场经济体制，我国实现了从生产力相对落后的状况到经济总量跃居世界第二的历史性突破，实现了人民生活从温饱不足到总体小康、奔向全面小康的历史性跨越。党的十八大以来，以习近平同志为核心的党中央站在统筹中华民族伟大复兴战略全局和世界百年未有之大变局的高度，更加强调坚持独立自主对国家发展的重要性。现行标准下近亿农村贫困人口全部脱贫，全面建成小康社会，建成世界上规模最大的社会保障体系……这一项项彪炳史册的发展成果，都是依靠独立自主干出来的，极大彰显了中国特色社会主义制度的优越性，为实现中华民族伟大复兴提供了更为完善的制度保证、更为坚实的物质基础、更为主动的精神力量，中华民族正以昂扬奋进的崭新姿态走向世界。

---

① 习近平：《在纪念毛泽东同志诞辰120周年座谈会上的讲话》（2013年12月26日），《人民日报》2013年12月27日。

3. 中国特色社会主义道路着力于开辟未来

坚定不移走中国特色社会主义道路，既不走封闭僵化的老路，也不走改旗易帜的邪路。独立自主意味着坚守但不僵化、借鉴但不照搬，更不能数典忘祖、改弦更张，也绝不会接受任何外国颐指气使的说教。改革开放以来，党带领人民坚持走中国特色社会主义道路，坚持把马克思主义基本原理同中国具体实际相结合、同中华优秀传统文化相结合，同时批判地学习借鉴各国发展的有益经验，成功走出中国式现代化新道路，创造了人类文明新形态。如今，中国已成为经济总量占世界经济的比重达 18.5%、人均 GDP 超过 1 万美元的世界第二大经济体，用几十年时间走完了发达国家几百年走过的工业化历程，创造了世所罕见的经济快速发展奇迹和社会长期稳定奇迹。正如习近平所说："当代中国的伟大社会变革，不是简单延续我国历史文化的母版，不是简单套用马克思主义经典作家设想的模板，不是其他国家社会主义实践的再版，也不是国外现代化发展的翻版。社会主义并没有定于一尊、一成不变的套路，只有把科学社会主义基本原则同本国具体实际、历史文化传统、时代要求紧密结合起来，在实践中不断探索总结，才能把蓝图变为美好现实。"[①] "我们走中国特色社会主义道路，一定要推进马克思主义中国化。如果没有中华五千年文明，哪里有什么中国特色？如果不是中国特色，哪有我们今天这么成功的中国特色社会主义道路？我们要特别重视挖掘中华五千年文明中的精华，弘扬优秀传统文化，把其中的精华同马克思主义立场观点方法结合起来，坚定不移走中国特色社会主义道路。"[②] 在 2021 年 7 月 6 日举行的中国共产党与世界政党领导人峰会上，习近平进一步强调："中国共产党坚持一切从实际出发，带领中国人民探索出中国特色社会主义道路。历史和实践已经并将进一步证明，这条道路，不仅走得对、走得通，而且也一定能够走得稳、走得好。

---

① 习近平:《在纪念马克思诞辰200周年大会上的讲话》,《人民日报》2018年5月5日。

② 《习近平考察朱熹园谈文化自信》，人民网 2021 年 3 月 23 日。

我们将坚定不移沿着这条光明大道走下去，既发展自身又造福世界。”①中国特色社会主义道路，既以经济建设为中心，又全面推进政治建设、文化建设、社会建设、生态文明建设以及其他各方面建设；既坚持四项基本原则，又坚持改革开放；既不断解放和发展社会生产力，又逐步实现全体人民共同富裕、促进人的全面发展。实践证明，这条道路走出了科学社会主义的新版本，具有强大生命力和巨大优越性。坚持走这条道路，把中国发展进步的命运始终牢牢掌握在自己手中，中华民族就一定能够迎来光明前景。面向未来，只要我们坚持独立自主、自力更生，既虚心学习借鉴国外的有益经验，又坚定民族自尊心和自信心，不信邪、不怕压，就一定能够实现中华民族的伟大复兴。

（三）中华优秀传统文化是社会主义核心价值观的固有根本

作为社会意识形态的集中体现，核心价值观通常是与一个国家和民族的文化传统与文化积淀息息相关、一脉相承的。中华优秀传统文化之所以是社会主义核心价值观的固有根本，就在于它蕴含的“讲仁爱、重民本、守诚信、崇正义、尚和合、求大同”独特价值体系与社会主义核心价值观所倡导的富强、民主、文明、和谐，自由、平等、公正、法治，爱国、敬业、诚信、友善等理念能够高度契合，既有利于传承中华优秀传统文化的基因，又有利于整合全社会的思想意识。从整体来看，中华优秀传统文化在社会主义核心价值观中发挥的固有根本作用，主要体现在以下三个方面：

1. 精神命脉维系

核心价值观承载着一个民族、一个国家的精神追求，体现着一个社会评判是非曲直的价值标准。习近平同志指出：“培育和弘扬社会主义核心价值观必须立足中华优秀传统文化。牢固的核心价值观，都有其固有的根本。抛弃传统、丢掉根本，就等于割断了自己的精神命脉。对于

---

① 习近平：《加强政党合作　共谋人民幸福——在中国共产党与世界政党领导人峰会上的主旨讲话》，《人民日报》2021年7月7日。

我们来说，博大精深的中华优秀传统文化是我们在世界文化激荡中站稳脚跟的根基。”① 中华优秀传统文化之所以是中华民族的精神命脉，是涵养社会主义核心价值观的重要源泉，是我们在世界文化激荡中站稳脚跟的坚实根基，就在于它所倡导的独特价值体系已成为中华民族的文化基因，植根在中国人内心，潜移默化地影响着中国人的思想方式和行为方式。诸如“民惟邦本”“天人合一”“和而不同”“自强不息”“天下为公”“言必信，行必果”“仁者爱人”“与人为善”“出入相友，守望相助”“老吾老以及人之老，幼吾幼以及人之幼”“扶贫济困”“不患寡而患不均”等等，这些中华优秀传统文化的基本思想和理念，不论过去还是现在，都具有鲜明的民族特色和永不褪色的时代价值，不仅有其自身的连续性和稳定性，而且可以随着时间推移和时代变迁而不断与时俱进，成为维系精神命脉的文化纽带。

2. 道德行为规范

道德是一个人安身立命的根本，做人做事第一位的就是立德修身。我们党的干部政策、用人标准之所以坚持德才兼备、以德为先，就是因为德是首要、是方向。一个人只有明大德、守公德、严私德，其才智方能用得其所。习近平指出：“核心价值观，其实就是一种德，既是个人的德，也是一种大德，就是国家的德、社会的德。国无德不兴，人无德不立。如果一个民族、一个国家没有共同的核心价值观，莫衷一是，行无依归，那这个民族、这个国家就无法前进。这样的情形，在我国历史上，在当今世界上，都屡见不鲜。”② 社会主义核心价值观倡导的富强、民主、文明、和谐，是国家层面的德；自由、平等、公正、法治，是社会层面的德；爱国、敬业、诚信、友善，是个人层面的德。将这三个层面的价值要求融为一体，形成相应的道德规范体系，既体现了社会主义

---

① 中共中央文献研究室编：《习近平关于社会主义文化建设论述摘编》，中央文献出版社 2017 年版，第 107—108 页。

② 习近平：《青年要自觉践行社会主义核心价值观》，《人民日报》2014 年 5 月 5 日。

本质要求，继承了中华优秀传统文化，也吸收了世界文明有益成果，体现了时代精神。同时还要认识到，一种价值观要真正发挥作用，必须融入社会生活，让人们在实践中感知它、领悟它，达到“日用而不知”的程度。在这方面，我国古代可以说煞费苦心，将道德教育渗透到衣食住行、言谈举止各个方面，通过各种礼仪、制度来规范和约束人们的言行，强调“非礼勿视、非礼勿听、非礼勿行”，“礼者人之规范，守礼所以立身也”。因此，在培育和弘扬社会主义核心价值观的过程中，要注意将其与人们日常生活紧密联系起来，在落细、落小、落实上下功夫，按照社会主义核心价值观的基本要求，健全各行各业规章制度，完善市民公约、乡规民约、学生守则等行为准则，使社会主义核心价值观成为人们日常工作生活的基本道德遵循，引导人们向上向善，增强道德判断力和道德荣誉感，自觉在言行中讲道德、尊道德、守道德，从而构建起全社会的道德规范行为体系。

3. 体制机制保障

培育和弘扬核心价值观，有效整合社会意识，是社会系统得以正常运转、社会秩序得以有效维护的重要途径，也是国家治理体系和治理能力的重要方面。习近平同志指出：“培育和弘扬社会主义核心价值观，不仅要靠思想教育、实践养成，而且要用体制机制来保障。西方国家在这方面是很下功夫的，虽然执政的党派不断更换，各领风骚四五年，但他们的价值理念保持着一定的稳定性和持续性，其中一个重要原因就是他们的制度设计、政策法规制定、司法行政行为等都置于核心价值理念的统摄之下。”[①] 我们要吸收借鉴世界各国的有益经验，使之与中华优秀传统文化相结合，在社会主义核心价值观的体制机制保障建设上狠下功夫。这是一个巨大的社会系统工程，重点要做好三个方面的工作：一是发挥政策导向作用，使经济、政治、文化、社会等各方面政策都有利于

① 中共中央文献研究室编：《习近平关于社会主义文化建设论述摘编》，中央文献出版社 2017 年版，第 111 页。

社会主义核心价值观的培育和遵循；二是把社会主义核心价值观的要求转化为具有刚性约束力的法律规定，用法律来推动核心价值观建设；三是各种社会管理要承担起倡导社会主义核心价值观的责任，注重在日常管理中体现价值导向，使符合社会主义核心价值观的行为及时得到鼓励表彰，而违背社会主义核心价值观的行为必须受到坚决制止和舆论谴责。

（四）中华优秀传统文化为马克思主义中国化时代化创造丰厚沃土

马克思主义中国化时代化的过程，就是马克思主义理论与中国社会实际和中华优秀传统文化从相遇结合到创新发展的社会革命实践过程。

1. 中国共产党是中华优秀传统文化的忠实继承者和杰出弘扬者

马克思主义中国化时代化的参天大树和绚丽之花，必须生长在中华大地的丰厚沃土之中。离开了中华优秀传统文化，中国特色、中国气派和中国风格的马克思主义中国化时代化就无从谈起。习近平指出："中国人民的理想和奋斗，中国人民的价值观和精神世界，是始终深深植根于中国优秀传统文化沃土之中的，同时又是随着历史和时代前进而不断与日俱新、与时俱进的。"[①] 在领导中国人民进行革命、建设、改革的长期历史实践中，中国共产党人始终是中华优秀传统文化的忠实继承者和弘扬者。例如，中国共产党理论宝库中强调的实事求是、群众路线、独立自主、改革开放、创新自强、人民至上、合作共赢、守望相助、和谐共生、构建人类命运共同体等关键词，都有着深厚的中华优秀传统文化底蕴。又例如，中国人民正在为实现"两个一百年"奋斗目标而努力，其中全面建成小康社会中的"小康"这个概念，就出自《礼记·礼运》，是中华民族自古以来追求的理想社会状态。使用"小康"这个概念来确立中国的发展目标，既符合中国发展实际，也容易得到最广大人民的理

① 习近平：《在纪念孔子诞辰2565周年国际学术研讨会暨国际儒学联合会第五届会员大会开幕式上的讲话》，《人民日报》2014年9月25日。

解和支持。因此，坚持从历史走向未来，自觉担当起中华优秀传统文化的忠实继承者和弘扬者的历史重任，从延续民族文化血脉中开拓前进，中国共产党就能无往而不胜。

2. 马克思主义中国化时代化需要中华优秀传统文化沃土的丰厚滋养

面对当今世界百年未有之大变局、全球疫情频发和俄乌战后地缘政治博弈的新态势，在建设新时代中国特色社会主义、实现中华民族伟大复兴中国梦的奋斗征程中，离不开马克思主义的科学指导，更需要中华优秀传统文化沃土的丰厚滋养。党的十九届六中全会《决议》指出："习近平新时代中国特色社会主义思想是当代中国马克思主义、二十一世纪马克思主义，是中华文化和中国精神的时代精华，实现了马克思主义中国化新的飞跃。党确立习近平同志党中央的核心、全党的核心地位，确立习近平新时代中国特色社会主义思想的指导地位，反映了全党全军全国各族人民共同心愿，对新时代党和国家事业发展、对推进中华民族伟大复兴历史进程具有决定性意义。"[①] 马克思主义中国化时代化是一个动态的、不断与时俱进的创新发展过程。中华优秀传统文化是中华民族最深厚的文化软实力，也是中国特色社会主义和中国式现代化道路植根的文化沃土。每个国家和民族的历史传统、文化积淀、基本国情不同，其发展道路必然有着自己的特色。一个国家的治理体系和治理能力是与这个国家的历史传承和文化传统密切相关的。解决中国的问题只能在中国大地上探寻适合自己的道路和办法。数千年来，中华民族走着一条不同于其他国家和民族的文明发展道路。我们开辟了中国特色社会主义道路不是偶然的，是我国历史传承和文化传统决定的。只有植根于中华优秀传统文化的丰厚沃土之中，马克思主义中国化时代化的参天大树和绚丽之花才能根深叶茂、美丽灿烂、万古常青，中国特色社会主义道路才能越走越宽广。

---

① 《中共中央关于党的百年奋斗重大成就和历史经验的决议》,《人民日报》2021年11月17日。

3. 不断铸就中华文化新辉煌

中国共产党的百年历史实践证明，马克思主义为中国革命、建设、改革提供了强大思想武器，使中国这个古老的东方大国创造了人类历史上前所未有的发展奇迹。正如习近平所说："历史和人民选择马克思主义是完全正确的，中国共产党把马克思主义写在自己的旗帜上是完全正确的，坚持马克思主义基本原理同中国具体实际相结合、不断推进马克思主义中国化时代化是完全正确的！"[①] 在新民主主义革命和社会主义革命与建设时期，马克思主义中国化时代化的成果是毛泽东思想；在党的十一届三中全会以后的改革开放时期，马克思主义中国化时代化的成果是邓小平理论、"三个代表"重要思想和科学发展观；在党的十八大以来的中国特色社会主义新时代，马克思主义中国化时代化的成果是习近平新时代中国特色社会主义思想。以人类社会历史长河的大视野观之，这些不同时期、不同阶段的马克思主义中国化时代化科学理论成果，实际上就是马克思主义基本理论同中国社会具体实际相结合、同中华优秀传统文化相结合、同中国特色社会主义实际相结合、同世界发展潮流相结合的时代产物，就是中国特色社会主义的新文化、新文明。换言之，当代中华文化就是由中华优秀传统文化、马克思主义中国化时代化、红色革命文化、社会主义先进文化"四位一体"熔铸而成的中华新文化。

马克思主义认为，在不同的经济和社会环境中，人们生产不同的思想和文化，思想文化建设虽然决定于经济基础，但又对经济基础发生反作用。先进的思想文化一旦被群众掌握，就会转化为强大的物质力量；反之，落后的、错误的观念如果不破除，也会成为社会发展进步的桎梏。在实现中华民族伟大复兴的历史进程中，让我们立足中国，面向现代化、面向世界、面向未来，巩固马克思主义在意识形态领域的指导地位，推进中华优秀传统文化的创造性继承和创新性发展，加强社会主义先进文化建设，把社会主义核心价值观融入社会发展各方面，不断提高

① 习近平：《在纪念马克思诞辰200周年大会上的讲话》，《人民日报》2018年5月5日。

全社会的思想道德水平和文明素养，铸就中华文化新辉煌。

（五）推动民族精神力量转化为强大的物质力量

人无精神不立，国无精神不强。伟大的民族精神是中华优秀传统文化的重要组成部分。

党的十八大以来，以习近平同志为核心的党中央领导全党全军全国各族人民砥砺前行，党和国家事业取得历史性成就、发生历史性变革，中国人民更加自信、自立、自强，积极性、主动性、创造性进一步激发，志气、骨气、底气空前增强，党心军心民心昂扬振奋，中华优秀传统文化蕴藏的民族智慧和昂扬气势竞相迸发，汇聚成中国人民攻坚克难的强大精神力量。

1. 传承民族精神，战胜风险挑战

中华民族有着伟大梦想和担当精神，秉持公平正义，向往世界大同。中国古代的夸父逐日、女娲补天、后羿射日、嫦娥奔月、精卫填海、神农尝百草、大禹治水、愚公移山等著名的神话故事，真切反映了中国古人为实现心中梦想造福百姓而勇于拼搏不达目的誓不罢休的坚强意志，是中华优秀传统文化的重要组成部分。同样，中国共产党人一百多年来为实现理想目标而不畏艰险不怕牺牲排除万难去争取胜利的壮举，正是对中华民族伟大精神的发扬光大。中华优秀传统文化的这种伟大精神力量无坚不摧，可以转化为不可战胜的物质力量。

近几年来，以美国为首的西方敌对势力对中国遏制打压政策全面升级，从贸易战到疫情战，从科技战到网络战，从南海战云到台海风云，从“台独”黑手到“港独”闹剧，无不喧嚣着美西方丑恶嘴脸对中国疯狂围堵的噪音浊浪和霸道行径，其目的就是为了遏制打压中国的强势崛起和发展进步，阻碍中国人民过上幸福美好生活。中华民族伟大复兴已经进入不可逆转的历史进程，任何阻止打压都是无济于事的。当前，面对俄乌冲突后的世界政治经济格局新变化和新冠病毒疫情新挑战，我们必须统筹中华民族伟大复兴战略全局和世界百年未有之大变局，以敢于斗争、善于斗争的坚定意志和战斗姿态，坚决战胜一切风险挑战，维护好中华民族的根本利益和中国人民的幸福美好生活。

2. 正视差距短板，增强创新思维

与西方海洋文明和近代工业文明的疯狂向外殖民扩张特性相比较，古老的中华文明则是典型的向心内聚式农业文明，虽然有发达的农业、手工业和航海业，但终极目标是向心凝聚而非向外扩张。它起源于夏商周三代之前，成型于战国秦汉，兴盛于魏晋隋唐，成熟于宋元明清，其博大精深的文明成果就是中华优秀传统文化，为人类发展进步作出了卓越贡献。

对于西方国家来说，无论是地理大发现、文艺复兴，还是走出中世纪黑暗进入现代资本主义社会，中华文明都起到了至关重要的催化和牵引作用。今天，中国虽然号称工业门类最齐全的“世界工厂”和“第一贸易大国”，但在高精尖科技核心竞争力的关键环节仍然处于弱势而受制于人。例如，我国科学研究实验室里的高端仪器仪表，医院的CT机、核磁机等仪器设备大部分需要从德、日、美、瑞士等发达国家进口；我国汽车产量是世界第一，但汽车发动机变速箱等重要部件却要依赖进口；高铁是中国的亮丽名片，但车轮和轮轴等核心部件要从德国、日本进口；还有被“卡脖子”的高端芯片，等等。只有正视这些差距短板，进而奋起直追，增强创新思维，从根本上提高核心竞争力，发展更多具有完全自主知识产权的创新性、颠覆性科学技术，将科技的命脉牢牢掌握在自己手中，不断提升国家发展的独立性、自主性和安全性，才能重振中华文化新辉煌，为全面增强文化自信创造雄厚的物质条件和实力基础。

3. 坚定自信自强，汇聚民族力量

回望中国历史，由于清朝中后期统治者的封闭僵化，中华文明在西方工业文明和海洋文明的冲击下迅速败落。1840年以后，中国盛极而衰一落千丈，成为落后挨打的半殖民地半封建社会“东亚病夫”而备受列强欺凌，中华文化也因此一蹶不振，成为被中国人自己贬低嘲讽和外国人轻视的对象，甚至变成了中国的沉重“包袱”，“全盘西化论”因此泛滥而起并影响几代人，其流毒在意识形态领域至今仍然存在，崇洋媚外、数典忘祖、民族分裂、历史虚无主义等时常沉渣泛起。

放眼中国近现代历史，从中华民族一百多年来由沉沦而奋起、由苦难到辉煌的命运转折历程，更能彰显出中国共产党领导中国人民进行革命和建设的历史担当与文化自信精神。从积贫积弱、一穷二白到全面小康、繁荣富强，从被动挨打、饱受欺凌到独立自主、血战立威，中国人民由此在精神上获得了自由和解放，由被动变为主动、由消极变为积极、由悲观变为乐观、由自卑变为自强、由彷徨变为自信，这是一百多年来中华民族精神发生的最显著、最伟大的变革，也是一个走过漫长历史的古老民族心灵世界最壮丽的篇章。现在，中国人民在奋斗进程中积累的强大能量已经厚积薄发，推动着中国的现代化建设破浪前行。

习近平同志以伟大马克思主义政治家、战略家的超凡胆识和人民领袖风范，全面弘扬传承中华优秀传统文化，坚定道路自信、理论自信、制度自信、文化自信，创立习近平新时代中国特色社会主义思想，使中华文明正发生着凤凰涅槃浴火重生的新变化，将中华优秀传统文化的创造性继承和创新性发展推向了历史新高度，开辟了21世纪马克思主义中国化时代化新境界。展望未来发展，建设中国特色社会主义的伟大事业，虽然征途漫漫充满挑战，但历史的经验一再证明，中国共产党和中国人民的事业是正义的，正义的事业是一定要胜利的。只要我们坚定信心、认准目标、凝聚力量、激流勇进，“安危不贰其志，险易不革其心”，以“泰山崩于前而色不变”的战略胆气、定力和智慧，妥善应对世界百年未有之大变局和世纪疫情叠加的错综复杂局势，善于化危机为生机、谋变局为新局，就一定能够实现中华民族伟大复兴的中国梦，开创人类世界的光明未来！

第五章　在继承弘扬红色革命文化中培养时代新人

2016 年 4 月 24 日，习近平总书记在安徽考察调研时指出：“一寸山河一寸血，一抔热土一抔魂。回想过去的烽火岁月，金寨人民以大无畏的牺牲精神，为中国革命事业建立了彪炳史册的功勋，我们要沿着革命前辈的足迹继续前行，把红色江山世世代代传下去。革命传统教育要从娃娃抓起，既注重知识灌输，又加强情感培育，使红色基因渗进血液、浸入心扉，引导广大青少年树立正确的世界观、人生观、价值观。”2014 年 12 月 14 日，他在视察南京军区机关时强调，要“把红色资源利用好，把红色传统发扬好，把红色基因传承好”[①]。2016 年 10 月 27 日，他在党的十八届六中全会第二次全体会议上的讲话中指出：“光荣传统不能丢，丢了就丢了魂；红色基因不能变，变了就变了质。”[②]2022 年 4 月 25 日，他在中国人民大学考察时强调，高校要“落实立德树人根本任务，传承红色基因，扎根中国大地办大学”[③]。培养新时代新人，必须传承红色基因，发挥红色基因导向功能、形塑功能和涵义功能，解决“为谁培养人，培养什么人，怎样培养人”的根本问题。这都告诉我们，一定要继承和弘扬红色革命文化的优良传统和革命精神，使其成为坚定文化自信的重要支柱。

---

① 习近平：《贯彻全军政治工作会议精神　扎实推进依法治军从严治军》，《人民日报》2014 年 12 月 16 日。

② 习近平：《在党的十八届六中全会第二次全体会议上的讲话》（2016年10月27日），《习近平关于全面从严治党论述摘编》，中央文献出版社 2016 年版，第 49 页。

③《习近平在中国人民大学考察时强调：坚持党的领导　传承红色基因　扎根中国大地　走出一条建设中国特色世界一流大学新路》，《人民日报》2022 年 4 月 26 日。

一、红色革命文化的涵义和渊源

什么是红色革命文化？这是我国理论界一直在认真探讨的一个问题。从我们党一百年来领导人民进行革命、建设和改革的历史进程看，在我们党的历史上最早提出“革命文化”的，是瞿秋白 1923 年 6 月发表的《东方文化与世界革命》。广泛使用和论述“革命文化”的，是毛泽东 1940 年发表的《新民主主义论》。将红色和革命联结在一起的是俄国十月革命胜利的影响传入到中国之后。理解红色革命文化涵义有广义和狭义两个角度。广义的红色革命文化是指中国共产党领导人民在革命、建设和改革实践进程中，创造的以中国化马克思主义为核心的先进文化。狭义的红色革命文化是指中国共产党领导人民在革命实践进程中，创造的以中国化马克思主义为核心的先进文化。广义和狭义的区分主要是时间的长短和空间的宽窄，以及在本来的意义上使用革命还是在引申的意义上使用革命。从狭义上讲，红色革命文化的特色和优势主要是三个。其一，从来源和领导看，它是在中国共产党领导下，从人民群众反帝反封建反官僚资本主义的紧迫需求和呼唤中逐步创造出来的。初心和使命是为人民谋幸福，为中华民族谋复兴。首要任务是推翻压在中国人民头上的三座大山，实现民族独立，人民解放。其领导权由中国共产党掌握，党是管总的，是领导一切的。其二，从颜色和实质看，它以红色作标志，以革命为本质。红色的寓意是血和火，是代表革命的。红色革命文化就是为了信仰和理想而敢于奋斗，不怕牺牲的文化；就是怕死不当共产党，砍头只要主义真，为了人民的利益，哪怕牺牲自己的生命也在所不辞的文化；就是坚守中华文化立场，立足中国现实，结合时代条件，发展民族的科学的大众的先进文化。其革命的道路，是先在经济文化落后、交通不发达的农村建立武装革命根据地，然后逐步扩大，用农村包围城市，最终夺取全国政权。其三，从指导思想看，坚持以马克思主义为指导，以中国化马克思主义为核心，强调马克思主义基本原理和中国具体实际相结合，同中华传统文化相结合，突出解放思想，实事求是，言论和行动相一致，逻辑和历史相统一，古为今用，洋为中用，继承弘扬中华民族优秀文化，吸收借鉴一切国家和民族的先进有益文化，反对本本主义、教条主义、文化虚无主义，推进中华文化的繁荣兴盛，促进党和人民的事业全面发展、人的全面进步。所以，红色革命文化是源于中华民族五千多年文明历史所孕育的中华优秀传统文化，熔铸于党领导人民在革命中创造的先进文化，是建设和改革中创造的先进文化的先声和源头，是我们坚定文化自信的精神支柱，有着极为重要的地位和作用。

中国红色革命文化，孕育于1919年五四新文化运动中，形成于中国共产党领导的新民主主义革命时期，发展于新中国成立后从新民主主义革命向社会主义革命的过渡时期。经历了从五四新文化到革命文化，从革命文化到左翼文化和苏区文化，从苏区文化到抗日文化、延安文化，从延安文化到人民解放战争文化，从新民主主义文化到社会主义文化的演进过程。

新中国的成立，以及成立后完成对农业工商业手工业生产资料私有制的社会主义改造，实现社会主义工业化，在我国建立起社会主义基本制度，是我们党成立后三十多年来取得的举世瞩目伟大成就。这一成就既是中国革命史上的新纪元，也是世界社会主义发展史上的新纪元。毛泽东说：中华人民共和国的成立，中国社会主义制度的基本建立，开辟了中国历史的新时代。“我们的民族将从此列入爱好和平自由的世界各民族的大家庭，以勇敢而勤劳的姿态工作着，创造自己的文明和幸福，同时也促进世界的和平和自由。我们的民族再也不是一个被人侮辱的民族了，我们已经站起来了。我们的革命已经获得全世界广大人民的同情和欢呼，我们的朋友遍于全世界。”①

红色革命文化为什么有着如此重大的凝聚力、影响力、吸引力、软实力？主要是因为它将马克思主义的基本原理和中国实际相结合，符合

---

① 《毛泽东文集》第5卷，人民出版社1996年版，第344页。

中国国情，渊源深远广阔。

第一，它的好多用语来自群众学习和日常生活之中。如红军、红色政权、红色旗帜、红色歌舞、红色五星、红色电影等。依据《辞海》的解释，“红”有六重辞义：火、血等的颜色；象征无产阶级革命及政治觉悟，如红军，又红又专；表示胜利、成功等喜事，如满堂红；旧指喜庆事，如红白大事；指人发迹或受上司宠信，如走红，红人；股份制企业于年终时分配给股东的利润，如红利，分红。[①] 这些用语和辞义易于在群众中引起兴趣，流传开来，合乎民心，符合民意。

第二，它与中华民族祖宗炎黄二帝及历朝历代对红色的爱好相吻合。中华民族的祖宗是炎黄二帝。黄帝又称赤帝，是中国的太阳神。黄帝的“黄”字，是太阳初出之色。炎帝也是崇拜太阳神、火神的。因而，中华民族对红色的爱好可以说是与生俱来，流动在血脉里，遗传在基因中。历朝历代的帝王和臣民多以红色为荣为威为魂。帝王的宫门和墙壁多为红色，明朝甚至规定，给皇帝的奏章必须为红色，称为“红本”。清朝皇帝御批的本章统由内阁朱书批发。“朱”批，具有无比崇高的权威。直至今天，我国党政机关颁发的文件，也被人们称之为“红头文件”。红色一直是延续五千多年的中华灿烂文化中的主流色彩。中华民族的历代英雄，如传说中的精卫填海、女娲补天、后羿射日、夸父追日、神农尝百草为民治病、尧舜禅让、大禹治水，以及历史中的屈原、岳飞、文天祥、袁崇焕、史可法、郑成功等人物的光辉事迹，都体现为赤胆红心的壮举，表现出中华民族以爱国主义精神为核心的团结一致、爱好和平、勤劳勇敢、自强不息的民族精神。

第三，它与国民党反动派实行白色恐怖，残酷杀害共产党员和革命群众紧密相关。国民党反动派实行白色恐怖时，对共产党员、革命群众，乱抓乱捕，宁可错杀一千，不可放走一人。他们还勾结地方上的恶霸、地痞、流氓等社会黑恶势力，玩阴谋，耍诡计，散谣言，欺骗迫害

---

① 《辞海》，上海辞书出版社 1999 年版缩印本，第 1385 页。

革命群众。广大群众对白色恐怖、黑色阴谋，十分仇恨，因而怀念红色，敬重革命。

第四，它来源于五千多年中华文化发展中孕育的优秀传统文化。中华优秀传统文化积淀着中华民族最深沉的精神追求，代表着中华民族独特的精神标识，是中华民族生生不息、发展壮大的丰厚滋养，是中国红色革命文化植根的文化沃土和基因，是当代中国发展的突出优势。中华优秀传统文化中的儒学经典《礼记·礼运》篇中，提出了“大同”和“小康”两种社会模式。“大同”是儒家的最高理想社会。在这个社会里，“大道之行也，天下为公。选贤与能，讲信修睦，故人不独亲其亲，不独子其子，使老有所终，壮有所用，幼有所长，矜寡孤独废疾者皆有所养，男有分，女有归。货恶其弃于地也，不必藏于己；力恶其不出于身也，不必为己。是故谋闭而不兴，盗窃乱贼而不作，故外户而不闭，是谓大同。”这种“天下为公”的大同社会，反映了尧舜时代，人们对原始共产主义社会平等生活与和谐状态的怀念和向往。“小康”则比“大同”低一个层次，是建立在小生产、小农经济和私有制基础上的封建世袭社会，但社会生活稳定，治理有方，国泰民安。“今大道既隐，天下为家。各亲其亲，各子其子，货力为己。大人世及以为礼，城郭沟池以为固，礼义以为纪。以正君臣，以笃父子，以睦兄弟，以和夫妇，以设制度，以立田里，以贤勇知，以功为己。故谋用是作，而兵由此起。禹、汤、文、武、成王、周公，由此其选也。此六君子者，未有不谨于礼者也。以著其义，以考其信，著有过，刑仁讲让，示民有常。如有不由此者，在执者去，众以为殃，是谓小康。”这种政治理想和社会模式，对其后的中国社会发展影响深远。在中国近代史上，洪秀全、康有为、孙中山都把它作为中国理想社会。这种社会的理念与马克思提出的共产主义理想存在着深刻的内在亲缘性。同时，《墨子》提出的“处大国不攻小国，处大家不篡小家，强者不劫弱，贵者不傲贱”，儒家提出的“天人合一”思想，道家提出的“法自然”的思想，《易经》提出的“财成天地之道，辅相天地之宜”原则，以及中华优秀传统文化中的歌、词、诗、赋等，也都是红色革命文化的重要思想渊源。正是中华优秀传统文化的这些思想，同俄国十月革命后传入中国的马克思列宁主义存在着内在的亲缘性，使得马克思主义传入中国后就能使中国人民，特别是先进知识分子容易接受，也易于传播开来。关于中国化马克思主义与中华优秀传统文化的内在亲缘性，梁启超在《欧游心影录节录》的“社会主义商榷”中的相关文字可用来参考。他说：“讲到国民生计上，社会主义自然是现代最有价值的学说。（社会主义）精神是绝对要采用的，这种精神不是外来，原是我所固有。孔子讲的‘均无贫，和无寡’，孟子讲的‘恒产恒心’，就是这主义最精要的论据。我并没有丝毫附会。”[①] 英国著名汉学家李约瑟也认为：“中国知识分子之所以更愿意接受辩证唯物主义，是因为，从某种意义上说，这种哲学思想正是他们自己所产生的。”[②] 所以，当马克思主义传入中国后，率先接受马克思主义的都是读过儒书的人，是儒家学说等传统文化促使他们义无反顾地接受了马克思主义。

第五，它还来自世界社会主义运动中所产生的先进文化。自从 1516 年托马斯·莫尔发表人类思想史上第一部社会主义著作《乌托邦》以来，世界社会主义运动已经走过 500 多年的历程。在这 500 多年中，最具标志性的理论成果是马克思恩格斯创立了历史唯物主义和剩余价值学说，提出了资本主义必然灭亡，社会主义必然胜利，找到了资产阶级的掘墓人、社会主义革命的担当者——全世界无产阶级，从而将空想社会主义变成了科学社会主义。最具世界影响力的是俄国十月革命的成功，使社会主义由科学变成实践，由一国实践变成多国实践。“中国人找到马克思主义，是经过俄国人介绍的。在十月革命以前，中国人不但不知道列宁、斯大林，也不知道马克思、恩格斯。十月革命一声炮响，给我

---

① 梁启超：《梁启超讲文化》，冯志明编，天津古籍出版社 2005 年版，第 40 页。

② 李约瑟：《四海之内：东方和西方的对话》，劳陇译，生活·读书·新知三联书店 1987 年版，第 67 页。

们送来了马克思列宁主义。十月革命帮助了全世界的也帮助了中国的先进分子，用无产阶级的宇宙观作为观察国家命运的工具，重新考虑自己的问题。走俄国人的路——这就是结论。”[①]“自从中国人学会了马克思列宁主义以后，中国人在精神上就由被动转入主动。从这时起，近代世界历史上那种看不起中国人，看不起中国文化的时代应当完结了。伟大的胜利的中国人民解放战争和人民大革命，已经复兴了并正在复兴着伟大的中国人民的文化。这种中国人民的文化，就其精神方面来说，已经超过了整个资本主义的世界。”[②]随着十月革命理论传入中国的还有以马克思主义理论为核心的红色文化，如红色歌曲、红色书籍、红色革命运动中的感人故事等。《国际歌》的重译者瞿秋白同志以及其他许许多多的革命烈士，都是唱着《国际歌》走向刑场而从容就义、壮烈牺牲的。即使在硝烟已经散去的今天，每逢听到这支歌，仍会热血沸腾、热泪盈眶。伏契克的长篇特写《绞刑架下的报告》传入中国后，也一直在感染、教育、启迪中华儿女。不少人至今仍记得它给我们留下的警言：“人们，我是爱你们的。你们可要警惕啊！”

第六，红色革命文化中的某些内容还来自欧美西方国家发展现代化的先进文化。比如，关于反对封建专制，倡导民主、自由、博爱、人权、平等、法治的思想，关于工业化、现代化、科技化以及后来的信息化、网络化的思想，关于国家、社会、企业治理现代化的思想，等等，都来自欧美西方，是我们洋为中用的结果。有人对此仍持异议，其实这是不对的。早在1956年毛泽东在《论十大关系》一文中就指出：“我们的方针是，一切民族、一切国家的长处都要学，政治、经济、科学、技术、文学、艺术的一切真正好的东西都要学。但是，必须有分析有批判地学，不能盲目地学，不能一切照抄、机械搬运。他们的短处、缺点，

① 《毛泽东选集》第4卷，人民出版社1991年版，第1470—1471页。

② 《毛泽东选集》第4卷，人民出版社1991年版，第1516页。

当然不要学。”[①] 邓小平也明确指出：“社会主义要赢得与资本主义相比较的优势，就必须大胆吸收和借鉴人类社会创造的一切文明成果，吸收和借鉴当今世界各国包括资本主义发达国家的一切反映现代社会化生产规律的先进经营方式、管理方法。”[②]

正因为红色革命文化来自实践，来自人民，是古为今用、洋为中国的结晶和产物，这就使得它成为无数中国共产党人信念坚定、以人为本、顽强斗争、廉洁守纪、紧密团结，为实现民族独立、人民解放和国家富强、人民幸福而前赴后继、英勇奋斗的本色和基因。这也坚定了它的不仅内涵十分丰富，而且底蕴特别厚重。其核心的要义则主要是：（1）坚定执着的理想信念，这是红色革命文化的灵魂；（2）一心为民的优良传统，这是红色革命文化的根本；（3）顽强拼搏的斗争精神，这是红色革命文化的主要动力；（4）严明自觉的规律作风，这是红色革命文化凝心聚力的根源所在；（5）生死与共的团结理念，这是红色革命文化得以坚持的前提和保证。

二、红色革命文化的结构和特征

红色革命文化是一个内涵丰富、结构严谨、规模巨大的系统。分析这个系统的结构，可以有多个角度、多种方法。

比如，从内在层次结构看，有物质文化层次，包括历史遗存的遗迹、遗址、纪念碑、纪念馆、纪念堂等；制度文化层次，包括各种政治、军事、经济、文化和社会制度，这些制度体现在党和政府的各项文献与政策法规中；精神文化层次，包括思想、理想、信念、道德、纪律、革命精神等。其中精神文化层次是红色革命文化结构中的核心层次，对红色文化具有重大的价值导向、思想阐释、道德规范及平衡社会等作用。

---

① 《毛泽东文集》第 7 卷，人民出版社 1999 年版。第 41 页。

② 《邓小平文选》第 3 卷，人民出版社 1991 年，第 373 页。

从历史上看，有中国新民主主义革命文化，中国社会主义革命文化，世界各国革命文化。

从学科上看，可以从哲学、经济、政治、社会、伦理、党建、历史、新闻、文艺等分门别类地对红色革命文化进行研究。

如此等等，还可举出一些。

红色革命文化丰富的内涵、深厚宽广的渊源、严谨的结构，决定了它和其他文化相比有着独特之处，主要体现为如下主要特征：

第一，公开承认自己的阶级性、革命性和人民性。红色革命文化和建立在以私有制为基础的奴隶主文化、封建专制文化、资本主义文化不同，它的理想是建立在以公有制为主导的经济基础之上，以人民为主体，公开声明自身的阶级性、革命性、人民性，代表无产阶级和广大人民大众的根本利益并全心全意为其服务。始终坚持以人为本，以人民的利益为中心，始终把实现好、维护好、发展好最广大人民的根本利益作为自身一切工作的出发点和落脚点，尊重人民的主体地位，发挥人民首创精神，保障人民各项合法权益，引导人民走共同富裕道路，促进人的自由全面发展，将发展成果由人民共享。

第二，显著的实践性。红色革命文化的社会来源是中国共产党领导全国各族人民进行新民主主义革命和社会主义革命的伟大实践。这一伟大实践，是红色革命文化产生的基础、来源和动力，也是检验红色革命文化认识是否具有真理性的标准。实践是鉴别器，能依据人民群众的需要，决定哪些文化是应当拿来用的，哪些文化是应当抛弃的，哪些文化是应该借鉴和吸取的。实践是制造文化的加工厂，能在马克思主义基本原理的指导下，把拿来的古今中外文化予以批判性的改造和制作，进行创造性的转化和创新性发展。这种创造性的转化和创新性发展过程也就是马克思主义基本原理和中国实际与时代特征相结合的过程。在这一过程中像王明等“左”倾机会主义者那样削足适履地用教条或本本来剪裁中国革命实际是不行的，其结果只能是既害了中国革命，又害了马克思列宁主义。只有像毛泽东等党和国家领导人那样，将马克思主义的基本原理运用于中国革命的伟大实践中，学会把马克思列宁主义的理论应用于中国的具体的环境，并将应用中的经验上升为中国化马克思主义，形成马克思主义基本原理和中国实际、时代特征相结合的思想——毛泽东思想，才能经过实践、认识、再实践、再认识的过程，形成红色革命文化，在实践中发挥出巨大的指导作用，激发出巨大的活力、动力。值得注意的是：文化在实践中的发展有自身的独特规律。它和实践的发展并不完全是简单的同步对应关系。实践的胜利和高潮，必然要催生出新的文化发展。但实践的失败或低潮，并不一定都带来文化的萎缩或凋零。1927 年，以蒋介石为首的国民党反动派发动反革命政变，对中国共产党人和革命群众进行疯狂的军事围剿和文化围剿，中国革命进入低潮。然而，就在这一革命低潮时期，以毛泽东为代表的中国共产党人却开创了农村包围城市、武装夺取政权的中国革命道路，形成了“星星之火，可以燎原”的科学理念。无数革命烈士以自我牺牲为代价，留下了震撼人心的历史壮举，写下了人类社会发展史上最壮丽的英雄诗篇。以鲁迅为代表的国统区革命作家创作了一批传世之作，革命根据地的红色民歌得到了空前的发展。这都表明革命越是处于低潮、越是遭受失败，就越加需要创新理论的指导和精神力量的支撑。尽管中国革命发展道路曲折坎坷，艰难得很，但其未来前途却十分光明。

第三，强烈的时代性。恩格斯说：“每一个时代的理论思维，包括我们时代的理论思维，都是一种历史的产物，它在不同时代具有完全不同的形式，同时具有完全不同的内容。”① 列宁说，只有“考虑到各个‘时代’的不同的基本特征（而不是个别国家的个别历史事件），我们才能够正确地制定自己的策略；只有了解了某一种时代的基本特征，才能在这个基础上去考虑这个国家或那个国家的更具体的特点”，提出符合实际的任务。红色革命文化也是这样，既在革命时期反映无产阶级革命和战争时代的特征，又在后来的建设和改革时期反映和平与发展的时代特

---

① 《马克思恩格斯全集》第 26 卷，人民出版社 2014 年版，第 499 页。

征。始终从时代的需求出发，坚持与时俱进的品格，不僵化、不教条。以时代存在的主要矛盾和突出问题作导向，不断在实践中发展，巩固全党全国各族人民团结奋斗的共同思想基础。

第四，独特的民族性。中国红色革命文化是以中华民族的独特文化优良传统作为基础，独特的中国文字、中国话语、中国内容、中国风格、中国气派作为其表现形式，具有独特的中国风格、中国气派。毛泽东在《新民主主义论》中对此作过系统全面的概括。他以中国新民主主义文化为例，明确指出：中国新民主主义文化是民族的科学的大众的。这种文化之所以说它是“民族的”，是因为它是“反对帝国主义压迫，主张中华民族的尊严和独立的。它是我们这个民族的，带有我们民族的特性”。它“应该大量吸收外国的进步文化，作为自己文化食粮的原料”，“但是决不能和任何别的民族的帝国主义反动文化相联合”。这种文化之所以说它是“科学的”，是因为“它是反对一切封建思想和迷信思想，主张实事求是，主张客观真理，主张理论和实践一致的”。“共产党员可以和某些唯心论者甚至宗教徒建立在政治行动上的反帝反封建的统一战线，但是决不能赞同他们的唯心论或宗教教义。”“我们必须尊重自己的历史，决不能割断历史。但是这种尊重，是给历史以一定的科学的地位，是尊重历史的辩证法的发展”。“决不能无批判地兼收并蓄”，只能“剔除其封建性的糟粕，吸收其民主性的精华”。这种文化之所以说它是“大众的”，是因为它“即是民主的”，“它应为全民族中百分之九十以上的工农劳苦民众服务，并逐渐成为他们的文化”。因此，“民族的科学的大众的文化，就是人民大众反帝反封建的文化，就是新民主主义的文化，就是中华民族的新文化”。[①] 它表现出独特的民族性。

第五，体系的开放性。面向现代化，不断研究新情况、解决新问题、做出新论断、创造新思想；面向世界，对世界各民族各国家的多样化文化采取开放的态度，吸取和借鉴其优秀成果为我所用；面向未来，

① 《毛泽东选集》第 2 卷，人民出版社 1991 年版，第 706—709 页。

不断地深化和拓展，使其更加繁荣。文化是社会生活的反映，是时代精神的折射。红色革命文化是与时俱进的文化，随着历史的变迁与时代的发展，红色革命文化的内涵及表现形式都会发生具有特定历史印记的变化。红色革命文化中的理想信念、实事求是、联系群众、艰苦奋斗、开拓创新、集体主义、爱国主义等，继承发展了源远流长的中华传统文化，强调友爱、互助、奉献、公平、正义，强调勤俭节约、克己奉公、勤政爱民，强调道德伦理、天理良心，强调尊重劳动、尊重知识、尊重人才等优秀传统精神，其社会核心价值观体系和道德情操与强权、霸权、功利、私利的资本主义价值观有着本质区别。与自私自利、个人主义、享乐主义、拜金主义等资本主义私有制基础上的腐朽价值观相比，具有无法比拟的优越性。在红色革命文化的熏陶下，人们能够源源不断地获得精神的养分和心灵的充实，是激励人们追求理想和信仰的动力与源泉，对于形成健康向上的价值导向和良好的社会道德风尚，具有引领与促进作用。

以上五点表明红色革命文化是阶级性和科学性的统一、革命性和先进性的统一、实践性与人民性的统一、民族性与国际性的统一、继承性和创新性的统一、兼收并蓄和与时俱进的统一，因而能永葆青春活力，不断向前推进。

三、传承弘扬红色革命文化的重大意义

传承和弘扬红色革命文化是中国共产党人及其人民群众一项严肃的政治担当。这项工作做得好与坏、成与败，关乎党、国家和民族的前途与命运，关乎综合国力的强与弱，关乎国家民族亲和力、凝聚力、影响力、软实力的发挥，有着重大的意义。对于这一意义，我们党的几代领导人在不同的历史时期从不同的角度作出了一系列的科学论述。

以李大钊为代表的中国共产党人是中国红色文化的创立者和开拓者，早在1918年李大钊在《Bolshevism的胜利》一文中就曾预言："试看将来的环球，必是赤旗的世界！"

党的第一代领导集体核心毛泽东同志明确指出："革命文化，对于人民大众，是革命的有力武器。革命文化，在革命前，是革命的思想准备；在革命中，是革命总战线中的一条必要和重要的战线。而革命的文化工作者，就是这个文化战线上的各级指挥员。"① "文化是反映政治斗争和经济斗争的，但它同时又能指导政治斗争和经济斗争。文化是不可少的，任何社会没有文化就建设不起来。"② "没有文化的军队是愚蠢的军队，而愚蠢的军队是不能战胜敌人的。"③

党的第二代领导集体核心邓小平同志指出："社会主义制度的优越性表现在它的文化、科学技术水平应该比资本主义发展得更快、更先进，这才称得起社会主义，称得起先进的社会制度。"④ "我们要建设的社会主义国家，不但要有高度的物质文明，而且要有高度的精神文明。所谓精神文明，不但是指教育、科学、文化（这是完全必要的），而且是指共产主义的思想、理想、信念、道德、纪律，革命的立场和原则，人与人的同志式关系，等等。"⑤ "不加强精神文明的建设，物质文明建设也要受破坏，走弯路。光靠物质条件，我们的革命和建设都不可能胜利。过去我们党无论怎么弱小，无论遇到什么困难，一直有强大的战斗力，因为我们有马克思主义和共产主义的信念。有了共同的理想，也就有了铁的纪律。无论过去、现在和将来，这都是我们的真正优势。"⑥

党的第三代领导人江泽民同志指出："一个民族、一个国家，如果没有自己的精神支柱，就等于没有灵魂，就会失去凝聚力和生命力。有没有高昂的民族精神，是衡量一个国家综合国力强弱的重要尺度。综合国力，主要是经济实力、技术实力，这种物质力量是基础，但也离不开民

① 《毛泽东选集》第2卷，人民出版社1991年版，第708页。
② 《毛泽东选集》第3卷，人民出版社1996年版，第109—110页。
③ 《毛泽东选集》第3卷，人民出版社1996年版，第1011页。
④ 《邓小平年谱（1973—1997）》（上），中央文献出版社2004年版，第208页。
⑤ 《邓小平文选》第2卷，人民出版社1994年版，第367页。
⑥ 《邓小平文选》第3卷，人民出版社1993年版，第144页。

族精神、民族凝聚力，精神力量也是综合国力的重要组成部分。”[①]“坚持什么样的文化方向，推动建设什么样的文化，是一个政党在思想上精神上的一面旗帜。”[②]“只有建设面向现代化、面向世界、面向未来的，民主的科学的大众的社会主义先进文化，才能满足人民日益增长的精神文化需要，不断促进人民思想道德素质和科学文化素质的提高，也才能为发展经济、发展先进生产力指引正确的方向，提供强大的智力支持。”[③]

以胡锦涛同志为总书记的党中央指出：“始终高扬引导中国社会前进的社会主义文化旗帜，不断发展社会主义文化，我们才能不断丰富人民群众的精神世界，不断增强人民群众的精神力量，也才能有力地抵御各种腐朽落后的思想观念对我国社会的渗透和侵蚀。”[④]“综合国力竞争的一个显著特点，就是文化的地位和作用更加突显，经济较量中的文化因素日益突出，越来越多的国家把提高文化软实力作为重要发展战略。”[⑤]“文化是民族凝聚力和创造力的重要源泉，是综合国力竞争的重要因素，是经济发展的重要支撑。”[⑥]“社会主义先进文化是马克思主义政党思想精神上的旗帜。面对当今文化越来越成为综合国力竞争重要因素的新形势，我们必须以高度的文化自觉和文化自信，着眼于提高民族素质和塑造高尚人格，以更大力度推进文化改革发展，在中国特色社会主义伟大实践中进行文化创造，让人民共享文化发展成果。”[⑦]

党的十八大以来，以习近平同志为核心的党中央，在十八大报告中

---

① 《十五大以来重要文献选编》（上），人民出版社 2006 年版，第 549 页。

② 《江泽民文选》第 3 卷，人民出版社 2006 年版，第 277 页。

③ 《江泽民文选》第 3 卷，人民出版社 2006 年版，第 400 页。

④ 胡锦涛：《用“三个代表”重要思想武装头脑指导实践推动工作》，《求是》2004 年第 1 期。

⑤ 胡锦涛：《在全国宣传思想工作会议上的讲话》，《人民日报》2008 年 1 月 22 日。

⑥ 胡锦涛：《在十七届中共中央政治局第 22 次集体学习时的讲话》，《人民日报》2010 年 7 月 24 日。

⑦ 胡锦涛：《在庆祝中国共产党成立 90 周年大会上的讲话》，《人民日报》2011 年 7 月 2 日。

提出全党要坚定中国特色社会主义道路自信、理论自信、制度自信的基础上提出了第四个自信：文化自信。强调“坚定中国特色社会主义道路自信、理论自信、制度自信，说到底是要坚定文化自信，文化自信是更基本、更深沉、更持久的力量”①。“文化是一个国家、一个民族的灵魂。历史和现实都表明，一个抛弃了或者背叛了自己历史文化的民族，不仅不可能发展起来，而且很可能上演一幕幕历史悲剧。文化自信，是更基础、更广泛、更深厚的自信，是更基本、更深远、更持久的力量。坚定文化自信，是事关国运兴衰、事关文化安全、事关民族精神独立性的大问题。”② 习近平强调，要“把红色资源利用好，把红色传统发扬好，把红色基因传承好”③。光荣传统不能丢，丢了就丢了魂；红色基因不能变，变了就变了质。党的十九大报告更是明确指出：“文化是一个国家、一个民族的灵魂。文化兴国运兴，文化强民族强。没有高度的文化自信，没有文化的繁荣兴盛，就没有中华民族伟大复兴。”④

党和国家几代领导人的上述论述，既是对我国文化建设历史经验教训的深刻总结，也是对我国现实面临的诸多文化上的矛盾和问题的科学回应。正是由于有这些正确思想的指导，我们党才在成立一百年来的革命、建设和改革中取得了举世瞩目的巨大成就。同时也预示着我们进入中国特色社会主义新时代后，需要认真领会、科学接受这些正确思想的指导，才能在当今世界百年变局的复杂形势中，更好地贯彻落实习近平新时代中国特色社会主义思想和党的十九大精神，抓住机遇，迎接挑战，解决当前面临的国内外新矛盾新问题，在我们已经站起来、富起来的基础

---

① 习近平：《在哲学社会科学工作座谈会上的讲话》（2016年5月17日），《人民日报》2016年5月19日。

② 习近平：《在中国文联十大、中国作协九大开幕式上的讲话》（2016年11月30日），《人民日报》2016年12月1日。

③ 《贯彻全军政治工作会议精神　扎实推进依法治军从严治军》，《人民日报》2014年12月16日。

④ 《中国共产党第十九次全国代表大会文件汇编》，人民出版社2017年版，第33页。

上，将我国建设成为富强民主文明和谐美丽的社会主义现代化强国。

历史和现实都充分证明，中国红色革命文化在中国革命、建设和改革中具有不可代替的教化作用、传承作用、凝聚作用、规范作用、导向作用、激励作用和动力作用。既有历史价值，也有现实价值，既有社会价值，也有政治、经济、文化、生态、精神价值。红色革命文化之所以必须继承和弘扬，最为根本的依据是它为我们的革命、建设和改革提供了强大的精神支撑，显示出巨大的精神动力。它积淀了无数共产党人和进步人士勇于担当、甘于奉献、忠诚团结、不畏艰难、敢于牺牲的精神力量和高尚情操。这些精神力量和高尚情操是贯穿于红船精神、井冈山精神、长征精神、延安精神、柏坡精神中的思想灵魂。

回顾我国红色革命文化发展的起伏和曲折，可以看出红色革命文化的命运与社会主义发展的命运是紧密相连的。20世纪是社会主义制度诞生并生长的世纪。在20世纪的上半叶，社会主义从科学到实践、从一国实践到多国实践，取得了一系列辉煌胜利。在苏联、中国社会主义的影响下，亚非拉美地区的广大人民兴起了反对帝国主义、反对殖民主义民族独立运动的高潮，有些国家在共产党的领导下建立了社会主义制度，还有一些国家模仿社会主义建立了自身不同风格不同流派的社会主义，形成了与资本主义阵营相抗衡的社会主义阵营。由共产党领导的社会主义国家有15个，其人口占世界人口的1/3、其面积占地球陆地面积的1/4。但在20世纪80年代末90年代初，苏联东欧等社会主义国家，由于领导集团中的掌权者，放弃红色革命文化，特别是放弃马克思主义的指导地位，放弃共产党的领导作用等诸多原因，在世界形势的大变和时代主题的转换中，出现了急剧的变化，使得世界社会主义运动进入低潮，跌入低谷。好在正当资本主义世界为苏联东欧剧变狂欢，以为资本主义从此将永世长存，世界社会主义运动历史已经终结之时，中国共产党人却始终坚持红色革命文化，从党的十一届三中全会开始，纠正了党内长期存在的“左”倾错误，开始了改革开放，探索出了中国特色社会主义道路，创立了中国特色社会主义理论，更新了中国特色社会主义制度，发展了中国特色社会主义文化。在短短的几十年内，我们走过了西方发达国家走过的几百年近代化现代化历程，成为世界上第二大经济体、第一贸易大国，对世界经济的贡献率超过30%，取得了人类社会主义发展史上的突出奇迹。与此相反，资本主义发达国家却因资本主义基本矛盾的激化，从2008年起，美国再一次爆发金融危机，引爆全球性的资本主义危机，至今已经持续了十多年，仍然没有见底。目前在西方发达国家，党派分裂、人群分裂，单边主义、民粹主义横行，逆全球化趋势增强，黑天鹅事件频发，经济下滑，中间阶层减少，人民的日子越来越不好过，少数统治者越来越想通过发动贸易战、科技战，以至真刀真枪的全面战争，挽救其垂死命运。而中国等东方国家这边却风景独好。经过长期努力，中国特色社会主义进入了新时代。“中国特色社会主义进入新时代，意味着近代以来久经磨难的中华民族迎来了从站起来、富起来到强起来的伟大飞跃，迎来了实现中华民族伟大复兴的光明前景；意味着科学社会主义在二十一世纪的中国焕发出强大生机活力，在世界上高高举起了中国特色社会主义伟大旗帜；意味着中国特色社会主义道路、理论、制度、文化不断发展，拓展了发展中国家走向现代化的途径，给世界上那些既希望加快发展又希望保持自身独立性的国家和民族提供了全新选择，为解决人类问题贡献了中国智慧和中国方案。”① 为中国红色革命文化的传承和弘扬提供了历史性重大转折，创造了有利的发展机遇和条件。

在如实承认上述有利形势的同时，我们尤其应当清醒地认识到：从世界范围内说，“西强我弱”“资强社弱”的经济、政治、科技、信息、军事格局和文化格局在一个时期内仍然难以根本改变。特别是资本主义世界的危机和社会主义中国的发展，必然会极大地刺激国际资本，驱使他们加紧实施其西化、分化中国的战略，处心积虑地在经济、政治、军事上进一步挤压中国红色文化的生存空间，并以前所未有的广度和深度

---

① 《中国共产党第十九次全国代表大会文件汇编》，人民出版社2017年版，第8—9页。

向我国实施思想文化上的渗透，竭力与我国内部的一些亲西方势力结成利益上的“神圣同盟”，共同向中国红色文化发起空前的挑战。这些挑战，方式手段十分毒辣。例如，通过鼓吹指导思想多元化和所谓“普世价值”，企图颠覆马克思主义特别是中国化马克思主义的指导地位；鼓吹新自由主义，妄图颠覆社会主义的基本经济制度，实行彻底的私有化，为国际资本占有中国的资源和市场扫除障碍；鼓吹所谓“宪政民主”，照搬西方的多党制，妄图颠覆中国共产党的执政地位，瓦解社会主义的基本政治制度；鼓吹所谓“现代公民社会”理论，企图在基层党团组织和政府之外罗织新的政治势力，建立起反对党，最终推翻中国共产党；鼓吹所谓“公共知识分子”理论，为“异见”知识分子传播错误思潮制造法理依据、营造舆论空间；鼓吹西方的新闻观，消解新闻的意识形态属性，否定党管新闻、取消新闻发挥正能量功能等原则；鼓吹历史虚无主义。“灭人之国，必先去其史。”将攻击的矛头直指老一辈无产阶级革命家和无数英烈。可以设想，如果一旦让他们的这些阴谋得逞，我们就将再次陷入半殖民地半封建社会的深渊。民族独立、人民解放，国家富强、人民幸福都将付诸东流，中华民族伟大复兴的梦想也将落空。在如此紧迫的形势下，我们务必牢记传承和弘扬红色革命文化的重大意义，主动承担起传承和弘扬红色革命文化的历史使命，构筑起红色革命文化的铜墙铁壁。

四、怎样传承和弘扬红色革命文化，培育时代新人

怎样传承和弘扬红色革命文化，培育时代新人，既是一个理论问题，更是一个实践问题，是一项极其复杂艰难的系统工程。对于这一系统工程的建设，我们党从新中国成立后就一直在努力，并在改革开放以来，特别是党的十八大以来，以巨大的政治勇气和强烈的责任担当，做出了一系列战略性决策，推行了一系列重大措施，取得了一系列的成效。但从现实的状况和未来的发展要求看，仍在经济、政治、社会、生态、党建、军建等方面存在着一些必须着力解决的新矛盾、新问题。要

求我们按照党的十九大精神，进一步更新思路，调整战略，增强措施，做好传承和弘扬红色革命文化、培育时代新人的工作。

认真做好这一工作，要在思想认识和实际工作中下苦功夫。

第一，在认识上增强对红色革命文化培育时代新人的自觉、自信和自强，特别是增强对红色革命文化在中国特色社会主义伟大事业中的重大意义、总体要求、指导思想、基本原则、主要内容、重点任务、方法途径的认识，打好认识上的前提和基础。前面谈及的三个问题，实际上都是为解决这个问题作前提，打基础。

令我们高兴的是，从2010年起，我们党就开展了关于文化自觉、自信、自强的讨论，并在2011年党的十七届六中全会上通过了《中共中央关于深化文化体制改革推动社会主义文化大发展大繁荣若干重大问题的决定》。党的十八大以来，习近平总书记更是提出，做好文化工作必须以新时代中国特色社会主义思想为指导，增强“四个意识”，坚定“四个自信”，使得我们对文化自觉、自信、自强，增添了新的认识。在党的十九届六中全会上，通过了《中共中央关于党的百年奋斗重大成就和历史经验的决议》。习近平总书记指出：在党成立一百周年的重要历史时刻，在党领导人民胜利实现第一个百年奋斗目标、全面建成小康社会，向着全面建成社会主义现代化强国的第二个百年目标迈进的重要历史关头，全面总结党的百年奋斗重大成就和历史经验，对推动全党进一步统一思想、统一意志、统一行动，团结带领全国各族人民夺取新时代中国特色社会主义的伟大胜利，具有重大现实意义和深远意义。①

文化自信，是指一个国家、一个民族、一个政党及其每一个成员，对自身文化发展精髓的深刻领悟、禀赋的充分尊重、精神价值的高度肯定，对既有文化形态、文化成就及其作用的尊崇礼敬态度和积极自豪情感，对未来发展前途的满怀期望。文化自觉，主要指一个民族、一个

---

① 《中共中央关于党的百年奋斗重大成就和历史经验的决议》辅导读本，人民出版社2022年版，第85—86页。

政党在文化上的觉悟和觉醒，即对文化在历史进步中地位作用上的深刻认识，对文化发展规律的正确把握，对文化历史责任上的主动担当。增强红色革命文化自信和自觉，首先要充分认识红色革命文化的重要地位及作用。明确红色革命文化的最大特质，是具有极强的渗透性、持久性，像空气一样无时不在、无处不在，能够以无形的意识、观念，深刻影响着有形和无形的现实，深刻作用于经济社会发展和人们的生产生活。红色革命文化是民族凝聚力、创造力的重要源泉，是综合国力竞争的重要因素，是经济社会发展的重要支撑，既是推动经济社会发展的重要手段，又是社会文明进步的重要目标；既是凝聚人心的精神纽带，又直接关系民生福祉；既直接贡献于经济增长，又对提升经济发展发挥重要作用。因而，传承和弘扬红色革命文化，不是可有可无、可轻可重的事情，而是一项具有战略性、全局性非完成不可的历史任务。其次，要认识红色革命文化的发展规律。明确红色革命文化的发展首先是历史的产物。要立足于现实的经济社会条件，从实际出发，找准历史方位和坐标，注重我国发展的阶段性特征。在多元一体、多样共生的文化中，强化红色革命文化的主导性，壮大红色革命文化的主流，坚持弘扬主旋律与提倡多样化的统一和结合。文化是一个不断积累积淀的过程。推进红色革命文化发展，要坚持以立为本重在建设，要持之以恒久久为功。再次，要认识红色革命文化的责任担当。更加自觉地承担起用红色革命文化引领社会进步、传承民族优秀文化、满足人民群众文化需求、提高国家文化软实力、维护国家文化安全的责任。

文化自信、自觉的最终目的是按照十九大的部署，将我国建设成为富强民主文明和谐美丽的社会主义现代化强国，使我们的中华文化更具吸引力、影响力、创造力、竞争力、软实力，更好发挥培养时代新人的功能。这就要求我们进一步完善文化自强的规划，有针对性地解决当前红色革命文化传承和弘扬中面临的突出矛盾和问题，消除困惑，解决难题，发挥优势，补充短板，克服不足。要明确我们文化自强之魂是要培育和践行社会主义核心价值观；文化自强之路是走中国特色社会主义的文化发展道路；文化自强之本是以人民利益和福祉为中心，依靠人民自身的力量，独立自主地建设中国特色社会主义文化，包括其中的重要部分之一——传承和弘扬中国红色革命文化；文化自强之源是用改革和创新作动力，改革束缚文化发展的体制机制障碍，激活文化发展的动力源头；文化自强之翼是促进科技发展、市场发展，使科技、市场这两个文化腾飞之翼，越飞越高，越飞越远，促使中国特色社会主义文化发展得更加持续、快速、健康。

第二，在实践上做扎扎实实的工作。从本质上说，红色革命文化是一种精神存在。只有通过人们的实践，才能将其转化为推动历史前进的物质力量。也只有当红色革命文化转化为物质力量，并且给国家和人民带来实实在在的利益的时候，才能形成为综合国力中的文化软实力，成为让更多的人主动接受、让更多的国家民族愿意分享的文化。传承和弘扬红色革命文化，并不是一句空洞的口号，而是一个在实践中的复杂工作过程。建设"这一过程起码要经过发掘→制作（研究、创作等）→传播（平面媒体、电子媒体、立体媒体等）→接受→行动→成效→影响这样几个主要环节。而在这一中心链条周围，还要有若干辅助链条，如组织管理、资金支持、技术设备等。故而，无论人们在哪一链条哪一环节上出了力，比如写书、演戏、授课，或者种田、做工、站岗，都可以说是在实践中为传承弘扬中国红色革命文化做了一些事，成了传承弘扬红色革命文化的实践者、传承者、弘扬者"①。

从当前实际出发，我们应该在传承和弘扬红色革命文化、培养时代新人上，着力做好的主要工作有哪些呢？

一是有计划地挖掘、整理、开发和利用红色革命文化资源，提升红色革命文化知名度和美誉度，使人们愿意去欣赏，去参观，去旅游，从而在享受的同时，接受教化，受到感染，潜移默化。

二是进一步加强红色革命文化的教育工作，增强小学、中学、大学

---

① 刘润为：《红色文化：中国人民的精神脊梁》，《红旗文稿》2013 年第 18 期。

红色革命文化在教材中的分量和质量，真正做到从娃娃抓起，从教育做起，让其在立德树人、打牢文化根基中培育好红色基因。

三是全面深化文化体制、机制的改革。加快构建有利于红色革命文化传承和弘扬的体制机制，健全现代文化市场体系，创新文化管理体制，统筹国际国内两个市场、两种资源，以企业为主体、以文化贸易为主要方式，推动更多红色革命文化产品和服务走出去，努力把某些红色革命文化产品变成有中国特色的文化品牌。

四是号召党员干部特别是党的领导干部带头做红色革命文化的实践者、传承者、弘扬者。尽快完善红色革命文化活动的制度建设，发展公益性红色革命文化事业，开展红色革命文化活动。制定和完善举办红色歌曲、红色影视、红色旅游、红色博览等方面活动的政策法规。

五是实现红色革命文化活动的形式创新、手段创新、内容创新，展现红色革命文化的魅力，打造红色革命文化的精品力作，在重大节假日，如“五一”“五四”“六一”“七一”“八一”“十一”等，因地、因时制宜地开展纪念革命先烈、宣传红色革命文化的教育活动，激发人们对红色革命文化的情感倾向，创设更好的培养时代新人的体制机制。

六是积极培训专门从事红色革命文化工作的人才，为红色革命文化的发展繁荣提供有力的人才支撑。

总之，凡是有利于发展繁荣中国红色革命文化的事，都应当而且积极主动地做起来。传承弘扬红色革命文化之事也和干其他任何事情一样，重在实践，重在行动，重在从我做起，重在从当下做起。

第六章　用社会主义核心价值观和全人类共同价值观凝聚人心

习近平总书记指出："社会主义核心价值观是凝聚人心、汇聚民力的强大力量"，要"用社会主义核心价值观铸魂育人"①，强调"价值观念在一定社会的文化中是起中轴作用的，文化的影响力首先是价值观念的影响力。世界上各种文化之争，本质上是价值观念之争，也是人心之争、意识形态之争……"②要扎实推进社会主义文化强国建设、提升中国文化软实力，必须大力培育社会主义核心价值观、弘扬全人类共同价值，为铸牢中华民族共同体意识和构建人类命运共同体提供价值支撑。

一、关于价值观的一般问题

（一）价值与文化

文化乃是与"自然"相对而言，是人的本质存在方式。人与动物最根本的区别，就在于人是类存在物，具有类意识，如马克思所指出的："动物和自己的生命活动是直接同一的。动物不把自己同自己的生命活动区别开来。它就是自己的生命活动。人则使自己的生命活动本身变成自己意志的和自己意识的对象。他具有有意识的生命活动。这不是人与之直接融为一体的那种规定性。有意识的生命活动把人同动物的生命活动直接区别开来。正是由于这一点，人才是类存在物。或者说，正因为

① 习近平：《高举中国特色社会主义伟大旗帜　为全面建设社会主义现代化国家而团结奋斗——在中国共产党第二十次全国代表大会上的报告》，《人民日报》2022年10月16日。

② 习近平：《在十八届中央政治局第十二次集体学习时的讲话》（2013年12月30日），《习近平关于社会主义文化建设论述摘编》，中央文献出版社2017年版，第105页。

人是类存在物，他才是有意识的存在物，就是说，他自己的生活对他来说是对象。仅仅由于这一点，他的活动才是自由的活动。”[①] 正因为人具有类意识，所以能够有意识地认识世界、改造世界，构造出一个不同于自然世界的、充满了意义与价值的文化世界。新康德主义哲学家卡西尔认为：“与其他动物相比，人不仅生活在更为宽广的实在之中，而且可以说，他还生活在新的实在之维中。在有机体的反应（reaction）与人的应对（response）之间有着不容抹杀的区别。”[②] 这个完全不同于动物的“实在之维”就是文化世界，卡西尔也称之为“符号”的世界。于是，“人不再生活在一个单纯的物理宇宙之中，而是生活在一个符号宇宙之中。……人不再能直接地面对实在，他不可能仿佛是面对面地直观实在了。人的符号活动能力（symbolic activity ability）进展多少，物理实在似乎也就相应地退却多少。在某种意义上说，人是在不断地与自身打交道而不是在应付事物本身。他是如此地使自己包围在语言的形式、艺术的想象、神话的符号以及宗教的仪式之中，以致除非凭借这些人为媒介物的中介，他就不可能看见或认识任何东西。人在理论领域中的这种状况同样也表现在实践领域中。在实践领域，人也并不是生活在一个铁板事实的世界之中，并不是根据他的直接需要和意愿而生活，而是生活在想象的激情之中，生活在希望与恐惧、幻觉与醒悟、空想与梦境之中。”[③] 人类创造的丰富多彩的文化形式，本质上都是不同的符号体系。因此，文化不是附着在物理世界和人类生物活动之上，而是贯穿于人类生活的方方面面。

当然，人作为自然界的一部分，不仅仅是文化符号的创造者，同时也受他的生物性的制约；作为人的认识对象和实践对象的自然，不仅仅是人化了的自然，同时也是依照自身规律运行的自然。因此，人不仅仅

---

① 《马克思恩格斯文集》第 1 卷，人民出版社 2009 年版，第 162 页。

② 恩斯特·卡西尔：《人论》，上海译文出版社 2013 年版，第 33 页。

③ 恩斯特·卡西尔：《人论》，上海译文出版社 2013 年版，第 33 页。

“生活在希望与恐惧、幻觉与醒悟、空想与梦境之中”，同时也“生活在一个铁板事实的世界之中”。在卡西尔等文化哲学家那里，人与自然实现了理论上的同一，但自然的人化是一个无止境的过程。人确乎是符号的动物，亦即文化的动物，但人类文化是在认识世界、改造世界的过程中生成发展的，因此会因其与客观世界的关联程度不同而分成不同的层级。冯天瑜将文化划分为技术体系和价值体系两极：“技术体系指人类加工自然造成的技术的、器物的、非人格的、客观的东西；价值体系指人类在加工自然、塑造自我的过程中形成的规范的、精神的、人格的、主观的东西。而技术体系和价值体系又经由语言和社会结构组成文化统一体。”① 介于二者之间的，还有风俗、礼仪、制度等文化形式，这些文化形式以物件和行为为载体，但根本上还是文化共同体的价值体系的外在表现。

在文化系统中，技术体系与价值体系发挥着不同功能。一方面，技术体系是人类赖以改造自然的工具，无此则人类不能生存和发展。同时，技术体系的发展水平还制约着价值体系，技术体系的变革会推动价值体系发生变化，就像马克思、恩格斯所指出的：“思想、观念、意识的生产最初是直接与人们的物质活动，与人们的物质交往，与现实生活的语言交织在一起的。人们的想象、思维、精神交往在这里还是人们物质行动的直接产物。表现在某一民族的政治、法律、道德、宗教、形而上学等的语言中的精神生产也是这样。”② 如近代科学革命和工业革命颠覆了欧洲的封建制度和价值体系，使科学、民主、自由、平等的观念深入人心。另一方面，价值体系是文化的灵魂，是区分不同文化的根本标志。金岳霖认为：“中国人看见兰花和牡丹与英国人看见兰花和牡丹大不一样，中国人看见兰花，也许感觉到幽雅清洁味，也许还想到空谷，看见牡丹花也许夹杂地带上富贵堂皇味，或者感觉到‘俗’味。其他如菊

---

① 冯天瑜、何晓明、周积明：《中华文化史》，上海人民出版社2010年版，导论第13页。

② 《马克思恩格斯文集》第1卷，人民出版社2009年版，第524页。

荷梅都有特别的意味。英国人看见这样的花，根本得不到这样的意味，即令有少数英国人得到此意味，他们也不容易传达给别人。”[①] 所谓的“意味”，其实就是价值体系赋予的意义感知。价值体系的不同是导致文化隔膜的最主要原因。金岳霖认为，不同文化之间的隔膜，最显著的表现是翻译问题：“翻译大致说来有两种，一种是译意，另一种是译味。这里所谓译味，是把句子所有的各种情感上的意味，用不同种的语言文字表示出来，而所谓译意，就是把字句意念上的意义，用不同种的语言文字表示出来。”[②] 金岳霖特别强调译味的困难，因为“味包括种种不同的趣味与情感，而这些又非习于一语言文字底结构而又同时习于引用此语言文字底历史环境风俗习惯的人根本得不到”[③]，所以像小说、戏剧、散文、诗歌等富含情感意味的文学作品是很难翻译的；哲学文字中依靠理性分析的知识论比较容易翻译，而与文化心理关系更为密切的形而上学则比较不容易翻译。

（二）价值观的社会功能

在价值体系中，价值观念居于核心地位。价值是评价活动的结果，价值观念是人们进行价值判断的尺度和标准，它要比价值更具有抽象性、根本性和总体性。人们正是通过对价值观念的诠释、运用、批判来实现对价值体系的继承和变革。所以说，文化是一个民族的灵魂，而价值观则是文化的核心。

其一，价值观是社会的稳定器。在认识与改造自然的过程中，为了维系自身的生存与发展，每个族群都会自发地形成一套价值观念，用以规范个体的行为。经过历史的沉淀和积累，这些价值体系会以风俗、礼仪、制度等形式固定下来，成为一种文化传统，对生活在共同体中的个

---

① 金岳霖：《知识论》，《金岳霖文集》第3卷，甘肃人民出版社1995年版，第249页。

② 金岳霖：《知识论》，《金岳霖文集》第3卷，甘肃人民出版社1995年版，第715—716页。

③ 金岳霖：《知识论》，《金岳霖文集》第3卷，甘肃人民出版社1995年版，第717页。

体发生潜移默化的影响，规范着社会成员的思想与行为。价值观的规范功能有利于社会的稳定与延续，如习近平同志指出："我们的先人很早就提出了'礼义廉耻，国之四维'的思想，后经历代吸收融合，逐步形成了以'仁、义、礼、智、信'为主要内容的核心价值观，尽管人们对中国古代核心价值观有各种解读，但儒家思想总体上为我国封建社会二千多年统治秩序和社会秩序提供了精神支撑。"① 不仅如此，价值体系有着自调适的机制，当原有的价值体系不能适应社会发展变化、不能有效化解社会矛盾的时候，人们就会在保持核心价值观念不变的同时，通过重新诠释来延续价值体系的生命力。在历史上，儒家自诞生以来就不断受到各种学派、思潮的质疑、挑战，无论是先秦时期的诸子百家，还是汉初的黄老之学，乃至魏晋之后玄学以及外来的佛教，都曾对儒学的主导地位造成了重大冲击。在这个过程中，儒家的思想形态几经变化，但始终保持其核心价值观念未变，表现出强大的稳固性和延续性。这种现象在其他文明社会中也普遍存在。

其二，价值观有引导社会变革的功能。价值观的革命性表现在两个方面：一方面，价值观具有理想性，往往与现实状况存在落差。当理想与现实差距过大时，思想家就会根据价值观的规范功能，用已有的价值观念反思、批判社会现实，引导社会变革。比如在中国历史上，儒家知识分子往往打着"上古三代之治"的旗帜发动变法。另一方面，当社会发生激烈变革，旧有的价值观念已完全无法解决现实矛盾的时候，就会有思想家发时代之先声，对固有的价值体系进行整体性的反思与批判，"揭示其内在矛盾，创造新的评价规范，从而改变认识的信念系统，使人们的认识能够超越以往的认识框架，形成新的评价系统"②。这个过程可以说是价值体系的范式转型。在西方，资产阶级在反对封建统治的斗争中，发起了文艺复兴和启蒙运动，倡导人性解放，提出自由、平等、

① 习近平：《论党的宣传思想工作》，中央文献出版社2020年版，第53页。
② 何萍：《文化哲学：认识与评价》，武汉大学出版社2010年版，第510页。

博爱等价值观念，形成了一套以个人本位主义为基础的价值体系，对建立和巩固资本主义制度发挥了重要作用。就是一个价值体系范式转换的典型案例。

对于人类社会而言，价值体系的稳定性与变革性都是必要的。如果没有相对稳定的价值体系，那人们将会无所适从，最终各行其是，社会一盘散沙。习近平同志特别强调核心价值观对社会的稳定器作用和纽带作用，指出："任何一个社会都存在多种多样的价值观念和价值取向，要把全社会意志和力量凝聚起来，必须有一套与经济基础和政治制度相适应、并能形成广泛社会共识的核心价值观。否则，一个民族就没有赖以维系的精神纽带，一个国家就没有共同的思想道德基础。培育和弘扬核心价值观，有效整合社会意识，是社会系统得以正常运转、社会秩序得以有效维护的重要途径，也是国家治理体系和治理能力的重要方面。"①但是，价值体系本身具有保守性、顽固性，特别是在社会大变革的时期，旧有的价值体系往往成为阻碍社会发展的重要因素。在这个时候，人们就要发挥其创造性，自觉地建构新的价值体系，作为社会变革的催化剂。因此，人类文明既具有延续性，又具有创新性，并在这样的矛盾中曲折前进。

二、人类文明新形态视野中的社会主义核心价值观

中国共产党一直非常重视核心价值观建设，通过长期以来精神文明建设的经验总结和充分的理论探索，党的十八大正式提出了"倡导富强、民主、文明、和谐，倡导自由、平等、公正、法治，倡导爱国、敬业、诚信、友善，积极培育和践行社会主义核心价值观"的重大论断。习近平同志在庆祝中国共产党成立100周年大会上的重要讲话中指出："我们坚持和发展中国特色社会主义，推动物质文明、政治文明、精神

① 习近平：《在十八届中央政治局第十三次集体学习时讲话》（2014年2月24日），《习近平关于社会主义文化建设论述摘编》，中央文献出版社2017年版，第106页。

文明、社会文明、生态文明协调发展，创造了中国式现代化新道路，创造了人类文明新形态。”[①] 从人类文明发展的高度对中国特色社会主义的现代化道路作出科学定位，以“三个倡导”为主要内容的社会主义核心价值观，以马克思主义为指导，以社会主义现代化建设经验为基础，以中华优秀传统文化为底气，批判地继承了西方现代价值观念，有效地回答了我们要建设什么样的国家、建设什么样的社会、培育什么样的公民等重大问题，是透视人类文明新形态何以为“新”的精神密码。

（一）社会主义现代化国家的价值要求

“富强”是社会主义核心价值观中的重要范畴，在国家层面的社会主义核心价值观中居于首要地位。“富强”价值观内容丰富：“富”指的是经济发达、物质丰富；“强”则包含了科技、国防、文化等各方面的强大。富强是世界上各个国家的共同追求，但作为社会主义核心价值观的富强是共同的富强，是普惠性的富强。1955 年，毛泽东结合当时中国的现实情况指出：“我们还是一个农业国。在农业国的基础上，是谈不上什么强的，也谈不上什么富的。但是，现在我们实行这么一种制度，这么一种计划，是可以一年一年走向更富更强的，一年一年可以看到更富更强些。而这个富，是共同的富，这个强，是共同的强，大家都有份。”[②] 明确将共同富强作为社会主义的本质特征提出来。十一届三中全会之后，中国共产党对于共同富裕有了更深刻的认识，邓小平同志多次强调：社会主义的本质是解放生产力，发展生产力，消灭剥削，消除两极分化，最终达到共同富裕。党的十八大以来，中国共产党把握发展阶段新变化，把逐步实现全体人民共同富裕摆在更加重要的位置上。中国共产党十八届五中全会首次提出以人民为中心的发展思想，习近平同志 2016 年 1 月 18 日在省部级主要领导干部学习贯彻党的十八届五中全会精神专

① 习近平：《在庆祝中国共产党成立100周年大会上的讲话》（2021年7月1日），人民出版社 2021 年版，第 13—14 页。

② 《毛泽东文集》第 6 卷，人民出版社 1999 年版，第 495 页。

题研讨班上的讲话中强调："共享理念实质就是坚持以人民为中心的发展思想，体现的是逐步实现共同富裕的要求。"[①] 现在，我们打赢了脱贫攻坚战，全面建成了小康社会，正在向第二个百年奋斗目标迈进。为了更好地满足人民日益增长的美好生活需要，我们必须坚决防止两极分化，扎实推进共同富裕，把促进全体人民共同富裕作为为人民谋幸福的着力点，为社会主义现代化建设奠定更加坚实的物质基础和政治基础。

在社会主义核心价值观中，"民主"是国家层面的核心政治价值观念。人民当家作主是社会主义民主政治的本质与核心。中国共产党自成立之日起，就把实现人民当家作主作为奋斗目标；新中国成立后，我国实行了工人阶级领导的、以工农联盟为基础的人民民主专政的国体，实行了人民代表大会制度的政体，实行了中国共产党领导的多党合作和政治协商制度、民族区域自治制度、基层群众自治制度等基本政治制度，巩固和发展最广泛的爱国统一战线，形成了全面、广泛、有机衔接的人民当家作主制度体系，构建了多样、畅通、有序的民主渠道。全体人民依法实行民主选举、民主协商、民主决策、民主管理、民主监督，依法通过各种途径和形式管理国家事务，管理经济和文化事业，管理社会事务。2019 年 11 月，习近平同志提出我国的"人民民主是一种全过程的民主"，这一重大论断进一步明确并深化了社会主义人民民主的本质特征。全过程人民民主实现了过程民主和成果民主、程序民主和实质民主、直接民主和间接民主、人民民主和国家意志相统一，是全链条、全方位、全覆盖的民主，全面超越了西方的"选举民主""形式民主""金钱民主"，是最广泛、最真实、最管用的社会主义民主，创造了人类文明的新形态。

文明与野蛮、愚昧相对，是反映社会文化发展进步的标志。马克思曾指出了人类社会发展的三个阶段："人的依赖关系（起初完全是自然发

---

① 中共中央文献研究室编：《习近平总书记重要讲话文章选编》，中央文献出版社 2016 年版，第 402 页。

生的），是最初的社会形式，在这种形式下，人的生产能力只是在狭小的范围内和孤立的地点上发展着。以物的依赖性为基础的人的独立性，是第二大形式，在这种形式下，才形成普遍的社会物质交换、全面的关系、多方面的需要以及全面的能力体系。建立在个人全面发展和他们共同的、社会的生产能力成为从属于他们的社会财富这一基础上的自由个性，是第三个阶段。”[①]社会发展的三个阶段各有其相应的文明形态。社会主义文明是对资本主义文明的超越。由于工业革命的发生，资本主义社会的生产力极大发展，创造了远超过去一切时代的物质财富；由于社会革命的爆发，资本主义社会消灭了封建等级秩序，使人们在形式上获得了平等的政治权利。然而，资本主义是不健全的文明形态：由于生产力和生产关系之间的矛盾，资本主义社会无法克服周期性的经济危机；由于资产阶级通过政治、经济、文化等手段控制和剥削无产阶级，资本主义社会在实质上无法实现平等；由于金钱关系在社会中占据主导地位，拜金主义、利己主义、消费主义在资本主义社会中大肆流行；由于工业的发展，自然遭到破坏，资源枯竭、生态危机成为人类面对的共同问题。作为社会主义核心价值观的文明，是中国特色的社会主义现代化的文明。它所追求的是一个更平等、更和谐、更公正的理想社会，是对资本主义文明的全面超越，深刻体现了马克思主义的价值理念。

和谐是中国传统文化的重要观念，也是中国共产党不懈追求的社会理想。作为国家层面的价值追求，和谐包含以下内容：一是社会的和谐。改革开放40多年来，中国的经济实力大幅跃升，创造出了经济快速发展的奇迹。但是与此同时，由于一些地方和部门存在片面追求速度规模、发展方式粗放等问题，经济结构性体制性矛盾不断积累，发展不平衡、不协调、不可持续问题十分突出。这种社会经济发展不充分、不平衡的问题造成了社会的分化乃至对立，严重影响了人民群众的获得感、幸福感。只有在制度上推动中国特色社会主义的完善与发展，更好

---

① 《马克思恩格斯全集》第30卷，人民出版社1995年版，第107—108页。

地保障和改善民生，促进社会公平正义，才能更好地构建和谐社会。二是人与自然的和谐。自工业革命以来，人类对自然世界的探索空前深入，对自然资源的利用空前庞大，极大地推动了物质财富的增长；但另一方面，人类对自然资源的掠夺与浪费、对自然环境的污染与破坏也是空前的，温室气候、森林覆盖率锐减、生物多样性减少、大气污染、水污染等各种全球性的生态问题层出不穷。中国的工业化的过程同样伴随着对自然界的污染与破坏，此前我国在世界产业链中处于中低端，高耗能、高污染、高排放、低效益的问题比较突出。十八大以来，以习近平同志为核心的党中央积极转变发展思路，提出“坚持节约优先、保护优先、自然恢复为主的方针，形成节约资源和保护环境的空间格局、产业结构、生产方式、生活方式，还自然以宁静、和谐、美丽”的倡议，为推动形成人与自然和谐发展的现代化建设新格局提供了思想指引。在党的十八届五中全会上，习近平同志提出了“创新、协调、绿色、开放、共享”的发展理念，强调创新发展注重的是解决发展动力问题，协调发展注重的是解决发展不平衡问题，绿色发展注重的是解决人与自然和谐问题，开放发展注重的是解决发展内外联动问题，共享发展注重的是解决社会公平正义问题。坚决贯彻新发展理念，是实现和谐价值观的必由之路。三是国际关系的和谐。中华民族是爱好和平的民族，自古以来就有着“讲信修睦”“协和万邦”的文化传统。近代以来被侵略的屈辱历史给中国人民留下了惨痛的记忆，也让中国人民对和平倍加珍惜。新中国成立之后，中国提出并始终坚持和平共处五项原则，确立和奉行独立自主的和平外交政策，向世界作出了“永远不称霸、永远不搞扩张”的庄严承诺，强调中国始终是维护世界和平的力量。十八大以来，以习近平同志为核心的党中央统筹国内国际两个大局，把国内发展与对外开放统一起来，把中国发展与世界发展联系起来，把中国人民利益同各国人民共同利益结合起来，不断扩大同各国的互利合作，以更积极的姿态参与国际事务，共同应对全球性挑战，努力为全球发展作出贡献。

（二）社会主义现代社会的价值要求

自由是马克思主义的根本价值目标，是社会主义社会的本质要求。在《共产党宣言》中，马克思和恩格斯明确指出：“代替那存在着阶级和阶级对立的资产阶级旧社会的，将是这样一个联合体，在那里，每个人的自由发展是一切人的自由发展的条件。”[①]1887年，恩格斯对英国北方社会主义联盟纲领进行修正，在其中指出：“我们的目的是要建立社会主义制度，这种制度将给所有的人提供健康而有益的工作，给所有的人提供充裕的物质生活和闲暇时间，给所有的人提供真正的充分的自由。”[②]有些人认同西方的价值观念，认为只有西方式的民主政治才是政治自由，只有排除政府干预才能实现市场竞争自由，只有尽量缩小政府职能才能实现社会自由。我们赞同资产阶级在消灭封建专制、开拓自由市场中曾经发挥过积极的历史作用，但我们也要清醒地认识到，资本主义的自由是虚假的自由、少数人的自由，建立在抽象的权利平等、程序正义之上的自由竞争，只会造成强者对弱者的剥削，就像马克思所说的：“自由！因为商品例如劳动力的买者和卖者，只取决于自己的自由意志。他们是作为自由的、在法律上平等的人缔结契约的。契约是他们的意志借以得到共同的法律表现的最后结果。平等！因为他们彼此只是作为商品占有者发生关系，用等价物交换等价物。所有权！因为每一个人都只支配自己的东西。边沁！因为双方都只顾自己。使他们连在一起并发生关系的唯一力量，是他们的利己心，是他们的特殊利益，是他们的私人利益。正因为人人只顾自己，谁也不管别人，所以大家都是在事物的前定和谐下，或者说，在全能的神的保佑下，完成着互惠互利、共同有益、全体有利的事业。”[③]马克思主义批判地继承了资产阶级的自由观念，并赋予了它们实质性的内容。1956年，毛泽东在谈话中指出：“自由、平

---

① 《马克思恩格斯文集》第1卷，人民出版社2009年版，第53页。

② 《马克思恩格斯全集》第21卷，人民出版社1965年版，第570页。

③ 《马克思恩格斯文集》第5卷，人民出版社2009年版，第204—205页。

等、博爱，是资产阶级的口号，而现在我们反而为它斗争了。”[①] 通过建立健全人民代表大会制度，人民依法享有了广泛的政治权利和自由；通过完善社会主义市场经济，市场竞争在更加开放有序的环境中开展；通过艰苦卓绝的脱贫攻坚战和更进一步推进共同富裕，人民的生存自由和发展自由得到保障。我国当前仍处于社会主义初期阶段，距离实现人的全面而自由的发展还有很长的奋斗历程，这要求我们保持高度的理论定力和清醒的政治头脑，不要被西方话语体系中的“自由”“民主”洗脑、带偏。

平等也是一个内涵十分丰富的价值观念。作为社会主义核心价值观念的平等，有其特定的涵义，习近平同志指出：“我们的方向就是让每个人获得发展自我和奉献社会的机会，共同享有人生出彩的机会，共同享有梦想成真的机会，保证人民平等参与、平等发展权利，维护社会公平正义，使发展成果更多更公平惠及全体人民，朝着共同富裕方向稳步前进。”[②] 因此，我们所追求的平等，是兼顾形式与实质的平等。一是政治权利的平等，即人民有平等地参与政治活动的权利。我国实行社会主义民主政治，民主的实质内涵就是人民当家作主。人民代表大会与政治协商是落实社会主义民主的制度保障。二是发展机会的平等。传统的机会平等理论强调程序公平或规则公平，但在发展起点不平等的情况下，片面强调规则平等只会导致富者愈富、贫者恒贫。在起点不可能完全平等的前提下，要矫正由此带来的贫富分化，就需要通过各种方式加强对高收入的规范和调节，通过再分配来维护每个人平等的发展权利。因此，习近平同志强调：“要坚持在发展中保障和改善民生，把推动高质量发展放在首位，为人民提高受教育程度、增强发展能力创造更加普惠公平的条件，提升全社会人力资本和专业技能，提高就业创业能力，增强致富

---

① 《毛泽东文集》第 7 卷，人民出版社 1999 年版，第 127 页。

② 《习近平在中法建交50周年纪念大会上的讲话》（2014年3月27日），新华网2014年 3 月 28 日。

本领。要防止社会阶层固化，畅通向上流动通道，给更多人创造致富机会，形成人人参与的发展环境，避免‘内卷’、‘躺平’。”[①] 三是平等地享有基本公共服务。当前我国发展不平衡不充分问题仍然突出，城乡区域发展和收入分配差距较大，教育、医疗、就业、社会保障等各方面的不平等问题亟待解决。党的十八届五中全会提出了共享发展理念，包括全民共享、全面共享、共建共享、渐进共享四个方面内容。习近平同志强调：“要加大普惠性人力资本投入，有效减轻困难家庭教育负担，提高低收入群众子女受教育水平。要完善养老和医疗保障体系，逐步缩小职工与居民、城市与农村的筹资和保障待遇差距，逐步提高城乡居民基本养老金水平。要完善兜底救助体系，加快缩小社会救助的城乡标准差异，逐步提高城乡最低生活保障水平，兜住基本生活底线。要完善住房供应和保障体系，坚持房子是用来住的、不是用来炒的定位，租购并举，因城施策，完善长租房政策，扩大保障性租赁住房供给，重点解决好新市民住房问题。”[②]大力推进基本公共服务的均等化。

公正是人类自古以来的崇高理想，也是中国特色社会主义的内在要求。它主要包含以下几方面的内容：首先是分配公正。分配公正，就是在分配过程中，每个人都得到应得的收入，所谓“应得”，应以其对社会贡献的价值来衡量。一方面，马克思主义政治经济学揭示了劳动与价值之间的关系，马克思指出：“使用价值或财物具有价值，只是因为有抽象人类劳动对象化或物化在里面。那么，它的价值量是怎样计量的呢？是用它所包含的‘形成价值的实体’即劳动的量来计量。劳动本身的量是用劳动的持续时间来计量”[③]；另一方面，马克思也认识到了其他生产要素的价值，强调“劳动不是一切财富的源泉。自然界同劳动一样也是使用价值（而物质财富就是由使用价值构成的！）的源泉，劳动本身不

①② 习近平：《扎实推动共同富裕》，《求是》2021年第20期。
③ 《马克思恩格斯文集》第3卷，人民出版社2009年版，第428页。

过是一种自然力即人的劳动力的表现”[①]。因此，我们在初次分配中应坚持多劳多得，同时健全生产要素由市场评价贡献、按贡献决定报酬的机制。其次是用权公正。领导机关是国家治理体系中的重要机关，领导干部是党和国家事业发展的“关键少数”，对全党全社会都具有风向标作用。“公”者无私，“正”者无偏，领导干部应当搞清楚“我是谁、为了谁、依靠谁”的问题，树立正确的权力观。习近平同志多次强调，领导干部“要守住权力关，始终保持对权力的敬畏感，坚持公正用权、依法用权、为民用权、廉洁用权”[②]，坚持不懈增强拒腐防变能力。三是法治公正。习近平同志强调“加强人权法治保障”，“要深化法治领域改革，健全人权法治保障机制，实现尊重和保障人权在立法、执法、司法、守法全链条、全过程、全方位覆盖，让人民群众在每一项法律制度、每一个执法决定、每一宗司法案件中都感受到公平正义”[③]。其中，司法是维护社会公平正义的最后一道防线，如果司法这道防线缺乏公信力，社会公正就会受到普遍质疑，社会和谐稳定就难以保障。

法治是中国特色社会主义的本质要求和重要保障。首先，法治是以人民为中心的执政理念的重要体现。党的十一届三中全会总结新中国成立以来的经验教训，强调：“为了保障人民民主，必须加强社会主义法制，使民主制度化、法律化，使这种制度和法律具有稳定性、连续性和极大的权威，做到有法可依，有法必依，执法必严，违法必究。”[④]大力推动社会主义法治建设。十九届六中全会通过的《中共中央关于党的百年奋斗重大成就和历史经验的决议》明确指出：“全面依法治国最广泛、

---

① 《马克思恩格斯全集》第 42 卷，人民出版社 2016 年版，第 25 页。

② 《习近平在中央党校（国家行政学院）中青年干部培训班开班式发表讲话强调：筑牢理想信念根基，树立践行正确政绩观，新时代新征程上留下无悔的奋斗足迹》，《人民日报》2022 年 3 月 2 日。

③ 习近平：《坚定不移走中国人权发展道路，更好推行我国人权事业发展》，《求是》2022 年第 12 期。

④ 《改革开放以来历届三中全会文件汇编》，人民出版社 2013 年版，第 12 页。

最深厚的基础是人民，必须把体现人民利益、反映人民愿望、维护人民权益、增进人民福祉落实到全面依法治国各领域全过程，保障和促进社会公平正义，努力让人民群众在每一项法律制度、每一个执法决定、每一宗司法案件中都感受到公平正义。”① 这一论断，深刻表现了中国现代法治的社会主义属性。其次，坚持全面依法治国，是中国特色社会主义国家制度和国家治理体系的显著优势。社会主义法治建设是一个系统工程，必须坚持系统观念，全面加以推进。十八大以来，中国特色社会主义法治体系的建设，始终坚持党的领导、人民当家作主、依法治国有机统一，坚持依法治国、依法执政、依法行政共同推进，坚持法治国家、法治政府、法治社会一体建设，全面深化法治领域改革，统筹推进法律规范体系、法治实施体系、法治监督体系、法治保障体系和党内法规体系建设，体现了社会主义制度的优越性。第三，中国特色社会主义法治要求法治与德治并举。一方面，“道德是法治的基石。法律只有以道德为支撑，才有广泛的社会基础而成为维系良治的良法”②；另一方面，法治是道德的制度保障，应把实践中广泛认同、较为成熟、操作性强的道德要求及时上升为法律规范，引导全社会崇德向善；应坚持严格执法，弘扬真善美、打击假恶丑；应坚持公正司法，发挥司法断案惩恶扬善功能。总而言之，法治既是社会主义核心价值观的组成部分，也是社会主义核心价值观的重要载体和保障，覆盖到社会主义现代化建设的方方面面。我们要加强法治宣传教育，引导全社会树立法治意识，提高全民法治意识和道德自觉。

（三）社会主义现代公民的价值要求

爱国是中华民族的传统美德，是维护主权独立与领土完整的精神源泉。习近平同志指出：“爱国主义是我们民族精神的核心，是中国人民和

---

① 《中共中央关于党的百年奋斗重大成就和历史经验的决议》，人民出版社2021年版，第42页。

② 习近平：《之江新语》，浙江人民出版社2007年版，第206页。

中华民族同心同德、自强不息的精神纽带。”[①] 在现代中国，爱国被赋予了新的内容。首先，要坚决维护国家主权。中国是社会主义国家，社会主义制度是国家的根本制度，中国共产党领导是中国特色社会主义最本质的特征。祖国的命运和党的命运、社会主义的命运是密不可分的。只有坚持爱国和爱党、爱社会主义相统一，爱国主义才是鲜活的、真实的，因此，衷心拥护“两个确立”，坚决做到“两个维护”，是新时代爱国主义的必然要求。其次，要热爱祖国的疆土。960 万平方公里的土地，1300 多万平方公里的疆域，就是我们的先辈以筚路蓝缕的艰辛、以战天斗地的豪情、以生死以之的决心开辟、巩固下来的疆土，我们的先辈在这片热土上辛勤耕耘、繁衍生息，创造了璀璨的文明。热爱祖国的疆土，就要坚决维护国家统一和民族团结，坚决反对任何分裂祖国的活动。热爱祖国的疆土，就要积极践行与推动生态文明建设，为建设看得见绿水青山的美丽中国添砖加瓦。再次，要热爱祖国的人民。热爱人民，是我们党的初心使命。中国共产党自成立以来，就始终把为中国人民谋幸福、为中华民族谋复兴作为自己的初心使命，始终坚持共产主义理想和社会主义信念，团结带领全国各族人民为争取民族独立、人民解放和实现国家富强、人民幸福而不懈奋斗。邓小平同志曾深情地说：“我是中国人民的儿子，我深情地爱着我的祖国和人民。”对人民的赤子之心，是中国共产党不畏挑战、团结带领全国人民不断前行的精神源泉。热爱人民是各行各业不断发展的不竭动力。比如李四光、钱学森、钱三强、邓稼先等科学家，之所以在艰难困苦的环境中取得杰出成就，就在于对祖国、对人民的热爱。最后，要热爱祖国的文化。文化是一个国家、一个民族的灵魂，是支持一个民族生存和发展的重要力量。在五千多年文明发展中孕育的中华优秀传统文化，在党和人民伟大斗争中孕育的革命文化和社会主义先进文化，积淀着中华民族最深沉的精神追求，

---

① 习近平:《在纪念中国人民抗日战争暨世界反法西斯战争胜利75周年座谈会上的讲话》(2020 年 9 月 3 日),《党建》2020 年第 9 期。

代表着中华民族独特的精神标识。只有深刻了解中华民族历史，自觉秉承中华文化基因，才能不断增进我们的民族自豪感和文化自信心，凝聚奋进新时代、实现民族复兴的磅礴伟力。

敬业是一种职业态度、工作态度，是推动中国现代化建设的重要精神支撑。正确的职业观是敬业的思想基础。人是社会性的动物，“人们在生产中不仅仅影响自然界，而且也互相影响。他们只有以一定的方式共同活动和互相交换其活动，才能进行生产。为了进行生产，人们相互之间便发生一定的联系和关系；只有在这些社会联系和社会关系的范围内，才会有他们对自然界的影响，才会有生产”①。职业就是人们的生产关系与社会联系的重要节点，任何一种职业都包含若干的社会关系在里面，因此，我们应当慎重地选择自己的职业，就像马克思所说的：“如果我们的生活条件容许我们选择任何一种职业，那么我们就可以选择一种使我们获得最高尊严的职业，一种建立在我们深信其正确的思想上的职业，一种能给我们提供最广阔的场所来为人类工作，并使我们自己不断接近共同目标即臻于完美境界的职业”②；即使因为生活条件的限制，我们只能工作在平凡的岗位上，但只要我们树立了为社会服务的职业观，把自己的职业做精做好，同样是对于时代有所贡献。恪守职业道德是敬业的内在要求。恪守职业道德，就是要做到勤业精业。任何一种职业都需要知识、技能。认识到自己职业的价值，把职业的进步作为重要的人生追求，必然会精益求精，不马虎疏忽，不敷衍了事，不随波逐流，不懈追求知识与技术的进步，体现出真正的“工匠精神”。敬业是事业常青的根本保证。事业的发展固然需要合理的经济回报来刺激和维持，但是一味追求利益对职业的长期发展有害无利。改革开放之后，依靠政策优惠与人口红利，我国制造业粗放型发展模式带来了较长时期的高速增长，一些企业盲目追求规模效应，贪大求全、率性扩张；还有一些企业

① 《马克思恩格斯文集》第1卷，人民出版社2009年版，第724页。

② 《马克思恩格斯全集》第1卷，人民出版社1995年版，第458页。

习惯了走捷径、赚快钱，产品粗制滥造，山寨抄袭；甚至还有一些企业见利忘义，为追求利益不惜牺牲他人的安全与健康，极大损害了行业信誉。当前我国经济已由高速增长阶段转向高质量发展阶段，必须进一步弘扬工匠精神、营造敬业风气，保证新时代的经济持续健康发展。

诚信，就是诚实守信、履诺践约，它是人们之间相互信任、团结合作、共存共生的基础。讲求诚信，是中华民族的传统美德。孔子说："自古皆有死，民无信不立。"（《论语·颜渊》）《逸周书·官人解》中说："乡党之间，观其信诚。"如果没有诚信，人们正常的交往关系就会被破坏，社会必将涣散斗乱、分崩离析。党的十八大以来，党和政府高度重视诚信道德建设，提倡遵纪守法、诚实守信的社会风尚。一是政务诚信。加强政务诚信建设，建立一支守法守信、高效廉洁的公务员队伍，树立政府公开、公正、诚信、清廉的良好形象，是深化简政放权、放管结合、优化服务改革和加快转变政府职能、提高政府效能的必然要求，对于进一步提升政府公信力、引领其他领域信用建设、弘扬诚信文化、培育诚信社会具有重要作用。二是商务诚信。习近平同志强调："社会主义市场经济是信用经济、法治经济。企业家要同方方面面打交道，调动人、财、物等各种资源，没有诚信寸步难行。由于种种原因，一些企业在经营活动中还存在不少不讲诚信甚至违规违法的现象。法治意识、契约精神、守约观念是现代经济活动的重要意识规范，也是信用经济、法治经济的重要要求。企业家要做诚信守法的表率，带动全社会道德素质和文明程度提升。"① 三是科研诚信。诚信是科学精神的必然要求，坚守学术道德和科研伦理，践行学术规范，是科研工作者的生命线。为培育严谨求是的科学文化，涵养风清气正的科研环境，中共中央办公厅、国务院办公厅先后印发了《关于进一步加强科研诚信建设的若干意见》（2018年5月）、《关于进一步弘扬科学家精神加强作风和学风建设的意

---

① 习近平：《在企业家座谈会上的讲话》（2020年7月21日），《中国政协》2020年第14期。

见》(2019年6月),充分表现了对科研诚信的重视,必将有力推动科研诚信建设。四是个人诚信。诚信不仅是一种职业道德,更是全体公民共同的价值追求和行为准则。十八大之后,为弘扬诚信传统美德,增强社会成员诚信意识,不仅大力弘扬诚信文化、广泛开展诚信宣传,而且加快了个人诚信记录建设,完善个人信息安全、隐私保护与信用修复机制,健全守信激励与失信惩戒机制,使守信者受益、失信者受限,积极营造"守信光荣、失信可耻"的良好社会氛围。

友善,就是在公共生活中能够与他人友好亲近,和善共处。友善是处理人际关系和社会关系的润滑剂,是维护健康良好社会秩序的道德基础。互相尊重是友善的基本前提。互相尊重就是承认他人与自己人格的平等,承认他人是与自己有着同等重要的情感诉求和价值诉求的独立个体,秉持平等和谅解,摒弃傲慢和偏见。改革开放之后,随着城镇化建设的发展、人口流动的增速,人们从熟人社会走向陌生人社会,在增添了社会活力的同时,也不可避免地产生新的社会问题。来自不同地域、不同民族、不同职业、不同生活条件的人们相处于公共空间,应以互相尊重为第一原则。宽容礼让是友善的基本要求。现代社会利益多元、观点多元,为利己主义提供了滋生的土壤。有些人将自己与他人对立起来,唯我独尊,不可避免会与他人产生摩擦,或者将小摩擦加以放大。宽容礼让是消除摩擦缓解社会矛盾的润滑剂。我国是社会主义国家,从国内看,整体上的大规模的阶级斗争已结束,人民内部矛盾成为主要矛盾。但国际上的阶级斗争仍然存在,并会不时地影响国内产生和平演变、颜色革命等类严重问题,使得国内社会中仍存在的一些矛盾复杂化,如果我们丧失阶级斗争观念,就可能在这些复杂矛盾面前出现错误判断,丧失阶级警惕。人民内部之间仍然存在的诸多矛盾就有可能酿成恶性冲突,甚至造成无法挽回的后果。互助友爱是友善的本质要求。友善的核心是奉献,乐于助人,乐于奉献,既可以提升人们的道德境界,也可以促进社会的和谐稳定。总体上讲,互助友爱是这个时代的主流,公益平台不断涌现,好人好事层出不穷。但是不可否认,当今社会也出现了一些道德滑坡、道德失范的现象，“扶不扶”成为一个道德难题。因此，还需要通过法治来维护为善者的合法权益，杜绝“以怨报德”的现象发生。

三、用全人类共同价值引领世界

2015 年 9 月 28 日，习近平主席在第七十届联合国大会一般性辩论时的讲话中提出：“‘大道之行也，天下为公。’和平、发展、公平、正义、民主、自由，是全人类的共同价值，也是联合国的崇高目标。目标远未完成，我们仍须努力。当今世界，各国相互依存、休戚与共。我们要继承和弘扬联合国宪章的宗旨和原则，构建以合作共赢为核心的新型国际关系，打造人类命运共同体。”[①] 以“和平、发展、公平、正义、民主、自由”为内容的全人类共同价值是社会主义核心价值观的进一步提炼，表达了人类现代社会的共同价值理念，为回答“世界向何处去”的问题贡献了中国智慧。要正确理解全人类共同价值，将其与西方所谓的“普世价值”明确区分开来。

（一）“普世价值”匡谬

自 20 世纪 90 年代以来，对“普世价值”“普遍伦理”“全球伦理”的讨论成为一时的学术热点；而以美国为首的西方国家也一直利用自己的话语霸权向全世界兜售他们的“普世价值”，把他们的“普世价值”作为实现全球霸权的意识形态工具。一些人向往西方发达国家的生活方式，自愿充当西方价值观的吹鼓手；也有人不能正确理解社会主义核心价值观与全人类共同价值的内涵，将我们现在提倡的自由、平等、法治等价值观等同于“普世价值”。这些现象都带来了一定的思想混乱。因此，我们必须认清“普世价值”的真实面目，做到正本清源。

---

① 习近平：《携手构建合作共赢新伙伴　同心打造人类命运共同体——在第七十届联合国大会一般性辩论时的讲话》（2015 年 9 月 28 日），《人民日报》2015 年 9 月 29 日。

1. 在理论上,“普世价值”是形而上学的残余

从 20 世纪开始，形而上学作为一门科学已经遭受学术界的普遍质疑，但形而上学的思维方式依然盘踞在人们的头脑之中，对于“普世价值”的信仰就是一种体现。1989 年，日裔美国学者弗兰西斯·福山正式提出“历史终结理论”。他认为，人类的历史就是人类社会通过不同的政府形式不断进化的过程，这个过程将以现代自由民主和以市场为导向的资本主义的形式告终。福山把西方的民主制度当作历史发展的必然趋势，把西方式的民主、自由当作全人类共享的价值观念。福山之所以坚持西式的民主政治和市场经济是人类社会的完美形态，其理由有二。其一是经济上的理由：科学是兼具累积性与方向性的大规模社会运动，是现代化发展的保障和普遍化进程的动力。作为科技效益最大化的自由市场经济一定会受到广泛的关注和效仿，从而导致这种经济结构的普遍化发展。随着市场经济的发展和人们生活水平的提高，尤其是教育的普及与信息传播渠道的多样化，公民参与政治的要求会不断扩大，最终走向自由民主。其二是心理上的理由：寻求“承认”是历史发展的推动力。在历史上曾经出现过形形色色“承认的形式”，但它们都不够完善，其缺陷自然而然成了推动历史演变的内在矛盾，最终导致这些制度的变化与更新。只有自由民主制度使每个人作为自由自主之人的尊严得到保障，是最完美或最接近完美的“承认的形式”。

“历史终结论”提出不久，就发生了苏联解体、东欧剧变的事件，所以福山因其理论的“预见性”而名声大噪，至今仍有一定的影响力。我们认为,“历史终结论”不是基于事实的对历史发展的科学预判，而是一种形而上学性质的理想蓝图，它无法解释西方国家所面临的现实困境。关于这一点，法国哲学家德里达曾作过精准的批评，他认为:“一方面，政治—经济自由主义的福音书需要存在于据推测能够现实地发生的事件之中的福音这样的事件。如果不依靠这样的事件，它就寸步难行；然而另一方面，由于实际的历史以及如此众多的作为经验性之表现的现实事物都与这种完善的自由民主制度的降临相矛盾，所以与此同时人们

又必须纯粹将这种完善设定为调整性的和超历史的理想。为了发挥他的优势并且为他的论点服务，福山在这里将自由民主制度规定为一种实际存在的现实事物，而在那里则又将它规定为一种纯粹的理想。”[①] 我们必须坚持历史唯物主义和唯物辩证法的立场方法，认识到任何社会制度、价值观念都只具备一定历史条件下的合理性，历史“永远不会在人类的一种完美的理想状态中最终结束；完美的社会、完美的‘国家’是只有在幻想中才能存在的东西”[②]，才能彻底打破“普世价值”的迷思。

2. 在实践上，“普世价值”是以美国为代表的西方国家维护国际霸权的意识形态工具

以美国为代表的西方国家不遗余力地向世界推销“普世价值”，但在现实中他们并未笃信奉行，反而处处违背、否定自由、民主、人权等价值观念。从 1998 年起，我国开始发布美国侵犯人权报告，以无可辩驳的事实证明了“普世价值”的欺骗性和虚伪性。2022 年 2 月 28 日，国务院新闻办公室发表《2021 年美国侵犯人权报告》，报告显示，美国人权状况在 2021 年进一步恶化。首先，美国自称民主国家，但现在的美式民主已经沦为“钱主”政治，麻省理工学院政治评论家与社会活动家诺姆·乔姆斯基表示，“美国人对政策制定的影响力与他们的财富水平之间呈正相关性，约 70% 的美国人对政策制定没有任何影响，他们在收入水平、财富等方面处于劣势，相当于被剥夺了参政权利”。马萨诸塞州大学教授贾拉拉贾在《大西洋》月刊发表文章称，“美国目前的民主只是形式上的民主，而不是实质民主。总统选举的全国范围初选完全受富人、名人、媒体和利益集团的操纵，民众投票支持的总统参选人往往不真正代表民意”[③]。由于美式民主不能真正反映民众的利益诉求，美国的民粹

① 雅克·德里达:《马克思的幽灵：债务国家、哀悼活动和新国际》，中国人民大学出版社 2016 年版，第 64 页。

② 《马克思恩格斯文集》第 4 卷，人民出版社 2009 年版，第 270 页。

③ 国务院新闻办公室编:《2021 年美国侵犯人权报告》，五洲出版社 2022 年版，第 56 页。

主义进一步盛行，甚至出现了数千名特朗普支持者冲击国会大厦，抗议2020年总统大选结果的闹剧。其次，美国自称言论自由，但现在的美国媒体已成为精英阶层操纵舆论的工具。“维基揭秘”网站创始人阿桑奇在曝光美军射杀平民和记者等战争罪行、披露美国干预他国内政的大量证据后，被美国政府以多项罪名指控。[①]在竞争美国总统失败后，特朗普的推特账号和脸书账号被封禁，更是彻底暴露了美国“言论自由”的虚伪。再次，美方一贯标榜市场经济和公平竞争原则，但却一直不择手段打压威胁美国自身利益的企业。在《美国陷阱》一书中，作者阿尔斯通原高管弗雷德里克·皮耶鲁齐（Frederic Pierucci）提供了一个美国利用“司法陷阱”和“经济陷阱”，动用政府权力强行介入并购阿尔斯通的生动案例。在当前中国崛起的过程中，美国泛化国家安全概念、滥用国家力量，用类似整垮阿尔斯通的手段打压华为和其他中国企业，为市场竞争设置“弹簧门”“玻璃门”，甚至和加拿大司法部门勾结无理关押华为负责人。最后，美国高调标榜人权，但却连最基本的生存权和健康权也无法保证。“自新冠肺炎疫情在美国暴发以来，疫情防控始终被高度政治化，成为共和党和民主党相互攻讦、否决、对抗的工具和筹码，政客只关注政治私利，却无视民众生命健康。联邦和地方政府各行其是、相互掣肘，不仅使得医疗资源整合和协调管理十分困难，也导致民众对于疫情防控政策无所适从，各种违背科学和常识的反智言行大行其道。部分美国民众受政治操弄误导，不仅拒绝佩戴口罩，甚至掀起‘反疫苗’运动，加剧了疫情蔓延。”[②]导致美国虽然拥有全世界最先进的医疗设备和技术，却成为全球新冠肺炎感染和死亡人数最多的国家。此外，种族歧视、枪击事件一直是威胁美国人权的痼疾，至今仍在持续恶化。

以美国为代表的西方国家罔顾本国人权每况愈下的现实，打着民主、自由、人权的幌子，利用各种手段维护自己的国际霸权。其一，向

---

① 国务新闻办公室编:《2021年美国侵犯人权报告》，五洲出版社2022年版，第147页。

② 国务新闻办公室编:《2021年美国侵犯人权报告》，五洲出版社2022年版，第47页。

他国输出西方价值观念，干涉他国内政。21 世纪初期，在以美国为首的西方势力的策动下，格鲁吉亚、乌克兰和吉尔吉斯斯坦等原苏联加盟共和国的民主反动派发动“颜色革命”，以“民主方式”建立亲美（亲西方）的政权。从 2010 年年底开始，西亚、北非阿拉伯国家发生一系列以“民主”为号召的反政府运动，迅速从突尼斯蔓延到埃及、叙利亚、也门等许多阿拉伯国家。当时，西方国家和西方媒体一片欢呼，宣布伟大的西方民主模式降临到了阿拉伯世界，称之为“阿拉伯之春”。但是不到三年时间，“阿拉伯之春”就变成了“阿拉伯之冬”，民主与民生、宗教与保守、极端与威权、暴恐和反恐之间的冲突与博弈持续不断，中东由此进入一个社会冲突和政治危机频发期。事实证明，当今世界，凡是经历过“颜色革命”的地方，留下的都是生灵涂炭、一蹶不振。那些所谓的“民主改造计划”不仅没有成功，最终往往演变成受害国家或地区的政治分裂、流血冲突，灾难与创伤久久难以愈合。其二，以推广民主、保护人权之名发动战争。“二战结束以来，美国发动了朝鲜战争、越南战争、科索沃战争、阿富汗战争、伊拉克战争等，造成极其严重的人道主义危机。据不完全统计，美国近 20 年发动的所谓‘反恐’战争已夺去 90 多万人的生命。美国在全球各地打着‘反恐’的名义，建立包括关塔那摩监狱在内的‘黑狱’，未经审判就将人任意拘押并施加酷刑，已成为美式侵犯人权抹不去的污点。”① 不仅如此，美国还不断挑起冲突，制造紧张的地区局势，为其军火生意创造刚性需求，利用战争大发横财，严重破坏世界和平与稳定。其三，将民主政治化、工具化、武器化，通过意识形态画线分裂世界。2021 年底，美国政府高调举办所谓“领导人民主峰会”，企图借民主之名建立一套以美国利益和意识形态为标准的世界体系。“民主峰会”的召开受到国际舆论的广泛批评，多国人士和媒体认为所谓“民主峰会”是典型的冷战思维产物，与当今世界

---

① 郭言：《丑陋的人权“伪道士”》，《经济日报》2022 年 4 月 15 日。

发展大势背道而驰。[①] 其四，利用自己的话语霸权，采用无中生有、捕风捉影、移花接木等手法制造谎言、引导舆论。在 2003 年的联合国安理会上，时任美国国务卿的鲍威尔把一小管白色粉末说成“大规模杀伤性武器”的证据，支持小布什政府出兵入侵伊拉克，至今已造成 20.9 万平民死亡，却始终未能在伊拉克境内找到任何大规模杀伤性武器的存在。在涉疆、涉港、涉疫等问题上，西方媒体更是大肆抹黑中国、操纵舆论。其五，将其意识形态披上学术、艺术的外衣，潜移默化地改变人们的思想。事实证明，以美国为代表的西方国家向世界输出“民主”“人权”的价值观，是带着明确的政治目的和利益算计，并非出于对“普世价值”的信仰。凡是不顾自己实际情况、盲目接受西方价值观念的国家和地区，都只会产生更严重的发展危机。

（二）全人类共同价值的“同”与“不同”

“每个原理都有其出现的世纪。”[②] 全人类共同价值不是上帝所赋予，也不是由抽象的人性所决定，全世界人类的共同利益是它的合理性的现实基础。习近平同志指出：“这个世界，各国相互联系、相互依存的程度空前加深，人类生活在同一个地球村里，生活在历史和现实交汇的同一个时空里，越来越成为你中有我、我中有你的命运共同体。”[③] 面临着严峻的经济发展问题、生态问题、能源危机、公共卫生问题等全球性的难题和挑战，没有一个国家能够独善其身。世界各国只有携手合作、互利共赢、共同发展，才能创造美好未来。全人类共同价值的提出，顺应了时代的发展潮流；增强对全人类共同价值的认同，将更有利于人类命运共同体的建构。

---

① 《国际社会持续批评美式民主和所谓“民主峰会”——将民主政治化、工具化、武器化不得人心》，《人民日报》2022 年 1 月 5 日。

② 《马克思恩格斯文集》第 1 卷，人民出版社 2009 年版，第 607 页。

③ 习近平：《顺应时代前进潮流，促进世界和平发展》，《论坚持推动构建人类命运共同体》，中央文献出版社 2018 年版，第 5 页。

首先，和平与发展是世界人民的共同愿望。人类文明的发展历史，始终伴随着战争与动乱。在工业革命之后，随着世界市场的开拓与殖民运动的开展，战争的范围也在不断扩大，两次世界大战的爆发，更是给人类带来了惨痛的记忆。习近平总书记总结历史教训，深刻指出："和平是人民的永恒期望。和平犹如空气和阳光，受益而不觉，失之则难存。没有和平，发展就无从谈起。"[①] 因此，我国始终坚持和平发展的路线，主张同心维护和平、促进共同发展。但当今世界，仍有个别国家、军事政治联盟或同盟谋求直接或间接的单方面军事优势，通过不正当竞争等方式损害他国安全，加剧地缘政治竞争，渲染对立对抗，严重破坏国际安全秩序，破坏全球战略稳定。比如美国发动的伊拉克战争、阿富汗战争，不仅造成了大量平民死亡，也给这些国家和地区的经济和民生带来了严重冲击；由战争带来的难民问题又给欧美国家造成了巨大压力。在新的国际形势下，各国应当放弃单边主义、霸权主义，共同向和平与发展的目标迈进。

其次，公平与正义是世界各国人民在国际关系领域的崇高目标。当今世界面临着异常严峻的发展不平衡问题。根据统计数据，2015 年，超过 7.36 亿人生活在国际贫困线以下。在新冠病毒疫情暴发前，大约 10% 的世界人口生活在极端贫困中，医疗、教育、用水和卫生设施等最基本的需求无法得到满足。基线预测表明，到 2030 年，仍将有 6% 的全球人口生活在极端贫困中，无法达成消除贫困的目标。而新冠病毒疫情的全球流行，可能会使全球贫困人口增加 5 亿人，占全球总人口的 8%。这些长期贫困（包括极端贫困）的人口主要分布在非洲、最不发达国家、小岛屿发展中国家、一些中等收入国家以及冲突中和冲突后国家。一些自由主义学者认为："一个民族富裕的原因及其所采取的形式，就在于他们的政治文化以及他们用来支持其政治制度和社会制度的宗教、哲学和道

---

① 习近平：《共同创造亚洲和世界的美好未来——在博鳌亚洲论坛2013年年会上的主旨演讲》，《人民日报》2013 年 4 月 8 日。

德传统，就在于其成员的辛勤劳动和合作才能，而所有这一切都得到了他们的政治美德的支持……一个负担沉重的社会之所以负担沉重，政治文化因素非常重要，[此外]这个国家的人口政策也至关重要。”[①] 也就是说，一个国家和民族，无论是富裕还是贫穷，最重要的原因都在它们自身。事实真的如此吗？在《资本论》中，马克思描述了欧洲国家如何通过对殖民地的残酷掠夺完成其资本的原始积累。列宁分析了资本主义发展到帝国主义阶段后，资产阶级“依靠输出资本和‘剪息票’”[②] 从殖民地中获得巨额利益的方式。在民族独立运动兴起后，原来的殖民地已纷纷获得政治上的独立，但西方国家依然在利用金融资本、科技垄断、军事霸权、文化话语等手段维持自己对第三世界国家的控制与剥削。与西方国家的发展道路形成鲜明对比，“中国坚持国家不分大小、强弱、贫富一律平等，秉持公道、伸张正义，反对以大欺小、以强凌弱、以富压贫，反对干涉别国内政”[③]，成为构建新型国际关系、实现全球正义的示范。西方国家也应当放弃零和思维，担负起应有的国际责任。

再次，民主与自由是全人类共同的现代价值。如果说和平、正义是人类文明的永恒追求的话，那么民主与自由就更具有鲜明的现代特征，恩格斯曾说：“在自然形成的公社中，平等是不存在的，或者只是非常有限的、对个别公社中掌握全权的成员来说才是存在的，而且是与奴隶制交织在一起的。在古希腊罗马的民主政体中也是如此。一切人——希腊人、罗马人和野蛮人，自由民和奴隶，本国人和外国人，公民和被保护民等等——的平等，在古希腊罗马人看来，不仅是发疯的，而且是犯罪的，它的萌芽在基督教中始终一贯地受到迫害。”[④] 近代资产阶级革命摧毁了历史上的政治等级制度，实现了人与人之间在法权上的平等，推动

① 转引自徐向东编：《全球正义》，浙江大学出版社 2010 年版，编者导言第 16 页。

② 《列宁专题文集·论资本主义》，人民出版社 2009 年版，第 210 页。

③ 习近平：《永远做可靠朋友和真诚伙伴》（2013年3月25日），《论坚持推动构建人类命运共同体》，中央文献出版社 2018 年版，第 17 页。

④ 《马克思恩格斯文集》第 9 卷，人民出版社 2009 年版，第 352—353 页。

了人类文明的巨大进步。但在历史发展的进程中，资产阶级的民主和自由愈来愈暴露出其局限性：在资本主义社会中，封建特权被金钱的特权所取代，法律上的平等掩盖了事实上的不平等，就像列宁所指出的，资本主义的民主制度“实质上始终是少数人的即只是有产阶级的、只是富人的民主制度。资本主义社会的自由始终与古希腊共和国的自由即奴隶主的自由大致相同。由于资本主义剥削制度的条件，现代的雇佣奴隶被贫苦压得喘不过气，结果都‘无暇过问民主’，‘无暇过问政治’，大多数居民在通常的平静的局势下都被排斥在社会政治生活之外”[①]。对照当今欧美国家的“民主选举”，列宁的论断依然有着鲜活的生命力。欧美国家无视其自身的民主危机，反而将“民主”“自由”作为政治武器，干涉别国事务，实施经济制裁，发动侵略战争，这恰恰是对“民主”“自由”的背叛。“民主”“自由”不是某些国家的专利，而是全人类的共同价值，每个国家都有权利选择适合自己实际情况的发展道路，选择符合自己国情民情的民主政治模式。因此，民主还包含另一重含义，即国际关系的民主化，每个国家都有参与国际治理的平等权利。

综上所述，全人类共同价值顺应了和平、发展、合作、共赢的时代潮流，符合全人类的共同利益，所以它是包容开放的。习近平同志指出：“价值观是人类在认识、改造自然和社会的过程中产生与发挥作用的。不同民族、不同国家由于其自然条件和发展历程不同，产生和形成的核心价值观也各有特点。一个民族、一个国家的核心价值观必须同这个民族、这个国家的历史文化相契合，同这个民族、这个国家的人民正在进行的奋斗相结合，同这个民族、这个国家需要解决的时代问题相适应。”[②]世界上没有完全相同的两片树叶，每个国家都有权利自主探索符合本国国情的发展道路，没有谁有资格垄断对现代价值观的定义权。在

---

① 《列宁选集》第3卷，人民出版社1995年版，第189页。

② 习近平：《青年要自觉践行社会主义核心价值——在北京大学师生座谈会上的讲话》（2014年5月4日），《人民日报》2014年5月5日。

中国共产党的领导下，中国人民摸索出了一条符合自身国情的发展道路，即中国特色社会主义道路。中国愿同世界分享自己的发展机遇和经验，但绝不会将自己的道路、模式、理论强加于人，不会要求其他国家“复制”中国模式、中国道路。“万物并育而不相害，道并行而不相悖”（《礼记·中庸》），全人类共同价值是“同”与“不同”的辩证统一，比所谓的“普世价值”更具有现实的合理性与具体而丰富的内涵。

（三）弘扬全人类共同价值，提升文化软实力

文化与价值观的吸引力，是国家软实力的重要组成部分。中国虽然没有“软实力”的概念，但很早就产生了类似的思想，孔子说：“远人不服，则修文德以来之；既来之，则安之。”（《论语·季氏》）就是要通过文化建设和道德建设来吸引人，而不是运用军事武力来征服人。这是中华民族的优秀政治传统。2007 年，党的十七大明确指出，文化软实力是综合国力和国际竞争力的重要组成部分，要把提高激发全民族文化创造力、提高国家文化软实力作为社会主义文化建设的重要任务。党的十八大以来，以习近平同志为核心的党中央把提升文化软实力提高到一个新的战略高度，国家文化软实力、中华文化影响力明显提升。

当前，我国文化软实力的提升还面临着许多的困难和挑战，这些困难和挑战是由复杂的历史问题和现实原因造成的。首先，中国社会主义核心价值观现实土壤是社会主义现代化建设，而现代化最早是由欧洲国家开启的，经过几百年的发展，西方国家不仅在经济、科技等硬实力上获得了先发优势，而且在哲学社会科学、文学艺术等软实力上也有很大的先发优势，他们对现代化、现代价值的理解深深地影响了后发国家。中国是在鸦片战争之后被迫卷入了全球化现代化的浪潮之中，为了完成救亡图存的历史使命，“开眼看世界”的中国知识分子或是以西洋为师，或是以东洋为师，但都是直接或间接地学习西方文化。在经历了重重失败之后，中国人民才认识到全盘西化的道路是走不通的，只有走马克思主义的道路，只有坚持中国共产党的领导，才能实现民族复兴、人民幸福。尽管这些年来，西方资本主义国家已经暴露出来越来越多的问题，

但是思维的惯性是最不容易扭转的，一些人自觉或不自觉地接受了西方话语，用理想中的西方国家批评现实中的中国问题，得出了不正确的结论。其次，西方中心主义是正确理解中国价值的最大障碍。近代以来，西方国家凭借其工业化的先发优势，确立了国际政治格局中的霸主地位，西方中心主义也随之发展起来。他们（先是欧洲，后是美国）以文明自居，不遗余力贬低其他民族文化，就像萨义德所说的："欧洲文化的核心正是那种使这一文化在欧洲内和欧洲外都获得霸权地位的东西——认为欧洲民族和文化优越于所有非欧洲的民族和文化。"[①] 这种傲慢让很多西方人不愿意去了解真实的中国，他们更愿意去相信通过"东方学"和各种艺术作品构造甚至幻想出来的中国。第三，软实力并非凭空而来，它需要硬实力的支撑。欧美国家虽然已显衰落之势，但在经济、军事、科技等方面仍处于世界前列，媒体实力和话语能力依然强劲。打破西方的文化霸权和话语垄断，需要持久的努力。

弘扬全人类共同价值有利于提高中国的文化软实力。首先，全人类共同价值蕴含了中华文明的深厚渊源。中华民族自古以来就有着"讲信修睦""协和万邦""天下大同"的理念，这些理念深深地烙印在中华民族的文化基因中，成为处理国际问题的行为准则。"发展起来的中国，在世界舞台上的影响与日俱增，为世界和平与发展作出越来越大的贡献。我们坚持正确的对外方针和政策，广泛开展双边和多边外交，同世界各国的友好合作关系不断加强。积极参与国际事务，斡旋解决国际争端和冲突，参与应对国际金融危机和欧债危机，发挥了重要的建设性作用。真诚援助第三世界国家，推动在反恐、环保、禁毒、重大疾病防治等领域的国际交流与合作，展现了负责任大国的良好形象"[②]，以实际行动践行了"穷则独善其身，达则兼善天下"（《孟子·尽心上》）的人

---

① 萨义德:《东方学》，生活·读书·新知三联书店 1999 年版，绪论第 10 页。

② 《解放思想锐意进取（百年大党面对面⑤）——改革开放和社会主义现代化建设是如何进行的?》,《人民日报》2022 年 5 月 27 日。

文情怀。其次，全人类共同价值体现了相互尊重、平等互利、合作共赢的外交原则。福山在为西式民主政治辩护时认为：寻求“承认”是历史发展的推动力，自由民主制度使每个人作为自由自主之人的尊严得到保障，是最完美或最接近完美的“承认的形式”。但事实证明，西方民主政治既没有让本国公民享受到平等的自由和尊严，也没有给予其他国家平等的地位与尊重。当前，“一大批新兴市场国家和发展中国家走上发展的快车道，十几亿、几十亿人口正在加速走向现代化，多个发展中心在世界各地区逐渐形成”[①]，对西方霸权产生了严重威胁。如何看待这个世界的新形势新变化？一些西方学者提出“文明冲突论”“修昔底德陷阱”，依然没能摆脱西方中心主义的思维惯性，不能真正理解中国的和平崛起。习近平同志 2017 年 1 月 18 日在联合国日内瓦总部的演讲中指出：“国家之间要构建对话不对抗、结伴不结盟的伙伴关系。大国要尊重彼此核心利益和重大关切，管控矛盾分歧，努力构建不冲突不对抗、相互尊重、合作共赢的新型关系。只要坚持沟通、真诚相处，‘修昔底德陷阱’就可以避免。”[②] 全人类共同价值就是保障不同民族相互尊重、平等互利、合作共赢的意识形态基础，也是反对霸权主义、单边主义、西方中心主义的理论武器。再次，人类共同价值引领了人类文明的进步潮流。如今正值百年未有之大变局，全球化与民族主义交织并行，国际形势发生复杂深刻变化。一方面，世界各国的相互联系日益紧密、相互依存日益加深，人类已成为荣辱与共的命运共同体；另一方面，由西方主导的全球化暴露出越来越多的问题，导致民族主义再度兴起，甚至表现为民粹主义、反全球化、反移民、利己主义、排斥主义、本土主义、保护主义、孤立主义等极端形式。在世界经济整体下行的大背景下，以美国为代表的西方国家一方面奉行“本国优先”原则，置国际责任于不顾；

---

① 习近平：《顺应时代前进潮流，促进世界和平发展》，《论坚持推动构建人类命运共同体》，中央文献出版社 2018 年版，第 5 页。

② 习近平：《共同构建人类命运共同体》，《求是》2021 年第 1 期。

同时又将资本主义价值观念包装为“普世价值”强加给其他国家。这种“双标”行为意味着“普世价值”在理论上完全无法自洽。而中国倡议的人类共同价值，一方面呼吁各个国家和地区在经贸、反恐、环境、公共卫生、网络安全等共同关切的问题上深化合作；同时坚持平等民主、兼容并蓄的原则，尊重文明形式多样性和发展模式多样性，坚定支持各国维护本国主权、独立、领土完整，坚定支持各国探索符合本国国情的发展道路，坚定推动不同文明交流互鉴。这是解决当前国际问题的最佳方案。因此，全人类共同价值，顺应时代的发展潮流，符合全人类的共同利益，可以得到最广泛的认可。

四、加强公民道德建设，将核心价值观融入日常生活

（一）新时代公民道德建设的内涵

习近平同志指出：“核心价值观，其实就是一种德，既是个人的德，也是一种大德，就是国家的德、社会的德。国无德不兴，人无德不立。”[①] 因此，社会主义核心价值观建设与公民道德建设具有内在的一致性：一方面，要充分发挥核心价值观的价值引领作用，将国家、社会、个人层面的价值要求贯穿到道德建设各方面，以主流价值建构道德规范、强化道德认同、指引道德实践，引导人们明大德、守公德、严私德；另一方面，要将公民道德建设作为弘扬社会主义核心价值观的重要抓手，通过公民道德建设将社会主义核心价值观融入日常生活，使之成为“百姓日用而不知”的道德规范和行为准则。2019 年 10 月 17 日，中共中央、国务院印发了《新时代公民道德建设实施纲要》，提出要把社会公德、职业道德、家庭美德、个人品德建设作为新时代公民道德建设的着力点。习近平总书记在党的二十大报告中指出：“实施公民道德建设工程，弘扬中华传统美德，加强家庭家教家风建设，加强和改进未成年

---

① 习近平：《青年要自觉践行社会主义核心价值——在北京大学师生座谈会上的讲话》（2014 年 5 月 4 日），《人民日报》2014 年 5 月 5 日。

人思想道德建设，推动明大德、守公德、严私德，提高人民道德水准和文明素养。”[①]

1. 公德建设是提升现代文明程度的必然要求

社会公德是人们在公共生活中必须遵循的行为准则。崇德向善是中华民族的传统美德，但正如梁启超所说的：“吾中国道德之发达，不可谓不早。虽然，偏于私德，而公德殆阙如。试观《论语》《孟子》诸书，吾国民之木铎，而道德所从出者也。其中所教，私德居十之九，而公德不及其一焉。”[②] 梁启超所说的“私德”，是指独善其身的“束身寡过主义”以及私人交往中所遵循的道义；而“公德”是指人们对于国家民族整体利益所应尽的责任。他认为，公德与私德本身并不相悖，但中国数千年来把束身寡过主义作为德育的中心点，对为了国家和民族的公利公益而尽力的人则非笑之排挤之，导致人们完全不知公德为何物。梁启超是在20世纪初提出加强公德建设的问题，他的呼吁反映了中国从前近代社会向近代社会转型时期的文化需求。当前，我国正处于又一社会急速转型期，公德问题再次进入人们的视野。自改革开放以来，我国社会经济爆发式地增长，创造了世界瞩目的中国奇迹，但在文明建设方面表现出一定的滞后性。因为市场经济发展中利己主义的兴起、城镇化过程中生活方式的变化、改革开放中多元价值观念的冲击、公德教育的缺位等原因，公共规范意识淡薄、公共财产意识淡薄、公共安全意识淡薄等问题凸显出来，老人倒地扶不扶、小偷逃逸追不追、他人攻击防不防……都成为当代中国人的道德难题。这些违背社会公德、触及道德底线的事情不断发生，不仅降低了人民群众的获得感、幸福感、安全感，而且伤害了人民群众的文化自信心，认为出现了“道德滑坡”的问题。因此，

---

① 习近平：《高举中国特色社会主义伟大旗帜　为全面建设社会主义现代化国家而团结奋斗——在中国共产党第二十次全国代表大会上的报告》，《人民日报》2022年10月16日。

② 梁启超：《新民说》，《当代哲学经典·中国哲学卷》，北京师范大学出版社2014年版，第42页。

我们必须加强社会公德建设，营造文明礼貌、助人为乐、爱护公物、保护环境、遵纪守法的良好社会氛围，提升国家整体的现代化文明程度。

2. 职业道德是现代化建设的重要精神力量

对于个体来说，职业具有双重意义：一方面，人首先是自然性的存在，必须通过劳动从自然界中获得生活资料，在社会产生了分工之后，职业就成为人们从事劳动、谋求生存与发展的平台；另一方面，人是社会性的动物，人类在劳动中形成了历史的、具体的生产关系，每一种职业、每一个岗位都是生产关系的节点，都包含若干社会关系在其中。在合理的社会分工体系中，如果各行各业的从业人员都能够做好本职工作，就是对他者、对社会作出了应有贡献，从而形成“人人为我、我为人人”的良好社会风尚。因此，恪守职业道德就是要明确“义利之辩”，处理好个人利益与社会利益之间的关系，诚实守信、办事公道，不见利忘义，不以权谋私，真正做到敬业、精业。敬业，就是要恪守职业道德，遵循职业规范，不畏艰难、不避险阻完成本职工作。孙思邈在《大医精诚论》中说：“凡大医治病，必当安神定志，无欲无求，先发大慈恻隐之心，誓愿普救含灵之苦。若有疾厄来求救者，不得问其贵贱贫富，长幼妍媸，怨亲善友，华夷愚智，普同一等，皆如至亲之想。亦不得瞻前顾后，自虑吉凶，护惜身命。见彼苦恼，若己有之，深心凄怆。勿避险巇、昼夜、寒暑、饥渴、疲劳，一心赴救，无作功夫形迹之心。如此可为苍生大医，反此则是含灵巨贼。”表现了身为医者的崇高敬业精神。职业有分工不同，无贵贱之分，无论是在多么平凡的岗位上，只要履职尽责、忠诚奉献，都可以绽放人生的光彩。精业，就是要专心致志，刻苦钻研，不断推动职业技能的进一步完善。职业具有专业性，每一种职业都需要一定的知识、技术的支持，要做好一样职业，就必须不断学习与它相关的知识与技术。现代社会是知识社会，知识更新速度越来越快，各行各业对从业者的要求也越来越高，更需要树立“本领恐慌”的忧患意识，不断提高职业技能。如果缺少精益求精的职业精神，安于现状，不识变、不应变、不求变，就必然错失发展机遇。

3. 家庭美德建设是公民道德建设的重要载体

家庭教育是培育个人品德的重要基地。家庭是人生的第一个课堂，父母是孩子的第一任老师，家庭教育对于个人的成长起着至关重要的作用。根据原生家庭理论，“孩子在与父母相处和互动的过程中，形成了一些比较稳定的认知世界的方式和与他人交往的模式，进而影响成年后的社会心理能力，即个体在日常生活中处理人与自身、外物之间关系的能力，包括情绪管理、人际沟通、自我认知、社会适应四种核心能力”①。习近平回忆说，他从小就看妈妈给他买的小人书《岳飞传》，其中一本就是讲“岳母刺字”，精忠报国在他脑海中留下的印象很深。家教的主体是家长，家长应当增强家庭教育的自觉性，在家庭中积极传播中华民族传统美德，以社会主义核心价值观塑造良好家风，言传身教，身体力行，帮助孩子扣好人生的第一粒扣子，迈好人生的第一个台阶。

家庭美德的建设能够积极促进社会整体文明程度的提升。《礼记·大学》中说：“所谓治国必先齐其家者，其家不可教而能教人者，无之。”孔子的弟子有若说：“其为人也孝弟，而好犯上者，鲜矣。不好犯上，而好作乱者，未之有也。君子务本，本立而道生。孝弟也者，其为仁之本与？”（《论语·学而》）习近平同志也强调：“家庭是社会的细胞。家庭和睦则社会安定，家庭幸福则社会祥和，家庭文明则社会文明。历史和现实告诉我们，家庭的前途命运同国家和民族的前途命运紧密相连。我们要认识到，千家万户都好，国家才能好，民族才能好。”② 因此，我们要继承中华民族优良的家风家训文化，继承毛泽东、周恩来、习仲勋等老一辈无产阶级革命家的红色家风，以社会主义核心价值观引领培育良好家风。

---

① 李煜、齐巍：《原生家庭作用的机制与边界》，《中国社会科学报》2019年4月24日。

② 习近平：《在会见第一届全国文明家庭代表时的讲话》（2016年12月12日），《人民日报》2016年12月16日。

4. 个人品德是公民道德的根基

个人品德主要是指个人依据一定的道德准则行动时所表现出来的稳定心理特征及价值趋向，它涵盖道德认知、道德情感、道德意志等各个方面，是个人道德自觉与道德实践的结晶。中华民族自古以来就强调个人的道德修养，《礼记·大学》中说："自天子以至于庶人，壹是皆以修身为本。其本乱而末治者否矣。其所厚者薄，而其所薄者厚，未之有也。此谓知本，此谓知之至也。"深刻阐明了个人道德修养对于良好社会秩序的积极意义。在现代社会中，个人品德建设同样发挥着重要作用：一方面，良好的个人品德是社会公德、家庭美德、职业道德的基础。无论是社会公德、家庭美德，还是职业道德，实践的主体都是一个个的人。社会的基本秩序固然可以依靠法律法规、规章制度来维护，但是如果人人都能够自觉依照社会道德准则来行动，那么不仅仅会降低社会治理的成本，使社会更加和谐有序，而且个人也能够实现自觉与自由的统一，实现人格的完善与精神的满足。自十八大以来，习近平总书记多次强调，必须加强全社会的思想道德建设，激发人们形成善良的道德意愿、道德情感，培育正确的道德判断和道德责任，提高道德实践能力尤其是自觉践行能力，引导人们向往和追求讲道德、尊道德、守道德的生活，营造全社会崇德向善的浓厚氛围。另一方面，个人品德是社会公德、职业道德与家庭美德在个人身上的综合体现。人类具有社会属性，社会是具体的、历史的，不同的社会按照各自不同的规范模式而运行，对于个体的品德要求也相应地有所不同。

中华民族向来强调个人的道德修养与道德实践，培育和形成了独特的思想理念和道德规范，比如崇仁爱、重民本、守诚信、讲辩证、尚和合、求大同、自强不息、敬业乐群、扶正扬善、扶危济困、见义勇为、孝老爱亲等传统美德都具有永不褪色的价值。当然，由于社会结构的重大变革，新时代与前近代社会对于个人品德的具体内涵也发生了变化：传统文化以君子为理想人格，以圣贤为最高目标；新时代培育的是现代公民道德，以人的全面自由发展为根本追求。落实在具体的行为规范中，更因社会公德、职业道德、家庭美德的内容变化而变化。因此，对于传统价值理念和道德规范，要坚持古为今用、推陈出新，有鉴别地对待，有扬弃地继承。

（二）道德建设与法治建设并举

加强新时代公民道德建设，必须加强宣传引导。

其一，要强化领导干部身教示范的标杆引领。“人不率则不从，身不先则不信”，政德是整个社会道德建设的风向标。立政德，就要明大德、守公德、严私德。明大德，就是要铸牢理想信念、锤炼坚强党性，在大是大非面前旗帜鲜明，在风浪考验面前无所畏惧，在各种诱惑面前立场坚定；守公德，就是要强化宗旨意识，全心全意为人民服务，恪守立党为公、执政为民理念，自觉践行人民对美好生活的向往就是我们的奋斗目标的承诺，做到心底无私天地宽；严私德，就是要严格约束自己的操守和行为。所有党员、干部都要戒贪止欲、克己奉公，切实把人民赋予的权力用来造福于人民。要把家风建设摆在重要位置，廉洁修身，廉洁齐家。为全党全社会立标杆、做示范。

其二，要强化中小学公德教育。中小学阶段是公民行为习惯的养成时期，社会公德教育是社会公德教育体系最关键的环节，公德教育可以使公民从小养成良好的公德行为习惯。家庭、学校、社会应联合打造中小学生社会公德教育的平台，从小事做起，从点滴做起，潜移默化地培育遵守社会公德的理念。

其三，要加强社会舆论引导。改革开放之后，我国城镇化步伐不断加快，文明程度的发展相对滞后，一些违反新时代公民道德的行为不是出于故意，而是在社会急速转型中还没有树立起现代文明的行为规范。因此，要按照社会主义核心价值观的基本要求，健全各行各业规章制度，完善市民公约、乡规民约、学生守则等行为准则，使社会主义核心价值观成为人们日常生活的基本遵循；要充分发挥媒体的教育功能，通过报刊、广播、电视、公交电视、网络等大众媒介进行新时代公民道德教育，使之深入人心，成为人们自觉的意识和行动。要坚持正确的舆论导向，做好正面宣传，弘扬正义和道德。要发挥媒体监督功能，激浊扬清、针砭时弊，打击违反新时代公民道德的行为。

其四，要优化公民道德激励机制。古人很早就意识到激励机制对于社会风气的养成作用，《吕氏春秋》中记载："鲁国之法，鲁人为人臣妾于诸侯，有能赎之者，取其金于府。子贡赎鲁人于诸侯，来而让，不取其金。孔子曰：'赐失之矣。自今以往，鲁人不赎人矣。取其金则无损于行，不取其金则不复赎人矣。'子路拯溺者，其人拜之以牛，子路受之。孔子曰：'鲁人必拯溺者矣。'"（《吕氏春秋·察微》）进一步完善物质激励机制与精神激励机制，有利于激发人们践行公民道德的积极性。

加强新时代公民道德建设，需要与法治建设相结合。

其一，要强化道德对法治的支撑作用。中华民族有以德治国的传统，孔子说："道之以政，齐之以刑，民免而无耻。道之以德，齐之以礼，有耻且格。"（《论语·为政》）中国特色社会主义的法治道路批判地继承了这一传统，提出"要重视发挥道德的教化作用，提高全社会文明程度，为全面依法治国创造良好人文环境。要在道德体系中体现法治要求，发挥道德对法治的滋养作用"[①]。

其二，要明确法律、政策的价值导向，推动基本道德规范、社会主义核心价值观入法入规。2016年底，中共中央办公厅、国务院办公厅印发《关于进一步把社会主义核心价值观融入法治建设的指导意见》，提出"要坚持以社会主义核心价值观为引领，恪守以民为本、立法为民理念，把社会主义核心价值观的要求体现到宪法法律、法规规章和公共政策之中，转化为具有刚性约束力的法律规定"；要强化公共政策的价值目标，政策措施要充分体现公平正义和社会责任，注重政策目标和价值导向有机统一，注重经济效益和社会效益有机统一，形成有利于培育和弘扬社会主义核心价值观的良好政策导向和利益引导机制；要加强党内

---

① 习近平：《坚持依法治国与以德治国相结合》，《论坚持全面依法治国》，中央文献出版社2020年版，第166页。

法规制度建设，把从严治党实践成果转化为道德规范和纪律要求，做到依规治党和以德治党相统一，充分展现共产党人高尚思想道德情操和价值追求。[①]2018 年，中共中央印发了《社会主义核心价值观融入法治建设立法修法规划》，进一步强调“加强道德领域突出问题专项立法，把一些基本道德要求及时上升为法律规范。制定英雄烈士保护方面的法律，形成崇尚、捍卫、学习、关爱英雄烈士的良好社会风尚。探索完善社会信用体系相关法律制度，研究制定信用方面的法律，健全守法诚信褒奖机制和违法失信行为联合惩戒机制。探索制定公民文明行为促进方面法律制度，引导和推动全民树立文明观念，推进移风易俗，倡导文明新风”[②]。2020 年 5 月 28 日，《中华人民共和国民法典》正式诞生，这是新中国成立以来第一部以“法典”命名的法律，是新时代我国社会主义法治建设的重大成果，是一部固根本、稳预期、利长远的基础性法律。《民法典》第一条指出：“为了保护民事主体的合法权益，调整民事关系，维护社会和经济秩序，适应中国特色社会主义发展要求，弘扬社会主义核心价值观，根据宪法，制定本法。”可以说，“从民法典的立法目的到法律原则再到具体条文，民法典浸润了社会主义核心价值观的要求，承载着引导规范人们践行社会主义核心价值观的重要使命”[③]，是推动社会主义核心价值观入法入规的重要成果。

其三，要以法律守护道德底线，用法治手段解决道德领域突出问题。要深入开展道德领域突出问题专项教育和治理，依法惩处公德失范、诚信缺失的违法行为，大力整治突破道德底线、丧失道德良知的现象，弘扬真善美、贬斥假恶丑。比如建立覆盖全社会的征信系统，完善

---

① 中办国办印发《关于进一步把社会主义核心价值观融入法治建设的指导意见》，《人民日报》2016 年 12 月 26 日。

② 中共中央印发《社会主义核心价值观融入法治建设立法修法规划》，《人民日报》2018 年 1 月 8 日。

③ 周悦丽：《民法典：社会主义核心价值观的立法表达》，《光明日报》2020 年 6 月 6 日。

守法诚信褒奖机制和违法失信惩戒机制，使人不敢失信、不能失信；对见利忘义、制假售假的违法行为，要加大执法力度，让败德违法者受到惩治、付出代价。其四，要通过公正的执法、司法弘扬社会主义核心价值观。要坚持以事实为依据、以法律为准绳，严格依照事实和法律办案，确保办案过程符合程序公正、办案结果符合实体公正，努力让人民群众在每一个司法案件中都感受到公平正义，用公正司法培育和弘扬社会主义核心价值观。要遵循法律精神和原则，实行适应社会主义核心价值观要求的司法政策，增强适用法律法规的及时性、针对性、有效性，为惩治违背社会主义核心价值观、严重失德败德行为，提供具体、明确的司法政策支持。“法安天下，德润人心”，只有将道德建设与法治建设相结合，才能有效推动社会主义核心价值观深入人心、落地生根。

第七章
弘扬新时代中国精神

中国文化、中国思想、中国价值、中国精神、中国力量，是党的十八大以来习近平总书记谈起文化自信时，经常提起的几个关键词。“文明特别是思想文化是一个国家、一个民族的灵魂，无论哪一个国家，哪一个民族，如果不珍惜自己的思想文化，丢掉了思想文化这个灵魂，这个国家、这个民族是立不起来的。”[①] 党的十九届六中全会通过的《中共中央关于党的百年奋斗重大成就和历史经验的决议》指出：“习近平新时代中国特色社会主义思想是当代中国马克思主义，是中国文化和中国精神的时代精华，实现了马克思主义中国化的新的飞跃。”[②] 这一论断从中国文明的宏观视野和中国精神的时代高度，科学揭示了习近平新时代中国特色社会主义思想与中华文化、中国精神的内在契合性，书写了中华文化新的时代篇章，表征了中国精神的时代精华，引领着时代发展的文明方向。那么，在新时代我们坚定文化自信要弘扬什么样的中国精神？为什么在新时代要弘扬这些中国精神？怎样弘扬这些中国精神？下面依据“学习强国”编辑的“习近平论中国精神”的一系列论述作些研讨。

---

① 习近平：《在纪念孔子诞辰2565周年国际学术研讨会暨国际儒学联合会第五届会员大会开幕式上的讲话》（2014年9月24日），《习近平关于社会主义文化建设论述摘编》，中央文献出版社2017年版，第5页。

② 《中共中央关于党的百年奋斗重大成就和历史经验的决议》，人民出版社2021年版，第26页。

一、什么是新时代的中国精神

（一）弘扬以爱国主义为核心的民族精神、以改革创新为核心的时代精神

2013年3月17日，习近平在十二届全国人民代表大会第一次会议上的讲话中指出：“实现中国梦必须弘扬中国精神。这就是以爱国主义为核心的民族精神，以改革创新为核心的时代精神。这种精神是凝心聚力的兴国之魂、强国之魂。爱国主义始终是把中华民族坚强团结在一起的精神力量，改革创新始终是鞭策我们在改革开放中与时俱进的精神力量。全国各族人民一定要弘扬伟大的民族精神和时代精神，不断增强团结一心的精神纽带、自强不息的精神动力，永远朝气蓬勃迈向未来。”[①]

第一，以爱国主义为核心的民族精神是把中华民族坚强团结在一起的精神力量，构成中国精神的民族特质。

“民族是人们在历史上形成的有一个共同语言、共同地域、共同经济生活以及表现在共同文化上的共同心理素质的稳定的共同体。”[②] 民族精神是一个民族在长期共同生活和社会实践基础上形成和发展的，为本民族大多数成员所认同和接受的价值取向、思想情感、心理特征、文化传统、思维方式、道德规范的综合反映。民族精神是民族文化最本质、最集中的体现。它不仅是一个民族告别落后、走向文明进步的强大精神动力，而且是贯穿于一个民族生存和发展过程中起支配和指导作用的一种强大精神源泉和力量。“人无精神则不立，国无精神则不强。精神是一个民族赖以长久生存的灵魂，唯有精神上达到一定的高度，这个民族才能在历史的洪流中屹立不倒、奋勇向前。”[③] 正因为如此，我们党自成立以来，历代中央领导都十分重视传承和弘扬民族精神，把它视为我们事业成功的重要保证、繁荣发展的精神支柱和强大精神动力。

---

① 《十八大以来重要文献选编》（上），中央文献出版社2014年版，第235页。

② 《斯大林选集》上卷，人民出版社1979年版，第64页。

③ 《习近平谈治国理政》第2卷，外文出版社2017年版，第47—48页。

对民族精神在社会发展中的地位、作用、内涵和意义作出全面系统的论述的是党的十六大报告。报告指出："民族精神是一个民族赖以生存和发展的精神支撑。一个民族，没有振奋的精神和高尚的品格，不可能自立于世界民族之林。在五千多年的发展中，中华民族形成了以爱国主义为核心的团结统一、爱好和平、勤劳勇敢、自强不息的伟大民族精神。我们党领导人民在长期实践中不断结合时代和社会的发展要求，丰富着这个民族精神。面对世界范围各种思想文化的相互激荡，必须把弘扬和培育民族精神作为文化建设极为重要的任务，纳入国民教育全过程，纳入精神文明建设全过程，使全体人民始终保持昂扬向上的精神状态。"[①]

中华民族精神为什么要以爱国主义为核心呢？这是因为"在中华民族几千年绵延发展的历史长河中，爱国主义始终是激昂的主旋律，始终是激励我国各族人民自强不息的强大力量"[②]。"爱国主义是我们民族精神的核心，是中华民族团结奋斗、自强不息的精神纽带。""爱国主义自古以来就流淌在中华民族血脉之中，去不掉，打不破，灭不了，是中国人民和中华民族维护民族独立和民族尊严的强大精神动力，只要高举爱国主义的伟大旗帜，中国人民和中华民族就能在改造中国、改造世界的拼搏中迸发出排山倒海的历史伟力！"[③] 爱国主义是一个历史范畴，在社会发展的不同阶段、不同时期有共同的要求，又有不同的具体内涵。近代历史证明，只有社会主义才能救中国，只有中国特色社会主义才能发展中国，只有坚持和发展中国特色社会主义才能实现中华民族伟大复兴。在当代中国，爱国主义与社会主义本质上是一致的。建设中国特色社会主义是改革开放新时期的爱国主义主题。"弘扬爱国主义精神，必须把爱国主义教育作为永恒主题。要把爱国主义教育贯穿国民教育和精神文

---

① 《中国共产党第十六次全国代表大会文件汇编》，人民出版社2002年版，第38—41页。

② 《习近平在欧美同学会成立100周年庆祝大会上的讲话》，中国共产党新闻网2013年10月21日。

③ 习近平：《在纪念五四运动100周年大会上的讲话》，《人民日报》2019年5月1日。

明建设全过程。要深化爱国主义教育研究和爱国主义精神阐释，不断丰富教育内容、创新教育载体、增强教育效果。要充分利用我国改革发展的伟大成就、重大历史事件纪念活动、爱国主义教育基地、中华民族传统节庆、国家公祭仪式等来增强人民的爱国主义情怀和意识，运用艺术形式和新媒体，以理服人、以文化人、以情感人，生动传播爱国主义精神，唱响爱国主义主旋律，让爱国主义成为每一个中国人的坚定信念和精神依靠。”[①] 要增强民族凝聚力，树立民族自尊心和自豪感，巩固和发展新时代最广泛的爱国统一战线，把人民群众的爱国热情引导和凝聚到建设中国特色社会主义伟大事业上来，引导和凝聚到为祖国统一、繁荣富强、人民幸福和人类和平进步事业作贡献上来。

倡导和培育爱国主义，不仅要以爱国主义为核心，而且要弘扬与爱国主义精神紧密相连的四种民族精神。一是团结统一的民族精神。所谓“团结统一”，就是一个民族在一定利益和目标基础上形成的，促进人们在意志和行动上和谐统一的内心力和凝聚力。古人曰：“众心成城，众口铄金”“同德同心，同心则同志”，说的就是这种精神。二是爱好和平的民族精神。所谓“爱好和平”，就是我国古人常讲的“国虽大，好战必亡”“以和为贵”“天下太平”“和而不同”“化干戈为玉帛”“国泰民安”“和睦为邻”“和谐发展”等理念在长期实践中形成的精神。三是勤劳勇敢的民族精神。所谓“勤劳勇敢”，就是中国人民历来认为的“忧劳可以兴国，逸豫可以亡身”“勤则难朽，逸则易坏”，强调“民生在勤，勤则不匮”，倡导“克勤为邦”“业广惟勤”，视勤劳为立身立国之本。四是自强不息的民族精神。所谓“自强不息”，就是一个民族、一个国家及其每一个成员作为实践主体都充分发挥主观能动性，积极向上，勇往直前，奋发图强。上述四种民族精神是中国优秀传统文化的精髓，自古以来就受到有识之士的重视和倡导。只有把这四种民族精神和

① 《习近平在十八届中央政治局第二十九次集体学习时的讲话》，《人民日报》2015 年 12 月 31 日。

以爱国主义为核心的民族精神结合起来，才能在中国特色社会主义伟大事业中发挥团结凝聚人民，走爱好和平道路，以勤劳勇敢、自强不息的巨大精神力量，克服重重困难和险阻，胜利达到预期目标。

第二，以改革创新为核心的时代精神是鞭策我们在改革开放中与时俱进的精神力量，构成中国精神的时代特征。

时代精神是一个民族、一个国家精神面貌的鲜明展现。它反映了一个时代人类社会发展变化的基本趋势，变化的发展方向，成为引领时代进步的发展潮流，世界绝大多数国家和人民的共同心愿、意志和追求。它是在新的历史条件下，将中华民族精神中的忧患图强、革故鼎新、敢闯敢试、开放纳新等基因，植入到时代的实践中，与时代性的诸多元素相结合，而创立的以改革创新为核心的思想观念、价值取向、精神风貌和社会风尚的总和，是一种对社会发展具有积极影响和推动作用的社会意识。当今中国的时代精神，是马克思主义与时俱进的理论品格、中华民族富于进取的思想品格与改革开放和社会主义现代化建设实践相结合的伟大成果，已经深深地融入我国经济、政治、文化、社会、生态建设的各个方面，成为各族人民不断开创中国特色社会主义事业新局面的强大精神动力。就当今时代而言，新时代的时代元素内容丰富，主要包括构建人类命运共同体，建设持久和平、普遍安全、共同繁荣、开放包容、清洁美丽的世界，相互尊重、平等协商，坚决摒弃冷战思维和强权政治，走对话而不对抗、结伴而不结盟的国与国交往新路；尊重世界文明多样性，以文明交流超越文明隔阂、文明互鉴超越文明冲突、文明共存超越文明优越；坚持环境友好，合作应对气候变化，保护好人类赖以生存的地球家园等。

改革是破除社会发展障碍、激发社会发展活力的引擎，创新是一个民族进步的灵魂、国家兴旺发达的动力。改革创新精神是时代精神的核心，是顺应当今世界文明发展潮流、把握时代脉搏，在继承本国民族精神、学习国外先进经验的基础上，结合世情、国情、党情，作出的独立自主创新。这种独立自主创新，既立足中国又面向世界，既不忘本来又吸收外来，还面向未来，把中国的命运和世界的命运联结在一起，从世界各国不同文明的发展比较中寻求自身的发展智慧，增强中华文明发展的生机活力。

如果说民族精神是一个民族一个国家发展中的基因、根源、本质和特色，那么，时代精神则是一个民族一个国家在面临艰难困苦、遇到严峻挑战时，能否紧跟时代步伐，把握时代特征和主题，回应时代挑战，创新时代精神，适时进行改革创新，永不落后的首要关键。其意义与弘扬时代精神同样重大。正如习近平在庆祝改革开放40周年大会上的讲话所指出的："改革开放是我们党的一次伟大觉醒，正是这个伟大觉醒孕育了我们党从理论到实践的伟大创造。改革开放是中国人民和中华民族发展史上一次伟大革命，正是这个伟大革命推动了中国特色社会主义事业的伟大飞跃。""40年的实践充分证明，改革开放是党和人民大踏步赶上时代的重要法宝，是坚持和发展中国特色社会主义的必由之路，是决定当代中国命运的关键一招，也是决定实现'两个一百年'奋斗目标，实现中华民族伟大复兴的关键一招。""改革开放铸就的伟大改革开放精神，极大丰富了民族精神内涵，成为当代中国人民最鲜明的精神标识！"① 今天，我们比历史上任何时期都更接近、更有信心和能力实现中华民族伟大复兴的目标，我们的改革开放事业已经进入新时代，既取得了巨大成就，也进入攻坚期和深水区。"我们必须以更大的政治勇气和智慧，不失时机深化重要领域改革。实践发展永无止境，解放思想永无止境，改革开放也永无止境，停顿和倒退没有出路。"② "必须以更大的政治勇气进一步解放和发展社会生产力，进一步激发和凝聚社会创造力。"③ 尤其要坚持按照党的十九大提出的新时代中国共产党人的历史使命，深刻认识到：实现中华民族伟大复兴的中国梦，必须进行伟大斗

① 《习近平在庆祝改革开放40周年大会上的讲话》,《人民日报》2018年12月18日。
② 《习近平：我国改革已经进入攻坚期》,《人民日报》2012年12月12日。
③ 《习近平谈改革：冲破思想观念障碍，突破利益固化藩篱》，人民网2014年8月9日。

争，必须建设伟大工程，必须推进伟大事业。特别是必须落实新时代党的建设总要求，坚定不移地全面从严治党，不断提高党的执政能力和领导水平，提高党的创造力、凝聚力、战斗力，确保党始终保持同人民群众的血肉联系。

在改革开放中铸就的以改革创新为核心的时代精神，已经成为当代中国人民最鲜明的精神标识，激励亿万人民砥砺奋进，为实现中华民族伟大复兴的中国梦提供强大精神动力。改革创新是时代精神的核心，也是民族精神的有机组成部分。中华民族文化传统中的改革创新精神源远流长。早在商汤时期，"盘铭"上就刻着"苟日新，日日新，又日新"的字句，表明求新是一个持续不断的过程，是一个不能停止的追求。《尚书·康诰》篇云"作新民"，强调要造就一代自新的人。《周易》的乾卦卦辞说"天行健，君子以自强不息"，阐发了革故鼎新、独立自主、艰苦奋斗、与时俱进的创新思想。《易传·系辞上》提出："富有之谓大业，日新之谓盛德，生生之谓易。"从阴阳变易、天人合一的高度，强调生生不息、更新创造的精神指向。《诗经·文王》写道："文王在上，于昭天下。周虽旧邦，其命维新。"就是说，周文王禀天命昭示天下：周虽然是旧的邦国，但其使命在革新。这体现了中华民族的先民们致力于开拓创新的思想和意志。《大学》明确地把"新民"列为三纲之中，把革故鼎新、振起自新作为至高的道德加以弘扬和推崇。这充分表明中华民族文化在发轫之际就已经内在地蕴含着创造发展的意蕴，包含着改革创新精神。这是中华文化作为世界文明古国持续繁荣昌盛而未中断的根本原因，也是当今中国特色社会主义促使经济、政治、社会、文化、生态发展取得举世瞩目伟大成就的历史渊源。正是伟大的改革开放实践，使得中华民族改革创新进入新的境界，成为新的时代精神的新概括，为我们在未来的实践中弘扬改革创新精神指明了新的航向。

时代精神的内涵，也和民族精神的内涵一样，包括"一个核心"、四种精神，即以改革创新为核心，弘扬与时俱进、开拓进取、求真务实、奋勇争先的精神。这四种时代精神，既以改革创新为核心内涵，又是改革创新的重要补充和不可或缺的部分。这四种精神本身是紧密地联系在一起的。其中“与时俱进”最为紧要和关键。“与时俱进”，辞义丰富，寓意深刻。它既反映了马克思主义理论“与时俱进”的本质和特性，又提炼了中国传统文化的优秀思想。“与时俱进”的蕴含，还体现了当今时代“与时俱进”变革的需求。党的十六大报告指出：“与时俱进，就是党的全部理论和工作要体现时代性，把握规律性，富于创造性。能否始终做到这一点，决定着党和国家的前途命运。”[①] 而要做到这三个性，其途径、方式、方法，以及检验的标准，就离不开“开拓进取、求真务实、奋勇争先”。“开拓进取”“奋勇争先”是与时俱进的精神状态和科学态度，没有这样的精神状态和科学态度，就无法成为与时俱进的开路先锋，无法在改革开放中冲破各种保守势力、各种利益集团结成的体制机制的顽瘴痼疾，突破利益固化的藩篱，进一步依据时代和群众的需求，解放和发展社会生产力，进一步激发和凝聚社会创造力。“求真务实”是衡量与时俱进的标准。有了求真务实，才能做到真正解放思想，实事求是，顺应时代，符合民意，适应民心，既不超越现实条件的可能，去干那些实在做不到的傻事，也不会落在群众需求、现实条件的后头，保守僵化，不思进取。从上述意义上说，时代精神内涵中的“一个核心”和“16 个字”的四种时代精神，是内在地紧密地联系在一起的。

（二）社会主义核心价值观是当代中国精神的集中体现

2016 年 11 月 30 日，习近平在中国文联十大、中国作协九大开幕式上的讲话中指出：“社会主义核心价值观是当代中国精神的集中体现，是凝聚中国力量的思想道德基础。”[②] 在党的十九大报告中，他进一步指出：“社会主义核心价值观是当代中国精神的集中体现，凝结着全体人民共

① 《中国共产党第十六次全国代表大会文件汇编》，人民出版社2002年版，第12页。

② 习近平：《在中国文联十大、中国作协九大开幕式上的讲话》，《论党的宣传思想工作》，中央文献出版社 2020 年版，第 262 页。

同的价值追求。”[①] 这些论述，不仅表明新时代中国精神的内涵，主要体现为以爱国主义为核心的民族精神和以改革创新为核心的时代精神，还表明新时代中国精神的集中体现是社会主义核心价值观。

为什么社会主义核心价值观集中体现了新时代中国精神呢？这主要是由社会主义核心价值观的性质、特征、地位、作用及其对当代中国精神的影响所决定的。社会主义核心价值观是社会主义核心价值体系的内核，体现社会主义核心价值体系的根本性质和基本特征，反映社会主义核心价值体系的丰富内涵和实践要求，是社会主义核心价值体系的高度凝练和集中表达，在我国社会多元价值观中处于主导和支配地位。解决的是价值理想、价值原则、价值规范和价值判断标准问题，回答的是“信仰什么”“追求什么”“珍视什么”的问题。社会主义核心价值观表现为社会主义根本的价值理想、价值原则和价值规范，构成社会主义的本质内容。在一定的意义上说，中国特色社会主义道路是围绕社会主义核心价值观而展开的实践过程；中国特色社会主义理论是围绕社会主义核心价值观而建构的思想体系；中国特色社会主义制度是围绕社会主义核心价值观而实现的制度安排；中国特色社会主义文化是围绕社会主义核心价值观而建构的文化系统。新时代中国精神的指向和导引，也是围绕社会主义核心价值观而确立的。积极培育和践行社会主义核心价值观，与中国特色社会主义发展要求相契合，与中华优秀传统文化和人类文明优秀成果相承接，是我们党凝聚全党全社会价值共识作出的重要论断，是推进中国特色社会主义伟大事业、实现中华民族伟大复兴中国梦的战略任务。

党的十八大提出的“三个倡导”：倡导富强、民主、文明、和谐；倡导自由、平等、公正、法治；倡导爱国、敬业、诚信、友善。从国家、社会、公民三个层次，回答了我们要建设一个什么样的国家、建设什么样的社会、培育什么样的公民的重大根本问题。其内容丰富，寓意

① 《中国共产党第十九次全国代表大会文件汇编》，人民出版社2017年版，第34页。

深刻，凝结着全体人民共同的价值追求，凝聚着中国力量的道德基础，是新时代中国精神的集中体现。这反映了我国社会主义制度的本质规定，体现了中国特色社会主义的发展要求，坚持了马克思主义的共性，涵盖着中国特色社会主义的个性，继承了中华民族优秀成果，吸收了世界各国文明发展的先进成果。三个层面的社会主义核心价值观，倡导什么，反对什么，十分鲜明，始终坚持了自身的民族性、人民性、科学性、先进性、时代性，每一个层面的基本内容与各个层次之间的关系，都是紧密联系、相互依存、相互补充、相互贯通的，构成了一个结构严谨的有机统一整体。在这个统一整体中，自由、平等、公正、民主是马克思主义提过的概念，富强、和谐、敬业、诚信、友善是我国优秀传统文化中常用的概念，民主、文明、自由、法治是资本主义文明中常用的概念。当然，在不同的主义、文化、制度中，运用同样的概念，其内涵和外延，甚至性质和特征都有很大差异。但马克思主义、中方、西方的概念合用在社会主义核心价值观中，却表明我国社会主义核心价值体系具有广泛的传承性、包容性、创新性，独有的特色和优势。这也表明培育和践行社会主义核心价值观，对于巩固马克思主义在意识形态领域的指导地位、巩固全党全国人民团结奋斗的共同思想基础，对于促进人的全面发展、引领社会全面进步，对于集聚全面建设社会主义现代化国家新征程，实现第二个百年奋斗目标的中国梦，都具有重要现实意义和深远历史意义。确乎是全体人民共同的价值追求，是凝聚中国力量的道德基础，是当代中国精神的集中体现。正如习近平所指出的：“人类社会发展的历史表明，对一个民族、一个国家来说，最持久、最深层的力量是全社会共同认可的核心价值观。核心价值观，承载着一个民族、一个国家的精神追求，体现着一个社会评判是非曲直的价值标准。”① 引导人们树立正确的世界观、人生观、历史观、民族观、国家观、文化观，决定

① 习近平：《青年要自觉践行社会主义核心价值观（2014年5月4日）》，《十八大以来重要文献选编》（中），中央文献出版社 2016 年版，第 2 页。

和孕育着一个合格社会成员的行为和操守。只有培育和践行社会主义核心价值观，才能办事有准星、行事有准绳，社会能和谐安定，国家能长治久安，构筑当代中国人坚强的精神支柱，挺起中国精神的脊梁。

（三）弘扬创造精神、奋斗精神、团结精神、梦想精神

2018年3月20日，习近平在第十三届全国人民代表大会第一次会议上的讲话指出："人民是历史的创造者，人民是真正的英雄。波澜壮阔的中华民族发展史是中国人民书写的！博大精深的中华文明是中国人民创造的！历久弥新的中华民族精神是中国人民培育的！中华民族迎来了从站起来、富起来到强起来的伟大飞跃是中国人民奋斗出来的！中国人民的特质、禀赋不仅铸就了绵延几千年发展至今的中华文明，而且深刻影响着当代中国发展进步，深刻影响着当代中国人的精神世界。中国人民在长期奋斗中培育、继承、发展起来的伟大民族精神，为中国发展和人类文明进步提供了强大精神动力。"① 中国人民的这种精神表现在四个方面：第一，中国人民是具有勤劳勇敢、敬业奉献的伟大创造精神的人民；第二，中国人民是具有自强不息、敢于斗争、善于斗争的伟大奋斗精神的人民；第三，中国人民是具有团结统一、爱好和平的伟大团结精神的人民；第四，中国人民是具有追求理想、矢志不渝的伟大梦想精神的人民。有这样伟大的人民，有这样伟大的民族，有这样的伟大民族精神，是我们的骄傲，是我们坚定中国特色社会主义道路自信、理论自信、制度自信、文化自信的底气，也是我们风雨无阻、高歌行进的根本力量。我国是工人阶级领导的、以工农联盟为基础的人民民主专政的社会主义国家，国家一切权力属于人民。我们必须始终坚持人民立场，坚持人民主体地位，虚心向人民学习，倾听人民呼声，汲取人民智慧，把人民拥护不拥护、赞成不赞成、高兴不高兴、答应不答应作为衡量一切工作得失的根本标准，着力解决好人民最关心最直接最现实的利益问

---

① 习近平：《在第十三届全国人民代表大会第一次会议上的讲话》，《求是》2020年第10期。

题，让全体中国人民和中华儿女在实现中华民族伟大复兴的历史进程中共享幸福和荣光。很显然，这是习近平总书记站在中国特色社会主义进入新时代的历史节点和实现中华民族伟大复兴的战略高度，在历史和现实的紧密结合中，从宏观整体上深刻阐述了伟大的民族所具有的中华民族精神，伟大的时代所呼唤的时代精神，使得我们在开创新时代中能够有新的作为、新的气象，进而推进我们实现“第二个一百年”的中华民族伟大复兴的中国梦想。

必须着力指出，从中国共产党人的视角看，新时代的中国精神除了上述三种主要表述外，还可以从其他视角去概括。比如，还可以将新时代的中国精神概括为马克思主义历来倡导的革命精神。这种革命精神包括社会革命和自我革命两层涵义。其中社会革命是前提和基础，自我革命是关键和保证。不强调社会革命就会失掉革命的实质、目标和方向，不强调自我革命就难以保持革命的持续性、稳定性及其旺盛的生命力和原动力。实践无止境，认识无止境，革命也无止境。只有将社会革命和自我革命统一和结合起来，才能真正坚持革命的全面性、彻底性。如此类推还可举出很多例证，这里就不再多加阐述了。

二、为何要弘扬新时代中国精神

对此，前述中国精神涵义及其重要性中已有涉及，下面再从世情、国情、党情、历史、人类心理需求等不同角度作些阐述。

（一）从世情看，弘扬新时代中国精神是应对国际上文化软实力激烈竞争的紧迫需要

当今世界纷繁复杂，正处在百年未有之大变革时期，处于这一大变革中之国家，除了经济总量、军事力量、科技进步等有形的“硬实力”竞争之外，主要是文化“软实力”的竞争。“提高国家文化软实力，不仅关系我国在世界文化格局中的定位，而且关系我国国际地位和国际影响力，关系‘两个一百年’奋斗目标和中华民族伟大复兴中国梦的实

现。”[①] 从这一意义上说，谁占领了文化发展制高点，谁拥有了强大文化软实力，特别是拥有决定文化软实力的灵魂——正确的核心价值观，谁就能够在激烈的国际竞争中赢得主动。“一个没有精神力量的民族难以自立自强，一项没有文化支撑的事业难以持续长久。”[②] 这一竞争，随着世界多极化、经济全球化、社会信息化、文化多样化的深入发展，特别是有的西方强国推行单边主义、民族保护主义，处置一切事情都要本国优先，这就给世界百年未有的变革大局造成了更多的不可预测的因素，使得世界不确定因素增长，影响国家的文化安全和意识形态安全。对此，我们必须弘扬新时代中国精神，增强“四个意识”，坚定“四个自信”，做到“两个维护”，才能在全球化、现代化的诸多意识形态的巨大浪潮中，坚守社会主义意识形态的阵地，坚守中国精神，并在对外交流和国际竞争中掌握主动权、话语权，确保国家的政治安全和意识形态安全。

（二）从国情看，弘扬新时代中国精神是实现我国由富变强历史性飞跃的紧迫需要

改革开放 40 多年来，我们从开启新时期到跨入新世纪，从站上新起点到进入新时代，绘就了一幅波澜壮阔、气势恢宏的历史画卷，谱写了一曲感天动地、气壮山河的奋斗赞歌，已经迈进从站起来、富起来到强起来的新时代，正处在全面建设现代化国家的新阶段，开辟新时代中国式现代化新道路，建设富强民主文明和谐美丽社会主义现代化强国的关键阶段。当今中国在建国的几十年内，走过了西方发达国家花了两三百年才走完的现代化进程，已稳居世界第二大经济体，成为世界经济的动力之源和稳定之锚，对世界经济增长的贡献率达 30% 以上，超过美国、日本和欧盟之和。这些辉煌成就一方面表明，新时代中国精神与今日全球时代中国应有的国家利益、国家责任以及国家荣誉基本匹配，在很大

---

① 《习近平关于全面从严治党论述摘编》，中央文献出版社 2016 年版，第 103 页。

② 《习近平谈治国理政》，外文出版社 2014 年版，第 52 页。

程度上代表着人类命运共同体发展的健康方向，已成为当今中国实现中华民族伟大复兴中国梦的精神支撑、价值依托、文化软实力，具有强大的吸引力、感召力、凝聚力、推动力、创新力、影响力。另一方面也表明，实现我国由富变强的历史性飞跃，实现“第二个一百年”中华民族伟大复兴的中国梦想，实属不易。不是等得来、喊得来的，而是拼出来、干出来的。我们现在所处的是船到中流浪更急、人到半路坡更陡的时候。改革开放已走过千山万水，但仍需跋山涉水，摆在我们面前的使命更光荣、更艰巨，挑战更严峻。在这个千帆竞发、百舸争流的时代，我们绝不能有半点骄傲自满、固步自封，也绝不能有丝毫犹豫不决，徘徊彷徨，只能弘扬新时代中国精神，统揽伟大斗争、伟大工程、伟大事业、伟大梦想，勇立潮头，奋勇搏击。所谓“行百里者半九十”，越是更接近、更有信心和能力实现中华民族伟大复兴的目标，越要振奋精神，不达目标，誓不罢休。

（三）从党情看，弘扬新时代中国精神是坚定不移全面从严治党，不断提高党的执政能力和领导水平的紧迫需要

党的十八大以来，我国全面改革进入了深水区、攻坚期、转型期和提质增效期，全面加强党的领导和党的建设，坚决改变管党治党宽松软状况，全面从严治党成效卓著。“党内政治生活状况总体是好的，但一个时期以来，也出现了一些亟待解决的突出矛盾和问题，主要是：在一些党员、干部包括高级干部中，理想信念不坚定、对党不忠诚、纪律松弛、脱离群众、独断专行、弄虚作假、庸懒无为，个人主义、分散主义、自由主义、好人主义、宗派主义、山头主义、拜金主义不同程度存在，形式主义、官僚主义、享乐主义和奢靡之风问题突出，任人唯亲、跑官要官、买官卖官、拉票贿选现象屡禁不止，滥用权力、贪污受贿、腐化堕落、违法乱纪等现象滋生蔓延。特别是高级干部中极少数人政治野心膨胀、权欲熏心，搞阳奉阴违、结党营私、团团伙伙、拉帮结派、谋取权位等政治阴谋活动。这些问题，严重侵蚀党的思想道德基础，严重破坏党的团结和集中统一，严重损害党内政治生态和党的形象，严

重影响党和人民事业发展。”[①] 在这些突出问题的影响下，有些领域或部门的干部精神懈怠、道德失范、诚信缺失，“马克思主义被边缘化、空泛化、标签化”，一些社会成员人生观、价值观扭曲，理想信念不坚定、伦理道德下滑、礼义廉耻“四维”不张，甚至“以洋为尊”“以洋为美”“唯洋是从”，舍弃优秀民族传统，丧失民族气节。这些现象的存在表明，党面临的执政环境是复杂的，影响党的先进性、弱化党的纯洁性的因素也是复杂的，党内存在的思想不纯、组织不纯、作风不纯等突出问题尚未得到根本解决。党面临的执政考验、改革开放考验、市场经济考验、外部环境考验仍然长期复杂，党面临的精神懈怠危险、能力不足危险、脱离群众危险、消极腐败危险仍然尖锐严峻。只有从严治党管党，不断弘扬新时代中国精神，执行党内政治生活准则，才能从根本上得到解决。

（四）从我们党的发展史看，弘扬中国精神是我们党从无到有、从小到大、从弱变强、战胜强敌、克服艰难险阻、取得伟大胜利的锐利精神武器

早在20世纪50年代中期，当我们在“一穷二白”基础上建立工业化国家，应该回答以什么作为精神武器时，毛泽东就明确指出：“我们要保持过去革命战争时期的那么一股劲，那么一股革命热情，那么一种拼命精神，把革命工作做到底。”[②] 改革开放初期，邓小平清醒认识到我们从革命和战争时期转入和平和发展时期的“革命比过去的革命更深刻、更艰巨”，告诉我们：“没有一点闯的精神，没有一点‘冒’的精神，没有一股气呀、劲呀，就走不出一条好路，走不出一条新路，就干不出新的事业。”[③] 要求全党坚定对马克思主义、毛泽东思想和社会主义、共产主义的理想信念，闯出一条新路来。习近平也指出：“信念坚定，是邓

① 《习近平关于全面从严治党论述摘编》，中央文献出版社2016年版，第43—44页。
② 《毛泽东文集》第7卷，人民出版社1999年版，第285页。
③ 《邓小平文选》第3卷，人民出版社1993年版，第372页。

小平同志一生最鲜明的政治品格，也永远是中国共产党人应该挺起的精神脊梁。”① “不忘初心，牢记使命，就不要忘记我们是共产党人，我们是革命者，不要丧失了革命精神。”② 这都说明弘扬中国精神对我们有着多么重大的意义和作用！“历史告诉我们，战争不仅是物质的较量更是精神的比拼。没有顽强的意志，没有敢于牺牲的品格，再好的武器装备也不能保证胜利。”③ 历史发展的事实充分证明，正是由于我们党在近百年来领导人民的长期实践中，将马克思主义基本原理和中国具体实践相结合，不断解放思想，实事求是，创立了红船精神、井冈山精神、长征精神、延安精神、西柏坡精神、红旗渠精神、大庆精神、“两弹一星”精神、深圳特区精神，“一带一路”精神，以及张思德精神、白求恩精神、黄继光精神、雷锋精神、铁人精神、焦裕禄精神、钱学森精神，等等，才使得我国在改革开放40多年来，创造了举世瞩目的重大成就，具有强大吸引力、感召力、凝聚力、推动力、创新力、影响力。

（五）从人类的心理需求看，弘扬新时代中国精神是满足人类心理需求的紧迫需要

美国心理学家亚伯拉罕·马斯洛于1943年提出了人类需求论。他将人类需求像金字塔一样从低到高按层次分为五种，分别是：生理需求、安全需求、社交需求、尊重需求和自我实现需求。1954年，他又在《激励与个性》一书中探讨了另外两种需求：求知需要和审美需求。不过这两种需求未列入到他的需求层次排列中。他认为这两者应居于尊重需求与自我实现需求之间。依据马斯洛的解释，可以说他讲的第一、二层次需求属于物质需求，而第三至五层次需求属于精神需求。任何人要生存

---

① 《习近平谈治国理政》第2卷，外文出版社2017年版，第3页。

② 《习近平在学习贯彻党的十九大精神研讨班开班式上发表重要讲话强调：以时不我待只争朝夕的精神投入工作，开创新时代中国特色社会主义事业新局面》，《人民日报》2018年1月6日。

③ 习近平：《在庆祝中国人民解放军建军90周年大会上的讲话》，人民出版社2017年版，第9—10页。

和发展，都必须同时满足物质和精神两种需求，保持两者之间的协调和平衡。如果有人一味追求物质需求的豪华奢靡，而不顾甚至丢弃精神需求，就会走向邪路，就会因为忽略人类生存发展的基本常识，而遭受实践的惩罚。当今社会，某些明星“大腕”“一举成名”“一夜暴富”，成为某些人群“热捧”的偶像，但过不多久，泡沫破裂，就酿成悲剧。这也引起我们思考一个重大问题：热捧的对象是否准确、科学？是否合乎生活常识？是否符合社会主义核心价值观？这不得不引起我们的深刻反省。在新时代，我们应该“热捧”的，不应该是仅看赚钱的多少，也不应该是一举成名的明星“大腕”，而应该是英烈、劳模、工匠，应该是雷锋式、铁人式、焦裕禄式的先进人物，是科学技术发明者、创新者，是哲学社会科学的创新者、带头人。

（六）从价值意义上看，弘扬新时代中国精神，是坚持和发展中国特色社会主义的精神支撑和重要动力，是推进国家治理体系和治理能力现代化的精神源泉

从培育担当新时代民族复兴大任的时代新人看，弘扬新时代中国精神是要以坚定的理想信念筑牢精神之基。正如习近平所指出的：“人无精神则不立，国无精神则不强。精神是一个民族赖以长久生存的灵魂，唯有精神上达到一定的高度，这个民族才能在历史的洪流中屹立不倒、奋勇向前。”[①]“核心价值观是一个民族赖以维系的精神纽带，是一个国家共同的思想道德基础。如果没有共同的核心价值观，一个民族、一个国家就会魂无定所、行无依归。”[②]“宣传思想工作是做人的工作的，要把培养担当民族复兴大任的时代新人作为重要职责。重中之重是要以坚定的理想信念筑牢精神之基，坚定对马克思主义的信仰，对社会主义和共产主义的

---

① 《习近平谈治国理政》第 2 卷，外文出版社 2017 年版，第 47—48 页。

② 《十八大以来重要文献选编》（中），中央文献出版社 2016 年版，第 133 页。

信念，对中国特色社会主义道路、理论、制度、文化的自信。”[①]

三、怎样弘扬新时代中国精神

在新时代弘扬中国精神是一项极为复杂艰巨的社会系统工程，要从思想、政治、文化、教育等多个方面做出艰辛努力，才能久久为功，见到效果。

（一）要从思想上坚定理想信念信心

对马克思主义的信仰，对社会主义和共产主义的信念，对中国特色社会主义道路、理论、制度、文化的自信，“是共产党人的政治灵魂，是共产党人经受住任何考验的精神支柱。形象地说，理想信念就是共产党人精神上的‘钙’，没有理想信念，理想信念不坚定，精神上就会‘缺钙’，就会得‘软骨病’。现实生活中，一些党员、干部出这样那样的问题，说到底是信仰迷茫、精神迷失”[②]。理想信念是人们精神世界的核心，是人们精神世界的深层动力系统。我们每一个共产党员以及先进分子都要为了实现中华民族伟大复兴的中国梦，把共产主义远大理想与中国特色社会主义共同理想，与国家、社会和个人的发展有机联系起来，脚踏实地为实现党在现阶段的基本纲领而不懈努力，扎扎实实地做好改革开放新长征中的每一项工作，才能取得“接力赛”中的优异成绩。“共产主义‘决不是土豆烧牛肉’那么简单，不可能唾手可得，一蹴而就。但我们不能因为实现共产主义理想是一个漫长的过程，就认为那是虚无缥缈的海市蜃楼，就不去做一个忠诚的共产党员。”[③]

（二）要培育和践行社会主义核心价值观

社会主义核心价值观是当代中国精神的集中体现，直接关系到人的

---

① 《习近平在全国宣传思想工作会议上强调：举旗帜聚民心育新人兴文化展形象，更好完成新形势下宣传思想工作使命任务》,《人民日报》2018 年 8 月 23 日。

② 《习近平谈治国理政》，外文出版社 2014 年版，第 15 页。

③ 《习近平谈治国理政》第 2 卷，外文出版社 2017 年版，第 142 页。

世界观、人生观、历史观、民族观、国家观、文化观。培育和践行社会主义核心价值观必须立足中华优秀传统文化，学习借鉴世界各国的先进经验和做法，贯穿于社会生活的各个领域各个方面。要通过教育引导、舆论宣传、文化熏陶、实践养成、制度保障等，使社会主义核心价值观内化为我们的精神追求，外化为我们自觉的行动，固化于各项规章制度之中。我们党是执政党，要求广大党员、干部必须带头学习和弘扬社会主义核心价值观，用自己的模范行动，提高人格，感召群众，带动群众，在落细、落小、落实上下功夫。要从娃娃抓起，从学校抓起，把社会主义核心价值观的基本内容和要求渗透到学校教育教学之中，体现在学校日常管理之中，做到进教材、进课堂、进头脑。要用精神文化产品潜移默化地影响人们的思想观念、价值判断、道德情操。要运用各类文化形式，生动具体地表现社会主义核心价值观，用高质量高水平的作品形象地告诉人们什么是真善美，什么是假恶丑，什么是值得肯定和赞扬的，什么是必须反对和否定的。要使社会主义核心价值观的影响像空气一样无所不在、无时不有。人生最高境界就在于明确生命的真谛，把握生命的价值，拧紧世界观、人生观、价值观这个“总开关”，做到心中有党、心中有民、心中有责、心中有戒，清清白白做人，干干净净做事，堂堂正正做官。

（三）要传承和弘扬中华优秀传统文化

“中华优秀传统文化是中华民族的文化根脉，其蕴含的思想观念、人文精神、道德规范，不仅是我们中国人思想和精神的内核，对解决人类问题也有重要价值。要把优秀传统文化的精神标识提炼出来、展示出来，把优秀传统文化中具有当代价值、世界意义的文化精髓提炼出来、展示出来。要完善国际传播工作格局，创新宣传理论，创新运行机制，汇聚更多资源力量。”[①] “中华优秀传统文化是中华民族的精神命脉，是

---

① 《习近平在全国宣传思想工作会议上强调：举旗帜聚民心育新人兴文化展形象，更好完成新形势下宣传思想工作使命任务》，《人民日报》2018 年 8 月 23 日。

涵养社会主义核心价值观的重要源泉，也是我们在世界文化激荡中站稳脚跟的坚实根基。”① 今天，国际社会在认识和评价中国人时，很重要的一个参考系就是这个精神标识。我们要把中华优秀传统文化转化为当代中国人精神世界的突出优势，使之成为我们最深厚的文化软实力。同时要深刻认识到，中华传统文化与社会主义市场经济、民主政治、先进文化、社会治理等还存在需要协调适应的地方，必须确立对待中华传统文化的正确态度和基本原则。要努力从中华民族世世代代形成和积累的优秀传统文化中汲取营养和智慧，延续文化基因，萃取思想精华，展现精神魅力。要以时代精神激活中华优秀传统文化的生命力，推进中华优秀传统文化创造性转化和创新性发展。我们强调传承弘扬中华传统文化，决不是固步自封、闭目塞听，而是积极倡导求同存异、交流互鉴，借鉴吸收一切有益于我国社会主义现代化的先进文化，促进不同文明间的相互借鉴、共同进步，共同推动人类命运共同体的发展进步。

（四）要大力加强思想道德建设

国无德不兴，人无德不立。在人的精神世界中，思想道德发挥着基础性作用。弘扬新时代中国精神，一定要加强道德建设，深入实施公民道德建设工程，推进社会公德、职业道德、家庭美德、个人品德建设，激励人们向上向善、孝老爱亲，忠于祖国、忠于人民。道德建设，重要的是要激发人们形成善良的道德意愿、道德情感，培育正确的道德判断和道德责任，提高道德实践能力尤其是自觉践行能力。要坚持马克思主义道德观、坚持社会主义道德观，实现中华民族传统美德的创造性转化、创新性发展，教育人们向善和追求讲道德、尊道德、守道德的生活，形成向上的力量、向善的力量，让14亿人的每一分子都成为传播中华美德、中华文化的主体。“明大德、守公德、严私德”，是夯实新时代中国精神的道德基础。道德之于个人、之于社会，都具有基础性意义，做人做事第一位的是崇德修身。对于一个人来说，道德是做人做事

① 《习近平关于全面建成小康社会论述摘编》，中央文献出版社2016年版，第121页。

的首要问题、方向性问题，方向错了其他就无从谈起。所以我们党在选人用人的标准上，一直坚持德才兼备、以德为先。随着我国改革开放的深入推进，社会思想意识日益多元多样，人们思想活动的独立性、选择性、多变性、差异性明显增强，这必然给人们的道德观念带来各种各样的影响。这就要求我们按照培育和践行社会主义核心价值观的要求，推进社会公德、职业道德、家庭美德、个人品德教育，倡导爱国、敬业、诚信、友善等基本道德规范，培育知荣辱、讲正气、作奉献、促和谐的良好风尚。崇德修身，“既要立意高远，又要立足平实”。所谓“立意高远”，就是要立志报效祖国、服务人民，一个人只有具备这样高远的道德追求，才能真正干出一番事业。所谓“立足平实”，就是勿以善小而不为、勿以恶小而为之，在工作和生活中热爱劳动、注重勤俭、学会感恩、乐于助人、懂得谦让。在道德建设过程中，我们要崇德修身，弘扬真善美，传播正能量，激励人民群众崇德向善、崇善成德、明德惟馨，让中国精神在中华大地不断生根发芽、开花结果。

（五）要见贤思齐，缅怀先烈，崇尚英雄，学习劳动模范、先进人物

习近平总书记指出：“一个有希望的民族不能没有英雄，一个有前途的国家不能没有先锋。包括抗战英雄在内的一切民族英雄，都是中华民族的脊梁，他们的事迹和精神都是激励我们前行的强大力量。”[①]“张思德、白求恩、焦裕禄、麦贤得，有历史的楷模，也有时代的楷模。这些人都是在普通的岗位上，但他们有一颗金子般发光的心，我希望同志们的参照系就是这些楷模。大家一定要不断反省自己，以殷为鉴，远离危险，严守纪律和规矩，谨小慎微。”[②] 进入新时代，同样“需要英雄，需要英雄精神。我们要铭记一切为中华民族和中国人民作出贡献的英雄

---

① 《习近平在纪念中国人民抗日战争暨世界反法西斯战争胜利70周年系列活动上的讲话》，人民出版社 2015 年版，第 19 页。

② 《习近平谈治国理政》第 2 卷，外文出版社 2017 年版，第 193 页。

们”[①]。对一切为党、为国家、为人民作出贡献和牺牲的英雄模范人物，我们都要好好学习，发扬他们的精神，从他们身上汲取奋发的力量，共同为推进中国特色社会主义伟大事业、实现中华民族伟大复兴的中国梦而顽强奋斗。我们要利用各种节日，如中国共产党成立纪念、中华人民共和国成立纪念、中国人民解放军成立纪念，等等，发扬好中华优秀传统文化的“见贤思齐”的特色和优势，缅怀先烈，崇尚英雄，学习劳动模范、先进人物。以钱学森、邓稼先、郭永怀等老一辈知识分子“始终与党和国家的发展同向同行”的奉献精神，以黄大年、李保国、南仁东等为代表的新时代优秀知识分子“心有大我、至诚报国”的爱国情怀，以王继才夫妇、塞罕坝林场人为代表的普通劳动者“我要守到守不动为止”的赤诚初心，激励人民，激发和保护企业家精神，鼓励更多社会主体投身创新创业。建设知识型、技能型、创业型劳动者大军，弘扬劳模精神和工匠精神，营造劳动光荣的社会风尚和精益求精的敬业风气。“历史只会眷顾坚定者、奋进者、搏击者，而不会等待犹豫者、懈怠者、畏难者。全党一定要保持艰苦奋斗、戒骄戒躁的作风，以时不我待、只争朝夕的精神，奋力走好新时代的长征路。”[②]

（六）要担当尽责，勤勉实干

“要树立正确政绩观，多做打基础、利长远的事，不搞脱离实际的盲目攀比，不搞劳民伤财的‘形象工程’‘政绩工程’，求真务实，真抓实干，勇于担当，真正做到对历史和人民负责。”[③] 要弘扬中国精神，推动思想再解放、改革再深入、工作再抓实，凝聚起全面深化改革的强大力量，在新的起点上实现新的突破。马克思主义一直提倡理论和实践

---

① 《习近平在纪念中国人民抗日战争暨世界反法西斯战争胜利70周年系列活动上的讲话》，人民出版社 2015 年版，第 19 页。

② 习近平:《决胜全面建成小康社会　夺取新时代中国特色社会主义伟大胜利——在中国共产党第十九次全国代表大会上的报告》，人民出版社 2017 年版，第 69—70 页。

③ 《习近平谈治国理政》，外文出版社 2014 年版，第 400 页。

相结合，言论和行动相一致。光讲理论不付诸实践，光言论上好听不体现在行动上，半点马克思主义精神也没有。中华民族历来以担当尽责、勤勉实干著称于世。“爱国，不能停留在口号上”“幸福都是奋斗出来的”“干部干部，干是当头的”。我们的广大党员、各级干部以及有志者一定要以担当尽责、勤勉实干的精神、以“踏平坎坷成大道、斗罢艰险又出发”的顽强意志，“抓铁有痕，踏石留印”的劲头，“撸起袖子加油干”的态度，扑下身子，狠抓中国精神的落实。党的十八大以来，我们的干部队伍有了积极可喜的变化，但同时也出现了一些新问题：懒政、怠政、堕政有所抬头。为官避事平生耻，大国事难见担当。空谈误国，实干兴邦，一分部署，九分落实。要拿出实实在在的举措，一个时间节点一个时间节点往前推进，用钉子精神全面抓好落实。要解决好“本领荒”问题，成为运用现代传媒新手段新方法的行家里手，认真做好网上舆论工作。要响应中央的号召，健全制度，细化责任，以上率下，层层传导压力，级级落实责任，做到有权必有责，有责要担当。坚持有责必问，问责必严，问责既要问事，也要问人，要落实到具体人头上。要把监督检查、目标考核、责任追究有机结合起来，实现问责内容、对象、事项、主体、程序、方式的制度化、程序化。要使全党全国各级组织和人民群众在中国共产党的领导下，挺起新时代中国精神的脊梁，创造无愧于时代的新业绩！

第八章
推进文化网络化智能化和网络强国建设

互联网作为人类社会第四次工业革命的新颖产物，是当今世界改变人类社会的颠覆性力量。互联网的形成造成了文化网络化智能化虚拟空间的无限发展，尽管其发展时间不长，却迅速地抢占了文化发展的阵地。1994 年中国实现了与国际互联网的全功能链接，正式成为全球第 77 个接入国际互联网的国家。近 30 年来，我国网民数量位居世界前列，人们的沟通方式、生活方式和生产方式也紧跟着互联网科技的发展，发生着潜移默化的变化，进入人类万物互联时代，深刻地不可逆转地改变着人类社会的生产、生活和交往方式，促进了人们思想文化技术等方面的加速交流，大大缩短了人类地球村的距离，拓展了人们的视野和空间，给全世界的政党活动、政府治理、国际交往造成了新的挑战和机遇，也给文化自信增强了信息技术支撑。适应这一新的时代发展趋势，从中国实际出发，以习近平同志为核心的党中央，提出了新时代网络强国建设思想，系统地科学地回答了我国建设什么样的网络强国、为什么要建设网络强国、怎样建设网络强国的时代课题。这是习近平新时代中国特色社会主义思想的重要组成部分，也为我们坚定文化自信解决了一个新的重大时代课题。

一、文化网络化和智能化已形成新的发展趋势

（一）网络文化为我国文化发展开辟新空间

网络文化的出现和发展，跟电脑的出现、发展及其互联互通紧密相连。电脑发展经历了房间式、箱柜式、桌台式、手提式、穿戴式几个

发展阶段，其规模由大到小，其功能由单一到综合，其形态由坚硬到折叠。单独的电脑，不管如何先进，其用途是有限制的，而当其互联互通成为互联网后其用途则无限广阔。

1. 虚拟空间文化与现实空间文化是不同的文化

互联网以及与之相联的网络文化，是与现实空间完全不同的虚拟空间。这种虚拟空间文化出现后，与现实空间文化有诸多不同的特点：

发展速度快，迅速推及全球。互联网和网络文化出现的时间是近几十年的事，但发展速度极快，已推广到全球，覆盖全世界绝大多数国家及领域，远远超过现实文化发展速度及其覆盖速度。

内容极丰富，惠及各国人民。网络文化的涉及范围很广，内容十分丰富。不仅现实世界所有文化都可以在互联网的每台电脑上找到，还能创造网络新文化。古今中外的天文地理、党政工团、经史哲经、科教文卫、衣食住行、生老病死、婚丧嫁娶等等，互联网上都有，没有的自己可以创造。可以说互联网中的电脑是一座世界性的图书馆、博物馆、资料馆、知识库，是一所世界性的综合学校，每个人可以搜索到所需要的知识。这对普及和提高人们的文化水平大有好处。

应用方便，使用人数众多。文化的传统传播渠道，往往要经过几道程序才能到受众手里。早期的电脑也只供专业人员使用，数量有限。现在的网络中，所有的人（包括男女老少、残障人士），只要你愿意并决心使用它，都能很快学会使用。现在使用网络的人，在网上学习文化的人，比现实空间在校学生、在职学生多得多，快得多，互联网是学习传播和创造文化的好地方、新平台。

时空领域不限，随时随地使用。学习传播欣赏现实空间的文化，往往受时空限制，而网络文化，不论白天黑夜、地下天上、水底陆地、深山峡谷，也不管你吃饭、睡觉还是旅行，只要有一台电脑，可以随时随地打开，获取各人所需的文化知识，而且比较隐蔽，不受干扰，不易发现。

网络及网络文化的出现，改变了人们对文化的认识和态度，为我国文化的发展开辟了新天地，提供了新空间。

2. 我国网络及网络文化发展处于世界前列

我国网络及网络文化始于 20 世纪 90 年代。1994 年我国全功能接入互联网，经过多年的发展，取得了辉煌成绩，中国已走在世界互联网和网络文化的前列。依据 2023 年 5 月 23 日，国家互联网信息办公室发布《数字中国发展报告 (2022 年)》。报告显示，2022 年数字中国建设取得显著成效，我国数字基础设施规模等级大幅提升。截至 2022 年底，我国累计开通 5G 基站 231.2 万个，5G 用户达 5.61 亿户，全球占比均超过 60%。全国 110 个城市达到千兆城市建设标准，千兆光网具备覆盖超过 5 亿户家庭能力。移动物联网终端用户数达到 18.45 亿户，成为全球主要经济体中首个实现“物超人”的国家。IPv6 规模部署应用深入推进，活跃用户超 7 亿，移动网络 IPv6 流量占比近 50%。同时，我国数据中心机架总规模超过 650 万标准机架，近 5 年年均增速超过 30%，在用数据中心算力总规模超 180EFLOPS，位居世界第二。工业互联网已覆盖工业大类的 85% 以上，标识解析体系全面建成，重点平台连接设备超过 8000 万台 (套)。车联网由单条道路测试拓展到区域示范，已完成智能化道路改造超过五千公里。[①] 我国已成为世界第一网络人群，世界第一快速服务业，世界第一移动支付规模，已具备走向核心区的底气和自信。

第一，中国的百度、腾讯、阿里巴巴、京东等互联网络平台，已是世界互联网的巨头，它们的名声不仅响及全国，而且享誉世界，已成为世界互联网及网络文化发展的带头者、领跑者。现在，又有新的技术巨头在崛起，包括新闻应用软件今日头条、团购服务美团点评等，它们很可能成为世界互联网新巨头。

第二，中国使用互联网规模迅速扩大。据统计，我国互联网应用用户规模保持平稳增长。一是即时通信等应用基本实现普及。截至 2021 年 12 月，在网民中，即时通信、网络视频、短视频用户使用率分别为

---

① 《〈数字中国发展报告（2022 年）〉发布　我国 5G 用户达 5.61 亿户》,《光明日报》2023 年 5 月 24 日。

97.5%、94.5%和90.5%，用户规模分别达10.07亿、9.75亿和9.34亿。二是在线办公、在线医疗等应用保持较快增长。截至2021年12月，在线办公、在线医疗用户规模分别达4.69亿和2.98亿，同比分别增长35.7%和38.7%，成为用户规模增长最快的两类应用。网上外卖、网约车的用户规模增长率紧随其后，同比分别增长29.9%和23.9%，用户规模分别达5.44亿和4.53亿。随着新发展的开启，网民规模数和占比率将会进一步扩大和提高，这是我国文化发展的美好前景。2021年，中国实物商品网上零售额突破10亿万元，消费品零售总额增长贡献率接近四分之一，网络购物已经成为居民消费的主要渠道。全国农村网络零售额达2.05万亿元，同比增长11.3%，增速持续提升，跨境电商进出口额为1.98万亿元，同比增长15%。其中出口同比增幅达24.5%。

第三，我国形成了符合国情的网信观，摸索出了一套适合我国特色的网信建设发展模式。我国提炼形成了以“没有网上安全就没有国家安全，没有信息化就没有现代化”为核心观点的大网信观；抓住信息革命的历史机遇，实现中华民族伟大复兴（包括文化复兴）；坚持以人民为中心，让互联网及网络文化造福人民。这些理论以及在此基础上形成的中国网信战略模式，不同于互联网及网络文化服务于剩余价值生产的市场原教旨模式，也不同于互联网及网络文化服务于超级大国霸权主义的保护模式，更不同于以封闭互联网及网络文化来维护国家安全的封闭模式。这种模式，成为中国底气和自信的重要来源。

3. 网络及网络文化的乱象急需治理

网络及网络文化发展，给人们学习文化、传播文化、欣赏文化、创造文化开辟了广阔天地，提供了便捷方式，这对在国内外推广中华文化起到了很大作用，中华文化之光芒不仅在现实空间闪光，而且在虚拟空间也闪耀。中华文化发展前景比任何时候都光明。

但是，网络及网络文化的发展，也带来不少现实问题，出现不少乱象，急需解决，急需治理。如果任其泛滥，不仅影响其发展，也将危害人类。

网络霸权，网络鸿沟。有的国家以政治、经济、科技、军队强大实力作后盾，利用其网络技术优势，推行网络及网络文化霸权，压制或控制发展中国家网络和网络文化的发展，这又造成网络及网络文化鸿沟。

网络攻击，网络暴力。有些国家和组织，利用网络进行人身攻击，诋毁他人声誉，损害他人身心。有些国家还利用网络攻击他国网络，或盗取他国机密，或破坏瘫痪他国网络，或挑动国与国之间的仇恨。

网络犯罪，网络谣言。有些人利用网络买卖枪支弹药、毒品毒药，买卖妇女儿童，开设赌场，进行赌博活动，盗取诈骗国家和他人财物，印发假币甚至反动报刊。还有些人利用网络制造和散布谣言，扰乱人心；传播淫秽反动言论，毒害青少年；秘密拉帮结派，组织反动组织，进行破坏活动。

网络恐怖，网络战争。社会上一些黑恶势力、恐怖分子，利用网络进行一些恐怖活动，有的国家还成立网络司令部，准备利用网络进行网络战争，这是新的战争形式。

凡此种种现象，此起彼伏，屡见不鲜。这是网络及网络文化发展的大敌，是中华优秀文化发展的大敌。坚决而及时地处理这些问题，是当务之急。

4. 我国为治理网络及网络文化乱象提供中国方案

为治理网络及网络文化乱象，我国已先后主持召开了五次世界互联网大会。在2015年召开的第二届世界互联网大会上，习近平总书记提出了治理全球互联网乱象，推动全球互联体系改革的四大原则：

一是尊重网络主权。各国应尊重他国自主选择网络发展道路、网络管理模式、互联网公共政策和平等参与国际网络咨询治理的权利，不搞网络霸权、干涉他国内政，不从事、纵容和支持危害他国安全的网络活动。

二是维护和平安全。各国应该共同努力，防范和反对利用网络空间进行的恐怖、淫秽、贩毒、洗钱、赌博等犯罪活动。不搞双重标准，不干损人利己的事。

三是促进开放合作。各国应该推进互联网开放合作，丰富开放内容，增加开放形式，提高开放水平，提供更多的沟通合作平台，共享互联网发展成果。

四是构建良好秩序。各国既要尊重网民交流思想、表达意愿的权利，也要依法构建良好网络秩序。网络空间不是法外之地。要坚持依法治网、依法办网、依法上网，同时加强网络伦理、网络文明建设，用文明优秀成果滋养网民，提高网民文化水准。①

习近平提出的四项原则，得到世界各国支持和欢迎，成为网络和网络文化发展的指导思想，对推动我国和世界各国网络及网络文化发展已经并将继续发挥重要作用。这是我国对世界网络文化的贡献，也是我国文化发展的新图景。

（二）智能机器人的发展，产生了文化发展的新主体，创造了文化发展新形态

在网络文化迅速发展的同时，智能化也飞速发展，智能化涉及范围很广，有智能狗，智能猫，智能鸟、鸭、鹅，智能苍蝇、蚊子，智能鱼、虾，还有智能汽车、智能家电等等，我们这里着重讲智能机器人。

目前，智能机器人向两个方面发展，一个是专门化方向，另一个是综合化方向。

专门化方向有制造领域的，如汽车、冰箱、空调等领域的生产，已较普遍使用智能机器人；服务领域的，有银行业、宾馆酒店业、医疗卫生业、餐饮业、新闻媒体业等，也在使用机器人；家庭生活中为小孩、老人、残疾人服务的智能机器人大量涌现。此外，高危行业如消防火灾、水灾、地震等也使用机器人。

综合化方向的智能机器人，储存了大量知识，不仅能回答人们提出的各种问题，是一个全能的好老师，还能进行逻辑思维，撰写小说、诗词，谱写歌曲，描绘美丽的图画。还能进行文化交流，做文化使者。据新闻报道，沙特有个名叫索菲亚的智能机器人，2017 年已取得了该国公民身份证，不仅在该国进行社交活动，还出访印度、韩国，做国际交流的文化使者。它在进行这些活动时还有表情，喜怒哀乐、笑哭啼号，俨

① 《习近平谈治国理政》第 2 卷，外文出版社 2017 年版，第 532—534 页。

然活活泼泼一个现代人，和现实生活中的人没有什么区别。这是一个全新的文化学习者、传播者、创造者。

观照现实，智能机器人成就可嘉，展望未来，它的发展呈现加速趋势。一个具有自主意识、创造能力、迷人情感、社会交往属性的智能机器人已经渐露端倪。有人预测，到 2050 年人形智能机器人将变得和真人一样，令人难分真假。也就是说，人形机器人可能拥有精致的五官、光洁的皮肤、健美的身材、温柔的性情、渊博的知识、敏捷的思维、得体的谈吐、优雅的风度、自如的交往——凡人所具有的，人形智能机器人都具有。智能机器人可以根据形势的变化和特定的需要，随意变换外形、声音、性格、反应和行为模式。如果政策、法律和道德规范允许，任何一个人都可以定制一个或多个外形和内在类似的“自己”，令自己永远活在世上。到那时，智能机器人究竟是人还是机器，将成为一个争辩不休的问题。

智能机器人，特别是具有综合能力的智能机器人的发展，既给人们带来惊喜，也引起人们的担忧。担忧之一，智能机器人代替、抢走人们的工作，会增加失业人数。担忧之二，智能机器人进行犯罪活动，如偷盗、贩毒、诈骗、恐吓等，破坏社会秩序。担忧之三，智能机器人和人如何相处，是人支配智能机器人还是智能机器人支配人，抑或是人机一体化。担忧之四，智能机器人之间产生斗争，彼此仇恨，彼此摧毁，使机器人发展受阻。担忧之五，黑恶势力、恐怖分子利用智能技术生产使用凶神恶煞的智能机器人，杀害人类，消灭人类，摧毁人类文明。因此，如何规范智能机器人的发展方向、生产和使用规则，已成为人们关心的问题。

中国智能机器人的发展起步较晚，但发展速度很快，已处于发展的第一方队。2017 年沈阳新松智慧产业园投产的 C4 车间，是我国首个采用机器人生产机器人的专门车间，说明我国生产智能机器人的水平也已经达到相当的高度。如何对待智能机器人的发展？国内有不少讨论，也有些规则，世界人工智能大会先后在我国召开了三次，有几十个国家和地区的专家学者、企业家围绕人工智能技术前沿、产业趋势和热点问题，开展对话交流，但尚未制定智能机器人生产、营销、使用国际统一通用规则。我国在制定智能机器人生产、营销、使用规则方面，不仅要积极参与，还要力争主导，为智能机器人的健康发展贡献中国智慧、提供中国方案，这是中华文化展示魅力的好机会，也是开创中华文化发展前景的好机会。

上述五点，都要求我们进一步全面深入地研究新时代网络强国思想，明确它的形成过程、基本内涵，以及为什么要提出新时代网络思想，怎样建设新时代网络思想强国。

二、新时代网络强国思想的形成过程和基本内涵

（一）新时代网络强国思想的形成过程

社会创造了科学，科学造福于社会。科学技术从一开始就是并且始终是推动社会发展进步的革命性力量。一百多年前，马克思就明确指出“生产力中也包括科学”，“社会的劳动生产力，首先是科学的力量”。恩格斯说：“在马克思看来，科学是一种在历史上起推动作用的革命的力量。”[①] 马克思“把科学首先看成是一个伟大的历史杠杆，看成是按最明显的字面意义而言的革命力量”[②]。我们党和国家的历代领导人都十分重视科学技术在经济社会发展中的重要作用。毛泽东同志在 1963 年就说：“科学技术这一仗，一定要打，而且必须打好”；“不搞科学技术，生产力无法提高”[③]。邓小平同志指出，“科学技术是第一生产力”[④]。江泽民同志认为：“国际间的竞争，说到底是综合国力的竞争，关键是科学技术的竞争”，要“自觉地把经济建设转到依靠科学进步和提高劳动者素质的轨道上来”[⑤]。胡锦涛同志提出以人为本、全面协调可持续的科学发展观，还以《加强网络文化建设和管理》为题，主持了中共十六届

---

①② 《马克思恩格斯全集》第 25 卷，人民出版社 2001 年版，第 597、592 页。

③ 《毛泽东文集》第 8 卷，人民出版社 1999 年版，第 351 页。

④ 《邓小平文选》第 3 卷，人民出版社 1993 年版，第 274 页。

⑤ 江泽民：《在中国科学技术第四次全国代表大会上的讲话》（1991 年 5 月 23 日），《论科学技术》，中央文献出版社 2001 年版，第 20 页。

政治局第38次集体学习，明确提出："能否积极利用和有效管理互联网，能否真正使互联网成为传播社会主义先进文化的新途径、公共文化服务的新平台、人们健康精神文化生活的新空间，关系到社会主义文化事业和文化产业健康发展，关系到国家文化信息安全和国家长治久安，关系到中国特色社会主义事业全局。"并从当时实际出发，提出了加强网络文化建设和管理的五项基本方针和政策要求。①

时代是思想之母，实践是理论之源。习近平同志关于网络强国思想的形成，从理论上看，是对上述马克思主义重视科学技术思想的继承和创新。从实践上看，是实践创新和理论创新的良性结合、双向互动，经历了一个从萌芽孕育到形成发展的过程。早在20世纪80年代，习近平同志在河北省正定县任县长、书记期间，就认定科技是关键，信息是灵魂。1984年他在正定县就指导创建了信息中心，并成功举办了全省第一个县级"技术信息交流大会"，推出科技项目1500项，使信息成为正定经济起飞的助推器。2000年任福建省省长期间，他率先提出建设"数字福建"，任省建设领导小组组长，创建了以福建为对象的数字化、网络化、可视化和智能化的信息集成及应用系统，加快了经济和社会信息化的速度，实现了社会生产力的跨越式发展。担任中共浙江省委书记后，他于2003年3月21日在沪浙两省市经济社会发展情况交流会上的讲话中提出，要"在信息化建设领域，以电子政务和企业信用信息资源共享为重点和切入点，共同开发建设综合性或专门信息交流平台"，深化和扩展信息化的步伐。2007年担任中共中央常委后，他多次在中央党校的讲话中，提出"积极探索运用现代科学方法，包括探索运用信息网络技术"，借鉴外国执政党建设的有益做法，不断提高党建工作水平。2011年12月18日他又在全国组织部长会议上的讲话中提出："互联网的迅猛发展，对党的建设特别是拓展党建工作空间、创新党组织活动方式等提出了新挑战新要求。各级党委要高度重视信息化发展对党的建设的影

---

① 《胡锦涛文选》第2卷，人民出版社2016年版，第559—562页。

响，做到网络发展到哪里党的工作就覆盖到哪里，充分运用信息技术改进党员教育管理、提高群众工作水平，加强网络舆论的正面引导。”党的十八大以来，以习近平同志为核心的党中央，依据当今世界以互联网为代表的信息技术日新月异飞速发展的形势需要，实现“两个一百年”中国梦的内在要求，用马克思主义政治家的敏锐眼光，站在人类历史发展和中国特色社会主义发展的高度，就建设网络强国问题，做出了前所未有的重大决策，提出了前所未有的重大举措，推动我国网信事业迅猛发展。正如习近平总书记所说：“对互联网来说，我国虽然是后来者，接入国际互联网只有 20 多年，但我们正确处理安全和发展、开放和自主、管理和服务的关系，推动互联网发展取得令人瞩目的成就。”“这些成就充分说明，党的十八大以来党中央关于加强党对网信工作集中统一领导的决策和对网信工作作出的一系列战略部署是完全正确的。我们不断仅进行理论创新和实践创新，不仅走出一条中国特色治网之道，而且提出一系列新思想新观点新论断，形成了网络强国战略思想。”① 科学地回答了在当今中国建设什么样的网络强国、为什么要建设网络强国、怎样建设网络强国的时代课题。

（二）新时代网络强国思想的基本内涵

习近平新时代网络强国思想，是新的历史条件下马克思主义基本原理与我国互联网发展、治理实践相结合的产物，是党中央治国理政的崭新成果，是中国治网之道的科学总结和理论升华，是习近平新时代中国特色社会主义思想的重要组成部分。

2018 年 4 月 20 日，习近平在全国网络安全和信息化工作会议上，谈及新时代网络强国战略思想时用“五个明确”作出高度概括。这“五个明确”实质上阐明了网络强国战略思想的丰富内涵。

1. 明确网信工作在党和国家事业全局中的重要地位

---

① 习近平：《在全国网络安全和信息化工作会议上的讲话》，《人民日报》2018 年 4 月 20 日。

任何一个国家的存在和发展都必须以国家安全作为最基本最重要的前提，网信工作的重要地位也必须置于总体国家安全观的视野下去考察。党的十九大报告将“坚持总体国家安全观”作为新时代中国特色社会主义思想十四条基本方略之一，明确指出：“统筹发展和安全，增强忧患意识，做到居安思危，是我们党治国理政的一个重大原则。必须坚持国家利益至上，以人民安全为宗旨，以政治安全为根本，统筹外部安全和内部安全、国土安全和国民安全、传统安全和非传统安全、自身安全和共同安全，完善国家安全制度体制，加强国家安全能力建设，坚决维护国家主权、安全、发展利益。”① 以政治安全为根本，就要确保国家领土主权、政治制度、意识形态等免受各种侵袭、干扰、威胁。互联网是意识形态工作的主阵地、最前沿，网络安全是国家安全的重要组成部分。“当今世界，网络信息技术日新月异，全面融入社会生产生活，深刻改变着全球经济格局、利益格局、安全格局。”“网络安全和信息化是事关国家安全和国家发展、事关广大人民群众工作生活的重大战略问题，要从国际国内大势出发，总体布局，统筹各方，创新发展，努力把我国建设成为网络强国。”② “我们要深刻认识互联网在国家管理和社会治理中的作用，以推行电子政务、建设新型智慧城市等为抓手，以数据集中和共享为途径，建设全国一体化的国家大数据中心，推进技术融合、业务融合、数据融合，实现跨层级、跨地域、跨系统、跨部门、跨业务的协同管理和服务。强化互联网思维，利用互联网扁平化、交互式、快捷性优势，推进政府决策科学化、社会治理精准化、公共服务高效化，用信息化手段更好感知社会态势、畅通沟通渠道、辅助决策施政。”③

---

① 《中国共产党第十九次全国代表大会文件汇编》，人民出版社2017年版，第19—20页。

② 习近平：《在中央网络安全和信息领导小组第一次会议上的讲话》，《人民日报》2014年2月28日。

③ 习近平：《在中共中央政治局第三十六次集体学习时的讲话时强调：加快推进网络信息技术自主创新　朝着建设网络强国目标不懈努力》，《人民日报》2016年10月10日。

2. 明确网络强国战略目标

从网络大国变成网络强国，从跟跑者、并跑者变为领跑者。建设网络强国是一项艰巨复杂的战略任务，首先要将中国建设成为网络技术强国，即在核心技术领域实现有效突破，具备网络强国的基本特征，能够在基础理论、实验室设计、工业生产以及市场竞争中占据关键地位。同时，必须成为网络治理强国，在国内建构完善治理体系的基础上，构建适应时代需求、多边、民主、透明的全球网络治理体系，为全球网络安全和信息化事业提供中国方案，作出中国贡献。

3. 明确网络强国建设的原则要求

“网信事业发展必须贯彻以人民为中心的发展思想，把增进人民福祉作为信息化发展的出发点和落脚点，让人民群众在信息化发展中有更多获得感、幸福感、安全感。”为此，要树立正确的网络安全观，践行创新、协调、绿色、开放、共享发展理念，下定决心、保持恒心、找准重点，加速推进信息领域核心技术突破，实现网信军民融合发展。做到六个“加快”：“加快推进网络信息技术自主创新，加快数字经济对经济发展的推动，加快提高网络管理水平，加快增强网络空间安全防御能力，加快用网络信息技术推进社会治理，加快提升我国对网络空间的国防话语权和规则制定权。”达到“网络基础设施基本普及、自主创新能力显著增强、信息经济全面发展、网络安全保障有力”。推进“社会治理模式从单向管理转变为双向互动，从线下转向线上线下融合，从单纯的政府监管向更加注重社会协同治理转变”，把互联网这个最高的“变量”变成中国特色社会主义事业发展的最大“增量”。

4. 明确互联网发展治理的国际主张

高速发展的互联网对全球互联网治理体系提出了全新挑战。中国对互联网发展治理的国际主张，实质上就是要在尊重各国网络空间主权平等原则基础上，推进网络国际治理体系良性变革，最终建成网络空间命运共同体。

5. 明确做好网信工作的基本方法

对于网信工作面临的新情况新问题新挑战，必须加强党中央对网信工作的集中统一领导，把网信工作摆在党和国家事业全局中来谋划。必须掌握马克思主义思想方法和工作方法，坚持实事求是、战略定力、问题导向、全面协调、系统思维、底线思维，在调查研究中解决好建设网络强国面临的各种问题。绝不能浮于表面，搞花架子，也不片面化、极端化。

著名计算机科学家罗伯特·卡恩说："中国网络观"让人印象深刻。习近平主席的一揽子阐述，表明了互联网是一个非常独特的共同家园，所有人都应该共同承担责任。

习近平新时代网络强国思想，具有强烈的问题意识、精准的理解判断、负责任的国际担当，符合人类社会发展的规律和时代发展趋势，为实现中华民族伟大复兴的中国梦，提供应对新的科技挑战和机遇的指导思想与实践遵循等鲜明特征。

三、为什么要提出新时代网络强国思想

明确提出新时代网络强国思想，主要是因为网络强国思想意义重大，长期深远，关系到社会主义文化事业和文化产业能否健康发展，关系到国家文化信息安全和国家能否长治久安，关系到中国能否按照党的十九大的要求，决胜全面建成小康社会，在本世纪中叶把我国建成富强民主文明和谐美丽的社会主义现代化强国。

（一）建设新时代网络强国，是适应新的工业革命要求的创新壮举，是实现"两个百年"中国梦奋斗目标的紧迫要求

当今时代，从科技上看最为突出的特征之一，是在第三次工业革命的基础上进入第四次工业革命，面临着一系列新的科学技术的重大突破和创新。回顾人类社会工业革命的进程，可以看出，从18世纪英国产业革命算起到目前为止，先后经历了四次工业革命。第一次工业革命开创的是"蒸汽时代"（1760—1840年），标志着农耕文明向工业文明的转型。第二次工业革命开创的是"电气时代"（1840—1950年），电力、钢铁、铁路、化工、汽车等重工业兴起，石油成为新能源，交通运输业

得到快速发展，世界各国经济、政治、文化交流更为频繁，全球化的国际政治、经济体系逐渐形成。两次世界大战之后开始的第三次工业革命，开创的是“信息时代”（1950年—），全球信息和资源交流变得更为快捷，世界大多数国家和地区卷入全球化之中，世界政治经济格局进一步形成，人类文明的发展程度也达到前所未有的高度。前三次工业革命的发展，既促使人类社会进入空前繁荣的时代，也同时造成了巨大的能源资源危机、生态环境危机、气候变化危机，人与自然的矛盾越来越突出，人与人、社会与社会、地区与地区、国家与国家的矛盾日益复杂而且特别尖锐，因而引发出了第四次工业革命，即被人称之为“人工智能化”时代，或“绿色工业革命”时代的到来。

第四次工业革命可以分为两个阶段。第一阶段是电子和自动化阶段，关键技术有电子、自动控制、激光、材料、航天和原子能等技术。主导产业包括电子工业、计算机、原子能、航天和自动化产业等。第二阶段是信息化和智能化阶段，关键技术有信息、云计算、量子通信、人工智能和绿色工业等。主导产业包括信息产业、电子商务、物联网、无线网、大数据、智能制造（3D打印）、先进材料、智能机器人、智慧城市、绿色能源和生物产业等。第四次工业革命和前三次工业革命相比，是一次更为广泛更为深入的科技革命，人工智能、清洁能源、机器人技术、虚拟现实、生物技术以及量子科技等蓬勃发展。这些工业的发展，正在深度改变人类的生产和生活方式，重塑产业格局。以信息技术和数字技术为代表的新一轮技术革命引发的产业革命，将呈现出生产方式智能化、产业组织平台化、技术创新开放化等特征，对全球产业分工将带来全面而深刻的影响。[①]

互联网是人类社会第四次工业革命的新产物，也是当今世界改变人类社会的巅覆性力量。自互联网1969年诞生以来，就以前所未有的

---

① 李拓：《深刻把握“百年未有之大变局”的历史逻辑与时代逻辑》，《中国党政干部论坛》2019年第3期。

速度和效率，深刻地不可逆转地改变人类社会生产生活方式。它重塑了人们的学习方式、生活方式、思维方式、工作方式、娱乐方式、社交方式，使人类的衣食住行、旅游购物消费娱乐等行为逐步网络化，使信息传播和社会思潮很快超越民族、地区、国家的界限，以丰富快捷、多元多变、开放交融的方式，促进人们思想文化技术等方面的加速交流，大大缩短人类地球村的距离；带给人们眼花缭乱的诸多生活现象、经济现象、技术模式和贸易方式，塑造出向数字经济、大数据的转型趋势；拓展了人们的视野和空间，也给全世界的政党活动、政府治理、国际交往的传统方式造成了新的挑战和机遇，形成了新型网络活动方式，丰富现代化的内涵和标准，呈现出无法抗拒只可顺应的未来科技发展前景。谁能更好认识和把握信息化的这一大势，谁就可以站在人类社会发展的制高点上，赢得新的全方位综合国力的竞争。正如习近平指出的："纵观世界文明史，人类先后经历了农业革命、工业革命、信息革命。每一次产业技术革命，都给人类生产生活带来巨大而深刻的影响。现在，以互联网为代表的信息技术日新月异，引领了社会生产新变革，创造了人类生活新空间，拓展了国家治理新领域，极大提高了人类认识世界、改造世界的能力。互联网让世界变成了'鸡犬之声相闻'的地球村，相隔万里的人们不再'老死不相往来'。可以说，世界因互联网而更多彩，生活因互联网而更丰富。"[①] "网络信息技术是全球研发投入最集中、创新最活跃、应用最广泛、辐射带动作用最大的技术创新领域，是全球技术创新的竞争高地。"[②] "互联网是二十世纪最伟大的发明之一，给人们的生产生活带来巨大变化，对很多领域的创新发展起到很强带动作用。互联网发展给各行各业创新带来历史机遇"，"信息化为中华民族带来了千载难逢的机遇。我们必须

---

① 《习近平在第二届世界互联网大会开幕式上的讲话》，新华网 2015 年 12 月 16 日。

② 习近平：《加快推进网络信息技术自主创新 朝着建设网络强国目标不懈努力》，《人民日报》2016 年 10 月 10 日。

敏锐抓住信息化发展的历史机遇。”为我国发展壮大网信事业，大力推进网络强国、数字中国、智慧社会、人工智能建设，创造出新时代互联网发展的新天地。有关研究表明，未来15年，信息技术与新兴数字经济发展，将为后发经济体赶超提供机遇。数字经济兴起将加快科学技术向发展中国家扩散转移，有助于本地化生产，助推发展中国家的工业化进程。同时信息技术正在改变产业特性，促使某些劳动密集型产业向资本技术人工智能密集型产业转变。这不仅会改变资本技术密集型产业的布局，还会加速推动后发经济体转型升级。信息技术与后发经济资源等优势相结合，可以强化后发经济体的发展优势，促使全球南北关系发生重大变化。二次世界大战结束时，发达国家占全世界GDP的70%，发展中国家和贫困国家仅占30%。到目前为止，因为中国、印度等新兴国家崛起，占比已经达到56%，发达国家下降到44%。预计到2035年，会形成和二战结束时完全不同的格局，新兴经济体和发展中国家将占70%左右，发达国家只占30%左右。

中国近代以来，一直因经济科技落后而挨打挨饿挨骂，在前两次工业革命中是边缘者、落伍者。在20世纪80年代第三次工业革命（信息革命）中，也仅仅是搭上了末班车，仍是个“后来者”。但由于40多年来我国实行改革开放的方针，实现了快速发展，已经成为“成功的追赶者”，成了世界上最大的ICT（信息通信技术）生产国、消费国和出口国，第一次与美国、欧盟、日本等发达国家站在一条起跑线上。这为我国成为追赶型国家注入了巨大活力和动力，提供了新的发展机遇。

（二）建设新时代网络强国是满足人民群众对美好生活向往的紧迫需要

党的十九大报告指出：“中国特色社会主义进入新时代，我国社会主要矛盾已经转化为人民日益增长的美好生活需要和不平衡不充分的发展之间的矛盾。”“人民美好生活需要日益广泛，不仅对物质文化生活提出了更高要求，而且在民主、法治、公平、正义、安全、环境等方面的要求日益增长。”[①] 新时代互联网的发展，社交软件的广泛应用，网络媒体的快速壮大，使人们获得了前所未有的表达渠道，可以通过论坛发帖、微信朋友圈、个人微博等方式，方便、自由、完整地表达个人意见和诉求，让互联网成为民意民情的新兴聚集地，有力保障人民群众的表达权。手机的普及和移动互联网的发展，使人们获得了实时快捷的信息接受途径，刷新了信息传播的概念和效果。可以说普通人已经是“一机在手，尽知天下事”，人民群众的知情权得到空前满足。促使人们深刻地认识到，移动网络在满足人民群众对美好生活向往中，对破解人民新难题、化解人民新矛盾、满足人民新需要方面，发挥着其他手段和途径不可比拟、不可替代的重要作用。同时，网络的平等、虚拟、交互、便利等属性，还大大激发了人们对公共事务和公共议题的兴趣和热情，有利于社会的动员和高效服务，广大网民在网络上要求事实真相，鞭挞丑恶现象，抨击社会不公，呼吁公开透明，回应人民关切，形成各方良性互动，也提供了有利氛围和条件，充分表明移动网络已经成为新时代促进社会公平正义民主法治的重要引擎，成为满足人民群众对美好生活向往的紧迫需要，也成为我国政治文明建设的有效载体和保障人民政治权利民主权利的有力武器。

习近平在网络安全和信息化工作座谈会上的讲话说得好：“互联网是一个社会信息大平台，亿万网民在上面获得信息、交流信息，这会对他们的求知途径、思维方式、价值观念产生重要影响。”“很多网民称自己为‘草根’，那网络就是现在的一个‘草野’。网民来自老百姓，老百姓上了网，民意也就上了网。群众在哪儿，我们的领导干部就要到哪儿去，不然怎么联系群众呢？各级党政机关和领导干部要学会通过网络走群众路线，经常上网看看，潜潜水、聊聊天、发发声，了解群众所思所愿，收集好想法好建议，积极回应网民关切、解疑释惑。善于运用网络了解民意、开展工作，是新形势下领导干部做好工作的基本功。各级

---

① 《中国共产党第十九次全国代表大会文件汇编》，人民出版社2017年版，第9页。

干部特别是领导干部一定要不断提高这项本领。”对网民“要多一些包容和耐心，对建设性意见要及时吸纳，对困难要及时帮助，对不了解情况的要及时宣介，对模糊认识要及时廓清，对怨气怨言要及时化解，对错误看法要及时引导和纠正，让互联网成为我们同群众交流沟通的新平台，成为了解群众、贴近群众、为群众排忧解难的新途径，成为发扬人民民主、接受人民监督的新渠道。”[①]

（三）建设新时代网络强国，是掌控网络意识形态主导权、完善和发展中国特色社会主义制度，推进国家治理体系和治理能力现代化的紧迫需要

早在2013年8月19日，习近平在全国宣传思想工作会议上的讲话中指出：“互联网已经成为舆论斗争的主战场。在互联网这个战场上，我们能否顶得住、打得赢，直接关系我国意识形态安全和政权安全。”“要把网上舆论工作作为宣传思想工作的重中之重来抓。宣传思想工作是做人的工作的，人在哪儿重点就应该在哪儿。很多人特别是年轻人基本不看主流媒体，大部分信息都从网上获取。必须正视这个事实，加大力量投入，尽快掌握这个舆论战场上的主动权，不能被边缘化了。”“要深入开展网上舆论斗争，严密防范和抑制网上攻击渗透行为，组织力量对错误思想观点进行批驳。要依法加强网络社会管理，加强网络新技术新应用的管理，确保互联网可管可控，使我们的网络空间清朗起来。做这项工作不容易，但再难也要做。网上负面言论少一些，对我国社会发展、社会稳定、人民安居乐业只有好处没有坏处。”[②]习近平还在《关于〈中共中央关于全面深入改革若干重大问题的决定〉的说明》中指出：“网络和信息安全牵涉到国家安全和社会稳定，是我们面临的新的综合性挑战。从实践看，面对互联网技术和应用飞速发展，现行管理体制存在明显弊端，主要是多头管理、职能交叉、权责不一、效率不高。同时，随

---

① 《习近平谈治国理政》第2卷，外文出版社2017年版，第335—336页。

② 习近平：《在全国宣传思想工作会议上的讲话》，新华网2013年8月19日。

着互联网媒体属性越来越强，网上媒体管理和产业管理远远跟不上形势发展变化。特别是面对传播快、影响大、覆盖广、社会动员能力强的微博、微信等社交网络和即时通信工具用户的快速增长，如何加强网络法制建设和舆论引导，确保网络信息传播秩序和国家安全、社会稳定，已经成为摆在我们面前的现实突出问题。”“全会决定提出坚持积极利用、科学发展、依法管理、确保安全的方针，加大依法管理网络力度，完善互联网管理领导体制。目的是整合相关机构职能，形成从技术到内容、从日常安全到打击犯罪的互联网管理合力，确保网络正确运用和安全。”①

习近平还强调：“网络意识形态安全风险问题值得高度重视。网络已是当前意识形态斗争的最前沿。掌控网络意识形态主导权，就是守护国家的主权和政权。各级党委和党员干部要把维护网络意识形态安全作为守土尽责的重要使命，充分发挥制度体制优势，坚持管用防并举，方方面面齐动手，坚决打赢网络意识形态斗争，切实维护以政权安全、制度安全为核心的国家政治安全。”②“互联网的影响不断从线上外溢到线下，对现实社会形成巨大冲击，网络已经是当前意识形态斗争的最前沿。”“互联网是我们面临的‘最大变量’，搞不好会成为我们的‘心头之患’。”“管好用好互联网，是新形势下掌控新闻舆论阵地的关键。我多次讲，过不了互联网这一关，就过不了长期执政这一关。”③这都从政治高度阐明了网络强国建设，对我们党加强制度建设、治国理政现代化建设，实施执政理念转型具有重大意义，也从执政规律的角度，阐明了网络舆论对巩固党执政地位的重大作用。要求我们将政治和技术统一起来，将管好用好互联网，看作是新形势下掌控新闻舆论阵地的关键。把

---

① 习近平：《关于〈中共中央关于全面深化改革若干重大问题的决定〉的说明》，《十八大以来重要文献选编》（上），中央文献出版社 2014 年版，第 506 页。

② 习近平：《坚决打赢网络意识形态斗争》（2015年5月20日），《习近平关于社会主义文化建设论述摘编》，中央文献出版社 2017 年版，第 36 页。

③ 《习近平在党的新闻舆论工作座谈会上强调：坚持正确方向，创新方法手段，提高新闻舆论传播力、引导力》，《人民日报》2016 年 2 月 20 日。

意识形态工作的领导权、管理权、话语权牢牢掌握在手中，善于运用互联网技术和信息化手段开展工作，提高党的执政能力和领导水平。在建设网络强国的征程中不断加速中国共产党向信息化转型，使互联网这个“最大变量”成为中国特色社会主义事业发展的“最大增量”，使我们党始终能够引领互联网发展潮流，永葆网络时代的青春活力。

（四）建设新时代网络强国，是拓展中国特色社会主义道路、为世界上那些期待用上互联网的国家提供中国经验、中国方案的紧迫需要

当今世界正处于百年未有之大变局中，在网络问题上各国都共同面临网络主权、安全和发展利益的挑战。但由于各国情况不同，互联网发展阶段不同，互联网领域发展很不平衡，而且规则不健全、秩序不合理，不同国家地区之间“信息鸿沟”仍在加深，侵害个人隐私、黑客攻击、网络犯罪等逐步成为各国面临的共同威胁。如何应对这些共同威胁，是世界各国各地区发展互联网共同面临的严峻挑战。虽然互联网发展是无国界、无边界的，具有高度全球化的特征，但每一个国家在信息领域的主权权益都不应受到侵犯，互联网技术再发展也不能侵犯他国的信息主权。在信息领域没有双重标准，各国都有权维护自己的信息安全。不能一个国家安全而其他国家不安全，更不能牺牲别国安全谋求自身所谓绝对安全。

习近平指出：“国际社会要本着相互尊重和相互信任的原则，通过积极有效的国际合作，共同构建和平、安全、开放、合作的网络空间，建立多边、民主、透明的国际互联网治理体系。”[①]“中国是网络安全的坚定维护者。中国是黑客攻击的受害国。中国政府不会以任何形式参与、鼓励或支持企业从事窃取商业秘密行为。不论是网络商业窃密，还是对政府网络发起黑客攻击，都是违法犯罪行为，都应该根据法律

① 《习近平主席：弘扬传统友好　共谱合作新篇——在巴西国会的演讲》（2014年7月16日，巴西利亚），《人民日报》2014年7月18日。

和相关国际公约予以打击。”[①] 全球互联网治理体系变革进入关键时期，构建网络空间命运共同体日益成为国际社会广泛共识，我们倡议国际社会应该在互相尊重、相互信任的基础上，推动互联网全球治理体系变革，共同构建和平安全开放合作的网络空间，建立多边民主透明的全球互联网治理体系。

从现实情况出发，我国提出了“网络主权”“信息主权”“网络空间命运共同体”等新理念新主张，提出了推动全球互联网治理体系变革的“四条原则”：“尊重网络主权、维护和平安全、促进开放合作、构建良好秩序”；共同构建网络空间命运共同体的“五点主张”：“加快全球网络基础设施建设，促进互联互通；打造网上文化交流共享平台，促进交流互鉴；推动网络经济创新发展，促进共同繁荣；保障网络安全，促进有序发展；构建互联网治理体系，促进公平正义。”这些原则和主张，全面地规划、较为合理地体现了中国全球网络空间治理战略框架和具体方案，是中国对国际互联网发展的重大贡献，反映了以中国为代表的发展中国家深度介入国际互联网治理的愿望，得到了各国特别是发展中国家的广泛认同。至今我国已连续六年举办世界互联网大会，积极参与多个国际互联网技术治理组织的活动，牵头提出新的互联网技术标准，日益成为国际互联网舞台的活跃成员和重要力量。中国网络强国建设思想及其互联网全球治理的中国方案，已经成为中国特色社会主义道路及其对外战略的有机组成部分，在世界范围内产生了越来越大的影响，发挥着越来越大的作用，提供着有益的参考借鉴。随着我国互联网的健康发展，必将与世界各国一道，做到全球互联网“发展共同推进、安全共同维护、治理共同参与、成果共同分享”，不断丰富“中国方案”内涵，让互联网这一新型科技成果更好造福世界各国人民。

---

① 《习近平接受美国〈华尔街日报〉采访时强调：坚持构建中美新型大国关系正确方向　促进亚太地区和世界和平稳定发展》，新华网 2015 年 9 月 22 日。

四、怎样建设新时代网络强国

概括地讲，网络强国至少有六大标志。一是网络信息化基础设施要处于世界领先水平。二是要有明确的网络空间战略和国际社会中的网络话语权。三是关键技术上要自主可控，特别是操作系统和 CPU 技术。四是网络安全要有足够的保障手段和能力。五是网络应用在规模、质量等方面要处在世界领先水平。六是在网络空间战略中，要有占领制高点的能力和实力。《国家信息化战略纲要》提出，建设网络强国具体分三步走：第一步到 2020 年，信息消费总额达到 6 万亿元，电子商务交易规模达到 38 万亿元，核心关键技术部分领域达到国际先进水平，信息产业国际竞争力大幅提升，信息化成为驱动现代化建设的先导力量；第二步到 2025 年，信息消费总额达到 12 万亿元，电子商务交易规模达到 67 万亿元，建成国际领先的移动通信网络，根本改变核心关键技术受制于人的局面，实现技术先进、产业发达、应用领先、网络安全坚不可摧的战略目标，涌现一批具有强大国际竞争力的大型跨国网信企业；第三步到本世纪中叶，信息化全面支撑富强民主文明和谐美丽的社会主义现代化国家建设，网络强国地位日益巩固，在引领全球信息化发展方面有更大作为。[①]

很显然，这是一个复杂的社会系统工程，要按照国家战略顶层设计和总体部署的安排去做，最为主要的是把握以下九个核心要义：

（一）发展原则：坚持以人民为中心的发展思想

“网信事业要发展，必须贯彻以人民为中心的发展思想。要适应人民期待和需求，加快信息化服务普及，降低应用成本，为老百姓提供用得上、用得起、用得好的信息服务，让亿万人民在共享互联网发展成果上有更多获得感。”[②]“要坚定不移支持网信企业做大做强，加强规范引导，促进其健康有序发展。企业发展要坚持经济效益和社会效益相统一，更

---

① 肖新桥：《网络强国战略思想的四梁八柱》，人民网 2017 年 2 月 4 日。

② 习近平：《在网络安全和信息化工作座谈会上的讲话》（2016年4月19日），新华网 2016 年 4 月 25 日。

好承担起社会责任和道德责任。要运用信息化手段推进政务公开、党务公开，加快推进电子政务，构建全流程一体化在线服务平台，更好地解决企业和群众反映强烈的办事难、办事慢、为事繁的问题。”[①] 要全面落实“互联网 +”工程，把互联网的创新成果与经济社会各领域深度融合，推动技术进步、效率提升和变革，提升实体经济创新力和生产力，形成更广泛的以互联网为基础设施和创新要求的经济社会发展新形态，促进基本公共服务均等化，切实地将增进人民福祉作为信息化发展的出发点和落脚点。

（二）发展理念：在践行五大发展理念上先行一步

党的十八届五中全会提出了创新、协调、绿色、开放、共享的五大发展理念。这是发展行动的先导，是发展思路、发展方向、发展着力点的集中体现。“网信事业代表着新的生产力和新的发展方向，应该在践行新发展理念上先行一步，围绕建设现代化经济体系、实现高质量发展，加快信息化发展，整体带动和提升新型工业化、城镇化、农业现代化发展。”[②] 创新是引领发展的第一动力。网信事业发展要把创新摆在核心位置，不断推动体制机制创新、理念创新、技术创新、应用创新，支持鼓励互联网企业家、领军人才和工程技术人员创新创造，为互联网发展提供不竭动力。协调是持续健康发展的内在要求。网信事业的发展要着力解决网络安全和信息化发展的不平衡、不协调问题，消除数字鸿沟，缩小城乡差异、地区差异，保障信息安全，实现均衡、全面、安全发展。绿色是永续发展的必要条件和人民对美好生活追求的重要体现。信息化产业就是绿色产业，信息化、网络化支撑着工业、农业、国防等各个领域的应用和升级，推动着绿色发展、低碳发展、循环发展。网信事业实现绿色发展，就要弘扬主旋律，传播正能量，使网络空间清朗起来。“网络空间是亿万民众共同的精神家园。网络空间天朗气清、生态良好，符合人民利益。网络空间乌烟瘴气、生态恶化，不符合人民利

---

①② 《习近平出席全国网络安全和信息化工作会议并发表重要讲话》，《人民日报》2018年4月21日。

益。”[①] 开放是发展的必由之路。互联网打开了世界各国的大门。中国互联网事业的发展离不开世界，世界的互联网事业也离不开中国。我们要积极参与国际互联网交流与合作，学习借鉴世界各国先进经验和技术成果，把握和引领国际互联网发展趋势，推动网络空间开放合作、互利共赢。共享是发展的本质要求和根本宗旨。我国互联网发展的宗旨是服务百姓、惠及民生、供民共享。要推动网络走进千家万户，引导人民群众通过互联网了解世界、掌握信息、交流思想、创新创业、改善生活，让互联网发展成果，既惠及14亿中国人民，又造福于世界各国人民。

（三）治理要求：网络安全和信息化双轮驱动

网络空间已成为继陆、海、空、天之后的第五疆域。“没有网络安全就没有国家安全，没有信息化就没有现代化。”“网络安全和信息化是一体之两翼、驱动之双轮，必须统一谋划、统一部署、统一推进、统一实施。做好网络安全和信息化工作，要处理好安全和发展的关系，做到协调一致、齐头并进，以安全保发展、以发展促安全，努力建久安之势、成长治之业。”[②] “网络安全和信息化是相辅相成的。安全是发展的前提，发展是安全的保障，安全和发展要同步推进。”[③] “网络空间不是‘法外之地’。网络空间是虚拟的，但运用网络空间的主体是现实的，大家都应该遵守法律，明确各方权利义务。要坚持依法治网、依法办网、依法上网，让互联网在法治轨道上健康运行。”[④] 面对复杂严峻的网络安全形势，我们要保持清醒头脑，各方面齐抓共管，切实维护网络安全。

其一，树立正确的网络安全观。理念决定行动。当今的网络安全，有几个主要特点。一是网络安全是整体的而不是割裂的。在信息时代，

①③ 习近平：《在网络安全和信息化工作座谈会上的讲话》（2016年4月19日），新华网2016年4月25日。

② 习近平：《在中央网络安全和信息化领导小组第一次会议上的讲话》，《人民日报》2014年2月28日。

④ 习近平：《在第二届世界互联网大会开幕式上的讲话》，新华网2015年12月16日。

网络安全对国家安全牵一发而动全身，同许多其他方面的安全都有着密切关系。二是网络安全是动态的而不是静态的。需要树立动态、综合的防护理念。三是网络安全是开放的而不是封闭的。只有立足开放环境，加强对外交流、合作、互动、博弈，吸收先进技术，网络安全水平才会不断提高。四是网络安全是相对的而不是绝对的。没有绝对安全，要立足基本国情保安全，避免不计成本追求绝对安全。五是网络安全是共同的而不是孤立的。网络安全为人民，网络安全靠人民，维护网络安全是全社会共同责任，需要政府、企业、社会组织、广大网民共同参与，共筑网络安全防线。这几个特点，各有关方面要好好把握。

其二，加快构建关键信息基础设施安全保障体系。金融、能源、电力、通信、交通等领域的关键信息基础设施是经济社会运行的神经中枢，是网络安全的重中之重，也是可能遭到重点攻击的目标。“物理隔离”防线可被跨网入侵，电力调配指令可被恶意篡改，金融交易信息可被窃取，这些都是重大风险隐患。不出问题则已，一出就可能导致交通中断、金融紊乱、电力瘫痪等问题，具有很大的破坏性和杀伤力。我们必须深入研究，采取有效措施，切实做好国家关键信息基础设施安全防护。

其三，全天候全方位感知网络安全态势。要全面加强网络安全检查，摸清家底，认清风险，找出漏洞，通报结果，督促整改。要建立统一高效的网络安全风险报告机制、情报共享机制、研判处置机制，准确把握网络安全风险发生的规律、动向、趋势。要建立政府和企业网络安全信息共享机制，把企业掌握的大量网络安全信息用起来，龙头企业要带头参加这个机制。

其四，增强网络安全防御能力和威慑能力。网络安全的本质在对抗，对抗的本质在攻防两端能力较量。要落实网络安全责任制，制定网络安全标准，明确保护对象、保护层级、保护措施。哪些方面要重兵把守、严防死守，哪些方面由地方政府保障、适度防范，哪些方面由市场力量防护，都要有本清清楚楚的账。

（四）发展保障：紧抓技术突破，建设基础设施和共享体系

要掌握我国互联网发展主动权，保障互联网安全、国家安全，就必须突破核心技术这个难题，争取在某些领域、某些方面实现“弯道超车”。网络核心技术是国之重器，“缺芯少魂”就会不堪一击。供应链的“命门”掌握在别人手里，就好比在别人的墙基上砌房子。核心技术要取得突破，就要有决心、恒心、重心。我国网信领域广大企业家、专家学者、科技人员要树立这个雄心壮志，要争这口气，努力尽快在核心技术上取得新的重大突破。要紧紧牵住核心技术自主创新这个“牛鼻子”，抓紧突破网络发展的前沿技术和具有国际竞争力的关键核心技术，加快推进国产自主可控替代计划，构建安全可控的信息技术体系。为此就要：第一，正确处理对外开放和独立自主的关系；第二，在科研投入上集中力量办大事；第三，积极推动核心技术成果的创新和转化，解决“卡脖子”问题；第四，推动强强联合、协同攻关。还可以探索组建产学研用联盟、揭榜挂帅。要打好核心技术研发攻坚战，不仅要把冲锋号吹起来，而且要把集合号吹起来，也就是要把最强的力量积聚起来共同干，组成攻关的突击队、特种兵。要加快构建关键信息基础设施安全保障体系。要以信息化推进国家治理体系和治理能力现代化，统筹发展电子政务，构建一体化在线服务平台，分级分类推进新型智慧城市建设，打通信息壁垒，构建全国信息资源共享体系，更好用信息化手段感知社会态势、畅通沟通渠道、辅助科学决策。

（五）人才支撑：聚天下人才而用之

“得人者兴，失人者崩。”“建设网络强国，要把人才资源汇聚起来，建设一支政治强、业务精、作风好的强大队伍。‘千军易得，一将难求’，要培养造就世界水平的科学家、网络科技领军人才、卓越工程师、高水平创新团队。”[①] 网络空间的竞争，归根结底是人才竞争。建设

---

① 习近平：《在中央网络安全和信息化领导小组第一次会议上的讲话》，《人民日报》2014年2月28日。

网络强国，没有一支优秀的人才队伍，没有人才创造力迸发、活力涌流，是难以成功的。念好了“人才经”，才能事半功倍。我们的脑子要转过弯来，既要重视资本，更要重视人才，引进人才的力度要进一步加大，引进人才的体制机制改革步子要进一步迈开。网信领域可以先行先试，抓紧调研，制定吸引人才、培养人才、留住人才的办法。必须充分调动企业家、专家学者、科技人员积极性、主动性、创造性。企业家、专家学者、科技人员要有国家担当、社会责任，为促进国家网信事业发展多贡献自己的智慧和力量。各级党委和政府要从心底里尊重知识、尊重人才，为人才发挥聪明才智创造良好条件、营造宽松环境、提供广阔平台。“互联网主要是年轻人的事业，要不拘一格降人才。要解放思想，慧眼识才，爱才惜才。培养网信人才，要下大功夫、下大本钱，请优秀的老师，编优秀的教材，招优秀的学生，建一流的网络空间安全学院。互联网领域的人才，不少是怪才、奇才，他们往往不走一般套路，有很多奇思妙想。对待特殊人才要有特殊政策，不要求全责备，不要论资排辈，不要都用一把尺子衡量。”① 要采取特殊政策，建立适应网信特点的人事制度、薪酬制度，把优秀人才凝聚到技术研究部门、管理部门中来。要建立适应网信特点的人才评价机制，以实际能力为衡量标准，不唯学历，不唯论文，不唯资历，突出专业性、创新性、实用性。要建立灵活的人才激励机制，让作出贡献的人才有成就感、获得感。要探索网信领域科研成果、知识产权归属、利益分配机制，在人才入股、技术入股以及税收方面制定专门政策。要打破体制界限，让人才能够在政府、企业、智库间实现有序顺畅流动。国外那种“旋转门”制度的优点，我们也可以借鉴。在人才选拔上要有全球视野，下大气力引进高端人才。随着我国综合国力不断增强，有很多国家的人才也希望来我国发展。我们要顺势而为，改革人才引进各项配套制度，构建具有全球竞争力的人才制

① 习近平：《在网络安全和信息化工作座谈会上的讲话》（2016年4月19日），新华网2016年4月25日。

度体系。不管是哪个国家、哪个地区的，只要是优秀人才，都可以为我所用。这方面要加大力度，不断提高我们在全球配置人才的资源能力。

（六）管理要求：统一领导，依法管理

习近平强调，“中央网络安全和信息化领导小组要发挥集中统一领导作用，统筹协调各领域的网络安全和信息化重大问题，制定实施国家网络安全和信息化发展战略、宏观规划和重大政策，不断增强安全保障能力”[①]。在管理思路上要从我国实际出发，我国7亿多人上互联网，搞好管理，是件很复杂、很繁重的事情。企业要承担企业的责任，党和政府要承担党和政府的责任，网民也要承担自己的责任，哪一边都不能放弃自己的责任。要深刻认识互联网在国家管理和社会治理中的作用，以推行电子政务、建设新型智慧城市等为抓手，以数据集中和共享为途径，建设全国一体化的国家大数据中心，推进技术融合、业务融合、数据融合，实现跨层级、跨地域、跨系统、跨部门、跨业务的协同管理和服务。要强化互联网思维，利用互联网扁平化、交互式、快捷性优势，推进政府决策科学化、社会治理精准化、公共服务高效化，用信息化手段更好感知社会态势、畅通沟通渠道、辅助决策施政。要抓紧制定立法规划，完善互联网信息内容管理、关键信息基础设施保护等法律法规，依法治理网络空间，维护公民合法权益。形成党委领导、政府管理、企业履责、社会监督、网民自律等多主体参与，经济、法律、技术等多手段相结合的综合治网格局。党委领导，就是要加强党中央对网信工作的集中统一领导，突出党在网信工作中的政治引领作用，确保网信事业始终沿着正确方向前进；政府管理，就是要提升政府对互联网的管理能力，创新传播方式，运用技术手段等更好凝聚社会共识；企业履责，就是要坚持正确价值导向，担负起相应主体责任，在内容审核和安全管控上严格把关；社会监督，就是依据宪法和法律赋予的权利，以法律和社会职

---

① 习近平：《在中央网络安全和信息化领导小组第一次会议上的讲话》，《人民日报》2014年2月28日。

业道德规范为准绳对互联网进行监督；网民自律，就是网民通过“自我管理”的方式来参与互联网管理工作，减少政府治理和企业履责成本。当然，进一步提升治理效果，还须依托研究机构，不断研究互联网治理方式，探索经济、法律、技术手段的适用范围和结构方式，逐步实现多种治理方式的统筹协调、各尽所能，达到精细治理的目标。

（七）行业要求：注重自律和健康发展

企业的发展与其承担的社会责任是成正比的。我国互联网企业由小到大、由弱变强，在稳增长、促就业、惠民生等方面发挥了重要作用。让企业持续健康发展，既是企业家奋斗的目标，也是国家发展的需要。企业命运与国家发展息息相关。脱离了国家支持、脱离了群众支持，脱离了为国家服务、为人民服务，企业难以做强做大。企业如何做强做大？习近平指出：对内，要出台支持企业发展的政策，让他们成为技术创新主体，成为信息产业发展主体；对外，要鼓励和支持我国网信企业走出去，深化互联网国际交流合作，积极参与“一带一路”建设，做到“国家利益在哪里，信息化就覆盖到哪里”。外国互联网企业，只要遵守我国法律法规，我们都欢迎。

如何避免过去经常出现的“一放就乱、一管就死”现象，走出一条齐抓共管、良性互动的新路？一要坚持鼓励支持和规范发展并行。应该鼓励和支持企业成为研发主体、创新主体、产业主体，鼓励和支持企业布局前沿技术，推动核心技术自主创新，创造和把握更多机会，参与国际竞争，拓展海外发展空间。要规范市场秩序，鼓励进行良性竞争。党的十八届四中全会提出健全以公平为核心原则的产权保护制度，加强对各种所有制经济组织和自然人财产权的保护，清理有违公平的法律法规条款。这些要求要尽快落实到位。二要坚持政策引导和依法管理并举。政府要为企业发展营造良好环境，加快推进审批制度、融资制度、专利制度等改革，减少重复检测认证，施行优质优价政府采购制度，减轻企业负担，破除体制机制障碍。同时，要加快网络立法进程，完善依法监管措施，化解网络风险。要依法加强对大数据的管理。三要坚持经济效益和社会效益并重。只有富有爱心的财富才是真正有意义的财富，只有积极承担社会责任的企业才是最有竞争力和生命力的企业。希望广大互联网企业坚持经济效益和社会效益统一，在自身发展的同时，饮水思源，回报社会，造福人民。我们要鼓励和支持我国网信企业走出去，深化互联网国际交流合作。

（八）国际要求：构建网络空间命运共同体

中国愿意同世界各国携手努力，本着相互尊重、相互信任的原则，深化国际合作，尊重网络主权，维护网络安全，共同构建和平、安全、开放、合作的网络空间，建立多边、民主、透明的国际互联网治理体系。互联网发展是无国界、无边界的，利用好、发展好、治理好互联网必须深化网络空间国际合作，携手构建网络空间命运共同体。“全球互联网治理体系变革进入关键时期，构建网络空间命运共同体日益成为国际社会的广泛共识。我们倡导‘四项原则’、‘五点主张’，就是希望与国际社会一道，尊重网络主权，发扬伙伴精神，大家的事由大家商量着办，做到发展共同推进、安全共同维护、治理共同参与、成果共同分享。”[①]“推进全球互联网治理体系变革是大势所趋、人心所向。国际网络空间治理应该坚持多边参与、多方参与，发挥政府、国际组织、互联网企业、技术社群、民间机构、公民个人等各种主体作用。既要推动联合国框架内的网络治理，也要更好发挥各类非国家行为体的积极作用。要以‘一带一路’建设等为契机，加强同沿线国家特别是发展中国家在网络基础设施建设、数字经济、网络安全等方面的合作，建设21世纪数字丝绸之路。”[②]

（九）组织保障：加强党对网信工作的全面领导

打铁必须自身硬。办好中国的事情，关键在党，关键在坚持党要管

① 《习近平致第四届世界互联网大会的贺信》，新华网2017年12月3日。

② 习近平出席全国网络安全和信息化工作座谈会上的讲话会议并发表重要讲话》，《人民日报》2018年4月21日。

党、全面从严治党。全面从严治党，核心是加强党的领导，基础在全面，关键在严，要害在治。要注重发挥互联网等现代传媒在人们工作和生活中的独特作用，拓展党建工作空间，创新党组织活动方式，要重视信息化发展对党的建设的影响，做到网络发展到哪里党的工作就覆盖到哪里，充分运用信息技术改进党员教育管理、提高工作水平，加强网络舆论的正面引导，掌握舆论战场上的主导权，真正成为运用现代传媒新手段新方法的行家里手。要创新改进网上宣传，运用网络传播规律，弘扬主旋律，激发正能量，建立网络综合治理体系，大力培育和践行社会主义核心价值观，把控好网上舆论引导的时、度、效，依法加强网络空间治理，营造清朗的网络空间。要加强网络伦理、网络文明建设，发挥道德教化引导作用，用人类文明优秀成果滋养网络空间、修复网络生态。“管好用好互联网，是新形势下掌控新闻舆论阵地的关键，重点要解决好谁来管、怎么管的问题。”[①] 形成良好网上舆论氛围，不是说只能有一个声音、一个调子，而是说不能搬弄是非、颠倒黑白、造谣生事、违法犯罪，不能超越了宪法法律界限。要把权力关进制度的笼子里，一个重要手段就是发挥舆论监督包括互联网监督作用。对网上那些出于善意的批评，对互联网监督，不论是对党和政府工作提的还是对领导干部个人提的，不论是和风细雨的还是忠言逆耳的，我们不仅要欢迎，而且要认真研究和吸取。

① 《习近平在党的新闻舆论工作座谈会上强调：坚持正确方向，创新方法手段，提高新闻舆论传播力、引导力》,《人民日报》2016 年 2 月 20 日。

第九章
做优做强做大文化事业和文化产业

习近平总书记指出:“没有高度的文化自信,没有文化的繁荣兴盛,就没有中华民族伟大复兴。要坚持中国特色社会主义文化发展道路,激发全民族文化创新创造活力,建设社会主义文化强国。”[①] 党的十九届五中全会对“十四五”时期“繁荣发展文化事业和文化产业,提高国家文化软实力”做出了系统阐述,明确提出要在2035年建成文化强国。从“建设文化强国”到“建成文化强国”,不仅清晰表达了新时代中华民族的文化雄心,也充分展现出我们关于文化自信的充沛底气、再创辉煌的从容自觉。在全面建设中国社会主义现代化强国的新发展阶段,中华文化唯有紧跟时代发展变化和实践推进的要求,坚持与时偕行、创新求变,才能为自己开拓更广阔的发展空间,才能不断丰富自身的文化体系,才能生生不息、历久弥新。做优、做强、做大文化事业和文化产业,成为我们弘扬中华优秀传统文化、增强文化自信的现实选择和重要支撑。

一、文化事业和文化产业是文化发展的一体两翼

2020年9月22日,在全国教育文化卫生体育领域专家代表座谈会上,习近平总书记明确提出,“十四五”时期,我们要把文化建设放在全局工作的突出位置,切实抓紧抓好。中国特色社会主义是全面发展、全面进步的伟大事业,没有社会主义文化繁荣发展,就没有社会主义现代

---

① 习近平:《坚定文化自信,建设社会主义文化强国》,《求是》2019年第12期。

化。文化事业具有公益性、公共性，文化产业具有经营性、市场性；文化事业是满足广大人民群众的基本文化需求，文化产业是满足广大人民群众的多样性文化需求。二者紧密联系，相互促进，协调发展，是社会主义文化繁荣发展的一体两翼。

（一）发展文化事业必须保障人民群众的基本文化权益

“改革为了人民，改革依靠人民，改革成果由人民共享。”改革的最终目标就是让人民群众更多更好地共享经济、政治、社会、文化、生态等各方面的发展成果，增强民众的获得感、幸福感、安全感。中华文明本身具有丰厚的民本文化内蕴，从“民惟邦本”到“民贵君轻”，从“富民强国”到“三民主义”，民本思想对中华文明发展具有重要核心引领作用。人民至上更是中国共产党执政施政的核心理念。我们党从诞生之日起，就把“人民”二字镌刻在自己的旗帜上。无论是干革命、抓建设，还是搞改革、求发展，尽管所处历史时期不同，面对历史任务不同，但为人民谋幸福是党始终不渝的初心。早在延安文艺座谈会上，毛泽东同志就指出：“为什么人的问题，是一个根本的问题，原则的问题。”[①] 习近平同志强调：“‘治国有常，而利民为本。’以人民为中心的发展思想，不是一个抽象的、玄奥的概念，不能只停留在口头上、止步于思想环节，而要体现在经济社会发展各个环节。”[②] 换句话说，为了人民、依靠人民、服务人民，站稳文化建设的人民立场，是我们党领导文化建设的本质要求。

改革开放 40 多年，我们走过了一条极不平凡的文化改革发展道路。1978 年党的十一届三中全会，在拨乱反正基础上重新明确并发展了各项文化政策，强调“尊重知识、尊重人才”，提出“科技就是生产力”。其后，重申“双百”方针（百花齐放、百家争鸣）和“二为”方向（文化为人民服务、为社会主义服务），提出建设高度的社会主义精神文明是

---

① 毛泽东：《毛泽东选集》第 3 卷，人民出版社 1991 年版，第 857 页。

② 习近平：《深入理解新发展理念》，《求是》2019 年第 10 期。

社会主义现代化的重要目标。1982年党的十二大第一次提出“建设有中国特色的社会主义”崭新命题。与此同时，全国广泛开展“五讲四美三热爱”等群众性精神文明创建活动，并大力组织实施精神文明建设“五个一工程”，强化精品意识，弘扬时代精神，唱响主旋律。1995年国家出台“科教兴国战略”，全面落实科学技术是第一生产力的思想，强调“创新是一个民族进步的灵魂，是国家兴旺发达的不竭动力”。1996年通过《关于加强社会主义精神文明建设若干重要问题的决议》，提出“以科学的理论武装人，以正确的舆论引导人，以高尚的精神塑造人，以优秀的作品鼓舞人”。1997年党的十五大进一步提出“有中国特色社会主义的文化建设”，强调文化建设在中国特色社会主义事业“三位一体”总体布局中的地位与作用，要求“以马克思主义为指导，以培育有理想、有道德、有文化、有纪律的公民为目标，发展面向现代化、面向世界、面向未来的，民族的科学的大众的社会主义文化”[①]。2002年党的十六大报告采用“社会主义文化”提法，将先进文化建设提升到立党之本、执政之基的高度，专题部署“文化体制改革”，并明确区分了文化事业和文化产业。其后，在科学发展观统领下，形成“和谐文化”“社会主义核心价值体系”“文化软实力”等一系列文化理论创新成果，并将文化建设纳入“四位一体”的总体布局。

党的十八大以来，以习近平同志为核心的党中央勇于探索、积极发展和创新文化理论，坚持把马克思主义基本原理同中国具体实际相结合、同中华优秀传统文化相结合，深刻回答了坚持和发展什么样的中国特色社会主义、怎样坚持和发展中国特色社会主义等一系列重大时代课题，形成了系统全面、逻辑严密、内涵丰富、内在统一的科学理论体系——新时代中国特色社会主义思想和基本方略。在党的十九大报告中，有79处提到“文化”一词，高度重视文化繁荣发展。不仅从中国特色社会主义事业全局的高度做出许多深刻阐述，更是从“五位一

① 《十五大以来重要文献选编》（上），人民出版社2000年版，第19页。

体”“四个全面”的总体布局和战略高度，强调“坚定文化自信，是事关国运兴衰、事关文化安全、事关民族精神独立性的大问题”，“是更基础、更广泛、更深厚的自信，是更基本、更深沉、更持久的力量”。这些理论创新成果，绝对不是从天上掉下来的，更不是主观臆想出来的，而是我们党百年发展中不断推进理论创新和实践创新的基础上，全党全国各族人民进行艰辛理论探索的成果，是全党全国各族人民创新创造的智慧结晶。

在实践创造中进行文化创造，在历史进步中实现文化进步。改革开放以来，我国文化事业繁荣兴盛，文化产业快速发展，取得非常显著的成果[①]：

1. 文化投入力度明显加大，文化事业经费逐年增加。1978 年为 4.44 亿元，到 2018 年达 928.33 亿元。1979—2018 年，文化事业费年均增长 14.3%，其中 2018 年比 2012 年增长 93.4%。

2. 文化服务设施不断完善。2018 年底，全国共有公共图书馆 3176 个，是 1978 年的 2.6 倍；文化馆站 44464 个，是 1978 年的 9.7 倍；博物馆 4918 个，是 1978 年的 14.1 倍。从 2008 年起，全国文化、文物系统博物馆、纪念馆开始向社会免费开放，为丰富群众文化活动提供了有力支撑。

3. 广播影视制播能力显著增强。电台、电视台、报刊、网络广播电视和移动多媒体广播电视等多媒体传播新格局和无线、有线、卫星、互联网等现代化广播电视传输覆盖网已然形成，广播影视规模跃居世界前列。2018 年底，全国广播、电视节目综合人口覆盖率达到 98.94% 和 99.25%。广播、电视节目播出时间大幅增加，艺术精品纷呈，较好地满足了人民群众对节目形态多样化的需求。

4. 新闻出版繁荣发展。2018 年，出版图书品种 51.9 万种、总印

---

① 《文化事业繁荣兴盛　文化产业快速发展——新中国成立70周年经济社会发展成就系列报告之八》，国家统计局官网 2019 年 7 月 25 日。

数 100.1 亿册（张），分别为 1978 年的 34.6 倍和 2.7 倍；出版期刊品种 10139 种、总印数 22.9 亿册，分别为 1978 年的 10.9 倍和 3.0 倍；出版报纸品种 1871 种、总印数 337.3 亿份，分别为 1978 年的 10.1 倍和 2.6 倍。全国电子出版物 8403 种，发行量 2.6 亿张。大批优秀出版物较好地满足了人民群众日益增长的多方面、多层次的精神文化需要。

5. 文化遗产保护成效突出。2018 年底，全国共有文物业机构数 10160 个，从业人员 16.3 万人。全国重点文物保护单位总数已达到 4296 处，较 1961 年公布的第一批全国重点文物保护单位 180 处，增加了 22.9 倍；我国世界遗产总数已达到 53 项，位居世界第二；全国共有国家级非遗项目保护单位 3154 家，入选联合国教科文组织人类非物质文化遗产代表作名录的项目总数达 40 个，是目前拥有世界非物质文化遗产数量最多的国家。

当前，我国社会主要矛盾已经由“人民日益增长的物质文化需要同落后的社会生产之间的矛盾”转化为“人民日益增长的美好生活需要和不平衡不充分的发展之间的矛盾”。主要矛盾的变化是关系到全局的历史性变化。这意味着，人们的需求正在发生深刻变化，由原来的主要满足物质需求转化为更多的是要同步满足精神需求，从以前的解决“有没有”问题升级到解决“美不美、好不好”难题。在坚定不移将改革推向深入的历史进程中，“最为关键的是，无论改什么、改到哪一步，坚持党对改革的集中统一领导不能变，完善和发展中国特色社会主义制度、推进国家治理体系和治理能力现代化的总目标不能变，坚持以人民为中心的改革价值取向不能变”①，即我们必须创造和提供更为丰富优质的精神文化食粮，满足人们对美好生活的新期待，不断提升人民群众的获得感和幸福感。

---

① 习近平：《全面贯彻党的十九大精神　坚定不移将改革推向深入》，新华社北京 2017 年 11 月 20 日电。

（二）发展文化产业必须坚持将社会效益放在首位

文化产业作为一种特殊的文化形态和特殊的经济形态，是按照工业标准，生产、再生产、储存以及分配文化产品和服务的一系列活动。自2003年文化体制改革试点到全面展开，我国文化产业从探索、起步、培育的初级阶段，进入快速发展的新时期。我国文化产业增速始终高于GDP增速，保持着强劲的发展势头，文化及相关产业在稳增长、调结构中发挥了积极作用[①]。相关数据显示：

1. 文化经济总量明显增加。2018年我国文化产业实现增加值38737亿元，比2004年增长10.3倍，2005—2018年文化产业增加值年均增长18.9%，高于同期GDP现价年均增速6.9个百分点；文化产业增加值占GDP比重由2004年的2.15%提高到2018年的4.30%，在国民经济中的占比逐年提高。从对经济增长的贡献看，2004—2012年间，文化产业对GDP增量的年平均贡献率为3.9%，2013—2018年进一步提高到5.5%。

2. 文化市场繁荣发展。2018年底，全国共有各类艺术表演团体17123个，为1978年的5.4倍；艺术表演场馆1236个，为1978年的1.1倍。2018年全国艺术表演团体从业人员41.6万人、演出312万场次、全年演出收入152.3亿元，分别比2012年增长72.0%、131.5%和137.4%，演艺市场规模呈现井喷式增长。2018年全国电影票房收入609.8亿元，比2012年增长1.9倍，2013—2018年年均增长19.6%；电影院线拥有银幕60079块，比2012年增长3.6倍，2013—2018年年均增长28.9%，银幕总数跃居世界第一。

3. 文化新业态发展势头强劲。文化产品和服务的生产、传播、消费的数字化、网络化进程加快，数字内容、动漫游戏、视频直播、视听载体、手机出版等基于互联网和移动互联网的新兴文化业态成为文化产业发展的新动能和新增长点。2016年、2017年，全国规模以上文化信息传输服务

---

① 《文化事业繁荣兴盛　文化产业快速发展——新中国成立70周年经济社会发展成就系列报告之八》，国家统计局官网2019年7月25日。

业营业收入分别增长30.3%和34.6%，文化创意和设计服务业营业收入均增长8.6%。文化新业态成为引领和示范文化产业发展的重要力量。

4. 文化产业集群趋势明显。有竞争力和实力的文化骨干企业数量大幅增加，文化产业园区和基地规划建设稳步推进。2018年，全国共有文化骨干企业6.0万家，比2012年增长64.3%，2013—2018年年均增长8.6%；实现营业收入89257亿元，比2012年增长58.6%，年均增长8.0%。截至2018年底，全国共有10个国家级文化产业示范园区、10个国家级文化产业实验园区和335个国家级文化产业示范基地，标志着我国文化产业进一步向规模化、集约化、专业化的方向发展。

文化是人类在社会实践过程中所获得的物质、精神的生产能力和创造的物质、精神财富的总和。文化产业是以文化产品和服务的生产、消费为核心的经济活动，文化产业具有不同于一般产业的特殊性，它既有意识形态属性，又有市场属性，但意识形态属性是其本质属性，并以此来统领其社会属性与经济属性。换句话说，文化产业是以精神消费为生产目的，以符号生产为主要生产内容的新型产业形态，而文化产业所蕴涵的文化符号体系是意识形态主体建构的重要载体，具有明显的精神导向性和思想倾向性，对人们的道德观念、理念信念和社会风气都会产生重大影响。因此，一个国家的文化产业发展繁荣必然是在坚持其主流的核心价值观的前提下的繁荣与发展。

“十四五”时期的文化产业新发展，必须以“守正创新”为核心引领，正确认识文化产业的双重属性，推动文化事业与文化产业统筹协调发展。一方面，肩负繁荣中国特色社会主义文化的使命担当，坚持以社会主义核心价值观为引领，坚守以人民为中心的文艺创作要求，坚持文以载道、弘道兴文，繁荣有理想的文化事业，壮大有灵魂的文化产业；另一方面，以市场为导向推动供给侧结构性改革，全面推进文化产业与新技术、新业态、新产业、新模式加速迭代融合，不断转型升级和创新突破，进一步释放文化产业的生机与活力。简单来说，就是文化产业生产与营销围绕着经济利润而展开，但不应局限于经济利益的一时高低好坏，因为文化产业发展的最终意义在于推动整个社会的进步与文明。从始至终，中国的文化事业产业都要把社会效益放在发展的最高地位，要坚持马克思主义和中国特色社会主义意识形态，要坚持文化化人、育人培元的实践原则，要坚持绿色健康创新惠民的发展理念，进而增强人们的文化认同感和归属感，弘扬中华优秀传统文化，引领社会主流文化发展，为全民族的文化自信提供必要支撑。

（三）深化文化体制改革，完善文化产业规划和政策

改革是社会主义制度的自我发展和完善，文化体制改革是解放和发展文化生产力的必由之路，更是一项涉及方方面面的系统工程。要解决好文化建设中出现的问题，必须以系统化思维、创新性方式，统筹推进各项任务。有学者认为，“文化体制改革本质上是一个制度变迁过程，……这是渐进式改革的基本路径，也为人们观察文化体制改革的过程提供了一个基础性的坐标系。”[①]

先简单回顾新世纪以来文化领域改革的重大历史事项：2000 年，“文化产业”一词被写入中央文件，并首次提出“完善文化产业政策”；2001 年，《国民经济和社会发展“十五”规划纲要》中，文化产业在国民经济发展中的重要地位被确认；2002 年，党的十六大正式将文化活动细分为“文化产业”和“文化事业”两个方面；2003 年，全国文化体制改革试点工作会议召开，制定了为推动文化体制改革运行的总体方案；2005 年，国务院出台《关于深化文化体制改革的意见》，广电和新闻出版单位开始依据“创新机制、面向市场”的转型方针进行国有文化事业单位企业制改革，与此同时，政府开始鼓励和支持民营资本进入文化产业；2006 年，《国家“十一五”时期文化发展规划纲要》出台，这是首个关于文化发展的中期规划，同年国家统计局首次发布中国文化产业的统计数据，此外还出台了一系列新兴文化产业政策；2008 年，文化部召

① 傅才武、何璇：《四十年来中国文化体制改革的历史进程与理论反思》，《山东大学学报》（哲学社会科学版）2019 年第 2 期。

开全国文化系统产业工作会议，总结此前探索文化产业发展之路的成果和经验，规范文化产业发展“又好又快”的标准；2009年，我国第一部文化产业长期规划——《文化产业振兴规划》出台，标志着文化发展已上升为国家战略层面；2010年，党的十七届五中全会上把文化产业列入到国家战略性支柱产业之中；2012年，《“十二五”时期文化产业倍增计划》指出，文化产业已成为国民经济和社会发展战略的重要组成部分，这标志着我国文化产业发展步入新阶段；2013年，党的十八届三中全会通过《中共中央关于全面深化改革若干重大问题的决定》，提出促进文化发展的组合拳，对进一步深化文化体制机制改革做出顶层设计，要求建设社会文化强国，增强国家文化软实力；2017年，党的十九大指出坚持以人民为中心，进一步深化文化体制改革、完善文化管理体制、加强文化体制改革顶层设计，提出坚定文化自信、推动社会主义文化繁荣兴盛的目标；2019年，党的十九届四中全会提出坚持和完善繁荣发展社会主义先进文化的制度，巩固全体人民团结奋斗的共同思想基础。纵览21世纪20年来的文化改革步伐，不仅有其自身内在的连续性，更是在内容的深度和广度上呈现出积极扩张的一个过程，事业产业大发展大繁荣的背后，是文化体制改革不断向纵深推进，文化创新创造活力进一步得到释放。

2019年6月，习近平总书记发表题为《坚定文化自信，建设社会主义文化强国》的重要理论文章。文章强调，要坚持中国特色社会主义文化发展道路，激发全民族文化创新创造活力，建设社会主义文化强国。坚定文化自信，是事关国运兴衰、事关文化安全、事关民族精神独立性的大问题。[①] 多年来的文化建设探索实践，不仅推动了文化自觉到文化自信的转变，也形成了文化体制的新格局，取得了前所未有的文化发展新成就。但改革只有进行时，实践发展永无止境，文化体制改革的阶段性目标已经达到，但深化改革的任务依然十分艰巨，改革仍然是推动文

---

① 习近平：《坚定文化自信，建设社会主义文化强国》，《求是》2019年第12期。

化繁荣发展的强劲动力。新时代的深化文化体制改革，必须兼顾以下三个维度：

一是必须更加注重改革的系统性、整体性、协同性。全面深化改革是关系党和国家事业发展全局的重大战略部署，是包括经济、政治、文化、社会、生态文明以及党的建设等的全方位改革；文化体制改革作为全面深化改革的有机组成部分，是与经济、政治、社会、生态文明等领域的深化改革紧密联系、相互作用的；只有各方面改革协同推进、相辅相成，才能放大改革的综合效应。

二是要敢于冲破制约文化改革发展的深层次体制机制障碍，进一步释放全民族的文化创造活力。文化发展是富有创造性的领域，优秀的文化产品能激发人们的想象力，带给人们美好的情感体验。文化发展要锐意攻坚克难，大胆破除旧体制机制的束缚，坚持守正创新，创造性转化，创新性发展，以创新为驱动，整合文化资源，厚重文化底蕴，实现高质量发展，提升文化软实力，提高社会文明程度。

三是要增强文化自信，加强文化交流，推动中国文化走向世界。“文明因交流而多彩，文明因互鉴而丰富。文明交流互鉴，是推动人类文明进步和世界和平发展的重要动力。”[①] 站在新的历史方位，推动中国文化走向国际舞台，是建设新时代中国特色社会主义文化事业的题中之义。“大国更应该有大的样子，要提供更多全球公共产品，承担大国责任，展现大国担当。”[②]“我们坚持和发展中国特色社会主义，推动物质文明、政治文明、精神文明、社会文明、生态文明协调发展，创造了中国式现代化新道路，创造了人类文明新形态。”[③]“十四五”规划中所有有关文化建设的具体任务都是建筑在这一战略目标基础上的，这也为我们理

① 习近平：《在联合国教科文组织总部的演讲》，《人民日报》2014 年 3 月 28 日。

② 习近平：《在第七十五届联合国大会一般性辩论上的讲话》，新华社北京 2020年9月22 日电。

③ 习近平：《在中国共产党成立100周年大会上的讲话》，《求是》2021年第14期。

解和把握建设社会主义文化强国提供了一个“文明新形态”的新视角。

（四）健全现代文化产业体系，提升文化产业竞争力

党的十九大报告提出“健全现代文化产业体系和市场体系”，为新时代中国文化产业发展指明了前进方向。“十三五”期间，我国文化产业在促进国民经济转型升级和提质增效、满足人民精神文化生活新期待、提高中华文化影响力和国家文化软实力等方面发挥了重要作用。数据显示，2015 年至 2019 年，全国文化及相关产业增加值从 2.7 万亿元增长到超过 4.4 万亿元，年均增速接近 13%，占同期国内生产总值比重从 3.95% 上升到 4.5%。[①] 总体上看，我国文化产业一步一个台阶，连续实现跨越式发展，发展环境不断优化，文化新业态发展强劲，骨干企业竞争力提升，走出去的步伐不断加快。

“十四五”时期是开启全面建设社会主义现代化国家新征程、向第二个百年奋斗目标进军的第一个五年。一方面，文化产业将深度融入国民经济体系，在服务国家重大战略、培育新的经济增长点、赋能经济社会发展方面发挥更大作用。另一方面，在文化与科技融合趋势日益凸显、文化消费需求和供给模式发生重大变化的新时代，面对“加快构建以国内大循环为主体、国内国际双循环相互促进的”新发展格局，现代文化产业体系和市场体系的进一步发展也面临新的挑战。

现代文化产业体系建设要求打通文化创作、生产、传播、消费等各环节。当前我国依然存在文化产品有效供给不足、文化产业要素区域错配、产业链条不通畅、协同发展机制不完善、国际化层次偏低等问题或短板，严重制约了文化产业的高质量发展。随着文化建设整体规模不断扩大，人们精神文化需求呈现出多样态和精细化的特征。如何培育激发产业发展活力，消除产业发展梗阻，促进现代文化产业体系日益成熟完善，是现实亟待研究和解决的问题。

第一，要充分发挥科技的力量，“文化 + 科技”是文化建设的重要方

---

① 《“十四五”文化产业发展规划》，文化和旅游部官网 2021 年 7 月 19 日。

向。“实施文化产业数字化战略”是基于近年来数字文化产业快速、活跃、强健发展的现状做出的现实规划。数字科技革命深刻影响文化产业进行彻底的结构性变革，数字文化产业逐渐赶超传统文化产业成为最大的经济社会效益增长点。[①]“数字化”不能简单地理解为对传统文化业态或文化企业中的传统部门进行“电子化”“信息化”或“云化”“智能化”的升级改造，它是通过包括网络通信技术、智能算法技术、数字版权技术、影音编码技术等在内的广义的数字技术对于文化产业的生态体系进行更新再造。以现代科技要素的创新应用为引领，构建与之相适应的高效的生产创新组织体系，不断推动产业链和价值链的高端化，是现代文化产业体系构建的基础。可以说，文化和科技的融合正在创造出更多可能性，在消费体验、生产模式和产业边界三大方向都将迎来“变量”革新和“增量”释放。

第二，要以供给侧结构性改革为牵引，优化文化资源要素市场化配置。文化市场表现为文化商品的市场交换关系，其本质是人与人的精神交往关系。资源要素市场化配置是缓解我国文化市场供需结构错配、实现高水平的供需平衡、健全现代文化产业体系的必由之路。文化生产要素包括进行文化生产经营活动时所必需的各类社会资源及环境条件，而市场配置资源主要通过价格、供求、竞争等来进行。文化市场的主体不是政府，而是文化企业。要激活文化企业的创新创造活力，就必须加速推动金融资本、人力资本、知识产权等核心文化生产要素自由流动和聚集融合，流向优势产品、企业和产业集群。优化文化资源要素跨区域、跨产业、跨行业、跨企业间流动，提高文化企业全要素生产率，扩大文化产品和服务的有效供给。健全完善以利润为导向引导文化生产资源要素流向，以竞争为手段决定文化产品和服务价格，以文化产品和服务价格为杠杆调节供求关系，最终实现文化产品和服务供需平衡。要处理好

---

① 范建华、秦会朵:《“十四五”我国文化产业高质量发展的战略定位与路径选择》,《云南师范大学学报》(哲学社会科学版)，2021 年第 9 期。

政府与市场的关系，加强对文化市场的宏观管理和区域交流协同，深化文化市场综合执法体制改革，以规范治理促发展，以科学管理促繁荣，从社会价值导向和优化市场环境上为改革发展保驾护航，进而构建统一、开放、竞争、有序的现代文化市场体系。

第三，要推动协同创新和跨界融合，优化产业空间布局，实现可持续发展。协同发展指协调两个或两个以上的不同资源或者个体，相互协作完成某一目标，达到共同发展的双赢效果。跨界创新指不同领域的碰撞、交叉和融合，具有原创性、突破性、引领性、包容性等特征，价值创造是跨界创新的内核。发展现代产业体系，要走出简单分解、局部还原思维模式，充分尊重产业发展的集群化、融合化、生态化趋势，更加强调整体涌现性、组合协同效应、对复杂环境的开放性、共同演化互动融合等系统思维，充分发挥信息的整合力和组织力功能，推动我国产业体系在持续的动态平衡中成功实现转型演进。[①] 譬如，推动文化旅游深度融合，全面推进“一个工程、七大体系”，把文化作为旅游最好的资源，把旅游作为文化最大的市场，通过科技助力文化和旅游生产方式、体验方式、服务方式、管理模式的创新，提升文化产业和旅游业的供给质量；实施文化产业赋能乡村振兴战略，充分发挥文化产业多重功能价值和综合带动作用，推进农村一、二、三产业融合发展，推动乡村产业兴旺、生态宜居、乡风文明、治理有效、生活富裕，促进文化产业融入新型城镇化建设；推进文化创意和设计服务与相关产业融合发展，充分发挥大城市的环境、人才和文化的优势，积极发展信息服务业、动漫游戏业、设计服务业、现代传媒业、艺术品业、教育培训业、文化休闲旅游业、文化会展业等创意产业，让“文化成为城市的最大不动产”；等等。通过构建多点支撑、优势互补、协调发展的产业布局，实现文化产业的整体繁荣发展。

---

① 郝全洪、郭凯敏：《协同发展现代产业体系建设中的系统科学思维》，《新视野》2021年第3期。

二、完善公共文化服务体系，满足人民群众的文化需求

《中华人民共和国国民经济和社会发展第十四个五年规划和2035年远景目标纲要》提出："立足新发展阶段、贯彻新发展理念、构建新发展格局，以推动高质量发展为主题，以深化供给侧结构性改革为主线，进一步完善制度建设，提升治理能力，激发创新活力，努力提供更高质量、更有效率、更加公平、更可持续的公共文化服务，切实保障人民群众基本文化权益，提升文化获得感、幸福感，为建设社会主义文化强国奠定基础。"①

公共文化服务，是指由政府主导、社会力量参与，以满足公民基本文化需求为主要目的而提供的公共文化设施、文化产品、文化活动以及其他相关服务。公共文化服务是实现好、维护好、发展好人民群众基本文化权益的主要途径。党的十八大以来，我国公共文化服务体系建设力度前所未有，覆盖城乡、便捷高效、保基本、促公平的现代公共文化服务体系加快构建，优质文化产品和服务日趋丰富，服务能力和水平明显提高，人民的精神文化生活更为丰富充实。相关数据显示，截至2021年底，全国共有公共图书馆3217个、博物馆3671个、文化馆3317个。目前，所有公共图书馆、文化馆、文化站、美术馆和90%以上的博物馆已实现免费开放。②覆盖城乡的国家、省、市、县、乡、村（社区）的六级公共服务网络基本建成。

"十四五"时期，我们必须立足社会主义初级阶段基本国情，深刻认识公共文化服务的新特征、新要求、新规律，抓住机遇，应对挑战，不断提升公共文化服务水平。这意味着我国公共文化服务体系建设从"夯基垒台、立柱架梁"到"全面推进、积厚成势"的跨越式发展，公共文化服务供给将从"绝对性短缺"转变到"结构性短缺"。以高质量

① 《中华人民共和国国民经济和社会发展第十四个五年规划和2035年远景目标纲要》，新华社北京2021年3月13日电。

② 郑海鸥：《公共文化服务体系建设取得新进展新成效》，《人民日报》2022年5月12日。

发展为主题，以供给侧结构性改革为主线，通过创新驱动，为人民群众提供更高质量、更有效率、更加公平、更可持续的公共文化服务，成为公共文化服务发展主旋律。

（一）坚持改革创新，优化体系建设（标准化）

“十三五”以来，我国先后出台《关于加快构建现代公共文化服务体系的意见》《公共文化服务保障法》《“十四五”公共文化服务体系建设规划》等系列重要指导文件，顶层设计不断加强，对公共文化服务体系建设的各个层面全方位予以探索指导，为实现、维护和发展人民基本文化权益提供了坚实的法律和制度依据。新时期公共文化服务面临着新的发展形势：推动公共文化服务体系向更广空间和更深层次发展的任务更加明确；人民群众的多样化多层次需求对提升公共文化产品和服务供给水平的要求更加迫切；经济发展方式转变、产业结构调整优化，对公共文化服务培育促进文化消费、拉动内需等方面提出了新的要求；现代科技发展催生新产业新业态新模式不断涌现，为公共文化服务发展提供的动能更加强劲。

立足当下，积极构建完善公共文化服务体系高品质建设新格局，需要落实好以下几点：

第一，坚持“底线公平”、惠及全民的原则。

社会主义文化事业的特征之一，是坚持文化发展为了人民、依靠人民、成果由人民共享。提倡公共文化服务均等化，就意味着无论地域、收入、民族、性别以及其他身份差别，即全体民众都能获得与经济社会发展水平相适应、由政府和公共文化机构或其他社会组织提供的机会和结果大致均等的公共文化产品和服务。底线公平不是“低水平”的公平，这个“底线”意指不能含糊、不能推卸、必须坚持、必须做到的事情，是指一种界限。在道德上，它是指与尊严、荣誉、良心能否守住攸关的言行标准和规范，或做到或没有做到，或尽职或失职，没有中间状态。即它具有道德规范含义，是“应该做到的公平”。底线公平理论是责任理论，也是制度和机制理论。[①]底线公平倡导弱者优先、政府首责、社会补偿、持久效益等原则。底线公平既体现了普遍性，又体现了特殊性，有助于重构凝聚社会力量的文化价值观。底线公平可以促进政府职能的转变，体现政府的有限责任原则——让政府有限的财力用到最需要的地方。公共文化服务体系建设是以人为本、公正平等价值理念在公共文化领域的体现，它不仅是满足人民群众对美好生活的追求和向往的重要基础，也是构建国家核心价值观、提高国家文化软实力、增强文化自信的重要手段。

第二，坚持创新机制、强化服务的原则。

新时期的公共文化服务，要坚持以满足群众多样性、多元化的文化需求作为出发点和落脚点。首先，要根据目标整体定位，进一步明确服务标准，细化服务内容。《国家基本公共服务标准（2021年版）》从设施免费开放、送戏曲下乡、收听广播、观看电视、观赏电影、读书看报、少数民族文化服务以及残疾人文化体育服务等方面对此予以明确规定。在落实目标层面，各地方政府应结合当地实际需求、财政能力和文化特色，制定具体实施标准，出台文化服务目录，以不低于国家标准为前提，真正落实内容无缺项、人群全覆盖，并在力所能及的情况下充实、增设彰显其地方文化特色的服务内容、项目活动，展现基本公共文化服务的地域性、多样性和特色化。其次，要坚持向改革要效益，大胆探索体制机制改革路径，进一步强化基层公共文化服务的绩效考核制度，明确各级文化服务机构工作的职责、目标，完善考核评价体系和方法，保证公共文化服务的任务落实、群众受益。要建立信息公开制度，鼓励群众参与考核评价，考核情况向社会公示，将政府考核与社会监督结合起来，要从注重结果评价到强化过程评价，真正实现公共文化服务社会满意度的提升。此外，要以创新谋发展，进一步打破体制界限，整合社会资源，提高配置效率。仅以文化志愿服务方式为例，传统的文化志愿服

---

① 彭华民、顾金土:《底线公平理论的学术价值》,《光明日报》2009年4月28日。

务通常立足文化场馆、面向各类特殊群体，开展针对性的阅读推广、艺术普及等文化志愿服务活动为主要方式，但现在北京、深圳等很多城市都在积极构建多层级的文化志愿服务网络体系，以社会化动员实现志愿服务“人人可为”，以制度化规范确保志愿服务“成为常态”，不断提升文化志愿服务的科学化、规范化、专业化水平。

第三，坚持目标导向原则，引领社会治理方向。

“观乎人文，以化成天下”，文化在社会治理中发挥着不可替代的作用。学者哈贝马斯认为，文化生活是市民社会的公共领域，也是政治公共领域的前身，公共文化服务属于文化公共领域，但是也会对政治公共领域产生一定的影响。因此，公共文化的根在社区，在基层，在乡村，在城市的街道。公共文化服务不只是建几个图书馆、博物馆，办几场展览，搞几次文化活动这么简单，公共文化服务不仅能促成政府、机构、居民的共同治理，还可降低社会治理成本，从“福利”到“治理”成了公共文化服务体系建设的发展方向。[①] 可以说，文化既是社会治理的对象和目标，也是社会治理的工具和路径。一方面，公共文化服务必须坚持正确的政治方向，坚持以人民为中心的工作导向，坚持社会效益第一，把“群众需求、百姓满意”理念贯穿到公共文化服务实践过程中，落实文化共建共享，真正实现好、维护好、发展好最广大人民的精神文化生活追求。另一方面，我们必须通过不断优化文化基础设施、丰富各类文化活动、扩展公共文化空间为广大群众提供优质文化服务，让大大小小的城市书房、文化驿站、乡村舞台、文旅体验等惠民工程和创意活动，增强人们对生活空间、风土人情、民族心理的文化认同和文化自信，以文化熏陶“润物细无声”的方式创新社会治理和实现社会善治。

（二）深化供给侧改革，加快补齐短板（普惠化）

“十三五”以来，我国已经构建起既有基本共性又有特色个性、上

---

① 何义珠、祝黎丽：《公共文化服务概念、功能演化：从“福利”到“治理”》，《图书馆》2022 年第 3 期。

下衔接的基本公共文化服务标准体系框架，以标准化促进均等化，逐步进入法制化、制度化轨道。但是当前的公共文化服务依然存在着不少短板和问题：城乡之间、区域之间的公共文化服务发展水平还存在较大差距；公共文化产品和服务品质还有待提升；改革创新力度有待加强；社会力量的作用还没有充分发挥；数字化、网络化、智能化建设与其他领域相比仍显滞后。深化供给侧结构性改革，需要从提高供给质量出发，用改革的办法推进结构性调整，扩大有效供给，进而更好地满足广大群众的文化需求，促进社会持续健康发展。

第一，深化公共文化服务均衡发展。

高质量发展首先要体现在公共文化服务普遍均等、惠及全民的水平提升上，深化均衡发展是公共文化服务高质量发展的基础条件。“十四五”期间，要坚持政府主导、社会参与、重心下移、共建共享，统筹推进公共文化服务“硬件”和“软件”建设，不断扩大覆盖面、增强实效性，加快建立现代公共文化服务体系。提升公共文化服务水平的首要任务，就是要推进城乡公共文化服务一体化建设取得重大进步，让城乡协同发展机制逐步健全，城乡公共文化服务差距进一步缩小，其本质就是补齐城乡发展不均衡的短板。具体来说，一是坚持量力而行、尽力而为，完善现有文化基础设施建设的不均等，不断优化公共文化资源的网格化分布，鼓励实现与地区经济社会发展水平相适应的基本公共文化服务应有尽有、承诺必达。二是完善城乡公共文化服务协同发展机制，积极推进图书馆、文化馆总分馆制建设，提升其服务援助能力，依托乡镇综合文化站、村级综合性文化服务中心等，实现面向全民开展服务。三是创新实施文化惠民工程，引导优质文化资源和文化服务更多地向贫困地区、广大农村倾斜。通过开展多样化的流动文化服务，将文艺演出、电影戏曲、宣传展览、辅导培训等文化活动内容送到老百姓身边，促进城乡群体交流互动和共同提升，并凸显文化服务的人文情怀。

第二，积极探索高质量发展的新路径。

要有效地进行公共文化领域的供给侧结构性改革，只有从需求侧去深刻认识当下社会人民群众文化需求的“新”特点、“新”结构、“新”问题，才能精准把握和有效引领社会主义先进文化的前进方向。其一，文化发展领域最显著的特征，莫过于文化与科技融合的发展态势。“万物感知、万物互联、万物智能”，“万物互联，没有人是一座孤岛”，一个全新的万物互联时代正拉开大幕。数据显示，截至2020年3月，我国网民规模为9.04亿，手机网民规模达8.97亿，网民使用手机上网的比例达99.3%，互联网普及率达64.5%。其中，农村地区互联网普及率为46.2%，城乡之间的数字鸿沟正不断缩小。随着我国“村村通”和“电信普遍服务试点”两大工程的深入实施，广大农民群众正逐步跟上互联网时代的步伐，同步享受信息社会的便利。[①] 其二，文化与科技的融合不断催生文化生产和文化消费的新业态。如网络直播、短视频、网络游戏、网络文学、“云看展”、“云观景”、“云讲座”等新形态、新手段不断涌现，线上线下呼应整合，“互联网＋文化”新业态、新服务、新消费保持快速增长。其三，推动公共文化大数据管理系统建设，加强公共文化网络平台与政务服务平台、城市民生服务平台的互联互通。国家层面的公共数字文化服务是采用自上而下的模式，通过文化共享工程、数字图书馆和公共电子阅览室等文化工程惠及民众，尽管具体执行落实的过程依然任重道远，但并不妨碍它的未来可期，这需要我们大胆创新积极尝试，将城乡公共文化服务体系一体建设做实、做细、做深，使广大人民群众能有效分享数字技术和公共文化服务带来的红利。

“十四五”规划指出，要健全基层公共文化设施网络，明确将新型公共文化空间建设作为重要任务，并提出创新打造一批“小而美”的城市书房、文化驿站、文化礼堂、文化广场。各地方政府要立足城乡特点，以国家政策提到的空间业态为范例，因地制宜，在建设主体、空间标准、设施布局、功能设置等多方面创新实践，着力打造“15分钟品质文化生活圈”，不断刷新人们对公共文化空间的认识。目前，随着社

① 王思北：《我国网民规模突破9亿》，新华社北京2020年4月28日电。

会多样化的发展，集多功能于一体的复合型新型公共文化空间不断涌现：一批融合图书阅读、艺术展览、文化沙龙、轻食餐饮等服务的城市书房、文化驿站、健康驿站等新型文化业态开始跻身在都市商圈、文化园区；在乡村则是因地制宜建成文化礼堂、乡村戏台、文化广场、非遗传习场所等主题功能空间。“高大上”的文化场馆固然是城市靓丽的风景，“小而精”的社区“口袋公园”同样串联成具有老城记忆的文化新体验。乡村公共空间是以承载村民的日常交往、民俗节庆等公共活动为主的，具有仪式、娱乐、宣教等多元化和复合性的功能。作为乡土文化传承的物质空间载体和支撑，其改造活动结合乡村振兴战略正在各地紧锣密鼓广泛展开。根据乡村发展沿革与村容印迹，提炼地方建筑特色，对空间属性与空间要素进行保护、恢复和整治，进行实现文化联动与业态培育，积极开展节日民俗活动，打造乡村文旅精品，传承乡村历史文脉，重塑乡村文化生态。

（三）创新人才机制，实现资源整合（效能化）

十八大以来，党中央高度重视人才发展体制机制改革，强调要着力破除体制机制障碍，向用人主体放权，为人才松绑，让人才创新创造活力充分迸发，使各方面人才各得其所、尽展其长。相对而言，目前基层文化队伍建设中的短板比较突出。一是专业技术文化人才总量不足，人才队伍结构不合理。总体上学历偏低，年龄偏大，文化管理和经营人才严重短缺。二是人才招聘和选拔机制存在问题，人才岗位稳定性不好，选拔渠道相对单一。很多基层文化站点人员多是兼职，尤其是农村的青壮年多选择“外出打工”，地方民间文化传承后继乏人。三是领军型文化人才不多。由于受单位编制及工作待遇影响，导致一些真正爱文化、懂文化的地方文艺创作领军人物放弃从事文化事业，转向其他行业。四是文化活动有效开展不多，缺乏相应的平台建设和创新活力，传统文化资源得不到整合利用，文化干部培训经费不足或培训力度太弱，同样不利于高素质基层文化队伍建设目标实现。

社会主义文化大发展大繁荣，队伍是基础，人才是关键。公共文化服务离不开人，文化人才队伍建设是文化惠民政策的重要实现途径，关系着文化事业的蓬勃发展，公共文化服务的落地生根。

一是实施人才培养工程，抓好骨干队伍和人才队伍建设。公共文化服务体系是社会主义价值目标引领下的公共文化服务体系，文化自信是基于文化认同基础之上的。因此，坚定的政治信念，应该是选拔文化干部的第一位标准，要坚持德才兼备、以德为先的方针，进而任人唯贤、唯才是举。首先，要着力培育和选拔一批专业基础扎实、有热情、有才华、能扎根基层的文艺骨干充实人才队伍，提升现有的公共文化服务管理水平。其次，整合社会资源，建立文艺创作、文艺演出、文化管理、文化研究以及信息技术、媒体宣传等方面的高端专家人才库，为基层文化建设提供坚强有力的精英人才团队支撑。此外，通过加强艺术培训，大力培育群众性文艺协会、群众文艺团队，聚合编外社会文化能人，鼓励文化爱好者、文化志愿服务者积极参与公共文化服务共建共享，打造一批在当地城乡群众中有广泛影响的示范性品牌团队，助力和补强公共文化服务人才队伍。通过多方合力，总体形成一支由核心层、外围层、相关层因文而聚、合作有序的文化人才队伍。

二是建立规范的人才引进和激励机制。遵循文化人才培育和成长规律，研究制定加快基层文化人才建设相关指导性意见，将文化服务专业人才培养尽早纳入国民教育体系；科学配置公共文化部门编制名额，确保基层岗位人才队伍建设的规模化；鼓励各类文化人才、优秀大学生到基层，从事基层文化工作，以壮大基层队伍；规范和完善文化机构工作者业务培训制度，鼓励高校进修、行业交流、观摩学习，线上线下多渠道融合，利用各级文化机构开设主题班、短期培训，提升现有人才综合素养；规范和完善职称评定、岗位聘用、选送深造相关制度，确保既懂专业，又懂管理、有创新能力的优秀员工得到选拔重用；鼓励个人收入、个人发展与工作绩效挂钩，吸引和调动年轻人投身文化事业的积极性、主动性；建立稳定的财政扶持和人才激励机制，采取重大项目招标制度，引入社会力量培育“文化管家”项目，因事聚人，因人成事，破解缓解基层专业人才缺乏、服务效能不高、群众需求难以满足的难题。

三是营造公共文化服务良好的文化生态和文化环境。公共文化服务是一项润物无声的文化事业，公共文化建设越到基层越见功力。“打卡”博物馆、美术馆，到公共图书馆感受书香，去剧场看一场文艺演出，参与社区文体活动等，已然成为中国老百姓一种新的生活方式，其中也包含着更多的文化审美期待。过去那种“公共文化服务机构＋员工”模式，正在逐渐转变为“公共文化服务平台＋多元主体”模式，这个主体可以是院团、企业、社会组织、社会文化团体、基层群众文化团队，也可以是普通居民个人。某种程度上，在更大范围内，变文化系统内的“小循环”为社会化“大循环”，已经成为一种意识自觉。一方面，依托“互联网＋”技术，让文化内容配送会更加便利、更加精准，甚至偏远、贫困地区的老百姓也能同步“云端”博物馆看展、欣赏国家大剧院的文艺演出直播，堪称“一键可达”。另一方面，社区居民不仅是公共文化服务的受惠者，更是走上舞台成为文化服务的提供者。“百姓大舞台”“乡音戏曲沙龙”“文艺轻骑大篷车”“智慧书房”“文化客堂”等，这些立足本地特点、贴近群众需求的文化选择正变得空前广泛、异彩纷呈。新时代的公共文化服务，不再是传统空间的文化知识和文化精神的静态展现，而是逐渐发展到“空间—时间”概念，随着5G、VR技术的普及，公共文化服务将会出现更加广阔的发展空间。从这个意义上说，打破传统人才观念，充分利用社会资源、技术资源，搭建更加多样态的文化服务合作平台，亦是承担起了“以文化人、以文培元”的重大责任使命。

（四）加大保障力度，构建长效机制（常态化）

公共文化服务体系建设是一项涉及面广、错综复杂的系统工程。我国公共文化服务由于历史欠账多，发展基础弱，投入缺乏刚性约束，曾经很长一段时间没有形成正常的增长机制。近年来，随着国家财政状况不断改善，坚持以人民为中心的发展理念，国家对公共文化服务建设重视程度不断提高，投入力度不断加大，初步形成了比较完备的公共文化服务设施网络构建。但我们也要看到，公共文化服务体系只有良好的基础设施硬件条件是远远不够的，还需要建立有效的财政投入保障机制、严格的管理运行机制和科学的评价考核机制，完善公共服务的法治环境，才能切实解决“重硬件、轻软件，重建设、轻管理，重条条块块、轻资源整合，重上级考核标准、轻群众不同需要”等现实问题，进而更好地发挥公共文化服务职能，为加强和创新社会治理探索新路径。

第一，建立有效的财政投入保障机制。

提高公共文化服务水平，离不开财政经费的有力保障。“十三五”时期，中央财政落实和完善文化财税政策，调整优化支出结构，完善财政投入机制，把基本公共文化服务作为财政支出的保障重点，切实保障人民文化权益。例如，2016—2020年，全国一般公共预算文化旅游体育与传媒支出累计1.83万亿元，年均增长6.75%。资金主要用于：一是支持公共文化设施免费或优惠开放，提升公共服务水平；二是支持推进体育强国建设；三是支持繁荣社会主义文艺创作。[①] 另据2021年数据，中央财政安排中央支持地方公共文化服务体系建设补助资金152.9亿元，支持实施智慧图书馆、公共文化云、戏曲公益性演出、流动文化服务、国家公共文化服务体系示范区等项目，开展广场舞展演、村晚等民俗节庆活动，切实保障人民群众文化权益；安排公共文化设施免费开放资金55.42亿元，支持全国5万余个公共图书馆、美术馆、文化馆（站）、博物馆、纪念馆免费开放和提供公益性讲座、展览等基本公共文化服务；安排文化人才专项经费3.27亿元，为边远贫困地区、边疆民族地区和革命老区选派和培养文化工作者约2万名，加强基层文化人才队伍建设。[②] 目前这方面的最新进度统计数据尚有欠缺，但也能从侧面反映国家财政对于公共文化服务投入的快速增长。

公共文化服务的责任主体，是由政府主导，社会力量参与。当前公共文化服务体系建设财政保障模式分为两类。一类是政府主导、财政直

① 《“十三五”财政1.83万亿元投入公共文化》，财政部网站2020年11月11日。

② 惠梦：《推动公共文化服务高质量发展》，《中国财经报》2022年1月27日。

接投入予以保障。中央明确要求“县级以上地方人民政府应当将公共文化设施建设纳入本级城乡规划”，甚至将文化建设纳入地方政府的考核指标，但在经济欠发达地区，实力无暇顾及文化发展，文化经费投入依然增长乏力，群众文化权益难以得到保障。另一类是由财政引导和动员社会力量参与，如 PPP 模式、企业赞助等，鼓励私营企业、民营资本与政府合作，参与公共基础设施建设。当前，公共文化基础设施建设方面均以本级财政拨款为主、中央和省级财政补助为辅，并以项目支出的方式予以保障。不同地方各级政府财政保障标准各有差异，但保障方式大体相同，且逐步呈现多元化趋势。各地县市近年来新建或者部分新建图书馆、文化馆，资金来源相对都涉及本级拨款、上级补助以及社会资金。公共文化基本服务项目如场馆服务、流动服务、数字服务和公益性文体活动，其供给基本上由政府主导、公共财政保障实现，包括政府购买、项目补贴、定向资助、贷款贴息等形式。中央层面专项资金名目较多，如“三馆一站”免费开放专项资金、农村电影公益放映场次补贴专项资金、国家非物质文化遗产保护专项资金等。[①] 整体来看，公共文化服务资金来源日趋社会化和多元化，财政保障的范围和力度也在不断加大，但依然可以积极拓宽文化资金渠道，通过税收减免等优惠政策，鼓励和吸引文化企业或社会组织投资公共文化建设和服务供给。

第二，建立严格的运行管理机制。

公共文化服务效能的提高不可能一蹴而就，需要逐步形成系统、完善的内部管理机制和运作模式。针对一些地方“重设施建设，轻管理利用”的现象，《公共文化服务保障法》提出：坚持需求导向，进一步建立健全群众评价和反馈机制；继续深化改革，健全公共文化服务设施的法人治理结构；建立公众参与文化设施使用效能考评制度、公共文化机构开展服务情况的年报制度、公共文化服务资金使用监督和公告制度。建

---

① 张启春、山雪艳：《公共文化服务体系建设财政保障机制的完善——基于湖北省 42 个县的问卷调查》，《中南民族大学学报》（人文社会科学版）2019 年第 6 期。

立以公众为导向的公共文化服务绩效评价体系，评价体系的指标设定与选取应坚持以公众需求为基点，结合公共文化服务设施、公共文化活动、公共文化服务管理等主客观指标，坚持可比性、独立性、有效易行等原则。公共文化服务考核评价是检测公共文化服务效能的重要步骤，也是维护人民基本文化权益的重要手段。法人治理指由理事会、监事会等代替政府机构行使决策、监督、整合资源等职能，实现公共文化机构的管理与服务。法人治理结构改革不仅有利于调动公共文化机构的积极性，确保公益目标实现，也有利于激发公共文化机构内部活力，但同时要求稳步推进，立足实际，分类指导，避免“一刀切”。对于公共文化机构而言，法人治理结构的建设不仅是文化体制改革的重要举措，也是未来可持续发展的重要一步。公共文化服务内容应体现时代主旋律，坚持问需于民，构建“需求征集—服务供给—评价反馈”的互动式、菜单式服务机制，实现服务内容与时俱进，供需有效对接、精准供给。公共文化机构建立年报制度也是推动管理机制创新、科学提升服务效能的重要举措，目前处于实践探索阶段，尚未形成行业规范。

第三，推进文化服务法治建设。

十八大以来，国家修订及出台一系列文化政策和法规来促进文化发展、弘扬文化遗产，这些政策法规给传统文化和新文化产业的发展振兴提供了强有力的支持。尤其是党的十九大以来，文化立法在快车道上迅速前行，其根本原因之一，就是确保广大干部群众在大力推进文化建设的实践中始终有法可依、有章可循。目前文化领域的法律法规有《非物质遗产法》（2011）、《博物馆条例》（2015）、《公共文化服务保障法》（2016）、《文物保护法》（2017年修订）、《全民阅读促进条例草案》（2017）、《公共图书馆法》（2017）等40多部，内容涉及文化发展和文化服务的各个方面，不断推动我国文化建设的法治进程。

以《公共文化服务保障法》和《公共图书馆法》为例，作为我国文化建设领域两部全局性、综合性的基础性法律，它们在文化立法方面具有里程碑的意义。《公共文化服务保障法》主要包括基本公共文化服务标准制度、公共文化服务设施免费或优惠开放制度、公共文化服务公示制度、公众参与的公共文化服务设施使用效能考核评价制度、公共文化服务资金使用监督和公告制度等。对公共文化服务、公共文化设施等基本概念都做出了明确法律界定，对盘活现有公共文化服务存量资源、提高综合效能具有重要意义。通过建立基本公共文化服务标准、公共文化服务免费或优惠提供等基本制度，为丰富公共文化服务供给奠定了制度基础。《公共图书馆法》则明确了今后公共图书馆的发展方向、基本目标和重点任务，强化了政府保障和政府责任，在设施建设、服务运行、数字化、社会化等方面都有明确规定。它充分体现了普遍开放、平等服务、以人为本、共建共享、社会合作、全民阅读等基本理念，有力地向社会宣示了国家对基本公共文化服务实行公益性免费服务的鲜明态度，并以法的力量来夯实人民群众对公共文化服务的获得感和幸福感。

（五）优化文化产品供给，提升产品竞争力（多样化）

“在每一个历史时期，中华民族都留下了无数不朽作品。从诗经、楚辞、汉赋，到唐诗、宋词、元曲、明清小说等，共同铸就了灿烂的中国文艺历史星河。中华民族文艺创造力是如此强大、创造的成就是如此辉煌，中华民族素有文化自信的气度，我们应该为此感到无比自豪，也应该为此感到无比自信。”①

文化自信的源头何在？它潜藏在无数的博物馆、美术馆、图书馆、文化馆、剧院、电影院、文化馆、文化站、各级文化服务中心和无数的文艺创作、影视屏幕、戏曲戏剧、音乐演出以及乡村大舞台、文艺大篷车中，这些都是物化的载体。当然，还有中华大地壮美的河山，五千年的历史底蕴和文化精神。据文化和旅游部统计，截至 2020 年底，全国共有公共图书馆 3212 个、美术馆 618 个、博物馆 5788 个、文化馆 3327 个、文化站 4 万多个、村级综合性文化服务中心 57.54 万个。所有公共图书馆、文化馆、文化站、美术馆和 90% 以上的博物馆实行免费开放，实现

---

① 习近平：《坚定文化自信，建设社会主义文化强国》，《求是》2019 年第 12 期。

了“无障碍、零门槛”。总体上，新闻出版、广播影视、文学艺术等文化事业蓬勃发展，进一步丰富了人民群众精神文化生活；博物馆、城市公园免费开放，公共文化服务持续升级，人们享受文化生活更加便捷。[①]

新的历史阶段，公共文化服务亟待解决从“有没有”到“好不好”的问题。优化文化产品供给，提升公共服务水平，着力点有三：

其一，解决供给不足与无效供给并存的现实短板。供给不足与无效供给是当前公共文化服务体系建设中客观存在的两大结构性矛盾。供需不足主要体现在供给总体不足，公共基础设施覆盖率低，人均公共文化资源占有量小，与发达国家相比差距明显，与我国的经济发展体量也不匹配；对特殊群体的服务和关注不够，如社会底层庞大的新生代农民工，其文化需求基本处于城乡接合空白地带；地区间的公共文化服务供给不平衡，像北京、上海、江浙和西部城市的人均文化事业经费占有量就有着非常明显的差距。无效供给则体现在有些公共文化产业和服务存在低水平、同质化；文化设施“沉睡”，服务流于形式或者形式太旧；以及资源配置错位，如有的基层文化服务站、农村书屋作为阅读空间，通常被村民当作其他娱乐消遣的地方，送达乡村的书籍本身也与村民实际需求存在偏差等。这一类矛盾的化解，要积极探索新路径：一是缩小区域、城乡资源分配差距，充分利用好数字文化资源；二是坚持精细化管理以及绩效追踪，把具体服务流程落到实处、细处；三是鼓励社会民众积极参与公共服务事项，从社会资金和志愿服务等多个维度实行利益捆绑，实现文化服务共建共享，并创新特色服务模式。总体上，是为了实现公共文化服务基层底线的“水涨船高”，提升国民基础文化素质，文化力量助力社会治理。

其二，共存与共生，鼓励文化服务与文化产业融合发展。公共文化服务得以实现的重要载体，包括图书、影视、戏曲、文物等，很多都

---

① 赖睿、张鹏禹：《代表委员聚焦两会：文化自信，精神力量更昂扬》，《人民日报·海外版》2022 年 3 月 9 日。

是文化产业的产成品，参与公共文化服务也是文化产业实现社会效益和经济效益的重要途径，因此二者存在融合发展的广阔空间。如 2017 年多家博物馆联合央视推出的文博综艺节目《国家宝藏》，取得 8 亿多人次收看的轰动效应，拉近了文物和观众的距离。国家博物馆、南京博物院、河南博物院等国家级博物馆挖掘馆藏资源，提炼文化符号，其文创产品合作开发呈现出积极蓬勃现状。如苏州的“江南文化”通过保护传承文化遗产、搭建特色文化平台、孵化原创文艺精品、强化基础设施建设，梳理形成古城文化、丝绸文化、园林文化、水文化、非遗文化、书香文化合体，让江南文化在继承与创新中绽放更强的生命力。又如，成都图书馆在主管部门的指导下，联合锦江区、青羊区、高新区、武侯区及金牛区的 20 个实体书店打造了“城市阅读空间”，使公共图书馆的触角进一步延伸，满足当地群众更多的公共阅读需求，增强了公共文化内容的有效供给。在湖南湘西土家族苗族自治州，“非遗 + 扶贫”打开乡村发展新思路，助力老百姓过上“守着娃，绣着花，养活自己又养家”的幸福生活。由此可见，整合优质文化资源，通过创意、创新等手段和方式，推进文化产品创作、生产、供给的多样化，提高文化产品种类和质量，满足多样化消费群体的文化需求，不失为提升公共文化服务水平的一种有益探索。

其三，实现群众文艺在新时代的繁荣发展。文化的本质是创造，原创力始终都是其生命的韵律和价值的精魂。进入新发展阶段，群众文艺不仅仅要在数量上有超越，更要求在质量上有突破，不仅要有高原，而且要有高峰。“我们现在的出版社有 579 家，文艺报刊多达 600 余种，每年的各类出版物总量超过 30 万种，每年仅纸质印行的长篇小说都在五千部以上。此外，在 1000 余家综合网站和四五百家专业文学网站上，也有大量文艺作品面世。每年除了产出 400 多部电影和 500 多部电视剧之外，还有 200 多部动漫作品会在不同时段走上荧屏。应该说我们已经是一个产出量相当庞大的文化制造和文艺创作大国了，但我们同时又是一个缺乏精品佳作的文化入超国。我们的文化产品在产量和效能的比值上显然还处于失衡状态。”[①] 究其原因，就在于创意不济，独创性差，原创力匮乏。

2021 年 12 月 14 日，习近平总书记出席中国文联十一大、中国作协十大开幕式并发表重要讲话，要求广大文艺工作者“唱响昂扬的时代主旋律，从时代之变、中国之进、人民之呼中提炼主题、萃取题材，全方位全景式展现新时代的精神气象”，“要有信心和抱负，立足中国大地，讲好中国故事，塑造更多为世界所认知的中华文化形象”。[②] 以文立心铸魂，勇攀文艺高峰，文化强国建设，我们依然任重而道远。

三、引领文化产业转型升级，推动经济社会高质量发展

2017 年 10 月，习近平总书记在党的十九大报告中明确提出，我国经济已由高速增长阶段转向高质量发展阶段。同年 12 月召开的中央经济工作会议，指出“中国特色社会主义进入了新时代，我国经济发展也进入了新时代，基本特征就是我国经济已由高速增长阶段转向高质量发展阶段。这是一个重大判断，我们必须深刻认识其重大现实意义和深远历史意义”。2020 年 10 月，党的十九届五中全会召开，习近平总书记强调：“经济、社会、文化、生态等各领域都要体现高质量发展的要求。”这意味着，“十四五”乃至今后更长时期，以推动高质量发展为主题要体现在国家发展的各领域和全过程。

（一）文化产业高质量发展的重大时代意义

党的十八大以来，伴随着一系列文化产业政策出台，有效推进文化领域供给侧结构性改革，我国文化产业整体竞争力明显提高。经过

---

① 艾斐：《提升文艺原创力　勇攀创作新高峰——写在习近平〈在文艺工作座谈会上的讲话〉发表 4 周年》，《文艺报》2018 年 10 月 15 日。

② 本报评论员：《展示中国文艺新气象，铸就中华文化新辉煌——论学习贯彻习近平总书记在中国文联十一大、中国作协十大开幕式上重要讲话》，《人民日报》2021 年 12 月 17 日。

“十三五”时期的快速发展，文化产业增加值不断刷新，增速不断加快，占 GDP 的比重不断提高，文化产业向国民经济支柱产业大步迈进。具体表现在：文化产品供给质量和数量大幅提升，文化精品特别是主旋律作品日益丰富；文化产业增加值占 GDP 的比重逐年增加，文化产业已经成为调整优化产业结构、推动新旧动能转换的一支重要力量；文化产业服务民生的作用凸显，产业从业人员规模快速增长，一批具有富民效应和示范效应的文化产业集聚区和特色文化产业项目得以建成；文化走出去取得积极进展，中国理念、中国制度、中国方案开始得到越来越多国家和地区的理解和认可。但同时我们也要看到现实，即我国文化产业仍处于起步阶段。一是高质量文化供给不足，文化产业生产结构与市场需求结构不适应，低端供给过剩与中高端供给不足并存。二是产业发展不平衡，与文化产业发达国家相比，我国文化产业对国民经济的贡献及影响存在差距。区域发展不平衡问题仍然突出，西部省（区、市）文化产业增加值占 GDP 的比重均低于全国平均水平。从政策推动到市场驱动的动力转换过程之中，市场机制在资源配置中的积极作用还没有得到充分发挥。三是文化企业整体实力偏弱，“小”和“散”的局面还没有彻底改观。文化企业大多是轻资产企业，高度依赖创新创意，普遍面临盈利模式不稳定、生命周期短、可持续发展难度大等突出问题。四是创新驱动能力不足。在内容、技术、业态等方面的自主创新能力不足的问题较为突出，知名文化品牌较少，转型比较缓慢，生存面临严峻挑战。五是国际市场竞争力不强。相比于发达国家，我国出口文化产品和服务技术含量较低、创意能力不强，国际传播力、影响力还不够大，对外文化贸易在整体对外贸易中的比重偏低，文化企业参与国际竞争的能力还较弱，在全球产业链分工中处于相对弱势地位。①

高质量发展是“十四五”时期我国文化产业发展的根本要求和战略定位。全球社会发展当下正处在一个重要的历史转折期，面临复杂多变

---

① 雒树刚：《国务院关于文化产业发展工作情况的报告》，中国人大网2019年6月26日。

的国际发展形势，我国文化产业的发展必然受制于时代大背景下各种要素的制约与影响。其一，围绕“建党一百年和新中国成立一百年”两个百年目标，党的十九大报告进一步提出“三步走”战略。作为全球第二大经济体，我国国民收入依然保持了持续正向增长，三大攻坚战取得决定性的成就，“十三五”规划圆满收官，小康社会基本建成，脱贫攻坚战取得关键性胜利，第一个百年奋斗目标的实现，为中华民族伟大复兴奠定了坚实的物质基础，也让我们对未来的发展有着更加充分的自信。其二，第二个百年奋斗目标，是在全面建成小康社会的基础上，要在21世纪中叶将我国从发展中国家发展至世界一流强国，实现物质文明、政治文明、社会文明、精神文明、生态文明的全面提升，建成制造强国、科技强国、文化强国、人才强国、美丽中国、数字中国等全方面的社会主义现代化强国。[①] 当今世界正面临着百年未有之大变局，和平与发展依然是时代主题，但不稳定不确定性也更加突出，人类面临许多共同挑战，新一轮科技革命加速重塑世界，正在带来人类经济活动、生活方式和国家间竞争形态的“百年未有之大变局”。[②] “十四五”作为完成第二个百年奋斗目标中的“第一个五年”，更是承前启后、继往开来，我们必须保持强大的战略定力，起步稳健，攻坚克难，“在危机中育先机，于变局中开新局”。文化建设与发展作为全局工作的重中之重，不仅要丰富社会主义文化内涵，提升国家文化软实力，还要充分发挥文化产业对经济社会的文化赋能与带动作用。

（二）文化产业高质量发展的融合创新示范作用

高质量发展是新时期我国确定的新方向和新命题，同时也是经济建设的核心追求。文化产业发展的最终目标是满足人民日益增长的多元文

① 范建华、秦会朵：《“十四五”我国文化产业高质量发展的战略定位与路径选择》，《云南师范大学学报》（哲学社会科学版）2021年第9期。

② 朱锋：《近期学界关于“百年未有之大变局”研究综述》，《人民论坛·学术前沿》2019年第7期。

化需求，提升全国文明程度，赋能经济发展。有学者指出，党的十八大以来，我国文化战略和文化政策形成了三个重要的变化趋势：一是文化建设在国家战略体系中的地位发生变化，实现了从“边缘”到“中心”的转变；二是文化战略和文化政策的目标对象和范围发生变化，实现了从“小文化”到“大文化”的转变、从文化系统内部结构调整到“文化+”“五位一体”全面建设的转变；三是文化行业的性质定位发生变化，实现了从单纯思想和文化资源、辅助性社会资本建设到国家资本和核心战略资源建设的转变。[①] 文化具有天然的价值属性和商品属性，在当前发展过程中这两种属性呈现出向一元化方向并轨、走向将商品使用价值并入交换价值的趋向。在坚持社会效益优先、双效统一的原则下，这也成为社会主义文化产业的重要特征，其内涵在产业不断发展壮大中互渗互阐、内容更加丰富。

首先，文化产业与其他产业的融合创新，“文化+”融合特征日趋显现。文化产业与旅游产业、工业制造、乡村农业、体育业等其他产业深度融合，成为“十四五”文化产业发展的新动向。《“十四五”文化和旅游发展规划》（2021年4月）提出，必须坚持以文塑旅、以旅彰文，完善文化和旅游融合的体制机制，以旅游促进文化传播，培育文旅融合新业态，推动文化和旅游更广范围、更深层次、更高水平融合发展，不断提高发展质量和综合效益。《推进工业文化发展实施方案（2021—2025年）》（2021年5月）提出，弘扬工业文化价值内涵，促进工业文化和产业的融合发展，推动工业旅游创新发展，健全工业文化发展体系，进而发挥工业文化赋能产业发展的作用，促进企业提质增效、产业转型升级。《关于推动文化产业赋能乡村振兴的意见》（2021年3月）提出，强化以城带乡、城乡互促，以文化产业赋能乡村人文资源和自然资源保护利用，促进一、二、三产业融合发展，激发优秀传统乡土文化活力，助力实现乡村产业兴旺、生态宜居、乡风文明、治理有效、生活富裕。

---

① 傅才武：《推进文化强国建设的重大战略设计》，《人民论坛》2020年11月上。

《体育强国建设纲要》(2019年8月)提出，大力弘扬中华体育精神，传承中华传统体育文化，推动运动项目文化建设，丰富体育文化产品供给，促进体育文化繁荣发展。可见，文化产业正在变成一个不断跨界融合、常变常新的非典型业态。文化经济化是文化需求大众化后破圈进入市场体系的跨界融合行为，而经济文化化更是一般经济领域随着业态与消费的升级，通过吸附文化属性而实现赋能赋值的融合创新选择。现代文化产业本身正成为一个不断变化着的融合创新领域。

其次，文化与科技的融合创新。科技的每一次重大进步，都会给文化传播方式、表现形式、发展样式带来革命性变化。5G、大数据、云计算、人工智能、物联网、虚拟现实、增强现实、区块链等新一代信息数字信息技术持续赋能文化产业发展，我国文化产业已迈入以数字生产、数字传播、数字消费为代表的数字文化时代，新的文化产业网络体系正在建立，新的文化秩序和文化力量正在重组。《关于促进文化和科技深度融合的指导意见》(2019年8月)提出，面向文化建设重大需求，把握文化科技发展趋势，瞄准国际科技前沿，促进文化和科技深度融合，全面提升文化科技创新能力，转变文化发展方式，创造更多文化和科技融合创新性成果，为高质量文化供给提供强有力支撑。《文化和旅游部关于推动数字文化产业高质量发展的意见》(2020年11月)提出，要顺应数字产业化和产业数字化发展趋势，实施文化产业数字化战略，加快发展新型文化企业、文化业态、文化消费模式，改造提升传统业态，提高质量效益和核心竞争力，健全现代文化产业体系，推进文化产业“上云用数赋智”，积极融入以国内大循环为主体、国内国际双循环相互促进的新发展格局。重点简化就是：夯实数字文化产业发展基础；培育数字文化产业新型业态；构建数字文化产业生态。科技创新是推动文化生产方式变革的强劲动力，如何通过数字技术与文化的融合，激发文化创新创意活力，推进文化产业向高质量发展转化，实现我国数字文化产业的弯道超车，是“十四五”文化产业的目标任务。

此外，文化与金融的融合发展。文化金融是一个新的业态，它不是简单意义上的文化产业与金融业的相加，而是围绕文化资源资产化过程，在文化产业整个生命周期中的一种融资与服务过程，也是国家文化创新体系和国家金融创新体系的重要组成部分。[①]金融是实体经济的血脉，要实现文化产业高质量发展，就要充分发挥金融对文化产业的驱动塑造作用。文化金融本质上是产业金融的一个门类，是文化资产价值的跨时空交换，是通过对未来不确定的文化资产价值进行定价，进而实现资金融通的过程。但文化金融又区别于一般的产业金融，因为文化产业的意识形态属性，对文化资产的价值判断不能只考虑经济效益，还须考虑社会效益。文化产业包括新闻出版、文艺演出、影视制作、文化旅游、网络游戏、创意设计等众多门类，各领域差异较大。文化资产非标准化程度高、风险性高、价值评估难、流动性低，这些都使得开展文化金融的难度更高。因此，必须在改革实践中加强对文化金融融合模式、做法的梳理探索，深化对文化金融规律的研究，进一步优化文化金融发展环境，增强文化财政政策与文化金融政策的协同效应，构建多层次、多渠道、多元化的文化产业投融资体系，完善文化金融风险防控机制，加强相关公共服务的支撑，促进文化金融和文化产业实现新一轮更高质量发展。简而言之，金融与文化产业的结合，绝不仅仅是解决钱从哪儿来的问题，而是整合资源、培育功能、重塑生产力的过程。金融助力文化领域深刻变革和跨越式发展，依然需要发挥政府、文化企业、研究机构和金融资本同频共振，多方合力，构建多位一体的“优政策、搭平台、建体系、强服务”创新模式。

（三）文化产业高质量发展离不开市场主体发展壮大

“公有制经济和非公有制经济都是社会主义市场经济的重要组成部分，都是我国经济社会发展的重要基础。”“前进的道路上，我们必须毫不动摇巩固和发展公有制经济，毫不动摇鼓励、支持、引导非公有制经

① 西沐：《文化金融：文化产业新的发展架构与视野》，《北京联合大学学报》（人文社会科学版）2014 年第 12 期。

济发展，充分发挥市场在资源配置中的决定性作用，更好发挥政府作用，激发各类市场主体活力。”党的十八大以来，习近平总书记多次强调坚持基本经济制度，坚持“两个毫不动摇，为各类市场主体高质量发展提供了根本遵循”[①]。市场主体是一个经济学概念，指在市场上从事经济活动、享有权利和承担义务的个人和组织体。“市场经济存在的基本前提是经济活动主体在产权、利益和决策上具有独立性。……市场治理是要以不同产权主体为基础的。”[②] 文化生产者、文化经营者、文化消费者、政府管理部门及文化中介机构等都可列入文化市场主体组成部分。

2019 年 12 月，第四次全国经济普查结果显示：我国文化产业市场主体数量大幅增加，经营性文化单位占九成；产业规模明显扩大，新业态加快发展；经济效益稳步提高，文化核心领域优于相关领域；就业总量不断增加，文化服务业吸纳能力强；多种所有制共同发展，社会资本投入力度加大；东部地区优势明显，中西部发展加快。与此同时，加快壮大文化市场主体，鼓励和支持非公有制文化企业发展，深化文化领域供给侧结构性改革，推动文化产业从粗放式发展模式向高质量、高层次、精细化发展模式转换，仍需各方共同发力。[③] 早在 2015 年，我国首次提出“放管服”改革，围绕处理好政府与市场关系，简政放权、放管结合、优化服务三管齐下推动政府职能转变，促进经济持续健康发展。党的十八大以来，我国围绕“大市场、大质量、大监管”一体推进市场监管体系完善和效能提升，推进市场监管现代化，维护和优化高效、有序、统一、安全的超大规模市场，切实推动高质量发展。

据“2021 中国省市文化产业发展指数”显示：截至 2021 年末，我

---

① 《坚持“两个毫不动摇”激发各类市场全体活力（这十年，总书记这样勉励企业高质量发展）》，《人民日报》2022 年 8 月 19 日。

② 王刚：《从治理走向秩序——经济转型中的市场治理研究》，经济管理出版社 2010 年版，第 166 页。

③ 《文化产业实现规模效益双提升——第四次全国经济普查系列报告之五》，国家统计局官网 2019 年 12 月 6 日。

国规模以上文化及相关产业企业增至约 6.5 万家。该评价体系由产业生产力、影响力和驱动力三个分指数构成。综合指数，北京近 6 年保持第一，广东、浙江连续 4 年位列二、三，上海连续 12 年排在前五。生产力指数，广东位列全国第一，文化主体、人力资源优势明显，文化企业数量超过 55 万家。江苏文化产业从业人员排名第二，数量超过 209 万人。影响力指数，北京位列榜首，上市文化企业数量约 170 家，上海文化企业营收位居第一，企业数量超过 160 家。江苏规模以上文化企业营收超过 1.7 万亿元，位列第三。驱动力指数，浙江在投资吸引、知识产权、文化科技融合方面表现突出，相关数据均位列全国第一，文化产业国家高新技术企业数量超过 1500 家。此外，文化金融融合能力，上海、北京得分遥遥领先，两市文化产业私募股权融资规模、上市文化企业 IPO 融资规模、挂牌新三板文化企业融资规模均位居全国前列。文化科技融合能力，浙江、广东、上海三省市文化产业国家高新技术企业数量均超过 1000 家。自 2012 年启动首批基地认定工作以来，全国四批次共认定示范基地 85 家，基本形成以文化为内容核心，以科技创新为重要支撑，文化科技交互融合的产业发展新格局，“1+1>2”的叠加效应日益彰显。[①]

我国文化产业发展正进入一个大分化、大融合、大竞争的时代。总体来说，文化市场主体培育壮大过程中，必须兼顾以下几个方面：

其一，必须实施龙头文化企业的带动战略。

深化国有文化企业转企改制，做优做强做大一批国有文化企业集团。推进国有文化企业混合所有制改革，鼓励国有资本与非国有资本合作。支持有条件的民营文化企业通过联合重组等方式，培育大型民营文化企业集团。推进龙头企业打破地区、领域、行业界限开展资源整合及兼并重组，鼓励“强强联合”吸引国内或跨国龙头企业资本风投。扶持和培育一批具有“高成长性、高附加值、高带动性”的独角兽文化企业、隐形冠军文化企业，成为行业的引领力量。发挥龙头企业“头雁效

① 甘皙：《“2021 中国省市文化产业发展指数”结果发布》，《工人日报》2022 年 5 月 17 日。

应”，并加快文化众筹、文化众创发展，带动中小微文化企业快速成长，形成跨地域、跨行业、大中小企业之间协同发展、优势互补的生态格局。重点突破范围：一是围绕京津冀协同发展、长江经济带发展、粤港澳大湾区建设、长三角一体化发展、黄河流域生态保护和高质量发展、成渝地区双城经济圈建设等重大战略，推动区域四大文化产业群和七大文化产业带协同发展，同时对标“一带一路”倡议，拓展国际文化市场；二是关注国家文化和科技融合示范基地，它们是融合创新的核心载体，也是政策体系先行先试的试验田，85家基地重点聚焦文化大数据、公共服务、数字出版、文化装备制造、媒体融合、文旅综合服务等方向，在推进文化科技技术创新、集成应用，促进传统文化业态转型升级、新兴文化业态培育方面发挥着重要的引领示范作用。

其二，必须深化改革创新优化营商环境。

营商环境是一个国家或地区经济发展水平高低的一种重要标志以及文化软实力的重要体现，也是有效开展国内国际交流与合作、参与国内国际竞争的重要依托。现代营商环境评价已初步形成囊括基础设施、生活设施、政策政务、社会信用、公平竞争、金融服务、财税服务、社会法治、科技创新、人力资源、海关服务、企业设立和退出等丰富内涵的指标体系。微观层面，简而言之，营商环境就是企业生存发展的水和土壤。要加快打造优质高效的服务型政府，加大对文化市场宏观管理和调节力度，提升相关政策的科学性，简政放权以减少对市场行为的直接干预。要统筹规划，强化政策扶持、引导、培育功能，破解企业发展人才、融资困难。要完善地区产业配套体系，大力推进地区互联网、交通网、物流网建设，切实降低企业生产经营成本。要加快文化产品和服务的知识产权保护力度，落实文化企业等级评定，推进文化产业信用体系建设。宏观层面，要建设开放型经济新体制，通过加快制度建设、法规建设，着力打造市场化、法治化、国际化的营商环境，为文化企业提供公平公正的市场秩序和产业生态环境。通俗地讲，就是要让营商环境“软实力”成为区域经济发展的“硬支撑”。

其三，必须大力培育新型文化业态和文化消费模式。

文化新业态是指新的历史条件下文化所呈现出新内容、新形式、新模式的总称，文化产业新业态以文化科技融合为根本动力，以数字技术为基础支撑，以“互联网 +”为产业形态，是新旧动能转换的重要支撑，是文化产业高质量发展的重要动力，是“互联网 +”融合的重要内容。[①] 数据显示：2021 年，我国文化产业新业态持续增长，高质量发展动力强劲，新业态特征较为明显的 16 个行业小类实现营业收入 39623 亿元，两年平均增长 20.5%，高于文化企业平均水平 11.6 个百分点。相关报告还预测，未来一段时间，数字出版产业规模或将超越传统新闻出版产业、电竞产业或将成为城市文化发展新赛道、“双减”背景下艺术体育培训领域将迎来转型机遇期、康养旅居将成为银发一族新选择、体育旅游将持续升温并向大众化发展、集成技术群的日趋成熟或将激发元宇宙和 NFT 的无限可能。[②] 整体上，文化新业态发展势头强劲，在数字化、互联网等高新技术的支持下，不同产业链之间、产业链不同环节之间不断互动融合，网络化共享、个性化定制、精准化营销等新需求对文化企业的组织形式、管理模式也提出了新的挑战。以短视频为例，截至 2020 年 12 月，我国短视频用户规模已达 8.73 亿，占网民整体的 88.3%；网络直播用户 6.17 亿，占网民整体的 62.4%。尤其是 2020 年新冠疫情以来，“短视频 + 直播”从聚焦于娱乐行业开始向社会经济各行各业进行渗透。但相对于传统媒体时代，“碎片化传播是社会化媒体内容产生和传播的主要行为特点”[③]。美国学者尼尔·波兹曼曾在其《娱乐至死》一书中指出，娱乐过度“会造成大众的低智化与社会公德的丧失”。加强对短视频行

---

① 王林生：《“十四五”时期文化新业态发展的战略语境、历史机遇与行动路线》，《行政管理改革》2021 年第 8 期。

② 应妮：《业界报告预测六大潜力行业　电竞产业或将成为城市文化发展新赛道》，《新快报》2021 年 2 月 28 日。

③ 董二林：《社会化媒体对国民数字化阅读行为的影响》，《中国出版》2015 年第 8 期。

业的监管力度，强化社会主流价值观的思想引导，增强短视频制作者和传播者的媒介素养，改善算法进而根据不同情况选择短视频平台节目推送办法，改良新媒介传播生态，等等，都值得进一步探讨与思考。[①]

培育新型文化业态和文化消费模式，推动文化产业高质量发展，数字经济是核心创新要素。1995 年美国学者泰普斯科特在其《数字经济：网络智能时代的机遇和挑战》一书中，首次详细论述了互联网会如何改变人类的商务模式。2016 年 9 月 G20 杭州峰会上多国领导人共同签署《二十国集团数字经济发展与合作倡议》，倡议指出："数字经济是以使用数字化的知识和信息作为关键生产要素、以现代信息网络作为重要载体、以信息通信技术的有效使用作为效率提升和结构优化的重要推动力的一系列经济活动。"此后"数字经济"这一提法逐渐被许多官方文件和重大会议所采用。有学者认为，"文化新业态是数字经济与传统文化产业深度融合后形成的一种新的产业形态，也是数字经济大爆发前夜的一次集体沉思和集体选择"。未来的文化产业发展与新业态的增长，与国际视野中的数字经济密切相关，开发数字资产重塑文化产业价值链，创新平台模式激发企业活力与扩大流量，推动跨界融合以文化赋能场景建设，将是国家"加快数字化发展，建设数字中国"宏伟目标的题中之义。

（四）文化产业高质量发展必须推进"中国文化走出去"战略

当前和今后一个时期，我国发展仍然处于重要战略机遇期，但机遇和挑战都有新的发展变化。国内与国际双循环相互促进，是大国崛起必由之路。"中华文化既是历史的、也是当代的，既是民族的、也是世界的。"[②] 文化产业高质量发展，是两个市场的和谐共舞。"要更好推动中华

---

① 靖鸣、朱彬彬：《我国短视频内容生产存在的问题及其对策》，《新闻爱好者》2018 年第 11 期。

② 《中华人民共和国国民经济和社会发展第十四个五年规划和2035年远景目标纲要》，新华社北京 2021 年 3 月 13 日电。

文化走出去，以文载道、以文传声、以文化人，向世界阐释推介更多具有中国特色、体现中国精神、蕴藏中国智慧的优秀文化。”①

在全球经济一体化的推动下，资本网络化流动和扩张的趋势，从经济领域开始，向着文化领域延伸，其结果之一就是文化全球化。文化全球化指世界上一切文化以各种方式，在“融合”和“互异”的同时作用下，在全球范围内的流动。我们不妨将文化全球化过程中形成的文化共同体称之为“全球化文化”——人的基础上的文化。它不是一种静态的文化形态，而是一种动态的流动，是世界范围内各种文化群体间人员、技术、资金、意识形态的相互融通。费孝通先生有过一个比喻，“20 世纪是一个世界性的战国世纪”，21 世纪将是“一个个分裂的文化集团联合起来，形成一个文化共同体，一个多元一体的国际社会”，“这个特点里边有一个方向，就是多元一体的世界文化的出现。我们要看清楚这个方向，向这个方向努力，为它准备条件”。② 中华五千年历史积淀的文化财富，中华文明所具备的独特魅力，让我们有资格也有信心助力构建“各美其美，美人之美，美美与共，天下大同”的文化共同体。

我国文化贸易中长期以来呈现出“整体顺差，结构性逆差”的局面。《中国国际文化贸易发展报告（2019）》显示，我国对外文化贸易规模不断扩大，贸易总额持续增长，海外文化贸易市场不断拓展，与“一带一路”相关国家的文化贸易逐渐活跃，并不断向东南亚、中东、南美、非洲等地区开发延伸，民营企业在文化市场中的主体作用也越来越突出。③ 但文化创新能力有待加强，出口产品缺乏国际品牌，国际市场份额占比很小。国际文化市场布局与经济运行情况密切相关，发达国家因经济影响力决定了其必然占据文化市场的主导位置，而广大发展中国

---

① 习近平：《坚定文化自信，建设社会主义文化强国》，《求是》2019 年第 12 期。

② 费孝通：《从反思到文化自觉和交流》，《读书》1998 年第 11 期。

③ 黄亚楠：《〈中国国际文化贸易发展报告（2019）〉发布我国对外文化贸易发展形势持续向好》，《中国社会科学报》2019 年 5 月 31 日。

家在文化经贸领域只占市场很小份额，在国际市场上缺乏亲和力，也没有文化发言权，也就缺乏文化传播的主动权和文化软实力。塞缪尔·亨廷顿在《文明的冲突与世界秩序的重建》中指出：冷战后的世界，主宰全球的将是“文明的冲突”。国际市场上的文化博弈并非是一个线性的、单向的进程，而是一个像全球化本身一样，受到辩证的“推力和拉力”合力塑造的过程。推动中华文化走出去，提升文化软实力，一方面需要扭转我国在国际文化市场上的被动局面，着力提高我国文化产品国际市场占有率和影响力，另一方面单纯依靠国内市场需求远远不能满足由产业化生产形成的巨大供给，必须加大国际市场的开发力度，为文化产业的发展提供更多的需求动力。

提高文化产业国际贸易质量和水平，需要改善文化贸易生态，完备相关法律、政策环境，但至关重要的，是鼓励各类文化企业发挥自身优势，全面提升在全球价值链中的地位。把握年轻一代群体的消费取向，优化中国传统文化元素的国际表达方式，打造具有中国特色的文化品牌，满足及培育海外消费者的文化需求。积极参与国际文化贸易规则的构建，拓宽文化贸易服务的样态和层次。鼓励文化企业借助国际代理、合作研发、电子商务等新模式、新渠道拓展国际业务，发力国际文化要素市场。鼓励兼并控股或直接投资，寻找适当的合作伙伴和战略同盟。与此同时，统筹壮大国内文化市场和扩大对外文化贸易，坚持高水平走出去和高质量引进来并重，优化国内文化产业结构升级，加强国家文化出口基地建设，增加对外文化服务贸易的比重。总之，中国文化产业必须实施“走出去”战略，以优秀的文化产品为载体，在全球范围传播中华文化，阐发中国精神，展现中国面貌。

第十章
吸收和借鉴国外优秀文化

“不忘本来、吸收外来、面向未来”，这是习近平总书记在论文化自信时提出的一个重要思想。其中“吸收外来”，就是要吸收和借鉴国外优秀文化。他认为：“文明因交流而多彩，文明因互鉴而丰富。文明交流互鉴是推动人类文明进步和世界和平发展的动力。”[①] 也是推动中华文化繁荣兴盛的根本要求和必备条件。因此，对于文化，我们既敢于和善于引进来，从世界各国广泛吸取外来优秀文化，又敢于和善于走出去，向世界各国传播中华文化。这样，才能在中外文化的交流互鉴中使中华文化得到丰富发展，从而更加自信，更好提高国家文化软实力。

一、中华文化是不断与国外各种文化交流互鉴的结果

以汉民族为主体的中华民族，是一个开放的民族；以汉民族为主体建立起来的国家，也是一个开放的国家。正是在开放过程中，中华民族不断发展壮大，中国国家在不断统一强大，中华文化在不断繁荣昌盛。尽管开放的道路并不平坦，有阻力，有曲折，也有过封闭，但是每次曲折、封闭之后带来的是更大的开放。在当代，世界开放大潮流滚滚而来，中国的开放大门也将越来越大。这是历史的规律，谁也阻止不了。我们要充分利用开放的大好时机，以宽广的胸怀，吸取更多更好的国外优秀文化，使中华文化更繁荣、更多彩，也更自信。

中华文化的对外开放，在中华民族发展的各个时期各个阶段都存

---

① 《习近平谈治国理政》，外文出版社 2014 年版，第 258 页。

在。这里我们不可能全面论及，仅选几个重要的历史片段加以说明。

（一）丝绸之路开通，为中华文化注入了西域文化因素

丝绸之路在春秋战国时期就出现了[①]，但是真正开辟丝绸之路的是西汉的张骞和东汉的班超。这两人为开辟丝绸之路作出了重大贡献。特别是张骞，两次出使西域，历经艰辛，受尽折磨，终于取信于西域各国，使丝绸之路畅通。东汉的班超，不仅复通了一度受阻的丝绸之路，而且使丝绸之路进一步扩大。班超对维护和扩展丝绸之路的贡献，也是名垂史册的。

张骞和班超开辟的西域丝绸之路，是中华民族开放的重要标志。“西域”所指的地区有广义和狭义两种。狭义指玉门以西，葱岭以东，昆仑山以北，天山以南的地区。汉代时期这些地区尚未纳入中国版图，属于“国外”。广义则不仅包括上述地区，而且包括亚洲的中、西部，印度半岛、欧洲东南部和非洲北部。

丝绸之路的开通，为中西（域）文化交流开辟了广阔渠道。一方面中国文化沿着丝路往西传播，推动了西域文化的发展；另一方面中国从西域国家吸收外来文化，促进了中华文化发展。

中华文化在吸收西域文化方面，有几点比较突出：

——西域物化产品的流入。中国从西域国家引进了许多动植物品种，如从大宛、乌孙引进的汗血宝马、葡萄、苜蓿、石榴、蚕豆、胡桃、胡葱、胡瓜（黄瓜）、胡荽（香荽）、胡萝卜，从西域和欧洲引进的玻璃及制品、各种宝石、玛瑙、香料、化妆品、毛织毡毯，等等。这些外来品，不仅丰富了中国人的物质生活，而且为中华文化增添了新名称、新内容。

——西域艺术形式的传入。如西域音乐、舞蹈、乐器（琵琶、笙、箜篌、笳）等，石刻艺术以及杂技等，形式多样，令国人赏心悦目，称赞不已。

---

① 参阅冯天瑜等著《中华开放史》，湖北人民出版社 1996 年版，第 76—78 页。

——伊斯兰教、基督教等宗教相继传入。当时中原地区到“西天取经”，不是去欧洲，而是到西域取经。这些经典文献的取得，为以后这些宗教在中国的传播发展开了先河。

丝绸之路除了陆上丝绸之路外，还有海上丝绸之路。海上丝绸之路早在汉代就已开通，唐宋时期盛极一时，海上贸易十分发达。明代曾一度实行海禁，海上丝绸之路受阻。15世纪初，郑和七下西洋重辟的海上丝绸之路，经东南亚进入印度洋到非洲东部，把海上丝绸之路和陆上丝绸之路进一步联通起来。

海上丝绸之路开辟后，一方面将中国文明传给其他国家，另一方面也将海外文明成果带回中国。如从印度半岛带回玻璃烧制技术；从渤泥（今文莱）带回了胭脂石，三佛齐的紫石，暹罗的风磨铜，琉球的澜沙，天方的硇砂，这些大大提升了中国瓷器的品质；从阿丹采购紫檀木，从天方采购玉石、檀香木，用于建造南京静海寺；从暹罗引进了优良稻米品种。至于引进的花木品种更多，有西海棠、紫薇、詹卜花、娑罗树等。此外，引进的珍禽异兽也不少，其中长颈鹿、鸵鸟、火鸡、斑马等，都是国人从未见过的。这些东西，似乎与文化无直接关系，实际上，它们丰富了中国文字和物种，为中华文化发展作出了贡献。

陆上和海上丝绸之路的文化价值，不仅在于引进新产品、新物种，增加新汉字，引进西域艺术形式，更在于高扬中华民族“协和万邦”的人文精神，在于“积淀了以和平合作、开放包容、互学互鉴、互利共赢为核心的丝路精神。这是人类文明的宝贵遗产”。[①]

（二）印度佛教的传入，使中华文化内容和结构发生了重大变化

佛教传入中国，从汉代起、到宋代止，历时一千多年，先后有130多位佛经翻译家参与佛经翻译。中国佛经翻译收藏比印度还多。

印度佛教主要有“大乘”和“小乘”两大派。传入中国的主要是“大乘”派。佛教传入中国后，先后出现了八个宗派：三论宗、天台宗、

---

① 习近平：《携手推进“一带一路”建设》,《人民日报》2017年5月15日。

华严宗、法相宗、律宗、净土宗、密宗和禅宗，其中禅宗是完全中国化的教派，对中国影响最深最广，至今仍流传。佛教对中国传统文化产生了极大的影响，不仅为中国传统文化增添了丰富内容，而且改变了中华文化的结构。

佛教给中国哲学注入了新内容。在世界观上，佛教否认有至高无上的“神”，认为事物是处于无始无终、无边无际的因果网络之中。在人生观上，佛教强调主体的自觉，并把一己的解脱与拯救人类联系起来。佛教和中国古代哲学交互影响，推动哲学提出新命题和新方法。

佛教给中国文学的影响非常广泛。僧人和文士的交往，更是史不绝书。魏晋以后，佛经翻译给中国文学带来了新的意境、新的文体、新的命意和组词方法。数千卷由梵文翻译过来的佛学经典，其本身就是伟大富丽的文学作品，文笔的空灵，辞藻的美妙，在中国文学史上开辟一片新园地。佛经的写作形式往往成为中国诗歌写作的范本，其中的人物形象成为中国小说的原型（如《西游记》中的孙悟空形象，就是来自印度的《拉马耶那》中哈奴曼）。陶渊明、王维、白居易、苏轼的诗词，显然都受到了佛经《般若经》和禅宗思想影响。

佛教对中国古建筑艺术的影响也随处可见。现存的河南嵩山少林寺砖塔，山西五台山南禅寺，应县大木塔，福建泉州开元寺石造东西塔，以及闻名于世的敦煌石窟、云冈石窟、龙门石窟等，都吸收了印度佛教艺术的成果。

佛教对中国文字、语言的影响更是广泛。从佛教用语演化成日常用语的，诸如世界、如实、实际、觉悟、刹那、彼岸、姻缘、烦恼、解脱、方便、涅槃、众生、平安、现行、相对、绝对、知识、唯心、悲观、泡影、野狐禅、清规戒律、一针见血、一切皆空、三生有幸、三头六臂、不二法门、五体投地、功德无量、隔靴搔痒、拖泥带水、大吃法螺、大慈大悲、生老病死、六根清净、心猿意马、唯我独尊、不可思议、僧多粥少、味同嚼蜡、皆大欢喜、苦中作乐、菩萨心肠、昙花一现、大千世界、“苦海无边，回头是岸”、“放下屠刀，立地成佛”、“种瓜得瓜，种豆得豆”等，都来源于佛教。还有源于佛教的常用典故如一丝不挂、天花乱坠、当头棒喝、醍醐灌顶、极乐世界、现身说法、井中捞月、泥牛入海、借花献佛、痴人说梦等。这些佛教新词语与汉语原有词语融为一体，极大丰富了汉字和汉语的内容和表现力。很难想象，如果没有这些词语，我们该如何表达自己的思想。可见佛教文化在我国文化生活和社会生活中的作用是很广泛的。

佛教的传入，还改变了中国传统文化结构。汉代实行废黜百家、独尊儒术后，一提中国传统文化，人们常以为只有儒家文化或儒道两家文化。其实，魏晋南北朝以来，中国传统文化不再是纯粹的儒家文化或儒道两家文化，而是儒释道三家混合或称“三教共弘”“三教一家”。佛教传入中国时期之长，声势之大，影响之广，都非两汉经学、宋明理学所能比的。

（三）西学东渐，给中国传统文化注入了西方文化的新血液

明清时期的西学东渐，大致分为两个阶段，即早期和晚期。这两时期做西学东渐工作的有两类人，即外国教会人士来华传播西方文化和中国文人传播西方文化。

16、17 世纪的早期传播西方文化的外国人以利玛窦、汤若望等为代表。中国则以徐光启、李之藻等为代表。他们相互合作，共同传播西方文化。

利玛窦是意大利耶稣会牧师，来华的根本目的是传教。在传教的同时，带来的西方文化主要包括两方面：一是技艺方面的东西，如机械钟、望远镜、象限仪、三棱镜、地球仪等；二是学术方面的东西，如天文历算、欧式几何学、地理—地图学等西方科学知识。这些仪器和书籍，对传播西方文化起了启蒙作用。但是，又存在明显的历史局限性，那就是代表当时西方先进文化的文艺复兴的成就，如人文主义、哥白尼的日心说、伽利略的物理学等，都讳莫如深，加以排挤，不予引进。同时，西方利玛窦等耶稣教会人士的来华，受罗马教廷指派，受教廷干预，这导致以后康熙年间的教仪之争，终于引起康、雍年间的驱逐传教

士，造成中西文化交流中断一个多世纪的结局。

18 世纪初到 19 世纪中叶，西方在近代化道路上迅速前进，中国却由于封闭自守，仍然在中古道上徘徊。1840 年当西方列强用炮舰打开中国大门之后，西方殖民文化大量涌入，外国征服者已不再被征服，而是国人被征服。中华优秀传统文化经受严重冲击，历经坎坷，累遭践踏，几乎断裂。国人为了自救自强，先后发动了太平天国运动、洋务运动、戊戌变法和义和团运动。太平天国和义和团对中西文化交流作用很小。只有洋务运动和维新运动，对中西文化交流起到一定积极作用。

洋务运动是 19 世纪 40—90 年代，由清政府洋务派官僚以曾国藩、李鸿章、左宗棠、张之洞为代表发起的。他们以“师夷长技以制夷”为口号，以标榜“自强”的“练兵制器”活动和标榜“求富”的经济活动为中心内容。洋务派在外国资本主义的扶持下，培养通习外语人才，从国外引进先进机器，兴办各种军事工业和其他工业，这对中国军事工业和民用工业的发展，无疑起到促进作用。这些物质产品也包含了文化因素，对中西文化交流也有一定作用。

有一种观点认为，洋务派只重视机器引进，忽视文化交流。这种认识，未必完全符合事实。实际上洋务派在引进机器的同时，也引进西方文化。第一，为了机器的正常运转，必须派人到国外学习操作机器的技术、知识和经营管理经验，或请外国人来华传授机器操作的技术、知识和经营管理经验。第二，为了机器长期正常运转，必须兴办学校，培养后备人才。当时各地也办了不少学校，其中有名的同文馆和京师大学堂。京师大学堂后来发展成为设有道学、政学、农学、工学、商学等十科的综合性大学堂。新式西学（西方文化）的传入冲击着传统文化，从而引发“体用”之争（或中西之争）。这说明当时的西方文化传入是不争的事实。

清代晚期由康有为、梁启超、谭嗣同等人发动的维新运动，对西方文化的传入发挥了一定的作用。这从光绪皇帝下诏定国是，颁发数十道维新法令可见一斑。法令内容主要有：在政治方面，删改则例，裁汰冗员，取消詹事府等闲散重叠机构；设农工商税局，提倡开垦荒地，私人办实业，建立矿务铁路总局等；在军事方面，裁减绿营，编练新军；在文教方面，奖励新著作、新发明，改革科举制度，废除八股，改试策论，改各省书院、寺庙为学堂，设立译书局，编译书报，允准创立报馆、学会，派人出国留学。这些法令很多涉及西方文化，是中国传统文化没有的。只可惜这些法令停留在上层，广大民众不了解，加之操之过急，又未与中国实际很好结合起来，因而颁发不久就遭致失败。虽然失败了，但其影响却是深远的。

总之，明清之际的西学东渐，虽没有如佛教传入中国那样产生深广的影响，却给中国传统文化注入了近代文化因素，对中国传统文化是一个很大冲击，给传统文化的转型提供了契机。

（四）马克思主义的传入，给中国传统文化注入了灵魂

关于这个问题，在本书有专章论述，这里不再详述，只强调三点：

其一，马克思主义在中华文化中的地位和作用是十分重要的。马克思主义传入中国后，与中国具体实际相结合，产生了中国化的马克思主义：毛泽东思想、邓小平理论、“三个代表”重要思想、科学发展观和习近平新时代中国特色社会主义思想。这些思想理论，是中华文化的灵魂，是中华文化建设的指导思想。不论继承中国传统文化，吸收外来文化，总结文化建设的经验，还是规划未来文化的发展，都离不开马克思主义的指导。

其二，马克思主义对中国政治、经济、文化、社会、生态等各个领域的影响是广泛的，可以说是无处不在、无时不在。它是中国改革开放和建设的指导思想，是中国特色社会主义的指导思想，是中国共产党的指导思想。马克思主义融入中国社会的各个领域、各个方面、各个时期，指导各行各业。任何势力无法阻止，也无法抵消。这正是马克思主义威力所在。

其三，马克思主义对人们精神世界的塑造是极其深刻的。中国人的世界观、人生观、价值观、道德观、爱情观、婚姻观等，无不与马克

思主义紧密相连。当代中国人的精神世界的塑造，都或大或小、或多或少、或直接或间接受马克思主义的影响。我们党和政府对民众进行马克思主义的宣传教育、对马克思主义的创新和发展，使马克思主义的氛围十分浓厚。处于这样的文化氛围中，人们的精神世界不可能不受影响。

不难看出，马克思主义的传入，使中华文化发生了历史性的革命变化。

从上述中华文化发展简史中，我们至少可以得出两点启示：

一是中华文化是在与国外文化交流互鉴中发展起来的。没有中外文化交流互鉴，就不会有今天中华文化博大精深的内涵和多姿多彩的形态，就不会有今天中华文化的强大实力，也不会有今天中华文化屹立于世界文化之林。中外文化交流互鉴，是中华文化繁荣发展必由之路，也是增强文化自信的必由之路。

二是中外文化交流互鉴，是一个绵延不断、永无止境的过程。什么时候交流互鉴搞得好，文化就繁荣，就发展，人们对文化也很自信。像汉、唐时期，中华文化屹立于世界文化的前列，不会出现什么文化自卑、文化自贬的问题，相反，如果闭关自守、夜郎自大，以天朝王国自居，以礼仪之邦自傲，拒绝与外国文化交流互鉴，甚至出现清朝康熙、雍正时期驱逐外国传教士，使中西文化交流中断一个多世纪。其结果是中华文化逐渐衰落，西方文化乘机入侵，殖民文化猖獗，从而使中华文化陷入困境，人们对文化失去信心。因此，要使中华文化长期保持繁荣发展，使中华民族对自身文化充满自信，我们必须始终坚持对外开放。不管遇到什么困难、挫折、阻力，中外文化交流互鉴的大门不能关，只能敞开。

二、以科学态度对待外来文化

任何一个民族和国家的文化，都是一个多要素构成的综合体。世界各民族各国家的文化，更是一个巨大而复杂的系统。我们要吸取外来文化，就必须有一个科学态度，才能事半功倍；否则，可能劳而无功，甚至劳而有害。

所谓科学态度，从根本上说，就是实事求是的态度，就是从中国文化和外国文化的具体实际出发，来决定取舍什么、如何取舍、如何在取舍中开拓创新。

（一）平等相待

习近平指出："文明是平等的"，"各种人类文明在价值上是平等的"，"文明没有高低、优劣之分"。[①] 这就告诉我们，在中外文化交流中必须坚持平等相待。

中外文化的交流可以是双方和多方的，也可以是单方的。不管双方还是单方，可以概括为中方和外方。在中外文化交流中，对中方和外方的平等性要求是不同的。就中方来说，要做到平等对待外方，就必须反对文化自傲和文化自卑。文化自傲往往出现在外方文化实力和活力相对弱于中方的时候，而文化自卑则常出现在外方文化实力和活力强于中方的时候。无论自傲还是自卑，都是与平等性原则相悖的，必须坚决防止。其实，强于中方的外方，其文化实力和活力，不可能方方面面都强，也有弱的方面；弱于中方的外方，其文化实力和活力，也不是样样都弱，也有强于中方的方面。中方对于外方，不管是强是弱，都应平等对待，取人之长，补我之短，扬我之长，避我之短，相互学习，共同提高，没有必要自傲和自卑。

对于外方来说，平等相待要求就是中方要反对文化强权的一方，支持和扶植文化弱势的一方。文化强权一方往往掌握国际文化规则制定权，垄断国际文化交流的话语权，操纵国际文化市场产品的定价权，独占文化产品的生产经营权。这是文化不平等的重要表现。中方要反对文化强权，就必须大力发展和增强自己的文化软实力，积极参与国际文化规则的制定，掌握国际文化交流的话语权，参与国际文化产品的定价，创立并生产具有自己民族特色的文化品牌。与此同时，支持和扶植文化

① 《习近平谈治国理政》，外文出版社 2014 年版，第 259 页。

弱势的一方平等地参与国际文化规则的制定，平等拥有国际文化交流话语权，平等参与国际文化市场产品的定价，积极扶植文化弱势方创立自己的文化品牌。

在中外文化交流中，要求外方中的强势方平等地对待中方是不容易的，这涉及权力的再调整，利益的再分配。当中华文化实力和活力不足以抗衡外方时，外方绝不会甘心自动地放弃其权力和利益。这就要经过顽强斗争，反复的较量，才能迫使其逐渐让步，逐步承认并接受与中方平等相待。中外文化交流平等性地位不是等来的，是争取来的。对此，我们必须有充分的认识。

（二）开放包容

习近平曾引用法国雨果的话说："世界上最宽阔的是海洋，比海洋更宽阔的是天空，比天空更宽阔的是人的胸怀。对待不同文明，我们需要比天空更宽阔的胸怀。"[①] 只有宽阔的胸怀，才能敞开中国的大门，包容世界各民族各国家的各种各样文化的存在，才能与之交流互鉴，取长补短，舍旧图新。文化虚无主义、文化保守主义、文化民粹主义，都不利于中外文化的交流互鉴。

我们之所以要开放包容世界各民族各国家的各种文化，是由以下原因决定的：

——文化本身产生的多样性。世界各民族各国家的文化，由于各自的地理环境、民族性格、生产生活方式、历史进程等各不相同，因而创造和发展了多姿多彩的文明。世界上没有任何力量能阻止文化多样性的出现，没有任何一种文化能取代或消灭多种文化的存在。现在西方有的国家搞文化霸权主义，企图以自己文化取代别国多种文化，遭到各国人民的强烈反对。文化多样性是客观的。各种民族文化，都各有千秋，也各有不足。世界上不存在十全十美的文化，也不存在一无是处的文化。文化的多样性，既为文化交流互鉴提供必要，如果世界各国文化千篇一

① 《习近平谈治国理政》，外文出版社 2014 年版，第 262 页。

律，千人一面，谈什么交流互鉴；也为文化的包容提供可能，因为不同文化有差别，甚至有矛盾，才需要包容。

——文化园地建设的多样性。任何一个民族和国家的文化园地都有多样性。因为多样性的存在，才使文化园地多姿多彩。"'一花独放不是春，百花齐放春满园。'如果世界上只有一花朵，就算这朵花再美，那也是单调的。"[①] 现在世界上有 200 多个国家和地区，2500 多个民族和多种宗教，如果世界只有一种文化，一种语言，一种音乐，一种服饰，那是不可想象的。因此，珍爱每一朵文化之花，多培植或移栽更多的文化之花，文化园地才能万紫千红，多姿多彩，引人赞叹，引人欣赏。

——文化主体需求的多样性。作为文化主体的人类，是由众多民族、群体、个人组成的。不同民族、群体和个人对文化的需求是各不同的（当然有相同之处），而且这种需求随时代的发展变化而发展变化。要满足不同文化主体对文化的不同需求，就需要多种多样而又不断发展的文化来满足。自然，本民族本国家文化的多样性是满足其内部不同需求的主渠道，但借鉴别的民族和国家的文化多样性，也是其中不可或缺的渠道。如果封闭自守，排挤外来文化，要满足本民族本国家内不同文化主体不断发展变化的文化需求，是十分困难的。其结果只能扼杀不同文化主体对文化的多样性需求，阻碍文化的繁荣昌盛。

（三）辩证取舍

开放包容不是盲目崇外，学习借鉴也不是照抄照搬。每一个民族和国家的文化，都有其赖以生存的土壤，都有其发挥作用的条件。离开了一定的历史条件、社会环境，文化的价值和作用就会发生变化。同时，外来文化也是形形色色、五花八门、良莠不齐、优劣并存。人们对外来文化的认识也随时间地点条件的变化而变化。这就要求我们对待外来文化，一定要有分析，有比较，有鉴别，做到辩证取舍，择善而从，择需而从。

① 《习近平谈治国理政》，外文出版社 2014 年版，第 258 页。

要做到辩证取舍，至少要把握和运用好三个观点：

一是矛盾对立统一观点。任何文化都是矛盾的统一体，其中有精华，也有糟粕；有积极因素，也有消极因素；有阶级烙印部分，也有人类共有的部分；有无害成分（属于中性的东西），也有有害成分。绝对好或绝对坏的纯而又纯文化是不存在的。这就要求我们对任何一种外来文化进行具体分析，吸收其中精华的、积极的、共有的、无害的东西，舍弃其中糟粕的、消极的、带阶级偏见的、有害的成分。

二是矛盾转化的观点。任何事物在一定条件下都是可以转化的，外来文化也是一样。优秀的正确的文化，如果运用不当，可以导致错误，使好事变坏事。大家都知道马列主义是人类优秀文化成果，是人类文化中的精华，是人们认识和改造主观世界和客观世界的有力武器。但是，我们党内的教条主义者，曾经脱离中国实际，生搬硬套马列主义，导致第二次国内革命时期中国革命一再失败。真理跨过一步就是谬误，任何具体真理都有其适用的时间地点和条件。不顾时间地点条件的变化，教条式地对待真理，没有不碰得头破血流的。

文化中的糟粕是应该舍弃的。但是在一定条件下，坏事可以变成好事，腐朽可以化为神奇。毛泽东很重视反面教材的作用，认为温室里培养的花朵经不起风吹雨打。只有经风雨、见世面，才能茁壮成长。文化也是一样。他常把反面的东西当作反面教材。20 世纪 60 年代，他把赫鲁晓夫的反华言论出版，让人们奇文共欣赏，疑义相与析，从而提高鉴别能力、批判能力、预防能力。在我国出版史上，曾出版过一些反面教材（包括苏联和西方的）。我们并没有受这些反面教材的不良影响，反而从中受到教益。现在，我们对国外敌对势力丑化、矮化、分化、妖魔化中国的言论，不再遮遮掩掩，而是公之于众。随着我国对外开放的发展，人们的分析能力、辨别能力、抵抗能力的提高，在大力弘扬主旋律、传播正能量的同时，适当引进一些可以作为反面教材的东西，不但无害，反而有利。

三是矛盾不断发展变化的观点。任何文化都是不断发展变化的，人们对文化的认识也是不断变化的。即使同一作品，在不同的时间地点条件下，人们的认识也是不断变化的。因而对外来文化的认识，在不同时间地点条件下是不相同的（也有相同之处）。英国作家劳伦斯的《查泰莱夫人的情人》，曾被人认为是“淫书”，禁止引进出版。其实，该书对性生活的描写和国内贾平凹的《废都》对性生活的描写，无论在分量上还是在程度上，都相差无几。《废都》能公开出版发行，为什么《查泰莱夫人的情人》不能引进出版阅读?（现在当然可以了。）斯大林曾被誉为马列主义发展史上的伟人，他的选集、全集，在国内广泛出版发行。他的学说被称为“斯大林主义”，受到国内不少人士的吹捧、赞扬。然而随着时间的推移，人们认识的发展，发现其中不少是错误的。如把中间势力当作敌对势力，提出阶级斗争越来越尖锐，否认市场经济，搞高度集中的计划经济，否认民主政治，搞高度集中的专权制，等等。现在，人们理性审慎地看待斯大林及其学说了。音乐被认为是无国界的，可以随意引进歌唱，但事实并非如此,《黑龙江之波》是俄罗斯音乐，我国引进后曾广为传唱，中国人民解放军艺术团以此歌参加比赛还得了一等奖。后来人们发现，此歌是沙皇俄国强占我国黑龙江南北大片国土后为歌颂胜利而创作的。受欺凌的中国人是绝不该唱此歌的，才停止歌唱此歌。类似的例子很多，不再一一列举。这些事例至少说明两点：第一，吸收外来文化是具体的，不是抽象的。一个个人的具体思想，一部部作品的具体内容，是吸收外来文化的具体对象。人们熟知民主、自由、平等、人权等观念，好像是抽象的，其实是从一些具体人物的思想中归纳出来的。离开具体的人、具体的作品谈吸收外来文化是空洞的，不会有好结果。第二，人们对具体人物的思想、具体著作内容的认识，随着客观形势的变化，随着人们认识的变化是不同的，因而对外来文化的认识，在不同时间地点条件下应是不同的。静止的、僵化的思想，是不可能形成正确认识的。

三、以我为主，推动外来文化中国化

吸取外来文化是一项系统工程，涉及方方面面。为保证这一工作的顺利开展，少走或不走弯路、歧路，早日达到预期的目的，即促进中华文化的大发展、大繁荣，增强文化自信，建设文化强国，我们必须坚持以我为主，推动外来文化中国化。

（一）以我为主，掌握中外文化交流主导权

习近平总书记在党的十九大报告中指出：中外文化交流要“以我为主”。中华文化和外来文化互相交流，有一个以谁为主、由谁主导的问题。这一问题十分重要，关系到文化发展的方向性、文化发展的民族性、文化发展的稳定性、文化发展的包容性以及文化主权问题。中华文化发展之所以保持长期稳定，绵延数千年不断，一个十分重要的原因，就是始终坚持以中华文化为主体、为主导。鸦片战争之后，中华文化之所以衰落，就是因为列强入侵，从而失去了文化的主导权。

中外文化交流中的主导权问题，实际上是交流中取舍权由谁决定的问题。只有掌握了文化取舍权，才能保证我们在文化交流中，根据中华文化发展的需要和可能，决定取什么、舍什么以及先取什么、后取什么，才能保证中华文化健康稳定发展。在中外文化交流中，我们要始终坚持以中华文化为主体、为主导。这不仅必要，而且可能。中华民族及其文化有悠久的历史、有丰富的内容、有稳定的结构、有深厚的土壤。在漫长的中外文化史上，中华文化的主体地位，虽然受到过挑战，有过短期的缺失或动摇，如鸦片战争后一段时期，但其主导地位整体上是稳固的。

中外文化交流中中华文化主导地位虽然是短暂缺失或动摇，但却警示我们：主导地位并不是天赋的、一成不变的。主导地位是得还是失，是稳固还是动摇，关键在于作为文化主体能否不断地壮大自己的文化力量，特别是其中的核心力量。中华文化在鸦片战争后之所以丧失了主导地位，根本原因是清朝中期以后的统治者闭关自守，腐败无能，使中华

文化在西方文化强大攻势下，败下阵来，丧失了主导地位。

当今时代，是文化交流十分广泛的时代，也是一个文化争霸时代。西方有的国家以强大的经济实力、军事实力、科技实力为后盾，推行文化霸权主义。他们长期处于世界文化的霸主地位，将自己的文化强加于人。在这样的形势下，我国在中外文化交流中如何保持并强化中华民族及其文化的主导地位，就显得紧迫而重要。我们党和国家之所以提出文化自觉、文化自信、文化自强，就是为了增强中华民族文化的实力和活力，使其在中外文化交流中处于主导地位。

我们反对霸权，在中外文化交流中，不会同别国争夺文化霸权，但必须争文化主导权。对于企图在中外文化交流中削弱中华民族及其文化主导权的言行，不管来自何方，必须坚决反对。

（二）以我为主，实现外来文化创造性转化、创新性发展

吸收借鉴外来文化，不是简单的物理嫁接，而是有机的“化学反应”，目的是为转化再造、创新发展，丰富发展我们自己的文化。如果生吞活剥，囫囵吞枣，必然导致消化不良。对待外来文化，如同我们对待食物一样，必须经过自己的口腔咀嚼和肠胃运动，消化吸收，变成营养。

那么，外来文化如何实现创造性转化、创新性发展呢？

首先，要学习掌握马克思主义。外来文化是一个涉及范围广、包含内容众多而又十分复杂的巨大系统。如何从这个大系统中寻找我们需要的文化因素，必须有正确的立场、观点和方法。马克思主义正是我们观察分析外来文化的思想武器和科学方法。历史和现实都告诉我们，谁能掌握和运用马克思主义，谁就能从外来文化中获得真经。而获得真经，是创造性转化的目标。如果目标不明确，又何谈创造性转化呢？因此，有志于做转化再造工作的文化战线的同志，要在学习掌握马克思主义上下苦功。手握金刚钻，不怕石头硬。只有掌握了马克思主义这个金刚钻，对外来文化创造性转化中的困难才能被攻克。

其次，要调查了解中国具体实际。外来文化创造性转化的大舞台在

中国。中国的具体实际情况，制约着创造性转化工作的开展。因此，深入全面地了解中国具体实际，就显得十分重要。中国第二次国内革命时期，为什么“左”倾机会主义一再犯错误，就是因为他们不了解中国具体实际，生搬硬套马克思主义条文。毛泽东为什么能把马克思主义中国化（这就是转化再造），就是他深入调查研究，了解中国具体实际，因此强调“没有调查就没有发言权”“一切从实际出发”“实事求是”。从事文化战线工作的同志，要做好外来文化创造性转化工作，必须调查了解广大群众对外来文化的接受情况等。只有情况明才能决心大、方向对、效果好。

最后，要勇于开展实践活动。实践出真知，实践长才干。马克思主义和中国具体实际结合，必须以实践为中介、为桥梁。没有实践，所谓结合只是书面上、口头上的，不会有什么结果。因此，外来文化的创造性转化，关键在实践，成败在实践。只有通过实践，才能开拓新领域，积累新经验，成就新事业。毛泽东的新民主主义文化思想，不是他坐在延安窑洞里冥想苦思出来的，更不是天上掉下来的，而是在长期革命实践中把马克思主义文化思想和中国实际结合中总结出来的。没有反帝反封建的长期实践，不可能提出人民大众的反帝反封建的新民主主义文化。我们要把外来文化转化再造为中华文化的有机组成部分，不通过实践的长期考验和检验，是根本不可能的。只有把外来文化放到实践中去，吸收中国气质，除掉外来习气，才能融合于中华文化之中，成为中华文化的有机组成部分。

（三）以我为主，推动外来文化中国化

外来文化如何融入本土文化之中，实现中国化，在前面讲“创造性转化”时已谈过，这里从另一个角度再讲一点。

外来文化的中国化，是通过文化主体实现的。文化主体之所以能把外来文化中国化，是由主体的认知图式完成的。认知图式是认识论中一个专门问题，国内有不少研究，我们不可能也没必要全面介绍。这里只讲几点：其一，任何人（不包括“狼孩”“猴孩”之类）都有一定的认知图式。中国人的认知图式是以中华文化为核心为主体构成的。这个认知图式是人们在长期社会实践中受中华文化教育和熏陶逐步形成的（也就是人们常说的外因内化或客体主体化）。其二，每一个人的认知图式是不同的，因为每个人在成长过程中所受的社会教育、家庭教育和学校教育是不同的，即是同样的教育历程，其传授和接收的中华文化的数量和质量也是不同的，由此内化于认知图式的构成也就不同。其三，同一个人的认知图式在不同年龄阶段也是不同的。一般来说，婴幼少年时期是认知图式初步形成阶段。这个阶段的认知图式对外来文化的内化是来什么内化什么。青壮年时期是人认知图式完善、调整和稳定阶段。此时的认知图式对外来文化的内化既有选择更新一面，也有抗拒调整一面。老年时期的认知图式基本固定了，虽有更新调整，也是很小的。这就是老年人为什么不容易接受外来文化影响的原因。其四，认知图式一般分为核心区和外围区。核心区是中华文化因素长期反复作用于人的认知器官（眼、耳、鼻、舌、身）形成的。其中又可能出现“知识块”（同一学科众多知识内化形成的）、“知识圈”（相关学科知识内化形成的）、“知识链”（同一学科初、中、高多层次的知识内化形成的）等。认知图式的外围区是走马观花式、道听途说式、浮光掠影式所获知识内化形成的，容易事过境迁而消失（强烈的外来刺激又当别论），所以对认知图式功能的影响不大。

认知图式具有认识功能和实践功能，这两种功能的大小强弱随外因内化和内因外化反复交叉进行而不断发展。外来文化（外因）就是在这样反复交叉过程中逐步为中华文化同化、融合，打上中华文化的烙印，成为中华文化的组成部分。当这种被中华文化同化了外来文化的认知图式，通过语言、文字、图表设计等多种形式外化后，就成为“外因”而影响广大群众了。

外来文化中国化有一个由少到多、由点到面的过程。马克思主义中国化，是由毛泽东及其少数共产党人逐步探索开始的，以后推广到党中央、全党。现在，马克思主义中国化不仅是全党的共识，而且成为全中国绝大多数人的共识。

外来文化中国化，不是一朝一夕能完成的，需要一个较长甚至漫长的过程。佛教从传入中国到实现中国化，大约经历了上百年时间。马克思主义从 19 世纪末传入中国到 20 世纪 40 年代初毛泽东思想正式提出，也经历了半个多世纪。任何一种“外来”的主义、学说、思想、流派进入中国后，要实现中国化，没有几年、几十年的时间，是不可能的（个别观点、认识除外）。只有当外来文化反复作用于人的认知器官，在人的认知图式形成“知识块”“知识圈”“知识链”的时候，才能使外来文化被同化、融合，实现中国化。

有人认为，外来文化中国化只适用于社会科学领域，不适用于科学技术领域。事实并非如此。以高铁为例。高铁始自德、日、法等国，我国国情不同于这三国。我国气候复杂，有寒带、温带、热带；地形多样，有高原、丘陵、平地。高铁如何适应我国复杂多样的气候和地形，需要在原有技术基础上，经过消化、吸收再创新，形成适应中国实际的高铁技术。如果我们只照抄照搬国外高铁技术，高铁不可能在中国得到推广，更不可能出现具有自主知识产权的中国高铁技术。

外来文化中国化，是通过主体主观能动性自觉实现的。处于同样的外来文化环境中，由于每个人的主观能动性不同，内化于认知图式的外来因素是不同的。同一个人的认知图式，在不同时间地点条件下，也由于主观能动性发挥的情况不同，其外化过程中的认识功能和实践功能也是不同的。在人类社会实践中，面对外来文化，那些认识懒汉、行动懒汉，不仅不能同化融合外来文化，反而可能会被外来文化同化融合。我们之所以提出中国化，就是要求人们在社会实践中充分发挥主观能动性，使外来文化通过认知图式更好地中国化。

外来文化通过人的认知图式实现中国化，是在社会实践中进行和完成的。那种脱离社会实践的“狼孩”“猴孩”，不可能把外来文化内化于认知图式，又通过认知图式外化，使之成为中华文化的组成部分。

（四）以我为主，坚决维护文化安全

外来文化中国化还是中国文化西方化，这涉及文化安全问题。文化安全是我国总体安全的重要组成部分，其重要性不亚于政治安全、经济安全、国防安全。毛泽东对文化安全十分重视，他在欢迎丁玲从国民党统治区到延安的诗词中写道："纤笔一枝谁与似？三千毛瑟精兵。"[①] 一支纤笔抵三千精兵，可见文化对安全的作用多么重大。西方国家对文化的作用十分重视，他们所宣扬的西方文化往往成为其分化、瓦解和颠覆社会主义国家和民族主义国家的重要工具。苏联解体，东欧剧变，一些国家的"颜色革命"，都是西方国家文化先行，舆论先行，搞乱人们的思想，瓦解人们的意识造成的。因此，在吸取外来文化的同时，如何以我为主加强文化安全意识，防范文化安全漏洞，并非杞人之忧，而是前车之鉴。

在文化安全上，有三点值得警惕：

其一是文化"麻醉"。文化本来是人们的精神营养和精神家园，但西方一些国家把它当作麻醉人们思想的工具。在当时的苏联，以美国为首的西方国家，用种种手段如"美国之音"、"自由欧洲电台"、"自由电台"、英国"BBC"电台等，对苏联长期进行"宣传战""心理战"。他们一方面大张旗鼓吹嘘西方如何民主、自由、平等，如何美好幸福；另一方面污蔑攻击苏联如何"专制""独裁""腐败"，诋毁社会主义声誉，败坏共产党形象。在当代中国，西方某些国家又故伎重演，在鼓吹西方价值观、人生观的同时，对中国棒杀捧杀两手兼用。他们的"宣传战""心理战"形式变了，但实质未变，就是通过思想灌输，实现文化"麻醉"，使中国文化西方化，解除人们的思想武装，瓦解人们的意识。

其二是文化"殖民"。就是西方国家用文化奴役他国人民，使之成为西方的文化奴才。在当时的苏联，西方国家利用文化交流、人员来往，大搞文化渗透、思想渗透，拉拢一批人，腐蚀一批人，使他们成为"异见

---

① 《毛泽东诗词集》，中央文献出版社 1996 年版，第 174 页。

人”“自由人”“独立人”。这些人后来成为反苏急先锋，在苏联解体中起了很大破坏作用。在当代中国，西方一些国家也在拉拢一些“异见”人士、“独立”人士、“自由”人士。你“反华”“反共”，就给支持、赞扬、奖励。对此我们必须提高警惕。稍不留意，可能一粒老鼠屎坏了一锅粥。

其三是文化“颠覆”。这已有苏联解体、东欧剧变以及一些国家“颜色革命”为证，不是什么危言耸听。当然，这些国家变色是多种原因造成的，但是文化是其中重要原因。西方文化、思想的大量引进、大量渗透，如果不通过本土化加以再改造、再融合，势必为西方文化同化，从而丧失文化主权。一旦文化主权丧失，整个国家主权也就危险了。

文化主权是一个主权国家根据宪法和法律赋予的文化发展自主权、主导权，是国家根据社会经济发展和文化生活需要自主发展文化的根本权利。在世界大开放、国际文化大交流、引进外来文化多样化的形势下，我国要巩固和发展以社会主义先进文化为主体为核心的中华文化，必须居安思危，保持头脑清醒，树立忧患意识，编织好文化安全网络，以便在激烈的国际文化竞争中维护我国的文化安全。这不仅是文化战线上所有人的天职，也是全体中国人民的共同责任。

四、在“引进来”和“走出去”的双向互动中增强文化自信

我们已着重讲了“引进来”的问题。其实，“引进来”和“走出去”是难以分割开的，在引进外来文化的同时，中华文化也走出去了。中国的指南针、印刷术、火药、造纸四大发明，中国的茶叶、丝绸、漆器、瓷器，中国的儒家思想、道家学说，中国的楚辞、汉赋、唐诗、宋词、元曲、明清小说，等等，在丝路开通、佛教引进、西学东渐的同时也逐渐地走出去了。中华文化在“走出去”的过程中，不仅扩大了在世界许多国家的影响，也经受了锻炼，提高了威望，增强了自信。

（一）中华文化“走出去”面临的挑战和机遇

1840 年鸦片战争之前，在中外文化的交流中，中华文化始终处于主导地位，面临的机遇多而挑战少；那之后到新中国成立之前，是挑战多

而机遇少；在当前，则是挑战和机遇同时存在，机遇比挑战相对多一些。

当前我们面临的挑战主要有：

文化自卑的阴影仍存在。从鸦片战争后，帝国主义的殖民文化、买办文化曾在我国猖獗，严重影响了中国的文化自信。中华人民共和国成立后，情况大有改变。但在一部分人的观念中，总认为我国文化实力不强，声望不高，影响不大，难以走出去。更有极少数人诋毁自己的文化，什么“封建文化的残余”“封建文化的复活”，不能走出去。这些片面、错误的认识，不同程度地影响我国文化走出去。

缺经验，缺平台，缺人才。对外文化交流需要经验、平台、人才。改革开放后，文化所需要的经验、平台、人才，难以满足日益增长的需求，这不能不影响文化走出去。经过40多年的努力，虽然情况大为改观，然而形势在发展，新的需求又出现。如何适应新形势，满足新需求，仍要继续努力。现在我们急需既熟悉国内文化的发展进程、又了解世界各国文化情况，既了解国内文化的规则、又熟悉国外文化的规则，既有中文基础和写作能力、又精通多种外国语言，这种高端的复合型文化交流人才，目前这类人才远远供不应求，这势必影响文化走出去。

文化霸权的存在和民粹主义的泛起。美国的文化霸权主义虽然有衰弱之势，但余威仍在，仍控制国际文化的交流规则的制定，仍掌握着国际话语权，仍占据国际文化品牌绝大多数。与此同时民粹主义沉渣泛起，鼓吹本国优先，用本国货，雇本国人（如美国前总统特朗普就鼓吹“美国优先”“买美国货”“雇美国人”，并签署法令，强制实行），这些都不利于中华文化走出去。

对中国的误解、误读。当前，外国某些人受“黄祸论”“中国威胁论”“中国新霸权主义”“中国新殖民主义”等的影响，对中国的误解、误读不少，认为中国文化走出去是什么“文化侵略”“文化殖民”，是占领外国文化阵地，因而对中国文化持警惕态度，抱观望思想。

中国文化走出去面临的挑战，是客观存在的，我们不能回避，要勇于面对挑战，迎接挑战，并千方百计地争取胜利。这胜利不是可望不可即，而是有机遇，有许多有利的条件。习近平总书记在 2022 年“两会”上，就强调指出：当今中国具有 50 年战略性有利条件。

全球化、大开放的趋势，为中华文化走出去提供了大好时机。尽管当前有逆全球化、有民粹主义思潮的存在，但毕竟不是主流而是支流，是浊流而不是清流，是逆流而不是潮流。全球化、大开放是大势所趋，人心所向，谁也阻挡不了。这为中华文化走出去提供了大好时机。

国际社会渴望了解中国，学习中国，为中华文化走出去打下深厚群众基础。中国历史悠久而又博大精深的优秀传统文化为世人所认同，中国的红色文化震惊寰宇为世人所敬重，中国改革开放后所取得的巨大成就及其经验，为世人所景仰。他们渴望更多地了解中国，学习中国，这为中国文化走出去提供广阔的群众基础。

中国的文化改革和文化建设取得辉煌成就，为中华文化走出去提供政策支持和物质保证。改革开放以后，党和政府高度重视文化改革和文化建设，特别是以习近平同志为核心的党中央更加重视文化建设，把全面加强文化建设，激发全民族文化创造活力，作为协调推动“四个全面”战略布局和实现中华民族伟大复兴中国梦的强大力量，并对文化自觉、文化自信、文化自强作出全面系统深刻的阐述。在实际工作部署和安排中，提出要繁荣文化精品，实施中华文化传承工程，全面加强文化遗产保护工作，振兴和发展民族文化，推动基本公共文化服务标准化，推动文化产业成为国民经济的支柱性产业，加快发展新型文化业态，着力打造具有国际影响力的中国文化品牌等，这些为中华文化走出去提供了政策支持和物质保证。

“一带一路”建设为中华文化走出去提供了新的机遇。古丝绸之路为中华文化的走出去开辟了道路，使中国的四大发明、中国的丝绸、茶叶、瓷器等走出国门，中华文化誉满亚非国家。今天的“一带一路”，参与国家之多，人口之众，领域之广（包括政治、经济、文化等各个方面），气氛之浓，规格之高，都是古丝绸之路无法相比的。习近平提出和阐述的共商、共建、共享原则，开放、绿色、廉洁的理念，高标准、惠民生、可持续目标，以及“五通”主张：政策沟通、道路联通、贸易畅通、货币流通、民心相通；“五路”愿景：把“一带一路”建成和平之路、繁荣之路、开放之路、创新之路和文明之路，都成为“一带一路”建设的指导思想。我们要坚决执行，使中华文化能走出去，在“一带一路”沿线各国开花结果。

复兴“一带一路”当然不会一帆风顺。目前欧亚大陆还存在四个方案；一是欧盟及欧盟东扩的方案；二是俄罗斯主导的欧亚经济联盟；三是美国提出的“新丝绸之路”；四是日本、印度的亚非经济走廊。这四个方案具有矛盾性和非兼容性。中国的“一带一路”具有超越其他四个方案的优越性，不但顾及自身利益，还兼顾沿线各国利益，兼容其他四个方案。正是由于中国方案的优越性，为包括中华文化在内的政治、经济等走出去提供了大好机遇，我们应加倍珍惜。

中华文化走出去的机遇无处不在，无时不存。机遇有大小，机遇易错过。要善于抓住机遇，有所作为，不能坐失机遇，遗憾终生。

（二）中华文化走出去的具体内容

文化走出去问题，这是许多人关心的问题。因为这个问题不是单纯的文化问题，而是涉及文化软实力的问题。软实力是一个国家综合实力的重要组成部分。软实力的构成因素很多，如文化、政治、价值观、外交政策等。其中文化是软实力的灵魂，在软实力中发挥经纬作用。灵魂，说明文化决定软实力的性质及其发展和使用的方向；经纬，说明文化渗透到各个环节和要素中。政治、价值观、对外政策等因素都受文化的影响和制约。因此，没有文化高度的软实力是短视的，没有文化深度的软实力是肤浅的，没有文化广度的软实力是狭隘的，没有文化开放的软实力是封闭的。文化的开放包括引进来和走出去。文化引进来的内容很多，走出去的内容也很多，而且随着时间的推移，内容不断丰富，档次不断提升。

对于文化走出去的具体内容，有两点必须先说明。一是中华文化走出去的具体内容，并非纯中国的。大都是先引进来，经过消化融合，创造新产品再走出去。在走出去的过程中，又引进吸收外来文化的新内容，再创造新产品。走出去的产品是在引进来和走出去的反复过程中产生的，纯中国的产品是很少的。二是文化产品并非都是纯文化的。广义的文化包括四个方面：一是精神层面，如信仰、思想意识、价值观等；二是行为层面，如生产方式、生活方式、家庭模式、行为礼仪等；三是制度层面，如政治体制、经济模式、法律典章等；四是物质层面，如交通手段、劳动器具、工艺技术等。一句话，文化大都是物化了的文化产品或文化了的物质产品。物化产品表面上看是物质，但其体现的设计理念、科技含量、工艺水准，无不闪耀着文化之光。

中华文化走出去的具体内容很丰富：

——有优秀传统文化，也有社会主义文化。前者如儒家思想、老庄思想、道家学说，楚辞、汉赋、唐诗、宋词、元曲、明清小说，中医、中药、针灸、推拿、拔火罐，书法、绘画、塑雕，戏剧、曲艺、民歌、民乐、民间舞蹈，武术、拳术、剑术等；后者如红色文化、先进文化、社会主义核心价值观，还有传统和现代结合的文学、艺术、中医药等。在外国很受欢迎，有的还成为某些国家元首和政府首脑很欣赏的艺术品。

——有民间手工艺，也有现代高科技。中国的民间手工艺种类很多，水平也很高。有编织类——竹编、柳条编、荆条编、苇编、草编、藤编，凡是能编织的物品，都能编出精美的艺术品；有雕塑类——砖雕、木雕、石雕、贝雕、根雕、蛋壳雕、瓜雕，有泥塑、面塑、糖塑、胶塑，凡是能雕塑的东西，经过民间艺人雕塑，就成为千奇百怪、栩栩如生的艺术品；有刺绣类——苏绣、湘绣、川绣、汉绣，一块普通丝绸或棉布，经过绣工的穿针引线，绣出花、鸟、虫、鱼，山、水、田、园，靓男俊女，就身价陡增，成为世人争购的产品。此外，还有印染类、陶瓷类、吹拉类，等等。各种民间手工艺，有些已传入亚非拉发展中国家，成为他们安排就业、增加收入、丰富市场、出口创汇的重要门路。在出口民间手工艺的同时，中国的高科技出口日益增多。中国高铁、中国核电、中国光纤、中国水电、中国风电、中国光伏、中国北斗、中国卫星、中国铁牛、中国高端船舶、中国数控机床、中国工程机械、中国装卸机械，等等。那些以“中国”命名的高新科技，不仅畅销新兴国家和发展中国家，而且进入发达国家。

——有民用产品，也有军工产品。军工产品表面上似与文化无关，实际上，它的设计思想、制造技术和工艺以及管理方式、方法等，都是文化的体现。军工产品是军事文化的载体。在 20 世纪 80、90 年代，中国走出去的产品，多为民用产品，而且多是低中档的，军工产品较少。现在，民用产品从低中档向中高档转向，军工产品则由少到多、由低档向中高档迈进。中国军工产品已由过去的进口大国成为现在的出口大国。中国彩虹、翼龙、翔龙三个系列无人机、中国的歼 10 系列战斗机、中国红旗系列导弹、中国坦克系列以及船舶系列，等等，都成为国际军工市场的抢手货。军工产品出口，使中国军事文化也随之传播国外。

——有物化产品，也有精神产品。人们往往关注物化产品的走出去，而忽视精神产品的走出去。其实精神产品的出口更能反映一个国家的文化实力。中国的物化产品走出去的越来越多，也越来越高档化，而精神产品走出去的却一度不如人意。进入 21 世纪后，特别是以习近平同志为核心的党中央，更为重视精神产品的走出去。现在，中国风格、中国气魄、中国故事、中国声音、中国模式、中国道路、中国方案、中国设计、中国创造、中国主张、中国规则、中国智慧、中国思维、中国价值、中国方式、中国方法等观念，中国图书、中国电影、中国电视剧、中国动画片、中国网络文化等产品，在双边和多边会议上、在地区和国际舞台上、在各国的新闻报纸上、在电视广播互联网上、在国际文化交流会上、在各种国际展销会上、在与国际友人的交谈上，都能听到、看到。这种精神产品的影响，入耳入脑，是物化产品无法与之相比的。

——有高碳产品，也有低碳产品。中国走出去的产品，大多为高碳产品。随着科学技术的进步，随着人们对产品品质要求的提高，高碳产品越来越不受欢迎，低碳产品成为全球普遍价值取向，有广泛的国际共识和认同。西方有的国家已提出“碳排放标准”，对高碳产品限制进口，这不利于我们高碳产品出口。中国在碳排放问题上，要建立碳排放的“中国标准”和“中国话语”。中国在低碳排放问题上不仅需要保发展，还要争主导。不能主导，就难以发展。目前我国的低碳产品虽有走出去的，有的还走在世界前列，但总体上处于起步阶段，要奋起直追，使中国成为低碳产品的出口大国强国。

——有“中国梦”，也有“世界梦”。习近平提出的实现国家富强、民族振兴、人民幸福的“中国梦”，不仅是国家的、民族的梦，也是每个中国人的梦；不仅是中国人民追求幸福的梦，也和各国人民追求幸福的梦相通。“中国梦”提出后，迅速传遍世界。“美国梦”“俄罗斯梦”“巴西梦”“印度梦”“南非梦”“越南梦”等，相继在各国出现。“中国梦”走出去之快之广，世所罕见，可见它的吸引力多大。与此同时，习近平提出的“世界梦”即构建“人类命运共同体”，也在世界各地广泛传播。构建“人类命运共同体”，是世界各国人民的最大公约数，尽管霸权主义者和民粹主义者不喜欢，但也不敢公开抵制、反对。否则，会引起各国人民公愤公伐。“人类命运共同体”由中国提出，然后由双边、多边、地区走向联合国。习近平在联合国大会和联合国日内瓦总部先后发表以共同构建人类命运共同体为主旨的演讲，提出要构建一个持久和平的世界、一个普遍安全的世界、一个共同繁荣的世界、一个开放包容的世界、一个清洁美丽的世界。这是世界各国人民共同盼望的新世界，吸引世界各国人民的眼光，也凝聚世界各国人民的力量，这是谁也阻挡不了的世界大潮流、大趋势。“人类命运共同体”的提出，是中国对世界文化宝库的新贡献，是中华文化走出去的新内容。

在精神产品走出去问题上，有一点要强调一下，那就是哲学社会科学走出去的问题。我国社会主义建设 70 年特别是改革开放 40 多年，之所以能够取得举世瞩目的辉煌成就，是同哲学社会科学的发展分不开的。国外许多国家，特别是发展中国家，希望学习中国的哲学社会科学。我们要加强社科领域学科体系、学术体系、话语体系建设，以适应走出去的需要。

中华文化走出去的步伐并未停滞，随着中华文化事业的进一步繁荣，走出去的产品将会越来越多，档次会越来越高，区域会越来越广。我国文化软实力在国际上的影响，也将越来越大。

（三）中华文化走出去的途径、方法

如果说，在 20 世纪 80、90 年代，中华文化走出去的途径和方法比较缺少的话，那在 21 世纪的今天，其途径与方法则多多了。现在的问题是如何用好已有的途径和方法，并根据形势发展的需要，创造更多更好的新途径和新方法。

推动中华文化走出去，必须坚持统筹国内国际两个大局。当今中国和世界是紧密联系在一起的，中国好，世界才能好；世界好，中国才能更好。中华文化要走出去，首先要繁荣中华文化本身，只有本身繁荣昌盛，才能更好走出去。因此，要继续深入挖掘、大力弘扬中华优秀传统文化，要进一步总结和发扬革命红色文化，要建设好以社会主义核心价值观为核心的社会主义先进文化，要及时总结社会主义改革、开放和建设的新经验，要大力培养和发展中国自己的文化品牌。与此同时，要加强国际文化交流平台建设，大力培养国际文化交流人才，要加强对外舆论引导，传播中国改革开放和建设的发展成就、发展道路、发展模式、发展目标及发展目的，消除国外有些人对中国的误解甚至曲解，驳斥敌对势力对我国的攻击、污蔑，使国外能比较全面、正确地认识中国，为中华文化走出去提供物质基础、思想保证和人才保障。

推动中华文化走出去，必须坚持“两条腿”走路。开展对外文化交流，是一项综合性的巨大系统工程，既需通过官方渠道，由政府部门指导推动，也需通过民间渠道，由人民团体、社会组织和民间力量来共同实现。现在，中国同全世界 200 多个国家和地区中绝大多数建立了官方关系，少数未建立官方关系的，也有民间往来。官方和民间两个渠道是畅通的，各种文化交流很多，特别是与大国之间的文化交流，更是络绎不绝。但是，从现实需要和长远发展看，无论官方渠道、民间渠道还是两个渠道的融合上都存在短板。中华文化走出去是全方位的，官方和民间如何配合，既分工又合作，形成合力，还需双方多沟通，多协商，这就需要建立一套完备的、行之有效的制度，这方面还有许多工作要做。

在民间渠道上，要特别重视每年上亿人的出国旅游。这些人在欣赏国外美景美食的同时，也展示其自身文化素养和文化品位，是活生生的文化传播者。要加强对这部分群体的引导，使之成为自觉的文化使者。

推动中华文化走出去，必须坚持上层和基层兼顾。中华文化走出去的主要对象当然是广大民众，但上层也很重要。所谓上层，就是领导层、精英层。这部分人数虽不多，但处于社会的上层，地位高，权力大，影响广。而这部分人往往对我国的核心价值体系、国家发展模式、文化传统的认识，由于多方面原因的制约，存在较大差异。因此，在国外传播中华文化时，必须以他们为重要对象。我国为争取“上层”，开展了许多工作。如建立高级别双边和多边的人文交流机制，约请“上层”人士参观访问中国，等等。把这部分人工作做好了，有利于中华文化在当地的传播，也有利于我们在基层广大群众中开展工作，使中华文化在基层民众中开花结果。

推动中华文化走出去，必须坚持双边、多边和全球多头共进。我们已与世界各国建立了双边和多边、地区和全球的联系，一个多层次、全方位和宽视域的对外文化交流格局已初步形成。例如，在双方关系中，我国同美国建立了外交安全对话、全面经济对话、执法及网络安全对话，社会和人文对话。这四个对话中，社会和人文对话是重点谈文化交流的。其他几个对话也包含了中华文化的内容。中美的这些交流形式，由于特朗普和拜登的遏华政策受到了影响，但从长远看，中美交流的大势是难以改变的。除美国外，我国同已建交的国家都有文化交流渠道。在多边关系上，仅亚洲就有中日韩对话、上海合作组织、亚信会议、博鳌亚洲论坛、中国和东盟对话、北京香山论坛、新加坡香格里格论坛、“一带一路”会议，亚洲文明对话会议，等等。在地区关系上有中非合作论坛、中欧合作论坛、中拉合作论坛，等等。在全球关系上，中国参与了联合国及其下属国际机构的活动，这是中国开展对外活动的国际大舞台。应该说，中华文化走出去的双边、多边、地区和国际的各种舞台齐备，也发挥了各自的作用。现在的问题主要是两个。一是要进一步扩大我国在这些大舞台上的话语权。话语权是文化软实力的重要指标，涉及“说什么”“谁来说”“何时说”“怎么说”等环节。拥有话语权，就能通过议题设置，占据舆论制高点，引导舆论向有利于己的方向发展，从而达到塑造国家良好形象的目的。我们应高度重视话语权问题，使中国话语权越来越大，越来越有影响力。二是要进一步掌握这些大舞台的活动规则，修改不利于发展中国家文化传播的条条款款。这是两项艰难而重要的工作，需要做长期不懈努力。

推动中华走出去，必须坚持老办法和新办法同时使用。在中外文化交流上，我们有许多老办法。例如，在各国举办文化年、文化周、文化节，中外合作拍摄电影、电视剧、动画片，中外合办孔子学院、汉语班、汉语学校，中国歌舞走进维也纳金色大厅、悉尼歌剧院等著名剧场，都是中华文化走出去行之有效的老办法，要继续使用。近些年来，一些高校走出国门，在国外独立创办学院、分校，中央人民广播电台、中国国际广播电台、中国中央电视台、中国网络电视台也走出去，与国外联合办台，中国智库也走向国际，与各国智库联手办事，中国艺术、书法、绘画等还走进美国纽约联合国总部、联合国日内瓦总部、世界银行、国际货币基金组织以及国际奥委会等组织主办的展览或收藏。凡是有利于中华文化走出去扩大文化软实力的老办法、新办法，都要广泛使用，让世界人民了解中华文化，喜欢中华文化。这是文化战线广大同志的职责，也是每一个走出国门的中国人的责任。

中华文化走出去的过程，是扩大中华文化在世界影响力、增强文化软实力的过程，也是中华文化借鉴吸收外国有用文化、丰富自己文化内涵的过程。走出去和引进来一样，都是繁荣发展中华文化、增强文化自信的重要环节。我们要把两者结合起来，在引进来和走出去的双向过程中，不断壮大国家文化软实力，增强和提升中国特色社会主义文化自信。

第十一章
铸就社会主义文化新辉煌

习近平在谈到文化自信时明确指出：要“不忘本来、吸收外来、面向未来”[①]。在前面几个专题中，我们已经先后谈了“不忘本来、吸取外来”的问题，这里着重谈谈“面向未来”的问题。“面向未来”的问题实际上是在认清中国和世界发展大势的基础上，把握我国社会主义文化发展的趋势、铸就新辉煌的问题。这是现实生活中不能不回答的时代话题。只有实事求是地回答好这一问题，才能真正做到自信自强，达到铸就我国文化新辉煌的目标。回答这一问题涉及方方面面，下面仅从五个侧面谈点看法。

一、在新时代新的伟大实践中铸就新辉煌

坚持和发展中国特色社会主义，是改革开放以来我们党全部理论和实践的鲜明主题，也是习近平新时代中国特色社会主义思想的核心要义。正如习近平指出的，坚持和发展中国特色社会主义是一篇大文章，邓小平同志为它确定了基本思路和基本原则，江泽民、胡锦涛作为总书记的党中央领导都写下了精彩篇章。现在我们这一代共产党人的任务，就是继续把这一篇大文章写下去。在二十大报告中，规划出了“两步走”的战略安排：第一步，2035 年基本实现社会主义现代化；到本世纪中叶，建成富强民主文明和谐美丽的社会主义现代化的强国。

从现在起到本世纪中叶，中国特色社会主义建设新的伟大实践，对

---

① 《中国共产党第十九次全国代表大会文件汇编》，人民出版社2017年版，第19页。

我国文化发展前景究竟会产生什么样的作用，发生什么样影响呢？

（一）新的伟大实践为我国文化发展提供强大稳固的政治制度保障和雄厚的物质支撑

文化并不是孤立的存在物，而是与政治、经济等方面紧密联系在一起的。我国文化之所以在历史长河中经久不衰，兴盛发展，是与集中强大中央政权的保障和发达农业经济支撑分不开的。而近代我国文化之所以一度衰落，沦为西方文化的附属物，是同帝国主义的侵略压迫和封建买办反动统治的政治腐败、经济崩溃联系在一起的。经济基础决定上层建筑，作为上层建筑组成部分的文化，由经济基础决定并为经济基础服务。

中国特色社会主义建设是一个由政治建设、经济建设、文化建设、社会建设和生态文明建设组成的系统工程。随着中国特色社会主义建设伟大实践的进展，我国的政治制度（包括人民代表大会制度、政治协商制度、民族区域自治制度、基层民主制度等）将日益完善，日益巩固，也将日益具有权威，日益具有生机活力。这样的政治制度，必将为我国文化发展提供强大的保障。同样，随着社会主义建设伟大实践的进展，我国的经济（包括国营经济、民营经济、个体经济、混合经济、外资经济等）将日益发展，日益繁荣，我国将越来越富，越来越强。一个富强的中国，将为我国文化发展提供越来越多的经济支撑，我国文化发展的前景也越来越光明。当然，发展着的文化会反过来服务经济，为经济加油鼓劲，使经济沿着正确的方向、道路不断前进。不断前进的经济又会支撑文化发展。这样，就会形成经济发展和文化发展良性互动，比翼齐飞，共同发展繁荣，铸就社会主义文化新辉煌。

（二）新的伟大实践为我国文化发展开辟新的广阔市场

当代的中国不是单一计划经济时代，而是社会主义市场经济时代。文化的发展不再是由政府计划单一决定，而是由市场在资源配置上起决定性作用。我国文化的发展前景是与人民日益增长的市场需求密不可分。这方面的需求如果越来越大，那文化发展就会越来越辉煌。

我国文化的市场，主要有两个：一个在国内，一个在国际。

关于国内市场。我国有960多万平方公里广阔面积，有14亿多人口，是一个巨大的文化市场。但是，这个巨大的文化市场，至今没有充分发掘出来，市场虽大但利用不足。要充分发掘和利用这个广阔市场，就要调动人们的文化需求。人们的需求是分层次的。当人们处于饥寒交迫之时，求温饱是最急切的需求，文化需求是很少的。而当人们丰衣足食之后，对文化的需求会日益增加。当今的中国已进入全面建设社会主义现代化国家的新阶段，正在向着基本实现社会主义现代化和富强民主文明和谐美丽的社会主义现代化强国迈进。人民的生活将越来越富裕，人均收入将由现在的1.2万美元的中等收入水平逐步进入人均2万美元、3万美元中高端水平。人们生活水平的提高，对文化需求也随之将越来越多，越来越高。这为我国文化发展提供日益扩大的市场，我们文化繁荣发展前景也将日益光明。在14亿多人口文化需求总体日益提高的同时，14亿多人口中不同群体和个人对文化的需求将出现不同的情况，这为各种不同文化如高雅文化、大众文化、通俗文化、流行文化提供了广阔空间。一个百花盛开、万紫千红的文化大观园必将在我国出现。

关于国际市场。国际文化市场是一个无比广阔的市场。目前，我国文化在国际文化市场所占的比例还小，绝大部分文化市场为欧美文化所占领甚至独霸。我国文化想要占领国际市场，首先要打开对外开放的大门，这是我国文化走出去的前提。随着我国新的伟大实践的进展，我国对外开放的大门将越来越大，走出去的地方会越来越多，机会也会越来越多。其次，我们拿什么文化去占领国际市场。这就要了解国际市场需要什么，我们能提供什么。国际市场既需要共同的文化，如国际公认的文化品牌，也需要各种特殊的文化。各国的情况不同，各国对文化的需求各不相同，我们要根据各国不同需求提供不同文化产品。随着我国政治经济日益发展而带来的文化发展，将出现越来越好的文化品牌（我国有扶持文化品牌的计划）以满足国际市场的共同需求，也将根据各国不同的文化需求，生产不同国家需求的文化产品。国际文化市场的需求，是我国文化发展前景铸就新辉煌又一根据。

（三）新的伟大实践为我国文化战线涌现名家、名著提供丰富资源

文化战线的名家、名著，是一个国家的文化品牌，也是一个国家文化自信自强的依据。法国的国土面积不大（55 多万平方公里），人口也不多（6400 多万），但它的文化闻名世界。之所以如此，主要是因为法国历史上出现了一批名家、名著，如卢梭、雨果、巴尔扎克、罗曼·罗兰、大仲马、小仲马、斯丹达尔，等等，以及他们的名著如:《忏悔录》《悲惨世界》《人间喜剧》《约翰·克利斯朵夫》《巴黎圣母院》《巨人》《幻灭》《基督山伯爵》《茶花女》《红与黑》，等等。如果没有这些名家、名著，法国文化也不会有今天如此之闻名于世，法国人也不会对他们的文化如此自信。

在我国历代各朝的社会实践中，文化领域也出现了不少名家、名著，如孔子、孟子、屈原、司马迁、陶渊明、李白、杜甫、三苏（苏洵、苏轼、苏辙）、朱熹、程颐、程颢、吴承恩、汤显祖、王船山、孔尚任、曹雪芹、鲁迅、茅盾，等等，以及他们的名著如四书（《论语》《孟子》《大学》《中庸》）；五经（《诗经》《书经》《易经》《礼记》《春秋》）、楚辞、史记、汉赋、唐诗、宋词、元曲、明清小说（《三国演义》、《红楼梦》、《水浒传》、《西游记》）、《桃花扇》、《牡丹亭》、《西厢记》、《阿 Q 正传》、《子夜》，等等。这些名家、名著，国人引以为自豪，也据以自信。

不论是外国的名家名著，还是中国的名家名著，这些名著的内容不是天上掉下来的，也不是名家脑子空想出来的，而是当时社会实践经验在他们脑子里的反映。一个与世隔离、与实际脱节的人，不论如何聪明，也是不能写出传世名作的。

当前以及今后一段时期，中国的伟大实践其广度和深度不仅我国历史上没有，就是国际发展史上也是少见的。伟大的实践，必然积累丰富的经验教训，而丰富的经验教训，亦为文化的发展提供丰富的资源。正

如习近平说的："时代是思想之母，实践是理论之源。只要我们善于聆听时代声音，勇于坚持真理、修正错误，21世纪中国的马克思主义一定能够展现出更强大、更有说服力的真理力量。"[①]丰富的实践不仅为马克思主义理论发展提供丰富资源，也为其他文化形式，如小说、诗歌、音乐、美术、曲艺等的发展提供丰富资源。可以预期，随着中国改革开放新的伟大实践的发展，我国文化战线上将出现一大批享誉国内外的名家、名著，中华文化也将因之名声大振，中国人民也将引以为豪，并据以增强自信自强。

（四）新的伟大实践为我国文化发展提供强大动力

随着中国特色社会主义建设实践的进展，我国文化体制改革将逐步深化。深化文化体制改革，将扫除文化发展的思想障碍和体制障碍，为我国文化发展提供强大动力。

思想是行动的先导。只有正确的思想，才能有自觉的行动。目前，我国文化战线广大干部和群众的思想总的来看是健康的、正确的，但也有部分人存在一些错误的思想。就干部来说，主要有：有的认为文化建设是"软任务"，没有具体指标，完成还是未完成，不好检验；有的认为文化工作是"轻工作"，不像经济工作那么繁重，因而在干部配置上往往是老、弱、病、残和缺乏工作经验的人多；有的认为是"慢活儿"，慢慢来，能干多少算多少，不着急。就群众来说，主要有：一是"无关论"，认为文化建设是上面的事，领导的事，与我无关；二是"无用论"，认为文化不能吃，不能穿，有啥用，不如搞点实惠的东西；三是"无底论"，认为文化没有底，啥叫好，啥叫不好，谁能说得清楚。这种种思想偏差，无疑会妨碍文化战线广大职工的积极性。只有通过深化改革，加强思想政治工作，逐步扫除已经产生和将会产生的各种思想障碍，才能调动文化战线广大干部群众的积极性，推动我国文化的发展。

我国的文化体制长期实行集中统一管理，缺乏灵活性。要通过逐步

---

① 《中国共产党第十九次全国代表大会文件汇编》，人民出版社2017年版，第19页。

深化改革，正确处理中央与地方、政府与市场、单位与个人、行政人员与专业人员等各方面的关系，调整权、责、利的关系，彻底改变有权无责却有利、有责却无权无利等不合理现象，逐步建立和健全党委领导、政府管理、部门负责、社会支持、大众参与、权责明确、统筹推进的管理体制。只有这样，才能调动各个部门、各类人才的积极性，为文化发展提供强大动力。

二、在对外开放进一步扩大中铸就新辉煌

当今世界是一个开放世界，当今中国也是一个开放的中国。中国的开放大门一经打开，就只会越开越大，永远不会关闭。

（一）大开放带来文化大交流、大发展

封闭带来落后，开放带来发展繁荣，这是中外历史上早已反复证明的真理。在我国历史上，汉代的张骞、班超开拓丝绸之路，引进西亚文化，使中华文化注入了西域文化因素。汉唐以来众多高僧不辞劳苦，引进了佛教文化，使中华文化的内容和结构发生了重大变化。明清时期的李之藻、徐光启等和国外传教士利玛窦、汤若望等合作，引进西方文化，为中华文化注入了新鲜血液，这是开放对中华文化发展的典型。相反，清代后期的夜郎自大、唯我独尊，导致包括文化在内的整个国家的停滞落后，结果外敌入侵，攻城掠地，杀人夺财，割地赔款，沦为半封建半殖民地社会。

中华人民共和国成立特别是改革开放后，中国的大门逐步打开。但大门打开并非一帆风顺，而是经历了一次次争论，一次次思想解放。其中最重要的有三次。第一次是 1978 年关于真理标准之争。这是改革开放前夕进行的，为稍后的对外开放引进国外文化提出检验标准。第二次是 1992 年关于姓“资”还是姓“社”之争。实际上是要不要搞市场经济，要不要三资企业之争。第三次是 1996 年关于公私之争，就是要不要改革公有制，要不要发展私营经济，要不要引进外资企业。这三次思想解放，不仅为国内改革扫清了思想障碍，也为对外开放扫清了思想障碍。

对于要不要在开放中吸收国外文化，邓小平指出："社会主义要赢得与资本主义相比较的优势，就必须大胆吸收和借鉴人类社会创造的一切文明成果，吸收和借鉴当今世界各国包括资本主义发达国家的一切反映现代社会化生产规律的先进经营方式、管理方法。"[①] 邓小平在这里强调要"吸收和借鉴人类社会创造的一切文明成果"，包括一切"先进经营方式、管理方法"，这为我们吸收和借鉴国外文化指明了方向，开辟了道路。

我国的对外开放，从国内看，先从沿海开始，逐步扩展到沿江、沿路、沿边，最后到全国。从国外看，先从社会主义的国家开始，逐步扩展到资本主义国家再到世界各国。开放的大门越来越大，引进的东西越来越多。

我国对外开放引进的东西，经历了一个照搬、模仿到引进、消化再创新的过程，一个跟进、并进到局部领跑的过程，一个"引进来"和"走出去"相互促进的过程。正是在这个过程中，中国整个社会发生了天翻地覆的巨大变化。就文化领域来看，涌现了一大批闻名于世的科技文化成果（也是经济成果、科技成果）。如以高铁、新能源汽车为代表的现代交通技术，以 5G 为代表的通信技术，以港珠澳大桥为代表的桥梁技术，以三峡大坝和白鹤滩水电站为代表的水电技术，以华能一号为代表的核能技术，以天河、神威为代表的高性能电子计算技术，以九章为代表的量子技术，以上海洋山港为代表的港口技术，以"歼 20"和"运 20"为代表的航空技术，以空间站、北斗导航卫星为代表的空天技术，以蛟龙号为代表的深海探测技术，以"东风 21"和"东风 41"为代表的火箭技术，等等。这些技术，既是中国经济发展的名片，也是中国科技发展的名片，同时也是中国文化发展的名片，是中国人民引以为豪的高科技，尖端科技。这些高科技，有的是中国独创的，而多数则是引进、消化、再创新的结果。因此，对外开放对促进我国科技发展、文化

---

① 《邓小平文选》第 3 卷，第 373 页。人民出版社 1993 年。

繁荣，是功不可没的。

习近平总书记在2022年博鳌亚洲论坛年会开幕式的主旨演讲中指出："不论世界发生什么样的变化，中国改革开放的信心和意志都不会动摇。中国将扩大高水平的对外开放。"[①] 他提出，中国将深入实施外资准入负面清单，扎实推进自由贸易试验区、海南自由贸易港建设，全面实施《区域全面经济伙伴关系协定》，积极推进加入《全面与进步跨太平洋伙伴关系协定》和《数字经济伙伴关系协定》，积极推进高质量"一带一路"建设。这些高水平的对外开放措施，不仅将推动经济贸易的大发展，而且也将促进中外文化交流的大发展、大繁荣，带来新辉煌。

（二）"一带一路"是对外开放和中外文化交流的大平台

"一带一路"建设是习近平于2013年秋天先后在哈萨克斯坦和印度尼西亚出访时提出的。10余年来，全球已有150多个国家、30多个国际组织积极支持和参加"一带一路"建设，联合国大会、联合国安理会等重要决议也纳入了"一带一路"建设内容。"一带一路"建设逐渐从理论转化为行动，从愿景转变为现实，从"一带一路"沿路国家扩展到亚欧拉美和大洋洲各国。"一带一路"已成为我国对外开放和中外文化大交流的大平台。"一带一路"建设使包括文化发展在内的各项事业已初见成效。它的进一步推进，对我国文化发展前景将产生怎样的影响呢？这是我们研究文化自信必须回答的。

1."一带一路"倡议提出的动因

习近平提出"一带一路"倡议，不是偶然的，而是经过深思熟虑的。

第一，为了继承和发扬我国优秀传统文化中的丝路精神。2000多年前的丝绸之路，不仅加强了我国与丝绸之路沿途各国文化的交流互鉴，促进了当时文化的繁荣发展，而且积攒了"以和平合作、开放包容、互学互鉴、互利共赢为核心的丝路精神。这是人类文明的宝贵遗产"。[②] 这

---

① 习近平:《携手迎接挑战，合作开创未来》,《人民日报》2022年4月22日。

② 《习近平谈治国理政》第2卷，外文出版社2017年版，第506—507页。

一宝贵遗产，对当前以及今后处理国际文化交流仍有现实意义和长远意义，我们必须继承它，发扬它。

第二，为了打通欧亚两大洲的交流通道。“一带一路”地理位置十分重要。英国著名地理学家麦金德在其《历史的地理枢纽》一文中，从世界整体角度分析世界地理构成和世界历史进程，提出了“陆心理论”。该理论指出：世界由几个大的岛屿构成，其中欧亚大陆和非洲大陆是最大的“世界岛”，美洲大陆是另一个岛屿，澳洲则是较小的岛屿。这些“世界岛”中欧亚大陆是世界发展的“枢纽地带”。而在这个枢纽地带的中部（包括东欧、中亚、西亚、蒙古高原等）又是欧亚大陆的“心脏地区”。麦金德认为：谁统治了东欧平原，谁就控制了“心脏地带”；谁统治了“心脏地带”，谁就控制了欧亚“世界岛”；谁统治了欧亚“世界岛”，谁就能支配全世界。麦金德的理论曾影响了不少人。一些国家为争夺“心脏地带”曾发生过多次战争。

我们提出的“一带一路”包括了“心脏地带”和欧亚“世界岛”，但绝不是为了什么占领“心脏地带”，不是想控制欧亚大陆进而支配世界，而是为了打通欧亚两洲的通路。欧洲是发达地区，亚洲东部的中国是新兴国家、世界第二大经济体，打通联系通道，可以大大便利两地的交流合作，促进两地的共同发展。“一带一路”建设启动后，中欧班列开通，车次一年比一年增加，仅 2021 年就对外开通了 1.5 万次列车，大大节省了中欧运输时间和成本，受到中欧两地厂家、商家和顾客的欢迎。

第三，为了推动“一带一路”沿线欠发达国家的发展。“一带一路”不仅连接欧亚大陆，还连接非洲。非洲和亚洲都有不少欠发达国家。这些国家渴望加速发展，摆脱贫困，迈入新兴国家甚至发达国家行列。但他们大都缺资金、缺人才、缺技术，也缺经验，渴望得到中国和欧洲发达国家的帮助。而中国和欧洲国家也有意愿、有能力提供帮助。“一带一路”倡议提出后，得到了欠发达国家的热烈欢迎，也得到了欧洲发达国家及其他国家的支持。这充分说明“一带一路”是顺人心，合民意的。

2.“一带一路”的主要内容是中华文化的具体体现

“一带一路”建设是一项造福沿途各国人民的大事业，为搞好这项大事业，我国提出了主要内容，包括建设原则、重点工作和建设愿景。

（1）基本原则：

为了搞好“一带一路”建设，必须坚持四项原则：

坚持开放合作。不仅沿途各国可参加，其他各国、国际、地区组织均可参与。

坚持和谐包容。倡导文明宽容，协商对话，求同存异，兼容并蓄，和平共处，共生共荣。

坚持互利共赢。兼顾各方利益和关切，寻求利益契合点和合作最大公约数。

坚持市场运作。遵循市场规律和国际通行规则，充分发挥市场在资源配置中的决定性作用和各类企业的主体作用，同时发挥好政府的作用。

（2）合作重点：

加强政策沟通。各国要加强政策沟通，在政策和法律上为区域交流合作开绿灯。

加强道路联通。沿途各国要逐步形成连接中欧、东亚、西亚、南亚的交通运输网络，为经济发展和人员来往提供便利。

加强贸易畅通。沿途各国应清除贸易壁垒，降低贸易和投资成本，提高地区经济循环速度和质量，实现互利共赢。

加强货币流通。沿途各国要扩大双边本币互换和结算，降低货币流通成本，增强抵御金融风险能力。

加强民心互通。各国要加强人民友好往来，增进互相了解和传统友谊。

（3）建设愿景：

习近平在2017年5月召开的“一带一路”国际合作高峰论坛开幕式

上的讲话中提出了五大愿景：建成和平之路、建成繁荣之路、建成开放之路、建成创新之路、建成文明之路。

从“一带一路”建设的基本原则、工作重点和建设愿景看，专门谈到文化问题只有“文明之路”，其他似乎与文化无关。实际上，这些都是我国文化在不同领域的具体表现。随着“一带一路”的发展，体现中华文化的基本原则、工作重点和建设愿景在沿路各国的实施，中华文化也随之走向沿路各国。

3.“一带一路”是中外文化交流的大平台

“一带一路”提出后，截至 2022 年 2 月底，共建“一带一路”大家庭成员达 180 个，我国累计同 148 个国家和 30 个国际组织签署 200 多份共建“一带一路”合作文件。“一带一路”国际合作取得了丰硕成果。

为进一步做好“一带一路”建设工作，2021 年 11 月 19 日，习近平出席第三次“一带一路”建设座谈会并发表重要讲话时强调，把基础设施“硬联通”作为重要方向，把规则标准“软联通”作为重要支撑，把同共建国家人民“心联通”作为重要基础。

最近几年，尽管受新冠疫情等多种因素的影响，但共建“一带一路”仍保持良好势头。

“一带一路”基础设施的“硬联通”扎实推进。中老铁路、以色列海法新港等重大项目顺利竣工，中巴经济走廊、比雷埃夫斯港、雅万高铁、匈塞铁路等建设运营稳步开展。中欧班列开行量和货运量再创历史新高，为各国经济复苏提供了强劲动力。

“一带一路”规则标准的“软联通”亮点纷呈。2020 年以来，又有多个国家同中国签署“一带一路”合作文件，共建“一带一路”大家庭成员达到 180 多个。我们还成功举办“一带一路”亚太区域国际合作高级别会议，“一带一路”疫苗合作和绿色发展伙伴关系倡议得到广泛支持。

“一带一路”互帮互助的“心联通”持续深入。我们全力驰援各国抗疫，同 20 个发展中国家合作伙伴开展疫苗联合生产合作，其中大部分面向"一带一路"国家。一大批"小而美"项目稳步实施，帮助共建国家民众增加了收入，改善了生活。

这些事实充分说明，共建"一带一路"的合作伙伴不断扩大，合作基础日益牢固，合作前景更加广阔，必将为后疫情时代的世界开辟新的发展前景，铸就新的辉煌。

"一带一路"建设是时代重大课题，是对外开放的大窗口、大平台，是我国一个重要发展战略，是一项伟大事业。随着这个战略实施，随着"硬联通""软联通""心联通"的进一步发展，我国将陆续有一批又一批的工程技术人员、科学工作者，教育、医疗、媒体、智库、旅游等各方面的人员来往沿途各国，还将有一批又一批物质化了的文化产品和文化了的物质产品进入沿途各国。来往沿途各国的人员，是中华文化的鲜活载体，他们的衣食住行，言谈举止，处处展示着中华文化的风采。进入沿途各国的各种物质产品，也体现着中华文化精神。随人员和物资进入沿途各国的中华文化的种子，也撒布在沿途各国，开花结果，散发着中华文化奇葩的芳香，滋润着各国民众的心灵。当然，各国的优秀文化也跟随"一带一路"建设的发展，随着"硬联通""软联通"和"心联通"而进入我国，为我们吸收借鉴，进而成为我国文化新内容，铸就文化的新辉煌。

三、在创新驱动发展战略的实施中铸就新辉煌

创新是包括文化在内的各行各业发展的第一动力。一个国家要发展，要繁荣，必须高度重视创新，抓紧抓好创新。历史上和现实中，很多发达国家都是非常重视创新的。中国要发展，要繁荣，也必须高度重视创新，抓紧抓好创新工作。

（一）创新驱动发展战略的提出

我国对创新的认识经历了一个过程。中华人民共和国成立后，我们先后提出了独立自主、自力更生，解放思想、实事求是，求真务实、开拓创新，等等主张，都包含有重视创新之意。但是，真正把创新提高到

战略高度来认识的，则是习近平总书记。他在2015年中共十八届五中全会第二次全体会议上的讲话中指出："我们必须把创新作为引领发展的第一动力，把人才作为支撑发展的第一资源，把创新摆在国家发展全局的核心位置，不断推进理论创新、制度创新、科技创新、文化创新等各方面创新，让创新贯穿党和国家一切工作，让创新在全社蔚然成风。"[①]《中共中央关于制定国民经济和社会发展第十四个五年规划和二〇三五年远景目标的建议》中又提出："坚持创新在我国现代化建设全局中的核心地位，把科技自主自强作为国家发展的战略支撑，面向世界科技前沿、面向经济主战场、面向国家重大需求、面向人民生命健康，深入实施科教兴国战略、人才强国战略、创新驱动发展战略，完善国家创新体系，加快建设科技强国。"[②] 在我国历史上，是习近平总书记第一次把创新摆在我国现代化建设全局中的核心地位，第一次提出创新驱动发展战略。

（二）科技创新的重大成果是时代进步和国家富强的重要标志

我们说科学技术是第一生产力，好像它属于生产力范畴。其实，科学技术也是文化的重要组成部分，是科技文化。科学技术的发展繁荣，也是文化发展繁荣的重要标志，是我们据以文化自信的重要依据。

在人类历史发展进程中，重大科技创新成果的出现，是划分时代的重要依据。当人们使用的是天然工具，如石器、木棍等这些没有什么技术含量的工具时，那是原始时代。当人们使用的是木器、铁器、铜器和陶器等技术含量很少的工具时，那是农耕时代。当人们创造和使用了大量的机器和动力时，那就进入了工业时代。而当人们创造和使用了技术含量很高的电脑、互联网、手机、大数据、云计算等，社会就进入了信息时代。

科技创新所产生成果的数量和质量，是一个国家强弱的标志，也是一个国家文化自信的重要依据。以美国为首的西方发达国家，他们之

---

① 《习近平谈治国理政》第2卷，外文出版社2017年，第198页。

② 参见《人民日报》2020年11月4日。

所以强大，之所以自信自豪，就是因为他们创造和使用了大批先进的科学技术成果。特别是美国，当代许多先进的科学技术成果，如电力、电脑、飞机、互联网等，都是美国首创的。我国从鸦片战争后之所以长期落后，受人欺凌，重要原因之一就是科学技术落后。人们日常用铁钉、火柴、铁桶、汽油，等等，都叫洋钉、洋火、洋桶、洋油。新中国成立特别是改革开放后，我国之所以逐步强大富裕起来，科技创新、科技发展是重要原因。尽管目前我国原创的产品不是很多，但再创新的产品却纷纷出现。假以时日，我国的创新成果必将扬名于世，领先于世，成为走在世界前列的创新型国家。

（三）创新是包括文化在内的各行各业发展的第一动力

纵观人类历史，我们会发现，如果一个社会、一个国家长期使用同一种科技成果，那个社会、那个国家就只能维持生存，维持原状，不可能发展、进步。只有当科技取得突破时，社会、国家才能发展进步。科技发展越快，成果越多，质量越好，社会、国家的发展进步也就会越快。

我国原是一个“一穷二白”的国家，在短短的几十年内一跃而成为世界第二大经济体，其中的奥妙之一，就是中国广大科技人员艰苦奋斗，埋头苦干，勤于学习，勇于创新，攻克了一个又一个科技难关，突破一个又一个技术关卡，取得了一批又一批重大科技文化成果，为我国社会经济的发展注入了强大动力。

人类所有的创新活动都是社会发展的动力。但不同类型的创新，其意义和作用是有所不同的。关于创新的分类，人们有不同的认识。有的将其分首创和再创，有的将其分原始创新、综合创新。这里我们将其分成原始创新、叠加创新和综合创新。首创和原创是同义的。叠加创新、综合创新和再创有相同之处，也可以统称为再创新。之所以把它分开，因为叠加创新和综合创新各有其特点。

首创或原始创新，是指科技史上第一次出现的成果，是创新活动最重要也是最难以实现的，特别是其中重大的、核心的创新成果，往往成为科技发展、社会进步的重要标志，也成为一个国家强大的标志，成为国际竞争力的强大武器。因此，原始创新成为世界各国特别是大国高度关注的问题，各国都投入巨额资金和大批人才开展原始创新。

我国的原始创新，虽然取得一定的成绩，但总体看来是一个薄弱环节。为解决这个问题，我们采取了一系列措施，而加强基础研究十年规划，就是其中之一。基础理论的突破，为原始创新、核心技术的突破，提供理论指导和支撑，可以预期，随着我国基础理论的加强和突破，在人工智能、量子信息、集成电路、生命健康、脑科学、生物育种、空天技术、深地探测技术等方面，将解决“卡脖子”的问题。

叠加创新是一种在原有科技创新成果基础上提档升级的创新。这种创新的事例很多，如手机技术、水电发电机技术、核电技术等，这里以手机为例加以说明。手机出现的时间不长，而提档升级的速度很快，由1G、2G、3G、4G到5G，现在又向6G迈进。手机每一次提档升级，不仅外观在变，更重要的是其功能在不断增加。现在运用5G技术的手机，已不是简单的通信工具，而成为百宝箱、万机盒、图书馆、大学校。一部手机在手，可以通百事，办万事，读书、看报、听广播、看电视、观电影、买卖东西、存取转贷资金，可以办婚丧嫁娶事宜，可以知晓天文地理，文史哲经，可以办理衣食住行、柴米油盐等各种事情。还可以指挥田间农机耕地、播种、施肥、打农药，直到收割等。手机功能之多，作用之大，令人惊叹。

手机的每一次提档升级，不是否定原有的技术，而是在原有技术基础上的再创新；不是毁掉原有的功能，而是在原有功能的基础上增加更多的新功能。这是一种叠加式创新。每创新一次，手机就提档升级一次。在叠加创新方面，除了手机之外，我们取得了许多其他方面成果，是一种重要的创新方式。

综合创新是引进消化多国在同一产品上的优点，结合我国实际，综合进行再创新的一种形式。这类创新产品很多。如我国高铁技术，是吸收，消化，综合日、德、法等国高铁技术的优点，结合我国具体实际而创造出来的具有自主知识产权的技术。我国的桥梁技术也是在综合前苏联和一些发达国家桥梁技术的基础上创造出来的。20 世纪 50 年代，我国建设长江上第一座大桥——武汉长江大桥，就是聘请苏联桥梁专家、引进苏联桥梁技术建起来的。而建南京长江大桥时，由于中苏关系破裂，原来签订的合同被撕毁，苏联专家被撤走，大桥建设遇到了许多困难，进展缓慢甚至一度停滞。为解决建设中的难题，我国桥梁建设的工程技术人员认真学习，吸取消化和综合应用国外先进的桥梁技术和经验，一个一个逐步地解决了大桥建设的难题，终于建成了南京长江大桥。这一大桥的建成，不仅为我国桥梁建设积累了经验，更为重要的是掌握了大桥建设的技术体系。南京长江大桥之后，我国继续吸收、消化和综合创新国外桥梁建设技术，在大江大河、深山峡谷、港口、海湾、海峡上建设了一座又一座各种不同形式、不同规模的大桥。现在，中国的桥梁技术独傲于世，已运用于国外许多桥梁建设。如建设难度很大、许多国家望而却步的孟加拉国的帕德玛大桥，就是我国建成的。我国桥梁技术成为中国科技“走出去”的重要名片。

原始创新、叠加创新和综合创新各有特色。它们的划分是相对的，而不是绝对的。每种创新中都含有另一种创新中的某些因素。因此，在谈论创新分类时，不要绝对化。

作为中华文化重要组成部分的科技文化，人们常以为科学技术无国界，与意识形态无关。然而在当代，如何认识和运用科技成果，却与意识形态密不可分。我国的科技创新取得了很多科技成果，引起了国际社会的广泛关注和赞誉，而以美国为首的西方国家，对我国的科技创新成果坐立不安，视为对他们科技霸主地位的威胁，鼓吹“中国科技威胁论”。为阻挠我国科技创新发展，美国就制定和颁布了所谓的创新竞争法案，拉帮结派，搞什么芯片的联盟、互联网联盟，妄图打压我国高新科技企业，禁止美国高新科技产品出口中国。还加强科技研究的资金投入，加强知识产权保护，强迫在中国的美国高科技企业迁回美国，如此等等。所有这些，都是为了维护其科技霸主地位，遏制中国科技乃至全中国发展。

我国科技的发展，从来不是一帆风顺的。20世纪五六十年代，西方成立了巴黎统筹委员会，阻止西方科技进入中国。50年代后的苏联则撕毁中苏科技方面的合作协定，撤专家、毁图纸，运走设备，也想阻碍我国科技发展。西方国家和苏联的所作所为，虽给我国科技发展造成了很大困难，但未能阻止我国科技的发展。我国的科技工作者善于学习，勇于创造，“两弹一星”的成果就是有力证明。今天的中国，经济实力雄厚，科研人员众多，研究设备齐全，美国等西方国家妄想阻挠我国科技乃至全中国发展的图谋，决不会得逞。

（四）充分发挥科技人才的作用

科学技术是第一生产力，而人才是第一资源。作为创新主体的人才，其数量和质量决定创新成果的数量和质量。

据中国科协统计，我国现有各类科技人才一亿一千多万，其中科技部门管辖的专职科技研究人才560多万，而且每年大学毕业一千多万人，其中不少人加入科技研究队伍。这支庞大的人才队伍中，有许多优秀人才、拔尖人才。这是我们科技创新的生力军和主力军。此外，还有数量极多的大众创新人才，我国人才资源十分丰富。在发挥科技人才作用问题上，有三点应注意：

一是既要充分发挥科技研究机构（包括中国科学院、中国工程院、中国农科院、中国医科院、大专院校科技研究所等）科技人才的作用，也要发挥基层广大人才的作用。前者是我国科技创新人才的主力军，我国许多科技创新成果都是他们贡献的，他们对科技创新贡献功不可没。后者往往被人们所忽视或轻视。其实，基层人才为基层特别是为农村解决了许多实际困难问题，诸如如何剖鱼肚、拔大蒜、剥笋壳、剥板栗、剥油茶果壳、挖红薯、收土豆、炸油条、烙大饼、挖树根，等等。这些基层和农村小事，过去都由人工完成，既辛苦劳累，又低效低质。一些基层的无名小卒，他们文化不高（也有少数量是扎根农村的知识分子），但同情心、责任心很强，实践经验丰富，他们对基层群众、农民所遇到的困难，看在眼里，记在心里，千方百计创造发明各种相应的技术，解决了这些实际问题。这些基层大众的创造发明，属于小创新、小发明，但积小胜为大胜，可以逐步解决基层特别是农村的实际问题，提高基层和农村的科技水平。这是一支不可忽视的大众创新力量。

二是既要发挥大中型企业科技人才的作用，也要发挥小微企业人才的作用。大中型企业是我国科技人才比较集中的地方，这些科技人员和大国工匠们是攻克企业中“卡脖子”的技术、关键技术、核心技术的中坚力量。这些人才既懂技术，又了解实际，还有丰富的实践经验，知道破解技术难题应从何着手，怎样着手。大中型企业的许多技术难题，大都是他们解决的。进一步发挥他们的积极作用，是大中型企业领导者的重要工作和任务。小微企业似乎与科技创新无关。其实小微企业各自都有独门绝活，他们不仅接受了大批就业人员，还创造了许多“专、精、特、新”产品。这些产品不仅畅销国内市场，而且畅销国际市场。小微企业是“小巨人”，是科技创新的一支新力量。我国很重视对小微企业扶持，每年都有数千个小微企业进入“小巨人”行列。这也是一支不可轻视的科技创新队伍。

三是既要发挥国内科技人才的作用，又要发挥国外来华科技人才的作用。国内科技人才是我国创新的主干，国外科技人才则是我国科技创新的新队伍。我国外来科技人才，有的是我国高薪聘请的，有的是自愿来华发展的，还有的是国外留学生毕业后留下来的。在国际上，引进外来科技人才的事例比比皆是，特别是美国，它是一个移民国家，外来的科技人才占有相当的比例。我国许多著名的科学家，如李政道、杨振宁、丁肇中、吴健雄、陈省身、钱学森等，都在美国工作，为美国科技发展作出重大贡献。其中有些已回国，成为国内的科技领军人才。我国引进国外科技人才起步较晚，但进展很快，已有不少国外科技人才来华工作。有的不仅自己来华，还带来科研团队、科研项目和科研资金。我们应以更广阔的胸怀，提供更优惠的政策，营造更好的科研环境，欢迎国外科技人才来华研究。聚天下英才而用之，让中国成为各国人才用武之地，展才之所。

科技创新是一项系统工程，涉及的问题很多。上面谈的只是其中的一部分，还有许多问题，如科技创新资金投入和分配问题、科技创新人才培养和使用问题、大型科技研究装置的建设和营运问题、科技创新成果评价和奖惩问题、科技创新成果推广和应用问题、知识产权保护问题、科技创新管理体制机制的改革问题、科技创新国际合作问题，等等。由于篇幅限制，不能一一论及。

我国的创新驱动发展战略提出的时间不长，随着这个战略的持续推进，科技创新活动的广度和深度将日益扩展，科技创新成果将一批一批地出现在祖国各地，闻名于世界各国。我国的科技文化发展前景十分光明，整个中华文化发展的前景光芒四射。

四、在人类命运共同体构建中铸就新辉煌

“人类命运共同体”这个新概念，最早出现在党的十八大报告中。报告指出：“合作共赢，就是要倡导人类命运共同体意识。”[①] 党的十八大以来，习近平在许多双边、多边、地区和国际会议上，多次反复阐述人类命运共同体理念。2015 年 9 月 18 日，他在 70 届联合国大会上发表了《携手构建合作共赢新伙伴，同心打造人类命运共同体》的讲话；2017 年 1 月 8 日，在联合国日内瓦总部发表了《共同构建人类命运共同体》的演讲；2017 年 12 月 1 日，在中国共产党与世界政党高层对话会议上发表了《携手共建更加美好的世界》。这三篇讲话，全面系统地阐述了人类命运共同体思想。人类命运共同体思想提出后，受到世界各国有识之士的欢迎，并被写入了联合国大会及附属国际组织的文件中。至此，这一闪耀着中国文化光芒的思想成为世界文化宝库中的新内容。这是中国对世界文化的新贡献。

---

① 《十八大以来重要文献选编》(上)，中央文献出版社 2014 年版，第 37 页。

（一）人类命运共同体提出的依据

任何一个伟大理论的产生，都不是偶然的，而是有其必然性。人类命运共同体思想的提出，是国内外形势发展的必然。

从国际看，全球社会发展出现许多新情况：一是地球村的出现，巨大的地球，人们往来朝夕相见、鸡犬之声相闻，俨如一个“地球村”，村内各国安全与共、守望相助，谁也离不了谁；二是各国的利益交织在一起，你中有我，我中有你，一损俱损，一荣俱荣；三是各种矛盾、风险错综复杂，不是哪一国能单独解决，需要各国共同应对，合力解决。

从国内看，我国综合实力日益强大，国际地位日益提高，影响日益扩大，需要在国际上发挥作用；我国实行开放战略，“引进来”和“走出去”的步伐加快，范围越来越广，我国利益遍布全球各地，需要保护；我国人民的担当意识、贡献意识日益增强，迫切希望为各国人民特别是发展中国家人民作出贡献。

正是国内外这种新情况的出现，促使以习近平同志为核心的党中央寻找应对之策，人类命运共同体理念，就是应对的最好之策。这一理念继承和体现我国优秀传统文化（如天下大同、和而不同、与人为善等），又总结和反映了新经验；它符合我国人民为人类作出新贡献的美好愿望，也是各国人民所能接受的最大公约数；它反映了当今世界国情民情的变化，又为解决当前和今后的各种国际问题提供了中国方案。

（二）人类命运共同体思想的基本内涵

关于这个问题，习近平在我们前面提到的三个重要讲话中，已作出全面系统的阐述，这里仅作简单概述。

人类命运共同体思想的内涵极其丰富、深刻，其核心就是党的十九大报告所指出的：“建设持久和平、普遍安全、共同繁荣、开放包容、清洁美丽的世界。”[①] 这包括政治、安全、经济、文化、生态等五个方面。

政治上，要相互尊重、平等协商，坚决摒弃冷战思维和强权政治，

① 《中国共产党第十九次全国代表大会文件汇编》，人民出版社2017年版，第58页。

走对话而不对抗、结伴而不结盟的国与国交往的新路。

在安全上，要倡导共同、综合、合作、可持续的安全观，坚持以对话解决争端、以协商化解分歧，统筹应对传统和非传统安全威胁，反对各种形式的恐怖主义。

在经济上，要同舟共济、互帮互助，促进贸易和投资自由化便利化，推动经济朝着更加开放、创新、包容、普惠、平衡、共赢的方向发展。

在文化上，要尊重世界文明的多样性，促进和而不同、兼收并蓄，以文明交流超越文明隔阂、文明互鉴超越文明冲突、文明共存超越文明优越。

在生态上，要构建尊重自然、绿色发展的生态体系，坚持环境友好，合作应对气候变化，走绿色、低碳、循环、可持续发展之路，保护好人类赖以生存的地球家园。

在人类命运共同体思想的丰富内涵中，最主要最关键的是：和平发展，合作共赢。这既是当今时代的主要特征，也是人类命运共同体思想中的核心内容，同时还是解决当今和今后重大问题的良药。

和平——要解决任何重大问题，需要一个和平的国内外环境，需要采用和平方式，以武力或以武力相威胁，是不能解决问题的。如朝核问题的核心是朝美之间的矛盾，本应以协商对话来解决。可美国却采用武力威胁，与韩国不断搞军演，朝鲜也不示弱，你搞军演，我就搞导弹试射，剑拔弩张，针锋相对。其结果，不仅矛盾未化解，反而加剧。仁川奥运会后，由于采取和平方式，协商对话方式，使矛盾一度缓解下来。

发展——这是解决任何重大问题的基础，也是解决重大问题的目的。没有发展做基础，拿什么资本去解决问题；而解决问题如无助于发展，又何必去解决。发展当然要全面发展、协调发展、包容发展、创新发展、可持续发展、共赢发展。果真如此，世界上许多问题都可以得到解决。如东西失衡、贫富鸿沟、数字鸿沟、环境赤字等，都会迎刃而解。

合作——世界上的许多重大问题，如气候问题、粮食问题、疾病防治问题、反恐问题、安全问题、公共卫生问题、禁毒问题、反腐败问题等，涉及世界各国，不是哪一国单打独斗能解决的，也不是拉帮结派所能解决的，需要各国齐心协力，团结合作，共同应对。

共赢——世界上凡属重大问题，都涉及相关各方的利益。要妥善处理，必须兼顾相关各方合理正当的利益。零和思维、民粹思维、利己主义，都无助于问题的解决。美国前总统特朗普提出“美国优先”，处处考虑美国利益优先，损害其他国家利益，是不得人心的。只有共赢、多赢才是解决问题之道。

人类命运共同体思想的丰富内涵，是对马克思主义的新贡献，也为中国文化增添了新内容。它的提出和推广，是对中国文化的弘扬，也是中国文化自信的体现。

（三）做好中国自己的事，为构建人类命运共同体树立榜样，提供经验

构建人类命运共同体是一项巨大复杂的系统工程。人类命运共同体不是单一体，而是复合体，是由国家层面、区域层面和全球层面多层次构成的统一体。因此，在构建人类命运共同体时，既要统筹全局，又要关注部分，以点带面，以面统点，逐步推进。

中国是一个由 56 个民族、31 个省份（暂时不包括台湾地区）和两个特别行政区组成的统一整体，它本身好像一个“小地球、小联合国”。有东部沿海发达地区、中部新兴地区、西部欠发达地区，如同全球有发达国家、新兴国家、欠发达国家一样。有 31 个省市自治区实行的社会主义制度，也有香港、澳门实行的“一国两制”，如同地球上有社会主义和资本主义“一球两制”一样。因此，做好中国事情，建设好中国，在建成全面小康社会后继续努力，到 2035 年基本实现社会主义现代化、到 2050 年建成富强民主文明和谐美丽的社会主义现代化强国，这对于构建人类命运共同体有着重大意义。

其一，中国是人类命运共同体的重要组成部分，中国建设好了，就

是人类命运共同体建设取得成绩的重要体现。

其二，中国特色社会主义建设的内容包括政治建设、经济建设、文化建设、社会建设和生态建设。同人类命运共同体建设的政治、安全、经济、文化、生态五方面有相同之处（中国的社会建设包括安全在内）。中国建设好了，就为人类命运共同体建设树立了好榜样。

其三，中国特色社会主义建设的经验，不仅是中国文化宝库的财富，也是世界文化宝库的财富，对于世界各国构建本民族命运共同体有学习借鉴的价值，将对推动各国构建命运共同体产生重大影响。

2017 年党的十九大开启了全面建设中国特色社会主义现代化强国新征程，2020 年 10 月召开党的十九届五中全会通过了《中共中央关于制定国民经济和社会发展第十四个五年计划和 2035 年远景目标的建议》；2021 年 3 月，国务院制定了《中华人民共和国国民经济和社会发展第十四个五年规划和 2035 年远景目标纲要》。纵观这两个重要文献，要建设中国特色社会主义现代化强国，在“十四五”时期要着重抓好以下工作：

一是加快发展现代产业体系，巩固壮大实体经济根基。要提升产业链、供应链现代化水平，推动传统产业高端化、智能化、绿色化。要发展战略性产业，加快壮大新一代信息技术、生物技术、新能源、新材料、新能源汽车、高端装备、绿色环保以及航空航天、海洋装备等产业。要加快发展现代服务业，如研发设计、现代物流、法律服务等。要统筹推进基础设施建设，构建系统完备、高效实用、智能绿化、安全可靠的现代化基础设施体系。

二是着重提升发展质量效益，保持经济持续健康发展。发展是解决一切问题的基础和关键。必须坚持新发展理念，坚持稳中求进，质量效益优先，坚持转变发展方式，优化经济结构，转换增长动力，加快构建国内国际双循环相互促进的新发展格局，实现更高质量、更有效率、更加公平、更可持续、更为安全的发展。

三是全面推进乡村振兴，完善新型城镇化战略。坚持农业农村优先发展，严守18亿亩耕地红线，实行高标准农田建设工程、黑土地保护工程，确保种源安全。实施乡村建设行动，把农村建设成产业振兴、生活富裕、生态优美、管理有序、乡风文明、基础设施完备、公共服务齐全的宜业宜居之处。推进新型城镇化战略，加快农业转移人口市民化，发展壮大大城市群和都市圈，推进以县域为重要载体的城镇化建设。强化以工补农、工农互促、城乡互补、协调发展、共同繁荣的新型工农城乡关系。

四是优化区域经济布局，促进区域协调发展。深入实施区域重大战略、区域协调发展战略、主体功能区战略。扎实推进京津冀协同发展、长江经济带发展、粤港澳大湾区建设、长三角一体化发展、黄河流域生态保护和高质量发展、雄安新区高标准高质量建设、成渝地区双城经济圈建设。推动西部大开发、东北振兴、中部崛起取得新突破，形成新格局，鼓励东部地区加快推进现代化。支持革命老区、民族地区加快发展，加强边疆地区建设。

五是全面深化改革开放，持续增强发展的动力和活力。构建高水平社会主义市场经济体制和高标准市场体系，建立现代财税金融体制，构建一流的营商环境，建设高水平的开放型经济新体制。

六是加快数字化发展，建设数字中国。数字时代迎面而来，要加快建设数字经济、数字社会、数字政府，以数字化转型驱动生产方式、生活方式和治理方式变革。加强关键数字技术创新应用，加强通用处理器、云计算系统和软件核心技术一体化发展。加快布局量子计算、量子通信、神经芯片等前沿技术。加快推动数字产业化，推进产业数字化转型。加快数字社会建设步伐，提供智能便捷的公共服务和数字生活新图景。提高政府数字化建设水平，将数字化技术广泛应用于政府管理服务。

七是推动绿色发展，促进人与自然和谐共生。打赢污染防治攻坚战和“碳达峰”“碳中和”攻坚战，加强山水林田湖草系统治理，加快推进重要生态屏障建设，构建以国家公园为主体的自然保护体系，加快发展方式转变，全面提高资源利用率，实现天蓝水清山绿，让人们都享受自然之美。

八是增进民生福祉，扎实推进共同富裕。实施就业优先战略，扩大就业容量，着力提高低收入群体投入，扩大中等收入群体，建设高质量教育体系，全面推进健康中国建设，构建强大的公共卫生体系，实施老龄化国家战略，建立多层次社会保障体系。

认真做好“十四五”时期各项工作，我们就会为建设中国特色社会主义现代化强国打下坚实的基础。在此基础上再接再厉，到 2035 年基本实现社会主义现代化，到 2050 年建成富强民主文明和谐美丽的社会主义现代化强国。到那时，中国就会成为人类命运共同体建设的典范，成为世界各国学习借鉴的榜样。中国文化这朵奇葩，就会芳香四溢，吸引全球目光，中国人的文化自信自强也会更加提升。

（四）积极解决世界面临的重大问题，推动人类命运共同体建设

在抓好中国自己的事、建设好中国特色社会主义的同时，要积极解决世界面临的各种重大问题。这是推动人类命运共同体构建的重要一环。当前和今后已经或可能面临的各种重大问题，是构建人类命运共同体过程中的拦路虎、绊脚石。扫除它们是推动构建进程的重要工作。

在构建人类命运共同体的过程中，既有文化陷阱，也有思想壁垒，既有历史死结，也有现实热点。只有逐一解决它们，才能顺利推进人类命运共同体建设。

在文化陷阱方面，有人认为有十大文化陷阱，即中等收入陷阱、贫困陷阱、历史终结论陷阱、历史周期率陷阱、塔西佗陷阱、金德尔伯格陷阱、修昔底德陷阱、文明冲突陷阱、李约瑟之问陷阱、全球化陷阱。在破解文化陷阱上，我国进行了许多探索，已取得了良好的效果。这里不能一一介绍，仅就人们较为生疏的两个陷阱，简单介绍点情况。

关于塔西佗陷阱。这是古罗马历史学家塔西佗提出的。他认为，当权力失去公信力时，无论说真话还是说假话，做好事还是做坏事，社会都会给出负面评价。2014 年 3 月 13 日，习近平在河南考察时提醒人们

要重视这个问题。党的十八大以来，以习近平同志为核心的党中央，从关系党和国家生死存亡的高度，做出了“打铁还需自身硬”的庄严承诺，坚定不移全面从严治党，深入推进党风廉政建设和反腐败斗争，党和国家的公信力日益提高，为跨越“塔西佗陷阱”交出了一份老百姓认可的答卷。

关于金德尔伯格陷阱。这是美国著名学者查尔斯·金德尔伯格提出的。他认为，20 世纪 30 年代的灾难起源于美国取代英国成为全球最大强权，但又未能像英国一样承担起提供全球公共产品的责任。2017 年初，哈佛大学教授约瑟夫·奈发文提醒人们思考：当今世界会不会重蹈 20 世纪 30 年代的覆辙，使全球体系陷入衰退乃至爆发世界大战，落入金德尔伯格陷阱。他的意思是当今美国逐步衰落，中国迅速崛起但又没承担提供全球公共产品的责任，要求中国承担更多国际责任，避免陷入金德尔伯格陷阱。对此，中国一直有清醒认识，并根据自身能力，逐步承担更多国际责任。十八大以来，我国深入参与全球治理，推动全球可持续发展，积极参与全球脱贫攻坚战，支持和参与联合国维和工作，等等。同时，世界事务复杂多样又多变，仅靠我国是不行的，要加强国际合作，共同应对，在这方面也要取得进展。

在思想壁垒上，有霸权逻辑、零和思维、民粹思潮、反全球化思潮，等等。为扫除这些思想壁垒，我国除了在理论上逐一进行分析、批驳外，更重要的是以实际行动破解这些壁垒。你搞霸权，我们就搞国家不分大小、强弱、贫富，一律平等；你搞零和思维，我坚持互利共赢；你搞民粹主义，搞“美国优先”，我坚持彼此关照对方核心利益；你搞反全球化闭关自守，我大力推行贸易和投资自由化便利化。

在历史死结上，有巴以死结、伊（朗）沙（特）死结、英阿（根廷）死结、印巴死结、日韩死结，等等。对于历史死结，中国历来主张宜解不宜结。解“结”之道，除了提出一“结”一策之外，还提出了总的方略，即倡导：铭记历史，开拓未来；劝和促谈，化剑为犁。

在现实热点上，存在俄乌冲突问题、阿富汗问题、叙利亚问题、伊拉克问题、朝核问题，伊核问题、欧洲难民问题、委内瑞拉问题等。为解决这些问题，中国奔走呼号，出谋献策，做了大量工作，贡献了中国智慧。如为解决俄乌冲突，我国提出了四个“必须”：必须坚持《联合国宪章》宗旨和原则，尊重和保障各国的主权和领土完整；必须坚持安全不可分割原则，照顾当事方的合理安全关切；必须坚持对话谈判，以和平方式解决争端；必须着眼地方长治久安，构建均衡、有效、可持续的欧洲安全规划问题。可以说，没有中国参与，许多热点问题都难以解决。

在构建人类命运共同体的过程中，旧的问题解决了，又会出现新的问题，中国将不断为解决新问题提出探索方案，推动人类命运共同体建设不断前进、不断完善，使这一项体现中华文化精神的伟大工程屹立于世界。

五、在世界文化多元化发展中铸就辉煌

当今时代是一个文化多元化的时代。当代究竟有多少种文化，人们可以用不同标准、从不同角度进行划分。文化是一个复杂系统，而且同一种文化内部有不同的派别、形态。我们这里不讨论世界上究竟有多少种文化的问题，只是指出，每一个民族、每一个地区都有自己独特的文化。当今文化多种多样，多姿多彩。正如习近平指出的：“人类在漫长的历史长河中，创造和发展了多姿多彩的文明……不论是中华文明，还是世界存在的其他文明，都是人类文明创造的成果。”①

文化同任何事物一样，不是静止固定的，而是发展变化的。在多元文化发展变化的大趋势中，中国文化发展前景如何呢？

（一）当今世界多元文化的现状及发展趋势

在当今现存的文化中，从大的方面说，有以美国为代表的西方文化、以中国为代表的中华文化、以伊朗和沙特为代表的伊斯兰文化、以俄罗斯为代表的俄罗斯文化、以梵蒂冈为代表的基督教文化、以以色列

① 《习近平谈治国理政》，外文出版社 2014 年版，第 258 页。

为代表的犹太文化，以及非洲文化，等等。在众多文化中，美国文化处于霸主地位，它凭借其强大的政治、经济、军事、科技实力做后盾，在世界各国强行推广其文化。其中的“三片”即好莱坞的影视片（影视文化）、麦当劳的马铃薯片（饮食文化）、英特尔的芯片（科技文化），成为推行文化霸权的重要工具和武器。“三片”从表面上看，好像只是物质产品，与其他物质产品没有什么大区别。实际上“三片”体现了美国的价值观，“三片”的推广普及，实际上是美国文化的推广普及，是用美国文化占领世界各国文化阵地，影响各国人民的心灵。

世界在发展，形势在变化，文化也在发展变化。有人预测，伊斯兰文化、中华文化、印度文化以及发展中国家的文化，将日益发展，在世界文化多元中的地位将上升，影响将扩大，成为抗衡美国文化霸主地位的重要力量。当前，美国总体上进入衰落期，美国文化的霸主地位也有衰退之势，但在今后相当长的时间内，仍将是文化多元化中最重要的一元。今后的世界文化大观园，将出现多元并强、多元互学、多元竞争的局面。

对伊斯兰文化、中华文化、印度文化以及发展中国家文化的发展，美国十分警惕，十分害怕，担心会挑战、动摇美国文化霸主地位，于是采取种种措施，妄图遏制其发展，破坏其声誉，贬损其作用。

办法之一，“烂国论”。美国前总统特朗普说非洲国家和拉美的海地、萨尔瓦多是“破烂国家”。既然是“破烂国家”，其文化当然也是破烂的，无用的，在世界文化多元化中不应有什么地位和作用。

办法之二，滋生“恐怖论”。有的认为，恐怖分子之所以在中东、南亚、东南亚一些国家流行甚至流窜欧美各地，是同伊斯兰文化分不开的。他们把恐怖分子同伊斯兰文化联系起来，虽然十分荒谬，但却蒙蔽欺骗了一部分人，使其对伊斯兰文化产生错误认识。

办法之三，“扩张论”。随着中华文化的走出去，有人担心中国文化扩张，影响美国文化霸主地位，于是对中国文化的物质产品和物质化了的精神产品进行种种限制。如对华为在美建厂、在美销售产品、在美收购或兼并企业进行限制，已进入的则千方百计排挤打压。

以美国为首的西方国家对新兴国家和发展中国家文化发展的种种限制，虽然能起到一定作用，但是，无法阻止它们继续发展的趋势。

（二）中华文化在世界文化多元化发展的大趋势中将日益强大

中华文化在世界文化格局中，除近代100多年其地位和作用下降外，绝大多数时期都是处于全球重要地位甚至引领地位。中国的四大发明（火药、指南针、印刷术、造纸），中国的中医、饮食、武术，中国的茶叶、丝绸、瓷器，中国的唐诗、宋词、元曲、明清小说（特别是《红楼梦》《水浒传》《三国演义》《西游记》），等等，曾受到世界各国很多人的欢迎，并且至今热度不减。如今，有人又提出中国新的四大发明，即高铁、支付宝、网购和共享单车。新的四大发明能否如老的四大发明一样影响世界，能否像美国“三片”一样，成为在世界各国推广中华文化的载体，使中华文化在世界各国大放异彩，我们拭目以待，翘首以盼。可以肯定的是，随着世界文化多元发展，中华文化在多元文化中的地位和作用将日益提升，成为影响世界文化发展的主要力量甚至引领者。中华文化发展前景十分光明。

我们说中华文化在世界多元文化发展大趋势中将成为主要力量甚至引领者，并非主观臆测、幻想，而是有现实的理论根据的。

第一，从中华文化本身来看，它具有成为世界多元文化中主要力量甚至引领者的特质。

中华文化是世界四大古文化中唯一没有中断、且绵延数千年的一元，至今仍在发展壮大。之所以如此，是因为它具有许多优秀特质。

——中华文化有顽强的生命力。以儒家文化为主体的中华文化，在其发展的历史长河中，虽然累受挑战，累受挫折，但仍顽强地发展着，至今仍屹立于世界东方，光芒四射，照耀全球。中华文化的生命力，来源于它能与时俱进，开拓创新。以儒学为例，它起源于春秋战国时期，中经汉代的经学、魏晋时期的玄学、宋明时期的理学、清朝时期的实学、近代的新儒学以及当代的社会主义新文化。虽然各时期的学说都有各自不足之处，但却反映各时期的实际，都有各自的特点，适应当时的需要。这一点，显然同世界某些文化坚持原教旨主义，拒绝与时俱进、开拓创新大为不同。

——中华文化有强大的吸收力。中华文化有博大胸怀，在其漫长的发展过程中，不断吸收外来文化，补充自己，丰富自己。我们在前文中已谈到它广泛吸收中亚、西亚的西域文化、印度佛教文化、西方文化和马克思主义文化，并使之中国化，成为中华文化的有机组成部分。对当代以美国为首的西方文化，尽管其对中华文化不怀好意，妄图遏制、扼杀，但中华文化仍以博大胸怀，对其中优秀的有益的以及中性的文化因素，大胆吸收，“洋为中用”，洋为我用。中华文化的胸怀一直敞开着，吸收的外来文化将越来越多，中华文化的内容将越来越丰富，形式将越来越千姿百态。

——中华文化有巨大的潜在竞争力。目前发达国家文化产业产值已占 GDP 的 20% 左右，我们的文化产业产值占的比例较小，仅占 5% 左右。从文化产业国际竞争力看，美国第一，英、法、德紧随其后，我国排名在第 15 位左右。从现在排名看，我国文化产业的竞争力似乎并不强。但是，作为软实力的我国文化，具有巨大的潜在竞争力。这从党的十八大以来我国文化发展所取得的开创性的成果可以看出。习近平同志在十九大和二十大报告中都说我国思想文化建设取得了重大进展，并列举了许多事实加以证明，我国的文化软实力和中华文化影响力大幅提升。[①] 随着我国全面小康社会的建成、社会主义现代化的基本实现以及社会主义强国的到来，我国的文化软实力将逐步大幅提升，国际影响力和竞争力也将上升，不敢说独占鳌头，独领风骚，至少会站在前列。

——中华文化有广阔的包容力。文化要发展要繁荣，不能嫉妒强于己的文化，而要善于吸收其长处；也不能轻视弱于己的文化，而要乐于帮助其发掘、发展。不管对什么文化，都要有包容、宽容的态度和胸

① 《中国共产党第十九次全国代表大会文件汇编》，人民出版社2017年版，第45页。

怀。中华文化在其发展的漫长过程中，遇到过各种各样的文化，都能与之友好相处，取长补短，扶弱济衰。当前，亚非拉发展滞后的国家，有的民族文化处于湮灭过程中，中国积极帮助发掘、整理。对世界各国文化，只要不公开敌视、对抗中国文化，侵害其文化主权，都能包容、宽容。即使曾敌视对抗过的，只要改变态度，都既往不咎，面向未来。这种包容宽容姿态，受到世界各国文化的欢迎。

中华文化的这些特质，使它可能发展成为强大的力量，在世界多元文化大观园中，占据主要地位，发挥引领作用。

第二，从中华文化主体看，有将中华文化发展为世界多元文化中的主要一元的能力。

中华文化的主体，从广义上说是整个中华民族，从狭义上说是文化建设的领导者、组织者。本文指后一种情况。

众所周知，中国共产党是中国工人阶级的政党，是中国人民和中华民族的先锋队，是中国特色社会主义事业的领导核心，当然也是中华文化建设的领导者、组织者。

中国共产党的领导，对中华文化发展将产生怎样的作用和影响？我们可以这样说，凡是中国共产党想干的事，不管如何艰巨，如何复杂，如何困难，没有不成功的。中国共产党成立早期，组织并不大，成员并不多，面对强大的帝国主义、封建主义和官僚资本主义，毫不畏惧，毫不退缩，敢于斗争，敢于碰硬，终于推翻三座大山，建立了新中国，中国从此站起来了。新中国成立，面对“一穷二白”的局面，不等待，不依靠，自己动手，自强不息，勇于探索，敢于涉险，经过艰苦曲折过程，终于摆脱“一穷二白”局面，逐步富起来了，现在正向强起来迈进，不久的将来，中国必将以强国姿态屹立于世界。

就文化来说，旧中国的文化基础和实力很薄弱。新中国成立之初，毛泽东曾预言，随着经济建设高潮的到来，不可避免出现一个文化建设的高潮。但由于当时面临的主要问题是解决人民温饱问题，重点是抓经济建设，文化建设未纳入重要议事日程。加以运动不断，争斗不已，人们没心思没能力去搞文化建设。所以文化建设虽然取得了一定成绩，但远不如人意，远不能满足人民的需要，更不用说走出去了。党的十一届三中全会后，两个文明（物质文明和精神文明）一起抓，文化发展的成就有目共睹。

党的十八大以来，以习近平同志为核心的党中央高度重视文化建设，将其提到党的历史上从未有过的战略高度。文化建设作为社会主义“五位一体”总体布局中的重要一项，文化自信作为“四个自信”中一项，已写入《中国共产党章程》，并且提出了发展文化的方针、政策、措施和具体办法。现在正举全党全国之力，集全党全国之智，抓紧文化建设。有了党的高度重视和坚强领导，有了文化建设的方针和措施，不管文化建设中有什么拦路虎、绊脚石，不管经历多少艰难曲折，文化发展的前景一片光明。中华文化在世界多元文化中的地位和作用将日益提高，成为其中强大一元。

第三，从中华文化的受体来看，有把中华文化推向世界的可能。中华文化受体主要有两部分：国内的和国外的。

关于国内受体，本文在第一节讲国内文化市场时已说了，这里只讲国外受体。

一种文化能否成为世界多元文化的主要一元，除了与文化本身特质、文化主体领导能力有关外，还与国外受众的接受程度有关。如果国外文化受体拒绝接受或虽接受而有保留，这种文化即使一时强大，也最终难以保持其在多元文化中的地位。美国文化逐渐衰弱的趋势证明了这点。

国外民众能否不断接受中华文化呢？近些年，孔子学院发展迅速，现已达 580 多所。汉语学校、汉语班，更是如雨后春笋，纷纷涌现。中医、中餐、武术广受欢迎，汉字、汉文、汉语四处可见。国际上一些著名的有识之士认为，要解决当今世界面临的各种难题，必须借助中华文化智慧，他们呼吁加强中华文化的推广。中华文化走向世界是大势所趋，人心所向，谁也阻挡不了。

我们前面谈到的，主要是从正面主流方面谈的。在充分认识这些的同时，我们还要看到近十年关键时期发展中的问题、困难和风险。应该说近十年我们所处的是一个船到中流浪更急、人到半山路更陡的时期，是一个愈进愈难、愈进愈险而又不进则退、非进不可的时期。这种新的挑战和变化，是由国际国内两个方面的大体变化所造成的。从国际上看主要表现为：当今世界正经历百年未有的大变局，新一轮科技革命和产业革命深入发展，国际力量对比深刻调整，国际环境日趋复杂，不稳定性不确定明显增加，新冠肺炎疫情影响广泛深远，经济全球化遭遇逆流，世界进入动荡变革期，单边主义、保守主义、霸驻主义对世界和平与发展造成威胁。从国内看，主要表现为我国经济、社会已转向高质发展阶段，发展不平衡性不充分问题仍然突出，重点领域关键环节改革任务仍然艰巨，创新能力不适应高质量发展要求，农业基础还不稳固，城乡区域发展和收入分配差距较大，生态环保任重道远，民生保障存在短板，社会治理还有弱项。这都要求我们深刻认识国际格局和我国社会主要矛盾带来的新特征新要求，增强机遇意识和风险意识，保持战略定力，办好自己的事，发扬敢于斗争，善于斗争精神，树立底线思维，准确识变、科学应变、主动求变，抓住机遇，应对挑战，善于在危机和困难中育先机，于变局中开新局，趋利避害，奋勇向前，保证铸就新辉煌目标的如期实现。

后　记

“四个自信”研究丛书是中共湖北省委宣传部新型智库建设重点项目。该项目由湖北省社会科学院原党组书记、副院长、二级教授张忠家任总主编，副院长、二级研究员袁北星负责组织实施。丛书各卷的基本思路、框架体系是在张忠家、袁北星主持下，由各卷的课题组集体反复研讨确定。丛书定位为以道路自信、理论自信、制度自信、文化自信为主题的理论普及读物。科研处处长彭玮研究员、副处长傅智能副研究员负责丛书编撰出版的组织协调工作。

丛书作者以习近平新时代中国特色社会主义思想为指导，以《习近平谈治国理政》（第一至四卷）、《习近平著作选读》（第一、二卷）等权威文献为依据，广泛吸收理论界最新的研究阐释成果，深化吸收马克思主义基本原理同中华优秀传统文化相结合的理论成果，全面吸收反映新时代十余年来伟大变革与宝贵经验的研究成果，力图再现21世纪马克思主义发展的最新理论形态。作者们遵循理论和实践相结合、历史与逻辑相统一的原则，坚持以问题为导向，从不同视角尝试回答与道路自信、理论自信、制度自信、文化自信相关的重大理论和实践问题，力求做到视野广阔、观点鲜明、资料翔实、文风朴实。丛书各卷的具体分工如下：

《论道路自信》由湖北省社会科学院副院长袁北星主持。全书共七章，王伯睿（武汉理工大学马克思主义学院博士生）执笔撰写，袁北星审稿定稿。

《论理论自信》由湖北省社会科学院哲学研究所所长梅珍生研究员主持，由哲学研究所部分科研人员共同完成。全书共七章，各章的执笔者分别是：第一章柯梦玲（湖北省社会科学院哲学研究所）、梅珍生，第二、三、六、七章梅珍生，第四章李百熙、赵春莲（湖北省社会科学院哲学研究所助理研究员），第五章彭甜甜（湖北省社会科学院哲学研究所）、赵春莲。

《论制度自信》由湖北省社会科学院马克思主义研究所所长罗志刚副研究员主持，全书共八章，各章的执笔者分别是：绪论与第一、二章罗志刚，第三、七、八章邹荣（湖北省社会科学院马克思主义研究所副研究员），第四、五、六章张俊（湖北省社会科学院马克思主义研究所助理研究员）。

《论文化自信》由湖北省社会科学院荣开明研究员主持，刘宝三研究员协助完成。全书共十一章，各章执笔者分别是：导论与第一、二、五、七、八章及后记荣开明，第三章袁北星，第四章刘纪兴（湖北省社会科学院原副巡视员、研究员），第六章贾继让（湖北省社会科学院助理研究员），第九章庄春梅（《江汉论坛》编辑部副研究员），第十、十一章刘宝三（湖北省社会科学院研究员）。

本丛书的出版得到了中共湖北省委宣传部、武汉大学马克思主义学院、武汉出版社的鼎力支持。各位审读专家为丛书内容的完善提供了有价值的意见，各卷的责任编辑为丛书的顺利出版做了大量辛勤的工作，在此一并致以诚挚的谢意。丛书中的不足之处，敬请读者批评指正。

2024 年 1 月